牧 秀彦 著

剣技・剣術 三

名刀伝

新紀元社

目次

CONTENTS

剣技・剣術三

名刀伝

［目次］

第一章 天下五剣・天下三槍

第二章 中世武士

第三章　戦国武将

第三章 戦国武将

第四章 剣豪

第五章　幕末の志士

第六章　名刀由来

名刀の要件

名物ランキング

名刀工の系譜

資料編

まえがき

最初にお断りしておくが、この本は刀剣鑑賞の専門書ではない。私自身、斯道《しどう》の勉強を始めたばかりのビギナーに過ぎないからだ。

それでも、刀に対する興味を持ってはいても、なかなか踏み込めない読者の方々のお手伝いとして、せめて玄関先までの道案内だけでもさせてもらいたい、という一念から、拙いながらも筆をとらせていただいたのが本書である。

剣を学んでいる身にとって、刀の知識は不可欠といえるだろう。居合道しかり、抜刀道しかり、刀なしには稽古が成立し得ない武道を修業する者は、日頃から親しく接している「刀」がどのような背景を持つのかを、当然の心得として知っておかなくてはならない。

何十年と修業を重ねてこられた結果、技のみならず、刀そのものに関するご造詣も深い諸先輩方はもちろん、私と同世代の若い層の修業者も、刀に寄せている関心はつとに高い。だから、刀剣鑑賞に興味を抱くのは自然な成りゆきなのだが、私のような世代では専門書を勇んで購入しひも解いたのはいいものの、続々と出てくる「沸《にえ》」

「匂《におい》」といった、ふだんはそこまで接することのない難解な刀剣用語が、どうにも理解しづらい。戦前に出た専門書の復刻版の場合には当然ながら、本文が旧かなづかいで表記されているので、拾い読みするだけでも楽ではない。

恥ずかしながら私自身、専門書の内容こそ何とか読み解けるようになったものの、まだ、鑑賞刀を実際に購入する段階には進めないのが現状だ。

真刀《しんとう》、つまり本身の刀に親しんでいる私たちにも敷居が高いということは、実際に武道に取り組んでおられるわけではなく、時代劇や時代小説、そして人気の剣豪マンガやゲームを通じて刀剣に興味を抱いたばかりの方々にとっては一層、取っ付きにくいと思う。

奥が深く、安易に足を踏み入れられない世界なのは事実だが、難しいという理由だけでせっかくお持ちになった興味がその場限りに終わってしまうのは、誠にもったいない話ではないだろうか。

なぜ、本書は『名刀伝』なのか。

古今の「名刀」にまつわるエピソードを一冊にまとめて楽しんでいただくのが、刀剣の世界への一番の早道と判断したからだ。

で、そもそも「名刀」とは何か。

読んで字のごとく、名のある刀という意味なのだが、今でこそ世間に定着してはいるものの、古語として明治時代以前から存在したことばではないようだ。

名高い刀、優れて良い刀。辞書には、こう出ている。

ここで問題なのは、刀剣のどのような側面を基にして名高い、良いと判断するかだ。

刀剣に贈られる由緒正しい賛辞は「名物《めいぶつ》」と「業物《わざもの》」に大別される。

ちなみに「名物」ということばは、茶器《ちゃき》に対してもよく使われている。そのために、茶道の世界が出典と思われる向きもあるが、語源は刀というのが正解らしい。始まった時代こそ不明だが、刀も茶器も、時を同じくして「名物」という共通の賛辞が用いられるようになったとのこと。恐らくは茶道が隆盛した、室町時代以降の現象と考えられるが、まったく使用目的の異なる刀と茶器が同一の賛辞を冠していたとは、何とも興味深いではないか。

もちろん、室町時代から戦国時代にかけての時期、いわゆる乱世は刀が実戦に、それも手柄の証拠となる敵の首を取ることを目的とする白兵戦向けの武器として、盛んに用いられた時代である。

しかし、実用面のみが重視されていたわけではない。有名な刀剣は驚くほどの高値で取り引きされ、時の権力者同士の贈答品としても高い価値を持っていた。それも権力者だけが、独占していたわけではない。功績のあった家臣には恩賞として領地を与えるのが鎌倉の昔から続く武家社会の常識なのだが、戦国大名の場合、土地の代わりとして刀を授けるケースがしばしば見られた。「名物」とまではいかなくても、褒賞として贈られるに値するだけの刀には、現代人の金銭感覚では計り知れない価値があったということになる。

破格の価値を秘めた「名物」となれば、実戦になど持ち出すはずがない。

とはいえ、その名を高めるきっかけが、合戦場で比類なき威力を発揮したことにあるという「名物」も数多い。籠手《こて》切り、鉄砲切りなどなど、武勇伝が伝えられる刀を秘蔵する戦国武将は少なくなかったが、たとえ威力が保障済みとはいえ、せっかく手に入れた貴重な一振りを、好んで合戦場に携行する者が、果たしてどれほど存在したのだろうか。いかに剛毅な武将でも、二の足を踏んだであろうことは想像に難くない。

一方の「業物」は、刀の実用面を封印する響きを含んだ「名物」とはまったく反対の意味合いを持つ。何しろ、斬れ味を唯一の評価基準とすることばなのだ。

山田朝《やまだあさ》（浅）右衛門《えもん》という名前をご存じだろうか。江戸時代、牢人身分で南北の江戸町奉行所の死刑執行人を代々務めていた一族の世襲名なのだが、山田家の五代目当主に当たる朝右衛門吉睦《よしむね》こそが、この「業物」ということばを世に定着させた人物である。

代々の朝右衛門は死刑執行、つまり罪人の首を斬ることだけを生業としていたわけではない。詳しくは本文で後述（三一九頁）するが、御様御用《おためしごよう》といわれる、徳川将軍家をはじめとする上級武士の刀剣の試し斬りを請け負い、処刑した罪人の死体で頼まれた刀や槍の実用性を検証することも重要な仕事だったのだ。山田家は試《ため》し（様）剣術と称した、試し斬り専門の剣術の大家。だから価値の高い、それこそ「名物」級の刀剣でも、傷めずに斬れ味を試すことが可能である。依頼主たちが安心して愛刀を預けられたのも当然だった。

それにしてもなぜ、戦乱が途絶えた江戸時代に試し斬りの依頼が多かったのか。太平の世を迎えて、武士が軟弱化することで支配階級として有名無実の存在と化してしまうのを恐れた徳川幕府は、武芸を奨励する政策を何度も発布している。家伝の「名物」の実用性、つまり斬れ味を試すため、山田家に依頼を出す大名や旗本が跡を絶たなかったのは、第八代将軍の吉宗《よしむね》をはじめとする歴代将軍の武芸奨励策に賛同の意志を示す、一種のデモンストレーション行為だったともいえるだろう。

ともあれ、山田家には、代々の当主たちが実地に検証した古今の有名刀剣の斬れ味に関する、膨大な覚え書きが集まる結果となった。このデータを基に、五代目の朝右衛門吉睦は「業物」ということばで刀剣の価値を評価する、一種のランキング表を発行したのだ。山田家に伝わる記録が基礎資料ならば信用度は高い。自ずと、刀剣を実用面から評価する場合には「業物」のレベルが基準となったのである。

鑑賞と実用。一見、対極とも思える行為だが、鑑賞にも実用にも等しく耐え得る刀こそが、真の「名刀」と呼ぶにふさわしい。そう思っておられる方々も多いと思う。だから私は、刀剣に備わる二面性——鑑賞と実用の両面を念頭に置いて、本書の執筆に取り組ませていただいた。

ここで、本書の構成をご紹介しよう。

第一章から第五章まで、各章に収録した読み物を冒頭から、または気になったところから一本ずつ、拾い読みしてもらえれば古今の有名な刀、槍、さらには弓に関する基本データ、そして所有者を知ることができる構成になっている。

まず、第一章「天下五剣《てんかごけん》・天下三槍《てんかさんそう》」では、室町時代にわが国の刀と槍の代表格として選ばれた名刀・名槍をイントロダクションとして取り上げ、第二章から第五章までは各時代の「名刀」を、著名人たちの愛刀としてご紹介する形を採った。第二章「中世武士」は平安時代から室町時代まで、第三章「戦国武将」は戦国時代、第四章「剣豪」は江戸時代初期〜中期、そして、第五章「幕末の志士」では江戸時代後期から明治維新までと時代を区分し、それぞれの時代に刀剣を武用《ぶよう》、すなわち実戦の武器として最も多く用いたと見なされる人々の総称を、各章の表題とした。

武用刀として「名刀」を考察するのは、いささか不遜な行為かもしれない。しかし、剣を学ぶ者の視点から本書を執筆させていただく以上は、刀剣が武器だった時代の実態から、目を背けるわけにはいかないだろう。

不思議なもので、剣術とは無縁の研究者諸兄がお書きになられた専門書を、参考文献として拝読していると、武用刀としての「名刀」の一面を発見できることが多い。刀身の長さはどのぐらいだったか。重量は重かったのか、それとも、見た目より軽量に作られていたのか。何げなく紹介されている事実の中に、思わぬヒントが隠されている。

あくまでも修業中の身で考察が可能な範囲だが、本書の各章・各項目で取り上げた「名刀」については、確認することが可能な限り、武用刀の側面について言及するように努めた。剣技に関しても、かなりの行が費やされている点から見て、今回の『名刀伝』は私の前著『図説剣技・剣術』『図説 剣技・剣術二』に連なる一冊、と認識していただいてもいいのかもしれない。

しかし、読み物だけを集めたのでは、前の二冊のような資料性を期待して本書をお求めになられた方々には、いささか物足りないだろう。そこで、第六章「名刀由来」では史実を踏まえた「名刀」の定義、各時代の鑑定の様相と評価基準、さらに、昔も今も刀を生み出すことができる唯一無二の存在である刀工《とうこう》に関する解説を試み、資料編には平安時代から明治維新までの全国の著名な刀工のリストと、刀剣鑑賞のための手引きとして、日本刀の図解、さらに国宝の刀剣一覧をまとめて掲載した。

第一章から第五章に収録した読み物のページで、私は刀の姿形の特徴を表現する刀剣鑑賞の専門用語を、できるだけ出さない方針を採った。難しい用語に出くわすたび、初歩の初歩の読者の方々が、いちいちつっかえてしまうことを避けたかったからだ。そのぶん、資料編には、初歩の初歩から専門書を読み解けるようになってもらうための手引きとして、基本用語を分かりやすく配列している。

本書を読み終えた後、ちょっとでも刀剣の知識を深めてもらえたのなら、もうそろそろ専門書を開いても大丈夫だろう。急がず、慌てず、まずは専門用語の持つ、独特のことばの響きに馴染むことから、始めてほしい。参考文献としてご紹介している刀剣鑑賞の専門書を一冊ずつ、順を追って読み進めてもらえれば、刀剣の世界に対する親しみが、確実に増してくるはずだ。

刀剣、そして剣術の知識の幅が広がれば、フィクションに接する楽しみも、より深まる。

このごろ流行りの剣豪ゲームには、村正《むらまさ》や正宗《まさむね》をはじめとする、名前だけは広く知られている刀が、しばしば出てくるらしい。近視で乱視の私は、残念ながらゲーマーにはなれないのだが、そういう話を耳にするたびに、好奇心をそそられずにはいられなかったりする。

ゲームだけに限らず、マンガにも、剣術や刀剣をきちんと取り上げている良質の作品がいくつも存在する。作品の作り手の方々が、実によく勉強されているからだ。

一例として、新撰組が登場する作品を雑誌に連載されている、少女マンガ家の先生にお目にかからせていただいた時のことをお話しよう。

この先生は、時代劇をお描きになったのがはじめてとは思えないほど博識であり、常々感心していたのだが、いざお会いしてみると、お手元に集められた幕末の京に関する歴史・風俗資料の蔵書数は桁外れ。おまけに、主人公の刀と同じ仕様の、手貫緒《てぬきお》付きの模擬刀までも作画資料としてご用意されているのには脱帽した。ちなみに、手貫緒とは手首と刀の柄《つか》とをつなぐ特製のストラップで、鍔《つば》の穴に通した手貫緒は、斬り合いの場で刀を落とすのを防ぐだけでなく、斬り下ろす威力を倍増させる効果を発揮した。手首と柄がしっかり固定されていれば、人体に刃を打ち込んだ瞬間に自ずと手の内が締まり、確実なダメージを与えられるからだ。握力の弱い主人公が遣う刀だから、という設定の妙に感心すると同時に、時代劇の世界にリアリティーを与えるには地道に史実を学び、作品に投影させていくことが不可欠と痛感したものである。

こういった専門知識を、独自のストーリー展開の中で必然性のある描写として表現できる作家こそ、一流と呼ぶにふさわしい。私が面識のある商業作家の方々はジャンルを問わず、受け手に予備知識があってもなくても、等しく楽しめる作品づくりに取り組んでいる。もちろん、先にご紹介した少女マンガ家の先生が、作品の中に出てくる情報量を遥かに上回る資料を集め、私以上に刀のことを学んでおられるのも、ご自身の作品の完成度をより高めるために他ならない。

作り手の方々が、ここまでがんばっておられるとなれば、受け手の立場としても予備知識が欲しくなる。

本格的な刀剣鑑賞とまでいかなくても、私が本書で解説させていただいた基礎知識さえ覚えていただければ、刀剣が登場する時代劇や時代小説、マンガ、ゲームに接する楽しみを、今まで以上に深めてもらえることだろう。

それはきっと、作り手の方々の知られざる努力への共感にもつながるはずだ。

長々と生意気なことばかり書き連ねてしまったが、最後に、この『名刀伝』と銘打った書の執筆者がどういう人間なのかを、簡単に自己紹介させていただく。

私は学生当時から数えて十二年、居合道の稽古を続けている。中学時代から陸上競技一筋だった私がなぜ、二十歳にもなって武道の世界、それも、真刀を遣えるようになることが前提の居合道を志したのかといえば、それは時代劇作家になるという目標ができたからだった。

小説界には剣道、杖道、空手道などの有段者として、ご自身の実体験を反映させた作品でステータスを確立された先輩作家が多い。ここ数年の剣豪ブームの出発点となった『宮本武蔵』の作者である吉川英治《よしかわえいじ》も、明治・大正・昭和を通じて剣聖と称された中山博道《なかやまはくどう》の有信館《ゆうしんかん》道場で、居合道に親しんでおられたという。

もちろん、創作に必ずしも実体験は必要ないだろう。私小説であればともかく、作者自身の体験をそのまま露出することが良い作品を生むとは限らない。吉川英治を筆頭とする先達諸氏が、武道を取り上げた傑作群を生み出したのは、表現者としての恵まれた天分に加えて、絶え間ない文章修業を続けてこられた成果以外の何物でもあるまい。

にも関わらず、私が文筆業と同時並行で居合道の稽古を継続しているのは、自分が小説やシナリオに登場させたい世界――剣術、そして刀剣が、深遠な歴史の下に誕生したものであり、疎かに表現してはならない執筆対象なのだと修業が進むたび、痛感せずにはいられないからだ。

本書のすべての文章には、私の修業者としての、そして表現者としての視線が投影されている。

むろん、古今の実在した「名刀」と呼ばれる刀剣を執筆対象とする以上、勝手な推測や独断は、文章の流れとして必要な場合を除いては、筆を滑らせないように努めたつもりである。もちろん、刀剣界・歴史学界で事実か否かが疑問視されている点についても独断に走らず、参考文献から専門家諸氏の見解を引用させていただいた点をご了承願いたい。

今までの『剣技・剣術』シリーズと趣を変えて、刀そのもの、それも名刀をテーマとする本書だが、実践する者の視点から、努めてわかりやすく書かせていただく私の執筆姿勢そのものは変わらない。改めて原稿を読み返してみると、予備知識をお持ちでない、初歩の初歩の段階の方々を主な読者対象と考えて執筆したため、いささかくどい記述も目立つが、あらかじめご容赦いただきたい。

発展途上の身で恐縮ながら、前著の二冊と併せて、よろしくご一読願えれば幸いである。

（文中敬称略）

牧　秀彦　拝

第一章

天下五剣・天下三槍

童子切安綱《どうじぎりやすつな》

Dojigiri Yasutsuna

◆時代：平安時代（十世紀）
◆種類：太刀
◆刃長：八〇・〇センチ　反り二・七センチ

源頼光《みなもとのよりみつ》

清和源氏《せいわげんじ》の嫡流《ちゃくりゅう》で、当代随一の武士と謳《うた》われた源頼光《みなもとのよりみつ》（九四八〜一〇二一）が、酒呑童子《しゅてんどうじ》の首を斬ったという由来を持つ童子切安綱《どうじきりやすつな》は、天下五剣の筆頭に挙げられる名刀だ。

丹波《たんば》国（京都府）大江山《おおえやま》に棲む鬼一族に最愛の娘を奪われた、池田中納言の訴えをきっかけに下った勅命により、源頼光とその四天王が討ち取ったと伝えられる酒呑童子伝説の真偽の程は、定かでない。いかに頼光が一騎当千の武士団の長であり、神便鬼毒酒《じんべんきどくしゅ》で酩酊させたうえに鉄鎖《てっさ》で縛って身動きを封じてから仕留めたとはいえ、吠え猛る鬼の首を一太刀《ひとたち》で落とせるとは考え難い。生身の人間を介錯するのでさえ、斬り手には並々ならぬ技量が必要といわれる。もしも斬り損ねれば、刃を受けた苦痛から生じる常人離れした力で抵抗されて、手に負えなくなってしまうからだ。相手が鬼となれば、なおのことであろう。

ちなみに、江戸時代の名刀集成本『享保名物帳《きょうほうめいぶつちょう》』では童子切安綱の由来を、

「丹州大江山に住す通力自在之山賊を源頼光公此太刀にて討し故と申伝也」

と解説している。頼光が斬ったのは鬼ではなく、いかに幻術を駆使するとはいえ、しょせんは生身の人間だったと考えるのが、いちばん自然な解釈なのだろう。むろん、異論を唱えるつもりはない。しかしながら、二尺六寸四分（八〇・〇センチ）の刀身に、巨大な鬼の首を両断したと伝えられるのも当然と思えるほどの迫力が満ちているのも、やはり事実なのだ。

童子切安綱の作刀者である大原安綱《おおはらやすつな》は、平安時代の初期にあたる大同《だいどう》年間（八〇六～八一〇）の名工で、本名は横瀬《よこせ》三郎《さぶろう》太夫《だゆう》という。伯耆《ほうき》国（鳥取県）に栄えた大原一門の祖であることから、後の世に伯耆国安綱と呼ばれた。

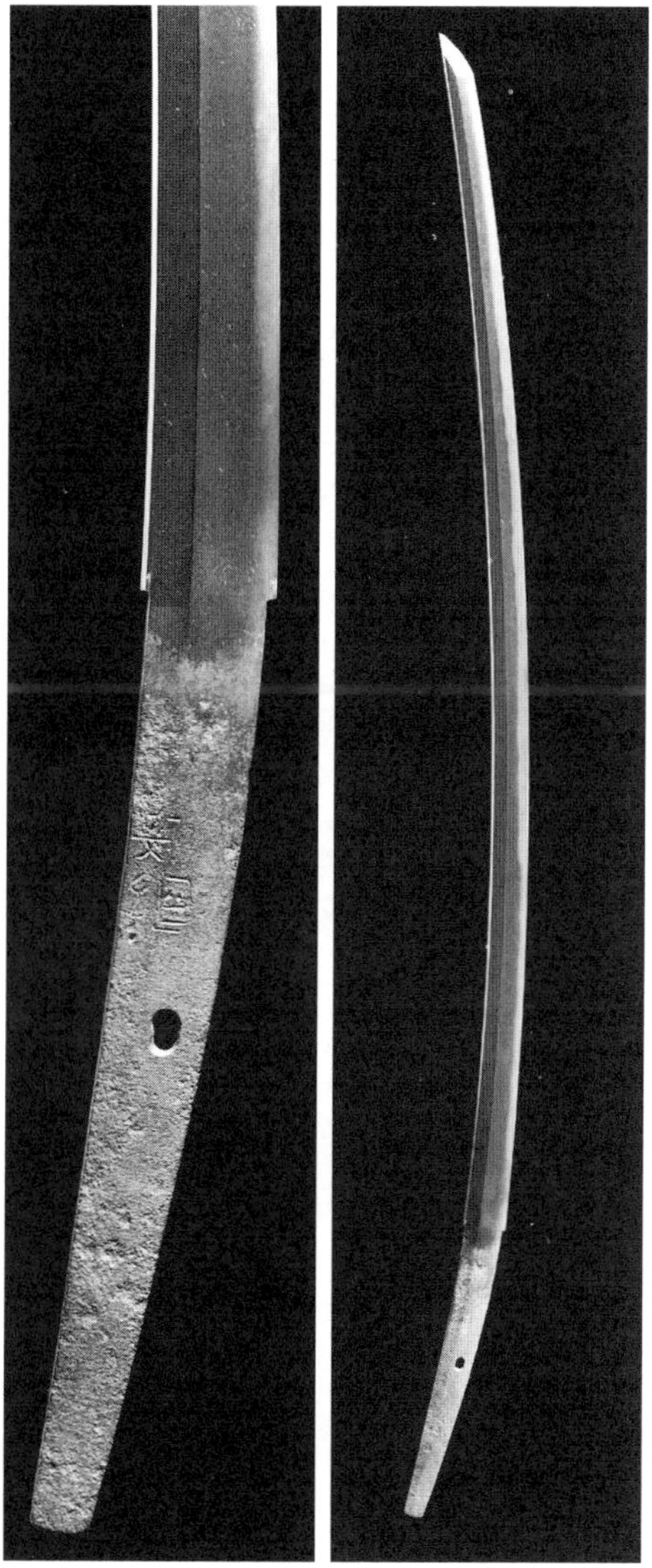

童子切安綱の刀身（右）と茎（左）。
東京国立博物館蔵（国宝）

足利《あしかが》将軍家が代々秘蔵した童子切安綱も、戦国乱世には所有者を転々とする運命をたどった。足利第十三代将軍・義輝《よしてる》が惨死した後、信長《のぶなが》に秀吉《ひでよし》、そして家康《いえやす》と各時代の天下人の間を贈答品として遍歴し、徳川《とくがわ》第二代将軍の秀忠《ひでただ》に譲られた安綱は、三女の勝《かつ》姫を娶《めと》った越前《えちぜん》国（福井県）の松平忠直《まつだいらただなお》の手に渡った。忠直は守り刀として、この名刀を妻に贈ったという。後に没落の憂き目を見た越前松平家だが、越後高田《えちごたかだ》で三万石の微禄に耐え抜いた二代目の光長《みつなが》が、元禄《げんろく》十年（一六九七）に養子を取って家督を相続させた時、作州《さくしゅう》（岡山県）津山《つやま》藩十万石の大身の座に返り咲いた。戦国乱世にあっても最前線で遣《つか》われることなく、秘蔵され続けていた童子切の一振りが久々に真価を発揮したのは、津山藩の江戸屋敷で催された試し斬りの時だった。家臣で試刀術《しとうじゅつ》の達人の町田長《まちだちょう》太夫《だゆう》が斬り手を務めたところ、何と六つ胴、つまり六体の罪人の死骸を一刀両断し、下の土壇《どだん》にまで切り込む驚愕の斬れ味を示したという。これで斬り手が源頼光ならば、生きている鬼の首も落とすことは可能だったのではないだろうか……。古刀最上作の冴えを、改めて実感させられる逸話である。

凱旋する頼光たち。「大江山絵詞」(狩野孝信伝・桃山時代)より。東京国立博物館蔵

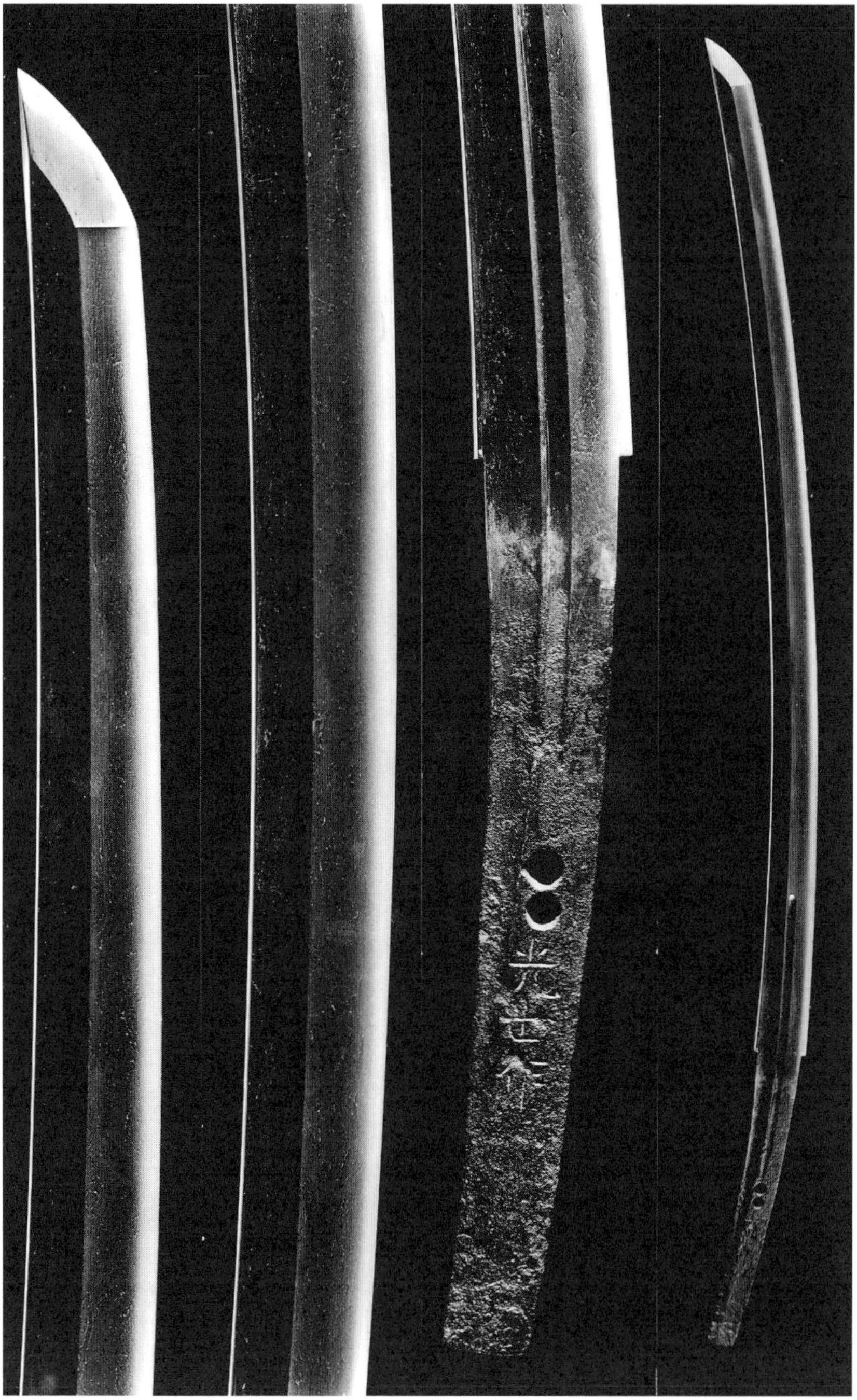

太刀 銘光世作(名物大典太)。前田育徳会蔵(国宝)

大典太光世

O-tennta Mitsuyo

おおてんた みつよ

◆時　代：平安時代（十一世紀）
◆種　類：太刀
◆刃　長：六六・一センチ　反り二・七センチ

前田利家《まえだとしいえ》

加賀《かが》（石川県）百万石の前田《まえだ》家に代々伝えられた大典《おおてん》太光世《たみつよ》。豊臣秀吉《とよとみひでよし》秘蔵の一振りが前田家の家宝となったのは、伏見《ふしみ》城での肝試《きもだめ》しがきっかけだった。豊臣家の重鎮たちが城内に詰めていた時、千畳敷きの間の廊下に出没する物《もの》の怪《け》に話が及んだ。深夜に一人で通ろうとすると佩刀《はいとう》の鞘《さや》を何者かにつかまれ、前に進めないというのだ。最年長の前田利家《としいえ》（一五三八〜九九）は自分が押し通ろうと宣言し、証拠に置いてこようと加藤清正《かとうきよまさ》から軍《ぐん》扇《せん》を借り受けて、夜の訪れを待った。この一件を聞いた秀吉は、数十年来の友の豪胆な振る舞いに感心し、肝試しに差していけと秘蔵の大典太光世を贈った。果たして問題の廊下へ出向き何事もなく戻ってきた利家は、秀吉をはじめとする一同を敬服させた結果、名刀を晴れて所有する運びになったという。

ただし、前田家の記録では、大典太光世は秀吉から家《いえ》康《やす》に贈られた一振りだったと伝えられている。第三代藩主の利常《としつね》が、重病にかかった娘を治すため、宝刀の霊力にすがろうと秀忠《ひでただ》から借り受けたというのだ。その後も利常は娘の病が再発するたびに繰り返して拝借を願い出たため、ついに三度目には譲られたとのこと。ちなみに、名刀由来を集めた『享保名物帳《きょうほうめいぶつちょう》』では利家と秀吉の間の出来事、という解釈が取られている。名刀に複数の由来が存在するのは世の常だが、大典太光世も例外ではなく、諸説紛々なのである。

　ともあれこの大典太光世、秀吉に献上される以前にはまぎれもなく室町初代将軍・尊氏《たかうじ》以来の足利《あしかが》家重宝、つまり先祖代々の宝だった。第十三代将軍の義輝《よしてる》が討たれたのにともなって流出した大典太光世は、平安時代の太《た》刀《ち》としては異風の外見と評される。一言でいえば、重厚すぎるのだ。刀身は短く、先身幅《さきみはば》が二・五センチで元身幅が三・五センチと全体に身幅が広い。中鋒《ちゅうぼっさき》の猪首《いくび》という刀身の造込《つくりこみ》は重厚きわまりなく、細身で優美な太刀姿が至上とされていた時代の作刀にしては、確かに重たい印象を与えられる。それでいて重ねは薄く、幅広で底の浅い樋《ひ》を掻《か》き流すという精緻《せいち》な技巧も見られる。

　以上の特徴は、茎《なかご》に「光世作」の三字銘を切った作刀者――承保《じょうほう》年間（一〇七四～七七）の筑後《ちくご》国（福岡県）出身の名工・三池光世《みいけみつよ》の作刀に、独特のものである。室町時代に至るまで、筑後国からは光世、あるいは通称の伝太を名乗る複数の刀工が出ているが、前田家では重宝の作刀者の呼称に「大」の字を付け加え、厳密に区別をつけていた。昭和三十二年（一九五七）に国宝指定を受けたが、文化庁が表記を「大典太」と定めたのに対し、前田家では光世の通称に基づいた「大伝太」を使用している。他にも、古来より「大伝多」という別表記が用いられているので、覚えておきたい。

足利家重宝の宝刀として崇め奉られ、歴代の所有者が秘蔵した大典太光世は、武用刀としての威力も秘めていた。徳川《とくがわ》幕府の御様御用《おためしごよう》首斬り役・山田《やまだ》朝《あさ》右《え》衛門《もん》吉睦《よしむね》は三つ胴で二体を断ち、みぞおちの少し上を狙って斬り下げた薄刃は、一番下の死体の背骨で止まったという。また、人体の中でも斬り難いとされる骨盤を一刀両断し、切先が下の土壇《どだん》にまで五寸（約十五センチ）ほど切り込んだというから凄まじい。宝刀は、剛刀でもあったのだ。

三日月宗近

Mikazuki Munechika

みかづき むねちか

◆時　代：平安時代（十世紀）
◆種　類：太刀
◆刃　長：八〇・〇センチ　反り二・七センチ

徳川将軍家《とくがわしょうぐんけ》

徳川《とくがわ》家に長らく伝来し、現在は国宝指定を受けている名刀・三日月宗近《みかづきむねちか》は、細身で反りが高い平安時代の太刀《たち》の典型といわれる優美な一振りだ。

三日月という異名は、独特の刃文《はもん》に由来している。刃文の下半分、つまり刃縁《はぶち》に添って随所に見られる焼刃の模様、いわゆる「打《うち》のけ」はまさに三日月形。上半分が二重三重に重なった刃文を成しているのも、他にほとんど類を見ないという。実用に供された記録はないが、武用刀の猛々しさと一線を画する魅力を備えた、まさに名刀中の名刀と呼ぶにふさわしい。

作刀者は三条宗近《さんじょうむねちか》。永延《えいえん》年間（九八七〜九八九）の山《やま》城《しろ》国（京都府）出身で、源義経《みなもとのよしつね》が自刃に用いたとされる今剣《いまのつるぎ》、そして静御前《しずかごぜん》の薙刀《なぎなた》を鍛《きた》えたことで有名な刀工だ。この宗近が世に広く知られたのは、何といっても謡曲『小鍛冶《こかじ》』の存在が大きい。簡単にご紹介しよう。

夢のお告げを受けた一条《いちじょう》天皇の指名により、三条宗近は作刀を命じられた。しかし、御剣《ぎょけん》を鍛えるともなれば自分と同等の技量を持った相槌《あいづち》が必要だ。困り抜いた彼が氏神の稲荷《いなり》明神に参詣したところ、不思議な童子が現れて、力を貸そうと励ました。翌日の夜、明神の眷属《けんぞく》である狐《きつね》が化けたと思われる童子は約束通りに姿を見せ、見事な技量で相槌を務め上げる。かくして完成した太刀の佩表《はきおもて》に「小鍛冶宗近」、裏には「小狐」と銘を切った。その出来映えを褒めたたえた童子は、我こそが稲荷明神であると告げ、雲に乗って稲荷山へ帰って行った……。

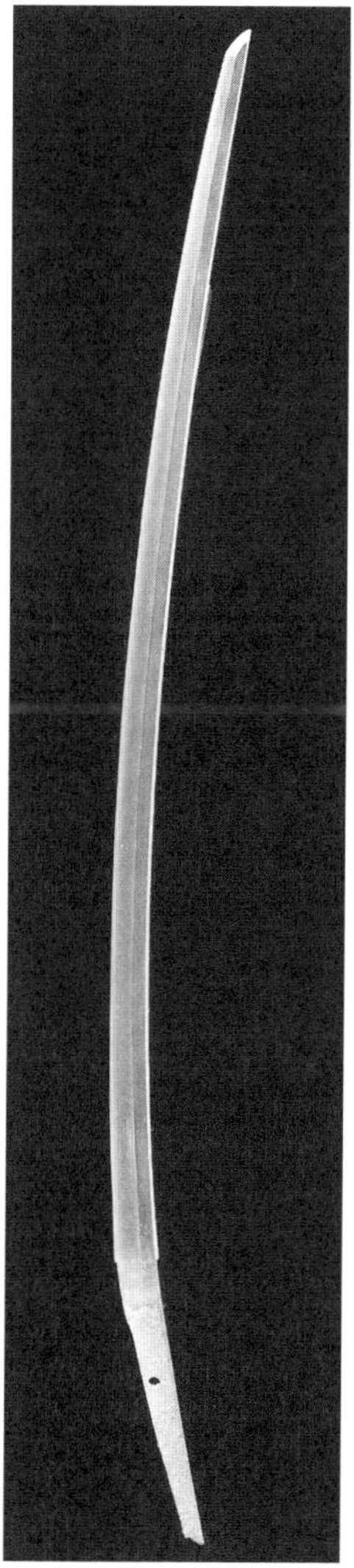
三日月宗近。
東京国立博物館蔵（国宝）

真偽の程はともかく、この物語を通じて我々が知ることができるのは、宗近の作刀に対する厳格な姿勢だ。刀工にとって出世の好機である勅命を一度は断り、己に匹敵する者が相槌でない限り、御剣など鍛えられないと宣言。救いの手を差し伸べてくれた稲荷明神に接する時にも、真の正体には気付いていなかったとはいえ、弟子としてきちんと三拝させたうえで槌を取らせている。

藤原一族の九条《くじょう》家が吉剣として秘蔵したと伝えられる「小狐丸」は、残念ながら現存していない。しかし、宗近の作風を今に伝える三日月宗近には、伝説の名工の在《あ》りし日の面影を偲ばせる気品があり、匠《たくみ》の技がある。

ちなみに「小鍛冶」という通称の由来には諸説が唱えられているが、当時の山陰地方において製鉄師を大鍛冶屋、刀物全般を作る鍛冶のことを小鍛冶屋と呼び習わしたことに端を発するとの説が有力視されている。

数珠丸恒次

Juzumaru Tsunetsugu

じゅず まる つねつぐ

◆時代：鎌倉時代（十三世紀）
◆種類：太刀
◆刃長：八一・〇八センチ 反り三・〇センチ

日蓮上人《にちれんしょうにん》

天下五剣の中でも異色の一振りというべきなのが、この数珠丸恒次《じゅずまるつねつぐ》だ。

日蓮上人《にちれんしょうにん》（一二二二～八二）の愛刀だったというと、少なからず違和感があるかもしれない。どうして仏門に帰依した身で、剣呑《けんのん》な太刀《たち》を常に持っていなくてはならなかったのか。仏敵からわが身を守るためという可能性も考えられないではないが、破邪顕正《はじゃけんしょう》の剣として佩用《はいよう》したとの説が、やはり正解だろう。日蓮が柄《つか》に架けていた数珠に由来するという異名の通り、この太刀は武用刀ではない。封印ともいうべき長い数珠を架けることで、不用意に鞘《さや》走らせないように、日蓮は自らを戒めていたのかもしれない。

むろんこの数珠丸恒次、自ら注文して打たせた太刀ではない。配流先の佐渡《さど》から戻ってきた五十三歳の時、隠棲の地を求めた日蓮は、逝去する八年前の文永《ぶんえい》十一年（一二七四）、甲斐《かい》国（山梨県）身延山《みのぶさん》を開山した。この時に門徒から寄進され、携えた太刀が、後の数珠丸なのである。

日蓮に太刀を贈呈したのは、身延山麓に所領を構えていた門徒衆の地頭《じとう》・波木井三郎実長《はきいさぶろうさねなが》だった。実長のことは『享保名物帳《きょうほうめいぶつちょう》』においても「麓《ふもと》の信者」と本名を伏せた形で記されている。日蓮の死後、遺品の太刀は身延山の久遠寺《くおんじ》に長らく保管されていたが、享保《きょうほう》年間（一七一六〜三六）に行方知れずとなり、およそ二百年後の大正九年（一九二〇）に発見された。紆余曲折の末、発見者が居住していた兵庫県・尼崎《あまがさき》市の本興寺《ほんこうじ》に重宝として納められたという。

数珠丸の作刀者・青江恒次《あおえつねつぐ》は、鎌倉時代の初期にあたる承元《じょうげん》年間（一二〇七〜一一）の備中《びっちゅう》国（岡山県）で活躍した、備中古青江《びっちゅうこあおえ》派の刀工と伝えられる。後鳥羽《ごとば》上皇の御番鍛冶《ごばんかじ》を務め、備中守《びっちゅうのかみ》の受領《ずりょう》名まで与えられた名工が鍛《きた》えた逸品となれば、日蓮宗の大檀那《おおだんな》であった波木井氏が開祖に寄進するのにも、不足のない一振りだったことだろう。

長大で腰反りが高い太刀姿といえば、平安時代の作刀に共通する特徴だが、鎌倉時代初期の作と伝えられる数珠丸恒次も、前の時代の優美な作風を失っていない。平安文化が生んだ太刀は元幅が広くて先幅が狭い、踏張りのある外見を為している。この踏張りが、優美な太刀姿となるための必須条件なのだ。

理想の太刀姿は、元身幅が一〇であるのに対し、先身幅は五〜五・五の比率が標準といわれている。数珠丸恒次の場合には元身幅が三・九六㌢であるのに対し、先身幅が一・九八㌢と細身になっているものの、標準の比率とほぼ一致する。その優美な太刀姿は、恒次の匠の技が創造した踏張りに、文字通り支えられていたといえるだろう。鑢目《やすりめ》と銘の違いから、恒次は古備前《こびぜん》派だったのではないかとも指摘されているが、いずれにしても、日蓮の佩刀の作刀者として語り継がれるに値する逸材だったのは間違いあるまい。

鬼丸国綱

Onimaru Kunitsuna

おにまる くにつな

◆時　代：鎌倉時代（十三世紀）
◆種　類：太刀　銘　国綱
　付　革包太刀拵　総長一〇九・〇センチ（南北朝〜室町時代〈十四世紀〉）
◆刃　長：七八・二センチ　反り　三・二センチ

北条時政《ほうじょうときまさ》

現在は御剣《ぎょけん》、すなわち皇室御物の宝剣「名物鬼丸《めいぶつおにまる》」として、宮内庁に管理されている鬼丸国綱《おにまるくにつな》。まずは『太平記《たいへいき》』が伝える、鬼丸という号の由来を紹介しよう。

承久《じょうきゅう》元年（一二一九）正月、鎌倉幕府第三代将軍・源《みなもとの》実朝《さねとも》が暗殺されたことで、源氏《げんじ》三代二十七年の正統は途絶えた。初代将軍・源頼朝《よりとも》の義父という立場を利用した北条時政《ほうじょうときまさ》（一一三八〜一二一五）は、幕府の実権を握り北条氏による支配体制を実現させたが、当時の彼は夜毎の悪夢に悩まされていた。夜な夜な枕元に現れ、眠りを妨げる体長一尺（約三〇センチ）の小鬼には加持祈祷《かじきとう》も効き目がない。ついに心労で倒れた時政は、ある夜、粟田口《あわたぐち》国綱《くにつな》に打たせた太刀《たち》の化身と称する老爺《ろうや》のお告げを受けた。自分の体、つまり刀身が錆《さび》で汚れているために鞘《さや》から抜け出せず、時政を救えないというのだ。翌日の朝、時政は斎戒沐浴《さいかいもくよく》した家臣に太刀を清めさせ、抜き身のまま居間の柱に立てかけた。火鉢《ひばち》を引き寄せて、暖を取りながら夜の訪れを待っていると突然、太刀が目の前に横倒しになった。果たして、倒れた太刀は火鉢の台になっている小鬼の像の頭部を、ものの見事に斬り落としていたのである。この小鬼の像こそが、時政に悪夢を見せていた元凶だったのだ。爾来《じらい》、時政が鬼丸と名付けた太刀は北条家の家宝となり、代々の当主が継承したという。

鬼丸国綱を作刀した粟田口国綱（一一六三〜一二五五）は鎌倉時代中期、京に興った粟田口派六兄弟の末弟で、藤六左近と称した人物だ。鎌倉に移り住んだのは四十二歳の時とする刀剣秘伝書『日本鍛冶惣約《にほんかじそうやく》』の記述は疑問視されているが、小鬼の像を斬ったエピソードは少なくとも時政が執権の座を退いた後のことなので、国綱と時政は明らかに生きていた時代が違う。国綱を鎌倉へ招聘《しょうへい》

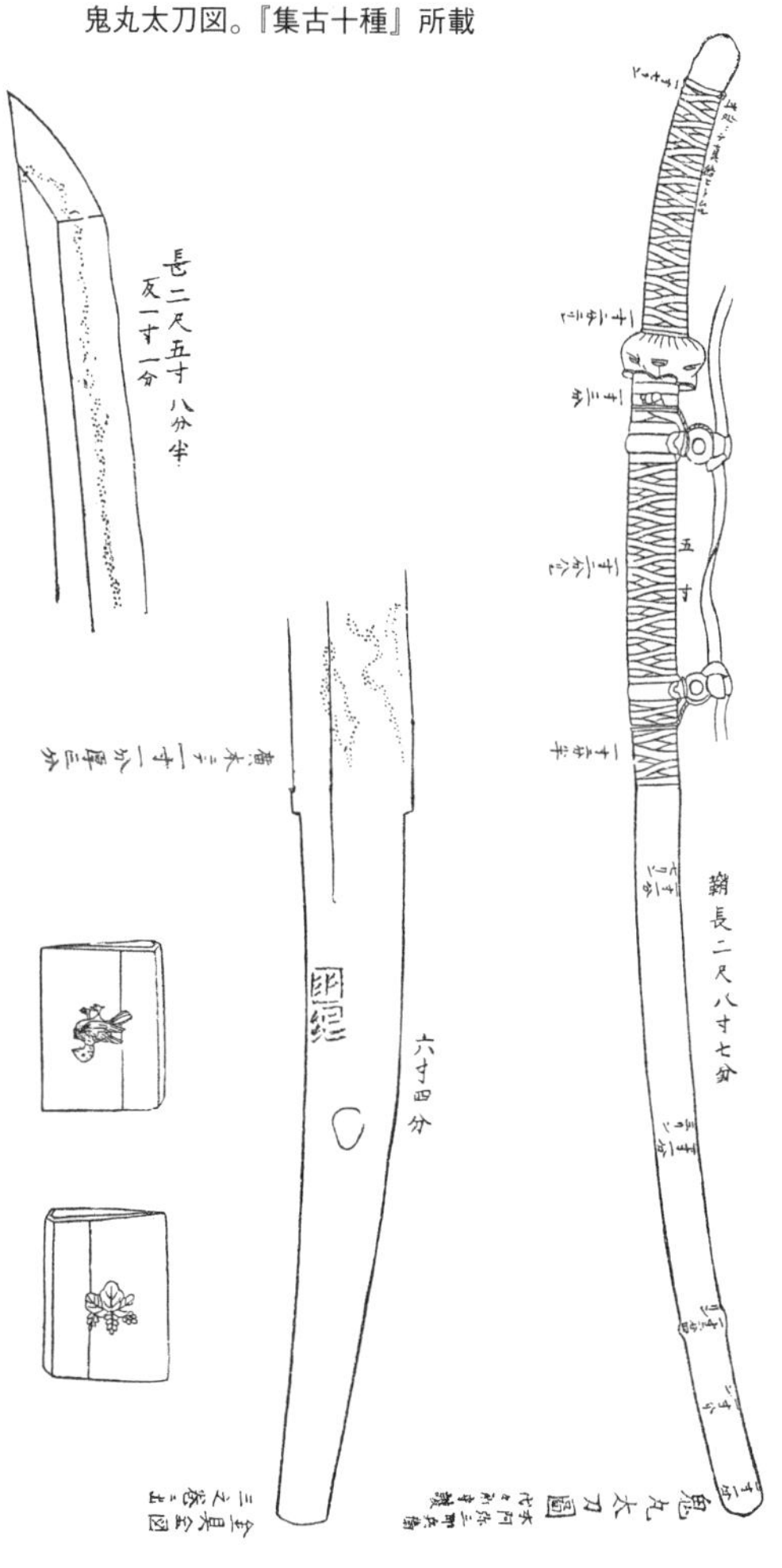

鬼丸太刀図。『集古十種』所載

して太刀を打たせたのは時政ではなく、刀剣に造詣の深かった第五代執権・北条時頼《ときより》（一二二七〜六三）というのが実態らしい。ちなみに後年、徳川《とくがわ》第八代将軍の吉宗《よしむね》が刀剣鑑定の名家・本阿弥《ほんあみ》家に作成を命じた『享保名物帳《きょうほうめいぶつちょう》』でも国綱と年代が合わないため、時政が時頼に改められたという。鍛刀させたのが誰なのかはともかく、国綱の手がけた一振りが「鎬造《しのぎづくり》で反りが高く、腰に踏張りがあり、茎《なかご》の部分で反っている」という常套句で表現される、鎌倉時代の太刀の理想像を体現した貴重な存在なのは間違いないだろう。

では、名刀ゆえに鬼丸がたどった流転劇を見ていこう。

鎌倉幕府最後の執権となった北条高時《たかとき》が自刃の際、鬼丸は北条家の再興を期して、嫡男の邦時《くにとき》（次男の時行《ときゆき》という説もある）に託された。しかし再興は成らず、捕えられた邦時が刑死した後、鬼丸は新田義貞《にったよしさだ》の許にもたらされた。渡辺綱《わたなべのつな》が一条戻橋《いちじょうもどりばし》にて茨木童子《いばらきどうじ》の片腕を斬り落としたという伝説の名刀・鬼切《おにきり》を以前から所持していた義貞は、名刀がもう一振り手に入ったのをいたく喜び、両刀を佩用《はいよう》した。

『太平記』に曰く

「左右の手に抜き持ちて、下がる矢をば飛び越え、上がる矢にはさしうつぶき、真中を指して射る矢をば二振の太刀を交へて、十六までぞ切って落されける」

とある。

ここまで常人離れした働きを、それも一軍の将が最前線で展開したとは考え難いが、義貞が最期まで鬼切・鬼丸の両刀を佩用していたのは事実のようだ。後醍醐《ごだいご》天皇を擁する南朝の要として、北朝を樹立した足利《あしかが》一門と抗争を繰り広げた義貞も武運が尽き、延元《えんげん》三年（一三三八）七月二日に越前《えちぜん》国（福井県）藤島《ふじしま》にて戦死。二振りの名刀は、敵将の越前守護・斯波高経《しばたかつね》の手に落ちた。ともに黄金造りで、一振りには金の鎺《はばき》に「鬼切」の銀象嵌《ぎんぞうがん》、もう一振りには銀の鎺に「鬼丸」の金象嵌が為されていたという。

斯波高経は、足利一門でも屈指の有力守護だった。世に知られた名刀を手放したくないと考えたのも、無理はあるまい。

鬼丸を欲した尊氏《たかうじ》の

「是は末々の源氏（註・高経のこと）などの持つべき物に非ず。急ぎ是を渡され候へ。当家の重宝として嫡流（註・尊氏のこと）相伝すべし」

という再三の要求に応じず、ついには反旗を翻すのだが、結果はやむなき降伏。斯波家は足利将軍を補佐する三管《さんかん》領《れい》（斯波・細川《ほそかわ》・畠山《はたけやま》）の筆頭に納まった。詳細は明らかでないが、この時に鬼丸は足利家に献上されたらしい。

やがて時代は戦国乱世を迎え、鬼丸は織田信長《おだのぶなが》の所有するところとなった。この戦国期における鬼丸の流れは判然としないが、第十四代将軍・足利義輝《よしてる》が対立する松《まつ》永久秀《ながひさひで》と三好《みよし》三人衆に襲われて斬り死んだ際、奪われずに済んだとは考えられない。他の足利家重代の名刀と一緒に、敵の戦利品にされたと見るのが正解であろう。義輝の弟で、後に第十五代将軍になる足利義昭《よしあき》を奉じて上《じょう》洛《らく》し天下の覇者となった信長に降伏する際に、久秀は貢ぎ物として足利家から略奪した数々の重宝を贈っている。この中に含まれていたかどうかは定かでないが、やがて鬼丸は豊臣秀吉《とよとみひでよし》の手を経て、刀剣鑑定の大家・本阿弥光《ほんあみこう》徳《とく》の預かるところとなった。本阿弥家は江戸に幕府を開いた徳川将軍家からも鬼丸の管理を任され、一時、後水尾《ごみずのお》天皇（在位一六一一～二九）より献上を命じられたものの、明治十四年（一八八一）に宮内省へ返還されるまで三百年余の間、稀代の名刀を護持する任を務めた。

流転劇は名刀の宿命だが、この鬼丸ほど時の権力者の手許を転々とした事例も珍しいのではないだろうか。各時代における権力者たちの示した執着そのものが、件の小鬼斬りのエピソード以上に鬼丸を名刀たらしめている理由と私見する。

北条時頼像。禅興寺は子の時宗が最明寺を再興したもの。明治初年に廃寺。明月院（あじさい寺）のみが残っている。『集古十種』所載

蜻蛉切

Tombo-kiri

とんぼきり

◆時代：室町時代
◆種類：大身槍
◆刃長：約四三・七《チセン》

本多平八郎忠勝《ほんだへいはちろうただかつ》

天下三槍の筆頭に挙げられる蜻蛉切《とんぼきり》は、徳川家康《とくがわいえやす》の四天王として名高い猛将・本多平八郎忠勝《ほんだへいはちろうただかつ》（一五四八〜一六一〇）の愛槍だ。

三河国《みかわ》（愛知県）古来の大物豪族だった本多家の男たちは、最古参の家臣の一族として徳川家に代々仕え、主君のために討ち死にして果ててきた壮絶な歴史を持つ。忠勝の場合、数え年十四歳の初陣以来、経験した合戦は生涯に五十七度。多くの合戦で先鋒隊の指揮を務めながら傷一つ負うことなく天寿を全うした忠勝は、歴代の本多家当主の中で随一の勇者といえるだろう。

その忠勝が愛用した蜻蛉切は、あるじと一緒に戦国乱世を生き延びた稀有な一筋として、賞賛に値する名槍である。

若き日の忠勝は、武田信玄《たけだしんげん》が徳川領の遠江国《とおとうみ》（静岡県）への侵入を図ったのに際して、苦戦を強いられた家康を無事に撤退させるために、自ら進んで殿《しんがり》を務めたことがあった。殿とは退却する軍の最後尾を占める一隊のことで、主君を擁する主力勢が無事に逃げ延びるまでの時間を稼ぐため、戦闘を継続しながら緩やかに撤退し敵を引き付けておくのが役目である。目的を遂げるまでは全滅も辞さず、決死の覚悟で戦い続けなければならないのだ。かくして激戦の地となった国境の一言坂《ひとことざか》において、蜻蛉切は所有者である忠勝の勇名を、大いに高めている。殿を務めることになった忠勝は、愛槍の柄《え》を通常に用いたとされる一丈三尺（約三・九メートル）の黒塗りのものに替えて、長さが倍近くに相当する二丈（約六メートル）余の青貝螺《あおがいら》鈿《でん》の柄《え》に装着し直したという。より長い柄に取り替えたことで間合い、つまり攻撃半径が倍増した蜻蛉切を携えて最前線に立った忠勝は、肖像画で知られる黒糸威胴丸《くろいとおどしどうまる》具足《ぐそく》（鹿角脇立兜《ろっかくわきだちかぶと》）の威容で決死の戦いを挑み、精強の武田軍団を見事に阻止したのだった。ちなみに、蜻蛉切の異名の由来となったエピソード——槍を立てて休憩していたところに飛んできた蜻蛉が、刃に触れたとたんに両断されてしまった——は、この一言坂の戦闘の時のことだという。忠勝は以前から同じ槍を愛用していたため、あるいは他の合戦場での出来事だったのかもしれないが、蜻蛉切が鋭利な刃を備えていた事実は間違いないだろう。

天正《てんしょう》十年（一五八二）に本能寺の変が勃発した時、折悪しく堺《さかい》へ見物に立ち寄っていた家康は、明智光秀《あけちみつひで》の手勢から逃れて、有名な伊賀《いが》越えをして三河まで落ち延びたが、この時も忠勝は蜻蛉切を振るって奮戦し、無事に主君を守り抜いたという。出陣する時だけに限らず、常に携行していた無二の愛槍だったと察することができる。

最後に、蜻蛉切がどのような仕様に作られていたのかを検証してみよう。

槍穂《やりほ》は平三角造《ひらさんかくづくり》。合戦向けの大身槍《おおみやり》の中でも大型の部類に属する大笹穂《おおささほ》で、刃長一尺四寸四分五厘（約四三・七センチ）。六角形の首に支えられた元身幅は八分（約二・四センチ）で、最大幅一寸二分五厘（約三・七五センチ）と、均整がとれている。重ねは三分五厘（約一・〇五センチ）。戦国時代の槍としては標準サイズなのだが、威力を発揮するために剛力が、そして確かな技量が必要だったのは念を押すまでもない。重厚な大身槍を常に手放さず、戦況に応じて柄を倍の長さに取り替えても十分に使いこなせたのは、忠勝が歴戦の士だったからこその結果といえるだろう。

槍は白兵戦の主力武器だっただけに、完全な形で伝えられているケースは数少ない。蜻蛉切の場合にも例外ではなく、いずれかの戦闘で失われたのだろうか、青貝螺鈿の柄は残念ながら現存しておらず、樫《かし》の短い柄が代わりに装着されているという。長さ一尺八寸三分五厘（約五五・六センチ）の茎《なかご》に切られた五字銘は「藤原正真作」。作刀者の正真《まさざね》は室町時代に三河国で活躍した村正《むらまさ》一派の刀工で、三河文殊《みかわもんじゅ》と称された。当時の大和国《やまと》（奈良県）にいた同名の人物とは同一人、もしくは近い間柄と目されている。

御手杵

O-tegine

おてぎね

◆時　代：室町時代～戦国時代
◆種　類：大身槍
◆刃　長：約一三八㌢

松平大和守《まつだいらやまとのかみ》

御手杵《おてぎね》は天下三槍のうちで唯一、大平洋戦争時の空襲で永遠に失われてしまった幻の槍である。

記録に曰く、刃長四尺六寸（約一三八㌢）で、総長は七尺（約二一〇㌢）。合戦仕様の堂々たる大身槍《おおみやり》であり、槍穂《やりほ》の形状は三角形。その三面には太樋《ふとび》が彫られていたという。御手杵の異名は、鞘《さや》の形が手杵《てぎね》――民話でおなじみの、中央のくびれた棒状の杵――に似ていたことに由来する。

二尺五寸（約七五㌢）の茎《なかご》に切られていたと伝えられる「義助作」の三字銘から、作者は室町時代の末期、康正《こうしょう》年間（一四五五～五七）の駿河《するが》国（静岡県）の刀工・島田義助《しまだよしすけ》と見なされる。相州《そうしゅう》伝・備前《びぜん》伝の流れを汲む義助は、その後も駿河国で栄えた島田鍛冶の代表格とたたえられ、戦国時代における槍鍛冶の名手として世に知られている。槍だけに限らず、薙刀《なぎなた》も手がけており、白兵戦の主力武器として長柄武器の需要が高かった乱世ならではの名工として、注目に値する人物だ。

この島田義助が精魂を傾けた御手杵の作風、果たしてどのようなものだったのか。

御手杵は地鉄《じがね》が杢目《もくめ》で柾気《まさけ》が強く、刃文《はもん》は直刃《すぐは》で小沸《こにえ》がついていたという記録が残っている。一連の特徴は義助が鍛《きた》えた刀、とりわけ短刀にも相通じるものだ。彼の短刀の造込《つくりこみ》は平造寸延先反《ひらづくりすんのびさきぞり》、つまり平造で刃が長めに仕立てられ、鋒先《きっさき》の反りが大きい。重ねが厚く、刃文に見られる沸には光がなく、地肌《じはだ》が剛《つよ》く肌立っていたという。全体に鈍重な感を与えられるともいわれるが、ことばを代えれば重厚な剛刀だったのではないか。ちなみに賤ヶ《しずが》岳七本槍《たけしちほんやり》として勇名を馳せた豊臣《とよとみ》家の武将・片桐且元《かたぎりかつもと》が用いた右手指《めてざし》、つまり合戦用の短刀は義助の作だったとのこと。且元は徳川《とくがわ》家との和睦に尽力したエピソードで知られる、悲劇の人物だ。結果として豊臣家を裏切った形になった彼が大阪夏の陣の直後、病床での切腹に用いた短刀の銘は定かでないが、もしかしたら若き日に愛用した、義助作の右手指だったのかもしれない。

他家の武将のために作刀した例も皆無ではないが、島田の刀工は徳川家の御用鍛冶ともいうべき存在だった。御手杵は騎馬で従軍する上級武士用の大身槍なので、家康《いえやす》の傍近くに仕えていた家臣のために鍛えた一筋だったのでは……と、無理なく想像を働かせることができる。

正確な重量は不明だが、槍穂の三面には目方を軽減するための樋《ひ》が彫ってあるにも関わらず、御手杵はかなり重い槍だったという。上級武士は、敵勢に遭遇して戦うために下馬するまでは自ら槍を持たない。行軍中は、徒歩で付き従う槍持ちに預けておくのが通例だった。あるじと自分の軍装を一緒に携行しなくてはならない足軽にとって、重量級の御手杵は悩みの種であったと伝えられる。

徳川の世の崩壊後、元川越藩主の松平大和守《まつだいらやまとのかみ》家に伝来した御手杵が焼夷弾の炎に焼かれ、あえなく最期を遂げたのは昭和二十年（一九四五）五月二十五日、同家の保管庫がある東京市の大久保一帯を襲った空襲に際してのことだった。この日付は同年の三月十日から五度にも及んだ東京大空襲の最後の爆撃に当たり、同じ松平大和守家秘蔵の名刀「式部正宗《しきぶまさむね》」（二尺二寸七分五厘＝約六八・二五センチ）も、残念ながら御手杵と運命を共にしたという。天下に知られた名刀・名槍といえども現実には自力では動けぬし、たとえ遣い手に恵まれても渡り合うことのできる相手には限界がある。押し寄せるB―二九爆撃機の大群を前にして、もはや戦い抜く術はなかったのだ。

悲劇の名槍が古の記録に基づき、かつて義助が居を構えていた静岡県島田市の有志の手によって、見事に復元されたのは平成十四年（二〇〇二）。翌年には茨城県の結城《ゆうき》市へ寄贈され、市役所での展示を経て現在は同市内の結城蔵美館《くらびかん》にて一般公開されている。松平大和守家の先祖に当たる、徳川秀康《ひでやす》（家康の次男）を養子に迎えた地元の名将・結城晴朝《はるとも》が、槍作りの名人であった義助の腕を見込んで御手杵を作らせた史実を踏まえて両市が縁付き、長大すぎるが故に困難だった一般向けの常設展示がついに実現されるに至ったのである。

かくして平成の世に復活した天下の名槍「御手杵」は人気ゲーム『刀剣乱舞』のキャラクターとして、更なる注目を集めて止まない。

日本号《にほんごう》

Nihon-go

◆時　代：室町時代〜戦国時代？
◆種　類：大身槍
◆刃　長：約七九センチ

母里太兵衛《もりたへえ》

その名を広く知られている点では、日本号《にほんごう》こそ、天下三槍の中でも文句なしにトップクラスといえるだろう。

「酒は呑《の》め呑め　呑むならば　日《ひ》の本一《もといち》のこの槍を　呑取るほどに　呑むならば　これぞまことの　黒田武士」

中高年の方々の宴席、ことに武道家の集まりには今でも欠かせない民謡「黒田節《くろだぶし》」で唄われる通り、日本号は酒にまつわるユニークな来歴を持つ。筑前《ちくぜん》国（福岡県）の黒田家に仕えた母里太兵衛《もりたへえ》という豪傑が、天下の福島《ふくしま》正則《まさのり》から「呑取った」名槍なのだ。刃長二尺六寸一分五厘（約七九センチ）、平三角形の大身槍《おおみやり》で、二尺六分五厘（約六一・九センチ）の茎《なかご》に銘はないが、室町時代後期の大和《やまと》鍛冶の作という。室町時代から戦国時代にかけて活躍した関兼貞《せきかねさだ》、または同時期の相州鍛冶を代表する広正《ひろまさ》の作との説も唱えられているが、真の作者は不明である。いずれにしても、柄《え》と鞘《さや》を青貝螺鈿《あおがいらでん》で彩り、装飾性と機能性を兼ね備えた日本号は、当時の槍の実像を伝える貴重な一筋だ。

日本号は、いかにして黒田武士・母里太兵衛の手に渡ったのか。

太兵衛は合戦場においては同輩の追随を許さない、七十六人もの敵の首を取り、黒田二十四騎（二十五騎ともいう）の一人に数えられるほどの武勇に優れていた。刀槍の技量が抜きん出ていたのみならず、徳川《とくがわ》家が諸大名の財力を軽減させるために命じていた千代田城（江戸城）の石垣修理工事の宰領に選ばれた時には、困難な役目を全うし、逆に幕府から褒賞を授かったという。主君として仕えた黒田如才《くろだじょさい》・長政《ながまさ》の父子が一目も二目もおくほどの逸材だったと世に喧伝されているのも、当然のことだろう。その太兵衛が「呑取り」勝負を挑んだのは、主君の名代として年始の挨拶に訪れた際、酔った正則がさんざんからみ、長政の面目を潰す暴言まで吐いたせいだという。太兵衛はもともと、黒田家中に並ぶ者のない酒豪である。主君の戒めで太兵衛が下戸を装っていたと知らず、呑み干せば好きなものを取らせると正則は宣言し、大中小の三つ重ねの大杯に合わせて一升五合、取っ替え引っ換え注がせた。ふつうの者ならば立っていられなくなる量でも、並外れた酒豪にとっては物の数ではない。仰天する正則に、太兵衛は祝宴の場に飾られていた日本号を所望。他の秘蔵の槍を与えようとする正則を押しとどめ、武士に二言なしとばかりに天下の名槍をつかみ取った太兵衛は、いささかも酩酊した様子を見せずに背負い、意気揚々と引き上げたのだった。

この槍は元を正せば禁裏《きんり》、つまり天皇家が所蔵した一筋だ。正親町《おおぎまち》天皇（在位一五六〇〜八六）から足利義昭《あしかがよしあき》へ下賜され、織田信長《おだのぶなが》の手に渡り、後に豊臣秀吉《とよとみひでよし》が所有した由緒正しい品である。ちなみに、秀吉は後陽成《ごようぜい》天皇から直に賜ったという説も唱えられており、由緒正しいにも関わらず無銘である理由は、禁裏に遠慮した秀吉が、最初は太刀だったものを恐れ多くも腰に佩くことはできないとして、槍に直させたためだといわれる。頭上に高く掲げる槍ならば、天皇に対して不敬には当たらないという判断だ。秀吉が朝廷へ奉公する姿勢を示したことから、後陽成天皇は贈った槍に三位《さんい》の位を与えたとする説の真偽の程はともかく、この日本号が人間の官職にたとえれば大納言《だいなごん》に相当する三位の位を朝廷から授けられたほどの名槍なのは、紛れもない事実である。福島正則は秀吉の数少ない子飼いの一人で、賤ヶ岳《しずがたけ》の七本槍《しちほんやり》として活躍した英雄だ。小田原攻めで功績を上げた褒美として日本号を与えられたのも納得の行く立場だったのだが、秀吉が期待を込めて譲った天下の名槍を、酒席の失態で奪われてしまったのはいただけない。ちなみに、もともとの所有者である秀吉も、最初は日本号を正則に与えるつもりはなく、後から恩賞の所領を授けるまでの代わりとして預けただけだったのを、半ば強引に分捕られたと伝えられている。似た者同士の主従というべきか。

奪還を目論む福島家をはじめとする、天下の名将たちは日本号を執拗に付け狙ったというが、もちろん太兵衛が手放すことはなかった。その日本号が母里家を離れ、やはり黒田家の勇士として知られる後藤又兵衛《ごとうまたべえ》（一五六〇〜一六一五）が所有するところとなったのは朝鮮出兵の際、陣地を襲ってくる大虎を退治しに出かけた太兵衛が窮地に陥った場面に居合わせた又兵衛が、日本号を譲り渡すことを交換条件にして命を救ったためだという。清貧の士らしからぬエピソードだが、後年に主君の長政と対立した又兵衛は着の身着のままで黒田家から出奔する際、この槍は筑前に置くべきだからと進んで返納したという。大正時代には再び母里家から流出したが、これを惜しんだ炭坑経営者の安川敬一郎《やすかわけいいちろう》が右翼の大立者・頭《とう》山満《やまみつる》と協力して買い戻し、黒田家に献上した。二人の大物が黒田藩士の家柄の出身だったからこそ、実現の運びとなった話なのだろう。

最後に、余談をひとつ。江戸時代には黒田藩内でのみ、藩士たちの祝儀唄「筑前今様《ちくぜんいまよう》」の名称で親しまれていた「黒田節」が、黒田武士と日本号をたたえる詩吟のスタンダードナンバーとして全国に広まったのは、戦後の現象である。

第二章　中世武士

小烏丸《こがらすまる》

Kogarasu-maru

◆時代：平安時代（十世紀）
◆種類：太刀
◆刃長：六二・六《センチ》　反り一・二《センチ》

皇室御物《こうしつぎょぶつ》

千年の歴史を今に伝える平家《へいけ》重代の至宝・小烏丸《こがらすまる》は、現存する名刀群の中でも際立って伝説の多い一振りだ。

まずは号《ごう》、すなわち名称の由来からひも解いていこう。

小烏丸の起源は、平安京を拓いた桓武《かんむ》天皇（在位七八一～八〇六）の時代にさかのぼる。

新築されたばかりの南殿の上空に、三本足の巨大なカラスが飛来した。帝が恐れることなく招き入れたところ、舞い降りた全長八尺（約二四〇《センチ》）のカラスは大神宮《だいじんぐう》の剣の使者と名乗り、一振りの見事な太刀《たち》を置いて飛び去った。爾来《じらい》、帝が小烏丸と命名した太刀は、朝廷の宝刀として珍重されるに至ったという。

以上が小烏丸といえば必ず引用される、桓武天皇起源説のあらましである。この不思議な出来事の七日前には不動明王《ふどうみょうおう》の七つの鎧の一つ・唐皮《からかわ》（虎皮）の鎧が内裏《だいり》で修法《ずほう》が行われた際、天から降ってきたとされており、否が応にも神秘な想いを抱かずにはいられない。

この桓武天皇起源説が神の名前を借りて刀剣の、引いては所有者の権威を高めることを目的としているのは明白だろう。何しろ、大神宮といえば天照大神《あまてらすおおみかみ》が祭られた伊勢《いせ》神宮、そして三本足の巨大なカラスは神鳥・八咫鴉《やたがらす》のことである。神武《じんむ》天皇の東征神話にも登場する神鳥がもたらした太刀と称すれば、神剣という事実に異論をはさむ者が出てくるはずもない。支配者の権威が神仏と不可分だった、中世ならではの名刀由来といえるだろう。全長八尺の巨鳥ならば太刀を一振り運んでくることも可能だろうし、なかなか興味深い内容ではあるが、残念ながら真偽の程が定かでなく、作り話と断定せざるを得ない。

　続いては、小烏丸が平家に伝えられるに至った経緯を見てみよう。

　時代が下がって、承平《じょうへい》・天慶《てんぎょう》年間（九三一～九四七）。桓武天皇の曾孫・高望《たかもち》王を祖とする桓武平氏は京の都から東国、すなわち関東地方に下り、有力な武士団として成長したが、一族内での私闘が絶えなかった。そのうちの一人・平将門《たいらのまさかど》が敵対する叔父の国香《くにか》を殺し、新皇と称

『集古十種』所載の伊勢貞丈（1717～84）家
小烏丸太刀図

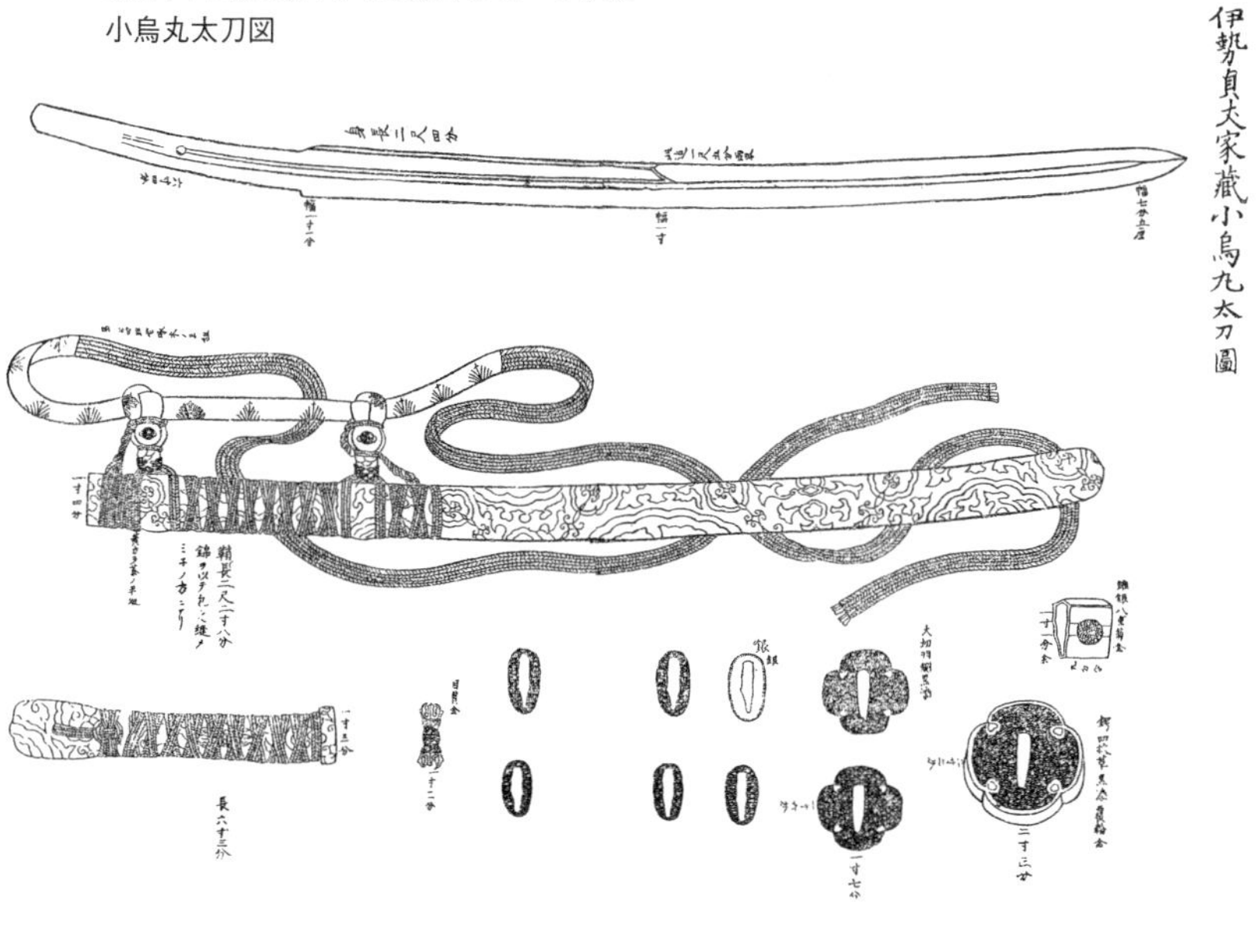

して朝廷に反旗を翻したのは天慶二年（九三九）のことである。前後して伊予国《いよ》（愛媛県）で挙兵した藤原純友《ふじわらすみとも》の反乱と併せて承平・天慶の乱といわれる、最初期の武士による武力蜂起である。未曾有の事態に対し、朝廷は藤原忠文《ただぶみ》を征夷大将軍として派遣するのだが、父・国香を殺された平貞盛《さだもり》は下野国《しもつけ》（栃木県）の豪族・藤原秀郷《ひでさと》と協力して将門を猿島《さしま》の居館に追い込むと、討伐軍が到着するよりも先に討ち取ってしまった。この時に貞盛が用いたのが朝廷より授かった太刀、つまり小烏丸だというのである。

この将門起源説には命名に関する新解釈も盛り込まれている。てっぺんにカラスの飾り物をつけた兜もろとも将門を斬ったから、というもっともらしいものだが、史実としては疑わしい。貞盛は矢で将門を射て、秀郷が首

平知盛（1152～85）像。壇ノ浦の戦いで一門の最期を見届けたうえで海に身を投じた勇将。『集古十種』所載

を打ったというのが定説になっているからだ。そもそも、乱戦の渦中での出来事であった以上、討ったのは貞盛本人ではなく、家来という可能性が高い。他にも将門起源説には疑わしい部分が多く、帝に代わって権力の座に就こうと目論み、貞盛と小烏丸の権威を高めようとした平家側による創作と考えるのが妥当と思われる。なお、源平両氏に伝わる名刀の由来をまとめた平曲《へいきょく》、つまり『平家物語』を琵琶《びわ》の演奏に合わせて語る、語り物の一編「剣の巻《つるぎのまき》」では、八幡太郎義家《はちまんたろうよしいえ》の孫にあたる源為義《みなもとのためよし》が秘蔵の一振りである「吼丸《ほえまる》」に模した太刀を作らせた際、見事な出来栄えに感嘆した為義は豪華な刀装を施し、柄《つか》にカラスの目貫《めぬき》を付けたために、小烏丸と呼ばれるようになったとされている。フィクションとして作られた「剣の巻」ではあるが、目釘《めくぎ》と一体の目貫が折れてしまったために刀身が二分《ぶ》（約六センチ）ほど詰まった、という構造上の特徴に関する記述も見受けられるため、まったくのでっち上げとも思えない。

この源為義説に拠れば、小烏丸はもともと源氏《げんじ》に伝わる名刀で、後に平家が奪い取ったのではないかと異論を唱えることも可能だろう。しかし、本当に源氏に伝来するものだったのだとすると、為義の嫡子にあたる義朝《よしとも》が京での挙兵に失敗して敗走中の平治《へいじ》二年（一一六〇）に討たれる三カ月前、敵対する平清盛《きよもり》の嫡子・重盛《しげもり》が小烏丸なる号の太刀を佩用《はいよう》していたという『平治物語《へいじものがたり》』の記述とは事実関係が一致しない。史料としての正確さを重視するならば、ここは「剣の巻」ではなく『平治物語』を信じるべきではないだろうか。平家の在《あ》りし日を偲ぶ『平家物語』がルーツの「剣の巻」よりも『平治物語』のほうが、小烏丸を平家の重宝と断定する裏付けとして有力視されているのは、なかなか興味深いことといえるだろう。

号の由来に関する真偽はどうあれ、小烏丸が先述した唐皮の鎧ともども、平家の権力の象徴として、代々伝えられたことは間違いないだろう。血で血を洗う源平争乱が勃発するよりもはるか以前、最初期の武士を代表する一代の英雄・平将門を葬ったかもしれない小烏丸に歴代の平家の棟梁《とうりょう》が求めた役割は、桓武天皇に連なる平家の政治の中枢における立場を磐石のものとし、奪取した政権を正当化するための重代の至宝、ステータスシンボル以外の何物でもなかったのだ。

文治《ぶんじ》元年（一一八五）に壇ノ浦《だんのうら》の合戦で、平家の人々と一緒に海中に没したまま永遠に失われたと思われていた小烏丸が、足利《あしかが》将軍家の儀礼を司っていた有職故実《ゆうそくこじつ》の名門・伊勢《いせ》家の秘蔵刀として再び世に現れたのは、江戸時代初期のことである。一度は徳川《とくがわ》将軍家に献上されたものの、第三代将軍の家光《いえみつ》が返却したためその後も伊勢家に保管されることとなった小烏丸は、折に触れて歴代将軍の上覧に供され、博覧強記で知られた名老中・松平《まつだいら》定信《さだのぶ》が編纂した百科事典『集古十種《しゅうこじゅっしゅ》』に収録されるまでに至った。

しかし、本当に伊勢家の小烏丸は、平安の昔から伝承されてきた現物に間違いなかったのだろうか。源氏との最終決戦を前に自害した平家の棟梁・平維盛《これもり》から、唐皮の鎧ともども重代の至宝として小烏丸を託された知盛《とももり》が壇ノ浦に没した以上、もはや地上には存在しないはずの名刀である。どのような経緯を経て伊勢家に伝えられたのか……。興味は尽きないが、鎌倉時代から戦国時代にかけての伝承の実態は、明白なものとは言い難い。後年、徳川将軍家に故実家として仕えた伊勢貞丈《さだたけ》が天明《てんめい》五年（一七八五）に作成した『小烏丸太刀之図』によると、小烏丸および唐皮の鎧は平将門討伐の戦功として平貞盛に下賜され、貞丈の代に伝わったと定義されている。清盛の曾祖父の代に嫡流《ちゃくりゅう》から分家した伊勢家に平家重代の至宝が直伝されたという解釈は不自然であり、事実とは考えにくいのだが、やはり貞丈が手がけた『小烏丸太刀唐皮鎧之由来』に記されている室町時代以降の来歴のほうは、信ずるに値する。この『小烏丸太刀唐皮鎧之由来』の記述によると、足利将軍家の打倒を目論む三好長慶《みよしながよし》の討伐に兵を動かした伊勢貞孝《さだたか》・貞良《さだよし》父子が返り討ちに遭ったのに際し、伊勢家の家臣たちは残された五歳の嫡男・虎福丸《とらふくまる》を奉じて若狭国《わかさ》（福井県）の小浜《おばま》に逃れたのだが、この時に家臣たちは安全を期して、貞良の出家した弟で、京は愛宕山の僧・長床坊に小烏丸を預けたという。この経緯は虎福丸、すなわち後の伊勢貞為の子にあたる貞輝が、伯母の春日局《かすがのつぼね》を通じて小烏丸を徳川家光に献上した際、預け先の長床坊の許から取り寄せたという事実と一致する。もちろん、室町の世に在《あ》った小烏丸が平家重代の至宝として伝えられたものと同一だったかどうかは定かではないのだが、武家の棟梁のステータスシンボルとしての価値こそ失ったものの、小烏丸が徳川将軍家さえも敬意を払う至宝として新たな存在意義を与えられ、三百年余の江戸時代を通じて珍重されていた点には、大いに注目するべきだろう。

明治の世を迎えた後、小烏丸は旧対馬《つしま》藩主・宗《そう》重正伯爵の手に移った。平知盛の子孫ということで先祖ゆかりの小烏丸を買い取った宗伯爵だが、非常な愛刀家だった明治天皇のために、江戸時代から破損の著しかった刀装をきれいに修復して、明治十五年(一八八二)に献上した。平成十四年現在、皇室御物、すなわち天皇家の所有物として東京国立博物館に保管展示されているのが、この小烏丸である。

再三繰り返すが、古来より平家重代の至宝とされてきた小烏丸の真偽の程は定かではない。しかし、名刀としての評価に耐えてきた歴史そのものが価値のバックボーンであるとするならば、現存する小烏丸に不用意な難癖を付けるべきではない。千年か、あるいは数百年か。長短はともかく、重ねてきた年月に勝るものはないからだ。

最後に、小烏丸のスペックを確認しておきたい。

特筆すべきは、切っ先が両刃になっている点だ。刀身の中央部分に至るまで、鋒《みね》側にも刃が付けられた両刃の形態は直刀《ちょくとう》から彎刀《わんとう》への過渡期の作風とされており、他の日本刀には見られないものである。現物を模した復元品を振るってみると、小烏丸の特異な刀身は斬り付ける際、違和感をともなうという。実際に用いる場合、刀身の先端のバランスは重要な意味を持つ。普通は先重《さきおも》、すなわち先端が重いのを嫌うケースが多いのだが、小烏丸は切っ先が両刃に作られているのだから、先端部がむしろ軽すぎるのだろう。だから、復元品を振るってみた場合には違和感をともなうのかも知れないが、突きや打ち込み、または巻藁を相手に斬れ味を試す、据え物斬《すものぎ》りをするのに不足はなく、近世以降の日本刀の一般的な形態である、打刀《うちがたな》と変わらないという。

作られた時代なのだが、小烏丸は古来より、日本の刀工の祖とされる大和《やまと》鍛冶・天国《あまくに》の作刀と伝えられてきた。

しかし、天国が活躍した奈良時代の刀剣とは形態が大きく異なっているため、今日では平安時代中期の天慶《てんぎょう》年間（九三八〜九四七）頃の作と見るのが定説だ。

錦包糸巻《にしきつつみいとまき》太刀《たち》拵《こしらえ》の刀装は、応仁《おうにん》年間（一四六七〜六九）当時に所有していた伊勢家が修復したものを、献上に際して宗伯爵が復元させた拵えである。しかし、応仁年間当時の刀装が平安時代そのままの形だったとは考えにくいし、ここは刀剣観賞の正しい姿勢に則り、刀身とは別物と割り切って受け止めるべきだろう。

古今東西の名刀には、伝説が残されている。

さまざまな伝説に秘められたロマンに思いを馳せること自体はとても楽しい。しかし、あまりにも諸説紛々だと夥しいエピソードについつい惑わされてしまいがちである。伝説がすごいからこの刀はきっと名刀に違いない、などという余計な先入観を持ったままで現物に接するのは刀剣観賞上、決して望ましいことではない。たとえどれほどの権威付けが為されている「名刀」であっても、気後れせず、その姿を無心に観賞して、自分なりの素直な感想を持つことが刀剣を観る目を養う第一歩と心得たい。

小烏丸の独特なフォルムは、掛け値抜きに美しい。

余計な先入観はひとまずおいて、優美な姿に心奪われるひとときを楽しもうではないか。

標剣
Shirushi-no Tsurugi

しるしの つるぎ

◆時代：平安時代（八〜九世紀）
◆種類：直刀
◆刃長：不詳

坂上田村麻呂《さかのうえのたむらまろ》

坂上田村麻呂《さかのうえのたむらまろ》（七五八〜八一一）。鎌倉時代以降「武家の棟梁《とうりょう》」の代名詞となった征夷大将軍《せいいたいしょうぐん》、その最初の武功者である。

征夷大将軍という官職、本来は政治権力とは無縁の、一軍の将の職名だった。

『新訂　官職要解』（和田英松著　一九八三）に曰く

「もとは征夷使といって、大将軍、副将軍、軍監、軍曹などの役があった。元正天皇の養老元年（七一七）、多治比真人県守を持節征夷将軍となされたのが始めである。（中略）征夷とは東北の蝦夷《えぞ》を征討する意味でつけたも

坂上田村麻呂像。『集古十種』所載

ので、有名な坂上田村麻呂、文室綿麻呂《ふんやのわたまろ》も征夷将軍となったのである。」

と定義されている。

七世紀後半、わが国初の法典である大宝律令に基づいて中央集権体制を実現させた時の朝廷は、支配領域の拡大に乗り出した。各地方に独自の勢力圏を築いている土着民に帰順を勧告し、拒めば軍を差し向ける。強硬に推進された飴《あめ》と鞭《むち》の二面政策に逆らい、最後まで頑強に抵抗を続けたのが、古来より東北地方に住む蝦夷《えぞ》（エミシともいう）であった。征夷軍を苦しめた古代東北人の戦力は、関東以北を名産地とする馬を兵器として活用した騎馬軍団。そして、蕨《わらび》状に巻いた独特の把頭《つかがしら》が特徴の蕨《わらび》手刀《でとう》に裏打ちされていた。

古墳時代後期から奈良時代、さらに平安時代の初頭にかけて、関東や東北、北海道で作られた蕨手刀は全長五〇センチ前後と長さこそ短いものの身幅《みはば》、すなわち横幅が三・五センチにも達する刀身は頑丈で、実用的な構造をもつ。剣術が体系化される以前の当時、真剣勝負は刀剣を操る手の内の精妙さよりも、刀身そのものの持つ破壊力によって決せられる部分が大きかった。その点、蝦夷鍛冶の手がけた蕨手刀は、きわめて実戦向きの刀剣といえるだろう。

征夷の本格化と前後して、把《つか》と刀身が反りを打った形に改良された蕨手刀は、より騎馬戦に適した武器へと進化を遂げた。反りを打った刀身ならば、馬上からでも無理なく斬り下げることが可能であり、疾走しながら敵を斬っても、刀身の反りがショック・アブソーバーとなって反動を軽減してくれる。もともとハンディで破壊力が大きかった蕨手刀は、反りのある彎刀《わんとう》への進化によってさらに強力な兵器と化したのである。

この蕨手刀を駆使する蝦夷に対し、征夷軍の兵の主武器である黒作大刀《くろづくりのたち》は無反りの直刀《ちょくとう》だった。全長およそ八〇センチで長い刀身を備えているだけに、より遠い間合いから敵を刺突するのには有効だが、反りのない直刀は衝撃に弱いため、斬撃を浴びせるのには向かない。幅広で肉厚の蕨手刀と渡り合うには、どう見ても分が悪かったのではないか、と判断せざるを得ない。それでなくても、蝦夷は弓と馬の技量に長けている。征夷軍が敗北を繰り返したのも、必然の結果だった。

しかし、再三の敗退にも屈することなく、朝廷は征夷を続行させた。そして、後に三十八年戦争といわれる、宝亀《ほうき》五年（七七四）～弘仁《こうにん》二年（八一一）の本格的な討伐行を通じて、勇猛果敢な蝦夷軍を次第に追い込み、ついに降伏させせるに至ったのだった。征夷大将軍・坂上田村麻呂の英雄伝説は、この三十八年戦争を背景に生み出されたのである。

田村麻呂が桓武《かんむ》天皇より征夷大将軍に任命されたのは延暦《えんりゃく》十六年（七九七）十一月。さかのぼること三年前、征夷副使として派遣された第二次蝦夷討伐に続いて、二度目の東北への出陣だった。

当時、蝦夷討伐は国家事業の様相を呈していた。

八世紀末に即位した桓武天皇は造都と征夷を二大政策に掲げ、東北地方の完全支配達成を目指した。しかし、上意を受けて延暦七年（七八八）末、仙台に位置する前進基地・多賀城《たがじょう》へ派遣された五万二千八百名の第一次蝦夷討伐軍はただ一度の戦闘で手痛い敗北を喫し、なす術もなく撤退する結果に終わった。

蝦夷には戦《いくさ》上手の首長・大墓《たもの》公阿弖利為《あてるい》（阿弖流為とも書く）がいた。わずか二千名前後の蝦夷が五万余名の大軍を敗走させたのは、この阿弖利為の名指揮官ぶりに負うところが大であった。第一次討伐軍が逃げ場のない北上川の流域に追い込まれ、退路を絶たれた朝廷の兵が千名以上も溺死したのは、三十八年戦争全史の中でも驚くべき犠牲者の数である。

惨敗の結果、蝦夷の脅威を再認識させられた桓武天皇は、支配下の全国に武器の製造を命じ、兵力を増強するとともに騎馬兵の配備に努めた。今までの歩兵を主体とする軍編成では、蝦夷の強大な騎馬軍団には対抗できない。使用する刀剣も同様だった。延暦年間以降、直刀から反りのある彎刀への進化が促されたのは、騎馬戦における斬撃の有効性を念頭においての改良の結果に他ならないだろう。

なぜ刀剣の改良が図られたのか、もう一歩踏み込んで考えてみよう。

古来より、合戦場において最後に雌雄を決してきたのは遠戦兵器、すなわち弓を初めとする飛び道具であり、刀は実戦には用いられなかったという白兵主義否定説が、近年とみに有力視されている。

この説に照らせば、彎刀などは無用の長物だったということになるかもしれない。それに中世以前は弓だけに限らず中国伝来の弩《ど》、いわゆるボウ・ガンも多用されていた時代。蝦夷軍がまだ装備していない最新兵器の弩さえあれば、危険な近接戦闘などわざわざやらなくても済んだのではないか？

ここで、映画『戦国自衛隊』（一九七九）のハイライトシーンを思い出していただきたい。

故・半村良《はんむらりょう》氏の原作小説を大胆に改変した本作品は、

現代兵器をフル装備したまま戦国騒乱の渦中にタイムスリップした、自衛隊の精鋭部隊が主役である。下剋上の乱世に魅力を覚えた自衛官たちは天下統一を狙ったものの、当代最強の武田《たけだ》・真田《さなだ》家連合軍に苦戦を強いられる。本作品のクライマックスの合戦では、圧倒的な火力と機動力を備えているにも関わらず、精鋭部隊が敵の総大将・武田信玄《しんげん》が指揮するゲリラ戦術で壊滅状態に陥っていく様を、実に生々しく描いていた。フルオート射撃が可能な自動小銃を一丁持っていても、死を恐れない多人数の騎馬武者に包囲されてしまえば抵抗する術はない。刀や槍を突き込まれ、ただ冷たい骸と化すだけである。大口径の機関銃や砲を装備した装甲車や戦車も、弾薬が尽き転覆させられれば、鉄の棺桶になる運命が待っている。戦略次第では刀槍と弓、そして単発式の火縄銃しか持たない戦国時代の軍でも、現代兵器を撃破することが可能なのかもしれない。フィクションが現実に通用すると考えてしまうのは早計だが、確かにそう思わせるだけの説得力が本作品には満ちていた。

この『戦国自衛隊』における状況を、蝦夷軍と征夷軍の戦闘に置き換えてみよう。いかに連発の効く弩でも、多勢の敵を一度に射殺すのは無理である。まして、阿弖利為が指揮を執る蝦夷軍はゲリラ戦の猛者。大軍を分断し、敵兵を小人数ずつ確実に仕留めていく戦法に十分通じていたはずだ。頼みの飛び道具を封じられてしまえば、白兵戦に移行する以外に選択肢はない。

飛び道具の矢が尽きてしまい、追い詰められた征夷軍の兵が黒作大刀を抜き放ち、蝦夷軍の騎馬武者たちに挑んでいく場面も、東北の合戦場では往々にして見られたことだろう。いざ斬り合いとなれば、蝦夷の機動力に優れた騎馬が、そして重厚な刃の蕨手刀が物を言う。だから白兵戦で遅れを取らないために征夷軍も騎馬を、そして反りのある彎刀を装備する必要に迫られたのではあるまいか。そうでなくては、補助武器に過ぎないはずの刀剣をあえて改良する必然性など考えられないからだ。

確かに中世以降の合戦に関しては、遠戦志向が定着していたのかもしれない。しかし時代区分上、古代に属する三十八年戦争の時点ではまだ、刀剣を振るう白兵戦が中世・近世よりは多かったと筆者は私見する。だからこそ第一次討伐軍の敗因を反省材料にして、第二次討伐が実施されるまでの四年間、強兵の養成と騎兵の準備に加えて直刀から彎刀への改良が実施されたことにも、必然性があったのではないだろうか。

四百五十七人が殺され、八十五疋《ひき》（頭）の馬を損失した第二次討伐における蝦夷軍の損害のどこまでが矢疵《やきず》によるもので、どこまでが刀疵《かたなきず》によるものだったのかは、中世以降の合戦と違って詳細な記録が残されていないために判然としない。それだけに、戦死者の死因が遠戦で矢を受けたからなのか、それとも白兵戦で斬られたのかを断定することはできないが、本当に刀剣が合戦場で無用の長物だったとしたら、わざわざ直刀を彎刀に改良させるはずがないではないか。

ともあれ、この第二次討伐で征夷軍が優勢に転じ、ついに第三次討伐において「夷賊を討伏す」（『日本紀略《にほんきりゃく》』）大戦果をあげたのは、征夷大将軍、つまり全軍指揮官の坂上田村麻呂が増強された征夷軍の戦力を遺憾なく発揮したからに他ならない。

その田村麻呂が、第二次討伐への出陣に際して佩用《はいよう》したと伝えられる無銘の直刀が京都・鞍馬寺《くらまでら》に所蔵されている。これが標剣《しるしのつるぎ》（ソハヤノツルギともいう）である。細身で無反り、重ねは普通の直刀よりも厚い。その作風から、平安時代初期の作刀といわれる由来に一致する。黒漆《くろうるし》大刀《たち》の拵《こしらえ》には山形がね付きの足金物《あしかなもの》が施され、把頭や鐺《こじり》が失われているものの、直刀から彎刀への過渡期における刀剣の実像が、ほぼ原形のまま残されていることの価値は計り知れない。明治四十四年（一九一一）に古社寺保存法によって国宝に指定され、昭和二十八年（一九五三）には文化財保護法の制定にともない、重要文化財に指定された。ちなみに、この直刀は田村麻呂の没後、天皇を護る御剣《ぎょけん》の一振りに加えられ、御所内に長らく所蔵されてきたと伝えられる。

「坂上宝剣」と名付けられた、田村麻呂の遺愛刀には不思議な逸話が残されている。説話集『古今著聞集《ここんちょもんじゅう》』巻二十に曰く、田村麻呂の死から百年近くを経て即位した醍醐《だいご》天皇が延喜野に行幸《ぎょうこう》された際、御輿に入れておかれた御剣の鐺を紛失されてしまった。古い御剣なのに残念だと嘆かれた帝が高い塚に立って眼下を眺めておられると、そこに一頭の犬が鐺をくわえて持ってきたという。通常、天皇が御剣を佩《は》かれるのは、稀である。御輿にまで持ち込んでいたとの記述は、この御剣、すなわち坂上宝剣が帝の護りとして重用されていた事実を窺わせる。征夷の英雄の遺愛刀という由来が忘却の彼方に去った時代だったにも関わらず、そこにあるのが当然のように、帝の身辺近くにおかれていたのだ。

また、こういう話も残っている。

この御剣、敦実《あつみ》親王（八九三〜九六七）が所有されていた頃には雷鳴が鳴り響く時、自ら鞘《さや》走る霊力を発揮したと伝えられる。むろん、あるじを守護するための現象であり、御剣の霊験を信じられた親王は、常に身辺からお離しにならなかった。後年、この御剣は京極（藤原）師実《もろざね》の所有となったが、雷の災厄から身を護る霊剣との伝説を聞いた白河《しらかわ》上皇に献上されたところ、もはや雷鳴に反応して抜ける現象は起こらなくなったという。

晩年の坂上田村麻呂は嵯峨《さが》天皇の側近くに近衛将監、近衛少将・中将・大将として仕え、逆臣に手出しを許さなかったと『古今著聞集』巻九武勇《ぶよう》第十二に伝えられている。実在の田村麻呂は、武勇に優れた傑物であった。身長五尺八寸（約一七四センチ）、体重二百一斤（一二〇・六キロ）。胸の厚さが一尺二寸（約三六センチ）もあったというから、その堂々たる偉丈夫ぶりが想像できる。武人としての力量も、恐るべきものを備えていたに違いあるまい。しかし、田村麻呂が第二次・第三次蝦夷討伐行において、どのように戦ったのかは定かでない。何しろ、歴代の征夷大将軍がその墓に詣でて、戦勝を祈願したほどの英雄だ。敵将の阿弖利為と激しく刃を交えたぐらいの逸話がたとえ創作にせよ、残されていても不思議ではないだろう。だが、記録に見られるのは延暦二十年（八〇一）の第三次討伐において、五百余名の同族ともども降伏した阿弖利為の助命を朝廷に嘆願し、蝦夷への帰順を促す懐柔策を主張したという一点のみである。

結果として田村麻呂の主張は退けられ、阿弖利為は降伏した他の首長と前後して斬罪に処された。その後も田村麻呂は征夷大将軍の任を務め、陸奥鎮守府《むっちんじゅふ》を多賀城から胆沢《いさわ》城に移すと同時に、第三の前進拠点として盛岡に志波《しわ》城を築き、律令国家の支配領域の拡大に貢献した。

享年五十四。朝廷に忠誠を尽し、事の是非を問うことなく、与えられた任務を黙々と遂行し続けた、武官の鏡といえる生涯であった。

最後に、再び『新訂　官職要解』を引用させていただこう。

「その後、東北が無事であったから、この職を置く必要がないので、久しく絶えていたのを、後鳥羽《ごとば》天皇の御世、木曾義仲《きそよしなか》を征夷大将軍になされたのである。これは、朱雀《すざく》天皇の御世、将門《まさかど》が謀反をしたとき、参議忠文（註・藤原忠文《ふじわらのただぶみ》）を征東将軍にした例だと、『吾妻鏡《あずまかがみ》』にかいてあるが、ただ兵馬の権をとって征討に従事したもので、昔の征夷将軍とは少々意味がちがっている。源頼朝《みなもとのよりとも》が平家《へいけ》を滅ぼし、天下を平定してこの職に補せられてからは、兵馬の権ばかりでなく、政権をも掌握するようになった。幕府を鎌倉に置いて、すべての政務をとったから、朝廷の外に一つの政府ができたようなものである。（後略）」

鎌倉幕府の初代将軍となった源頼朝以降、歴代の幕府の頂点に立った征夷大将軍は実質上、日本を支配する立場に君臨し続けた。名実ともに「武家の棟梁《とうりょう》」の代名詞として確立された時、征夷大将軍の内実は、坂上田村麻呂の時代とは完全に様相を異《こと》にしていたと言わざるを得ない。

尊王の志が厚く、朝廷のために奔走した田村麻呂の業績も、決して安易に褒めたたえられるべきものではないだろう。討伐の対象に据えられた蝦夷の視点から見れば、征夷大将軍の名は英雄どころか、征服者の代名詞に他ならないからだ。とはいえ、田村麻呂が単なる武断政治の実行者だったとしたら、阿弖利為を初めとする蝦夷の戦士たちがおとなしく帰順しただろうか。もちろん、史実に感傷を交えるのは慎むべき行為である。しかし、無益に血を吸わせなかったからこそ、田村麻呂の遺愛刀は坂上宝剣として数々の霊威を示す、御剣たり得たのではないだろうか。筆者は、そう信じたい。

錦包毛抜太刀

Nishiki-tsutsumi Kenuki Tachi

にしき つつみ けぬき たち

◆時　代：平安時代（十世紀）
◆種　類：毛抜形太刀
◆刃　長：全長　九六・三センチ

藤原秀郷《ふじわらのひでさと》

下野国《しもつけ》（栃木県）の豪族・藤原秀郷《ふじわらのひでさと》（生没年未詳）の佩刀《はいとう》と伝えられる毛抜形太刀《けぬきがたたち》は、直刀《ちょくとう》から彎刀《わんとう》への過渡期にあたる平安時代の中期に作られた刀剣である。

名称の通り、把《つか》には古代の毛抜きの形をした透し彫りが施されているのだが、これは単なる装飾ではない。斬撃の際、金属製の把を握った両手にかかる衝撃を軽減するためであり、刀身の重量とのバランスを取るための工夫だった。

衛府《えふ》太刀とも呼ばれる毛抜形太刀の拵《こしらえ》は、天皇の身辺を護る衛府の武官が佩用することを前提としている。外見は儀杖《ぎじょう》用の飾太刀拵《かざりたちこしらえ》と同様、金物で美麗に飾り立てた豪奢な刀装だが、その刀身には武用、すなわち兵器としての使用に耐え得るだけの威力が秘められている。

拵と一緒に現存する三重県・伊勢神宮徴古館《いせじんぐうちょうこかん》所蔵の太刀は、当時の武用刀の実像を今に伝える第一級資料だ。赤地の錦包《にしきつつ》みの鞘《さや》に納められた刀身は、物打《ものうち》がほとんど直刀に近い形状で、わずかに反りを持っている。刀身のほぼ中央部に鎬《しのぎ》が設けられているのは、切刃造《きりはづくり》から鎬造《しのぎづくり》に移行しつつあった、当時の作刀技術の変化を示すものといわれる。滋賀県・竹生《ちくぶ》村の宝厳寺《ほうごんじ》に伝えられる毛抜形太刀は拵が欠損し、残された二尺二寸一分五厘（約六六・四五センチ）の刀身は焼けて真っ赤に錆《さび》つき、刃文も判然としないのに対して、この錦包毛抜太刀《にしきづつみけぬきたち》はほぼ完全な形で現存しており、刀装の細部まで確認することが可能な点でも、きわめて価値が高い。

武将たちが武運長久を願い、各地の社寺に奉納した刀剣はいうまでもなく、過ぎ去った過去の貴重な証人である。とりわけ、直刀から彎刀への過渡期に作刀された錦包毛抜太刀が無言のうちに示す証言――当時の刀剣の実像は、計り知れない価値をもっているのだ。

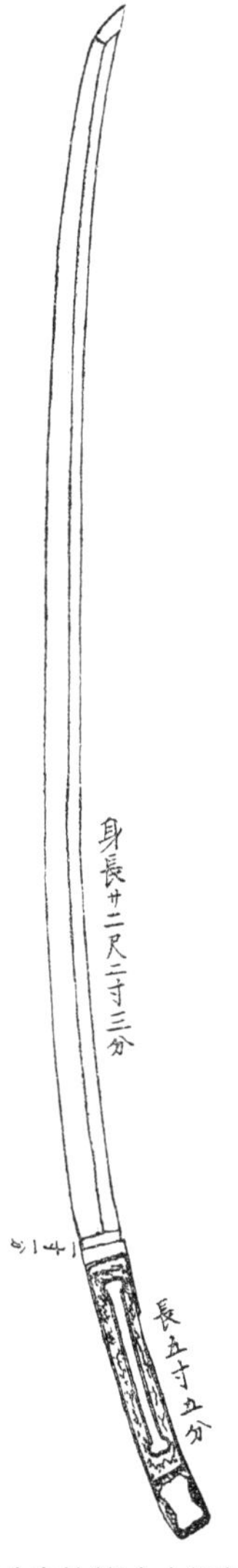

竹生島社（都久夫須麻神社）にも伝わる藤原秀郷の太刀図。『集古十種』所載

藤原秀郷の武勇伝は、二つ伝えられている。

第一は、天慶《てんぎょう》三年（九四〇）二月十四日、関東地方で反旗を翻した平将門《たいらのまさかど》を討ち取った一件。第二は、俵《たわら》（田原）藤太《とうた》の異名を世に知らしめた、大百足《おおむかで》退治の逸話である。

琵琶湖底の竜宮城に住む龍神の願いで、三上山《みかみやま》に巣くう大百足を退治したという『太平記《たいへいき》』巻第十五「奥州勢坂本に著く事の条」を出典とするエピソードは、英雄豪傑譚としては楽しい内容なのだが、明らかに事実ではないと思われるため、語らせていただくのは別稿に譲ろう

（一一四頁参照）。

ここで注目したいのは、いずれの武勇伝においても秀郷が太刀《たち》ではなく、弓の技量を駆使して手柄を立てている点だ。

将門との戦いに、秀郷は下野国の押領使《おうりょうし》として参戦した。武勇に優れた土地の豪族が任命される押領使は、各地方の治安維持に務めていた者である。征東将軍として将門討伐に派遣された平貞盛《さだもり》が同盟を持ちかけたのも、秀郷が強力な軍団を擁していたからに他ならない。坂東《ばんどう》武者の秀郷としては当然、将門に味方するという選択肢も有り得たはずだが、あえて征東将軍に与《くみ》したのは、武勇のみならず時流を読む力にも長《た》けていたと見るべきだろう。

これは『太平記』の百足退治のエピソードの中でも信じていい部分だと思うが、秀郷は生涯、五人張りの強弓を手放さず持っていたと伝えられる。そして将門と貞盛・秀郷の同盟軍が繰り広げた戦闘が弓射戦中心だったことは、『将門記《しょうもんき》』に見られる各合戦場の様相から明らかである。風上に回り込んだり、地形や遮蔽物を利用して巧みに敵の不意を突く将門一流の戦術は、徒歩《かち》の弓兵を前面に押し出したものに他ならず、数で劣る兵力を飛び道具で補う発想が窺われる。白兵戦は前衛部隊が突破され、総大将が自ら刀を振るわざるを得ない窮地にでも陥らない限り、まず展開されなかったと考えるのが妥当なのだが、逆にいえば、矢を射る余裕もない状況下となれば、一軍の将にも敵と刃を交える機会が訪れたはずなのだ。

伊勢神宮所蔵の毛抜形太刀には、棟部《むね》に切込みの痕《あと》が残されている。生々しい切込みが、どの合戦場で付けられたのかはわからない。しかし、現実に刀疵が存在する以上、この太刀が実用に供されたのは間違いないわけで、流れ矢に射抜かれて落馬した将門の首を打ったと伝えられる秀郷が五人張りの強弓を駆使すると同時に、毛抜形太刀を実戦の場において振るっていたのは事実である可能性も有り得るといえるだろう。

ともあれ、将門を征伐した功で従六位から四位下に昇進した秀郷は下野国・武蔵《むさし》国（埼玉県・東京都）の国司《こくし》を経た後、鎮守《ちんじゅ》府《ふ》将軍《しょうぐん》にまで出世したと伝えられる。ちなみに俵藤太という異名は、百足退治の礼として龍神から贈られた米俵の中身が、幾ら使っても尽きなかったことに由来するという。富裕な豪族だったという事実から生まれた逸話に過ぎず、本当に秀郷がそのような魔法の俵を所有していたわけではないが、確実に歴史の表舞台へと台頭しつつあった武士階級の一実力者としての繁栄ぶりが窺われるエピソードではないか。

黄金造《こがねづくり》りの太刀《たち》

Kogane-zukuri no Tachi

◆時　代：鎌倉時代（十四世紀）
◆種　類：太刀
◆刃　長：不詳

新田義貞《にったよしさだ》

刀剣奉納《とうけんほうのう》ということばがある。神社仏閣、とりわけ神社に対して刀剣を奉納する行為は、わが国において古来より続いている習俗だ。武器として実用に供されることなく、御神体《ごしんたい》・御神宝《ごしんぽう》（神財物）として無傷のまま保管されてきた奉納刀剣は、各時代の作刀の特徴を後世に伝えてくれる、日本刀剣史の証人ともいうべき貴重な存在なのである。

戦勝祈願を目的に、武将が刀剣を奉納した事例は数多い。なかでも足利尊氏《あしかがたかうじ》と競い合って鎌倉幕府を打倒した名将・新田義貞《にったよしさだ》（一三〇一～三八）による刀剣奉納は、きわめて特異なケースといえるものだ。

後醍醐《ごだいご》天皇の綸旨《りんじ》を奉じ、北条《ほうじょう》氏の幕府支配に反旗を翻した義貞は元弘《げんこう》三年（一三三三）五月、敵の本拠地である鎌倉に兵を進めた。すでに小手指《こてさし》ヶ原《がはら》（埼玉県・所沢市）と分倍河原《ぶばいがわら》（東京都・府中市）で、相次いで幕府軍を撃破した義貞の軍勢は波に乗っていたが、鎌倉は天然の要害だ。東、北、西の三方を山に囲まれた鎌倉を攻略するには、山間に設けられた七つの切通しのいずれかを突破しなくてはならない。

最後の防衛線を死守するべく、幕府軍は反撃に打って出た。化粧坂《けわいざか》、そして極楽寺《ごくらくじ》の戦闘に敗れた義貞は、南の稲村ヶ崎《いなむらがさき》に向かう。相模湾を渡れば、鎌倉は目の前である。が、七里ヶ浜《しちりがはま》の東端に位置する稲村ヶ崎の沿岸には、早くも幕府軍の船団が待ち受けていた。岬の突端を進撃すれば、たちまち矢の集中攻撃を浴びてしまう。ここは敵の船団を回避して、崖下から廻り込む以外にないのだが、荒波の打ち寄せる沿岸を大挙して押し渡るのは不可能に等しい。もしも強行すれば兵も馬も波に掠《さら》われ、甚大な犠牲が生じるのは必至であった。そこで義貞は稲村ヶ崎に立つと、佩いていた黄金造《こがねづく》りの太刀《たち》を海中に投じて、竜神へ一心に祈りを捧げた。

「願わくば潮《しお》を万里の外に退け、道を三軍の陣に開かしめ給《たま》え」と。

その夜、奇跡が起こった。

月の入りと同時に波が鎮まり、敵の船影も小さくなっている。潮が引いたために沿岸から遠く引き離されてしまった幕府の船団は、動くに動けないのだ。絶好の機会を得た義貞の軍勢は潮の引いた崖下を突破し、一気に鎌倉へ攻め入った。そして五月二十一日、第十四代執権の北条高時《たかとき》は自刃し、鎌倉幕府は滅亡した。

この刀剣奉納、あらかじめ引き潮の時刻を読んだ義貞が兵の志気を高めるために打った芝居と現在では見なされている。刀剣を神器として奉納する、本来の主旨に照らせば不心得な行為なのかもしれないが、冷静な判断に基づいた義貞の一大デモンストレーションは、名将の有能ぶりを示す逸話の好例といえるだろう。

三池典太

Miike Tenta

みいけ てんた

◆時代：平安時代（十一世紀）
◆種類：太刀
◆刃長：約一一七センチ

八幡太郎義家《はちまんたろうよしいえ》

八幡《はちまん》太郎《たろう》義家《よしいえ》（一〇三九〜一一〇六）。東国武士団を形成した、草創期における源氏《げんじ》一門を代表する名将だ。「天下第一武勇の士」とたたえられた希代の勇士の生涯を、まずは振り返ってみよう。

源氏の氏神・京の石清水八幡宮《いわしみずはちまんぐう》にて元服し、八幡太郎を名乗った義家の初陣は、永承《えいしょう》六年（一〇五一）に勃発した前九年《ぜんくねん》の役《えき》である。朝廷の東国支配に反旗を翻した陸奥《むつ》（岩手県）の豪族・安倍《あべ》一族を討伐する大任を担った父の頼義《よりよし》を、よく支えて十一年。陸奥への進出を狙う出羽《でわ》（秋田県）の豪族・清原《きよはら》一族の助けを借りて、難敵の安倍貞任《さだとう》を滅ぼした義家が、再び東国の地に立ったのは四十四歳、永保《えいほう》三年（一〇八三）九月のことだった。

亡き父に代わり、彼が陸奥守兼鎮守府将軍《ちんじゅふしょうぐん》を拝命したのと前後して、陸奥・出羽の両国を牛耳る清原一族には内紛が起こっていた。いわゆる後三年《ごさんねん》の役《えき》である。

内紛に介入した義家が敵と見定めた清原家衡《いえひら》は、かつて共闘した前当主・真衡《さねひら》の異母弟であった。義家の軍事介入、そして真衡の死を契機に内紛は鎮まったが、今度は異父弟の清衡《きよひら》と対立した家衡は伯父の武衡《たけひら》を味方に付け、応徳《おうとく》三年（一〇八六）末には義家と交戦状態に突入

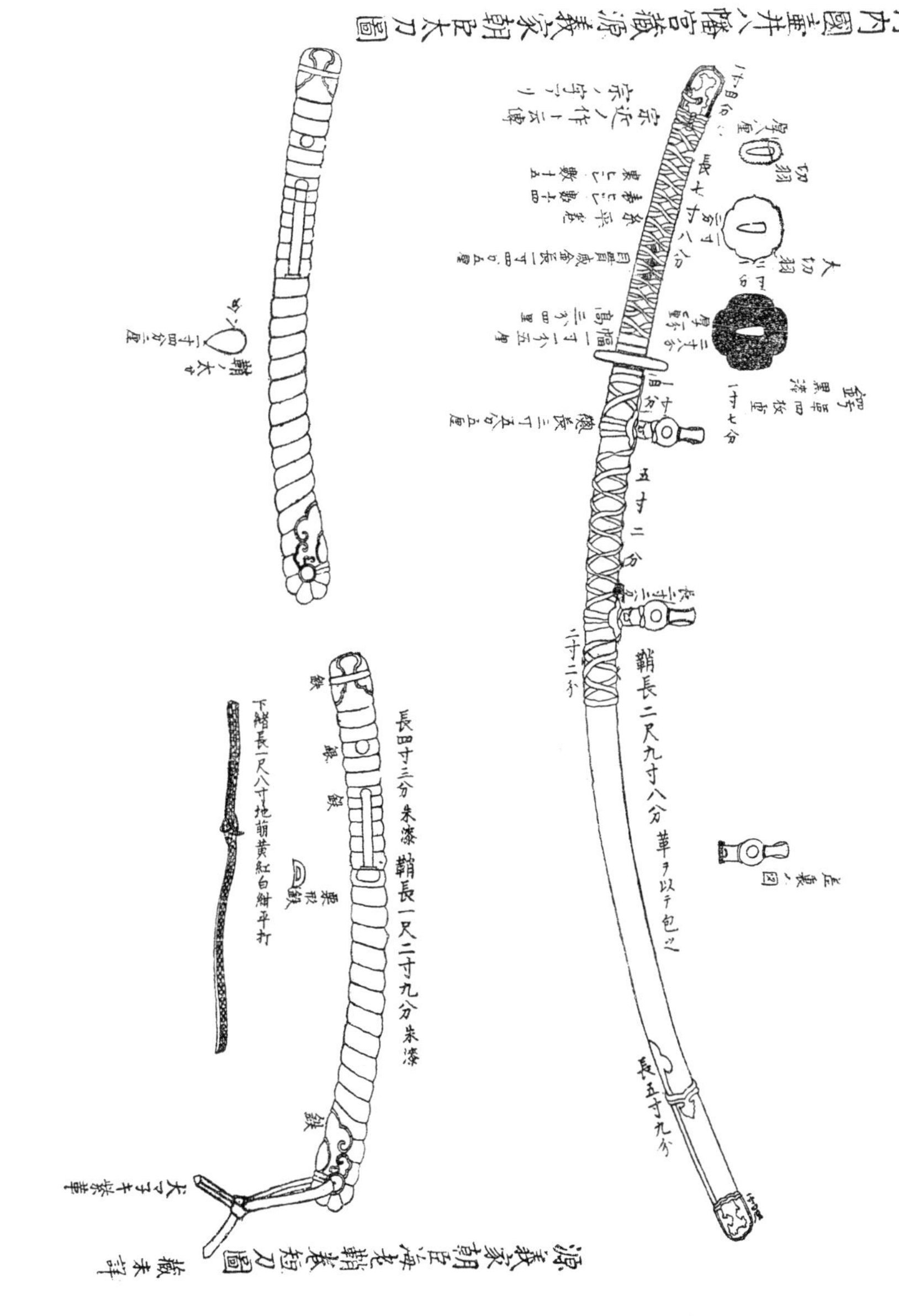

義家の太刀・短刀図。ともに『集古十種』所載

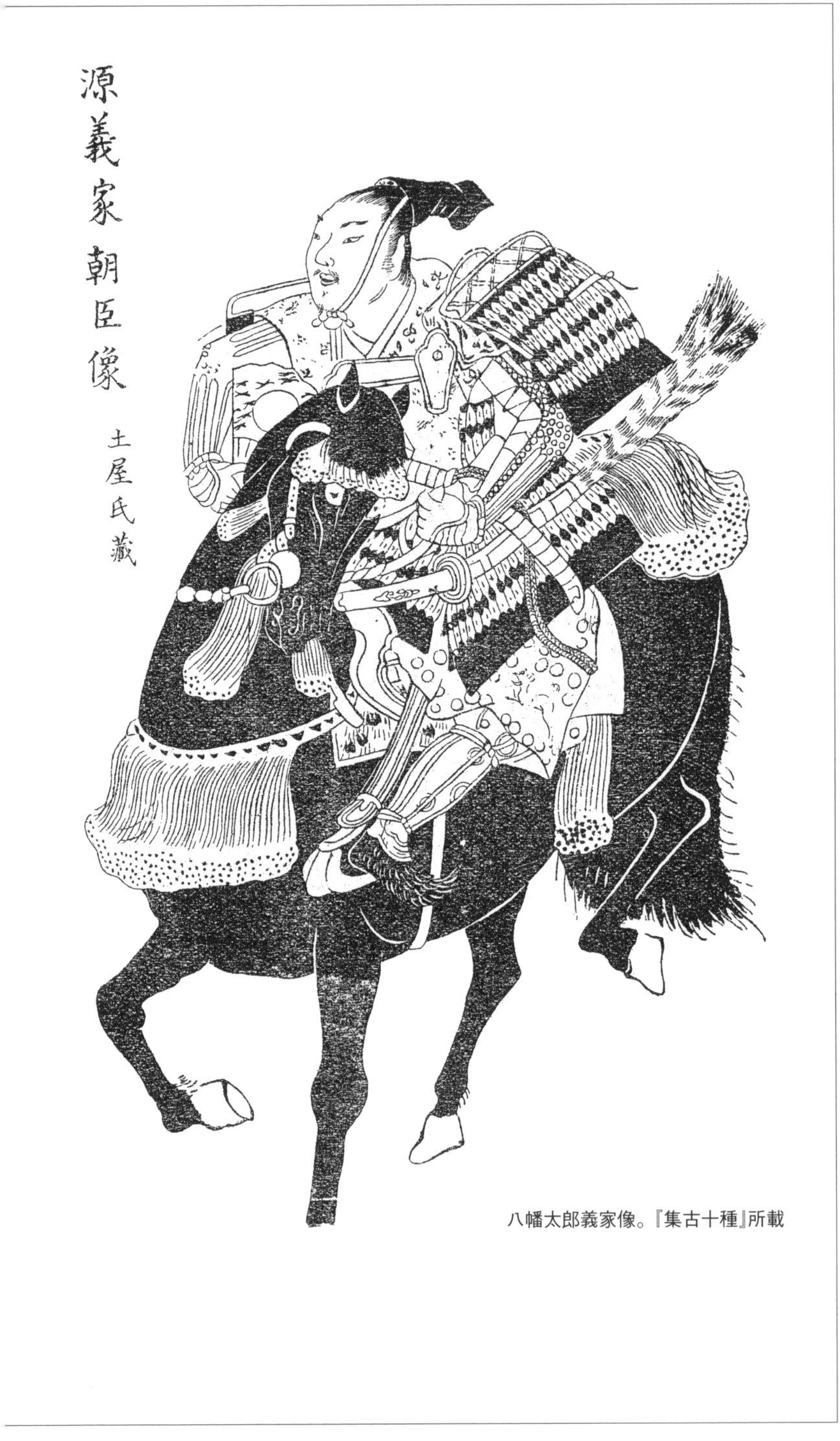

八幡太郎義家像。『集古十種』所載

した。冬将軍の到来に苦戦した義家は兵を引き上げ、年が明けた寛治《かんじ》元年（一〇八七）九月、家衡・武衡連合軍が立て籠もる金沢柵《かなさわ》を目指し、軍を進めた。

この時の出来事である。

金沢柵への進軍途中、出羽《でわ》富士《ふじ》と称される霊峰・鳥海《ちょうかい》山《さん》をはるかに望む大物忌神社《おおものいみ》（山形県飽海《あくみ》郡遊佐《ゆざ》町）に詣でた義家は、戦勝を祈願して一振りの太刀《たち》を奉納した。長さ三尺九寸にも及ぶ大太刀《おおだち》は同神社の御神体《ごしんたい》として祭られ、古来より「御太刀様」と崇め奉られてきた。

身幅《みはば》が広く、中鋒《ちゅうぎっさき》で腰反りが高い太刀の茎《なかご》に銘はないが、社伝に曰く、三池典太光世《みいけてんたみつよ》の作刀と伝承されている。

天下五剣の「名物大典太《おおてんた》」（二六頁参照）で知られる三池典太光世は筑後国《ちくご》（福岡県）三池在住の刀工で、平安時代から室町時代に至るまで、同名が受け継がれている人物。ゆえに、義家の奉納刀剣が光世の作刀だったとしても不思議はないのだが、鑑定結果は鎌倉時代末期、ないしは南北朝時代の作と出ており、現在は切羽《せっぱ》と革製の鐔《つば》、および鞘《さや》の一部のみが残されている黒漆《くろうるし》の太刀《たち》拵《ごしらえ》も、南北朝期に作成されたものと見なされる。つまり、義家が大物忌神社への刀剣奉納を行ったとされる後三年の役の当時とは年代が一致しないのだが、その真偽を問うことは本稿の目的ではない。

この太刀は、大正十一年（一九二二）に古寺社保存法で国宝指定を受け、昭和二十六年（一九五一）に制定された文化財保護法で重要文化財に指定されている。

無銘の太刀としての指定には違いないが、たとえ作刀者が誰であれ、重厚かつ健全無比な刀身の価値が損なわれることはないだろう。

血なまぐさい戦闘用の利器としてではなく、神器として伝えられているからこそ価値があるとは言えまいか。

坂上田村麻呂《さかのうえのたむらまろ》の項（五八頁参照）で述べたように、中世の合戦は白兵戦に非ず、弓や弩《ど》を駆使する遠戦が主体であったという説が、近年とみに有力視されている。事実、前九年の役における戦闘の状況を記録した『陸奥話記《むつわき》』は、野戦も攻城（柵）戦も、弓と弩が主武器として用いられた様相を伝えているという。

白兵戦否定論は刀剣、そして長柄《ながえ》武器を用いる近接戦闘が皆無だったと断定するものではない。敵勢との距離が詰まり矢を放つ余裕がない状況ならば、太刀で斬り、矛で刺突する白兵戦を展開せざるを得ない場合も、時には見られたことだろう。弓の名手だった義家とて大太刀を振るって、敵武者を斬り倒す局面が一〇〇パーセントなかったわけではあるまい。

武士たちには自らの威厳を示すため、実用に供するにはおよそ不向きな特大の刀剣を好んで奉納した者が多かったという事実を鑑みれば、義家の佩刀《はいとう》が奉納刀剣と同一の大太刀だったと断定するのは、早計に過ぎるのかもしれない。しかし、坂上田村麻呂の時代から騎馬戦に優れていることで知られた東北の戦士と刃を交え対等に渡り合うには、馬上から斬り下ろすのに適した彎刀《わんとう》、それも腰反りで衝撃に強く、より相手に届きやすい長大な刀身を備えた大太刀が必要だったのではないか。長柄武器を下手に振り回せば、自分が乗った馬の目を誤って潰してしまう危険性が高いが、太刀ならば容易に扱える。むろん、手綱を持ちながら片手で操るためには、強靭な腕力が不可欠だったのはいうまでもないことだ。しかし、強弓を自在に使いこなした義家ならば、片手で太刀を振るうのも十分に可能だったはずである。ちなみに平安時代、東北で独自の発展を遂げた舞草《もうぐさ》鍛冶の一門は、戦地で刀剣の修理をさせるために義家が同行させた刀工たちが同地に残留し、奥州藤原氏の御用鍛冶となったものだという。この舞草鍛冶のルーツが事実ならば、日常的な補修作業を必要とするほど、刀剣が最前線で盛んに用いられていたことに対する、有力な裏付けとなるだろう。

最後に一つ。義家の勇名は田村麻呂のそれと同様、東北の民の犠牲の上に成り立っている。この厳しい現実を、我々は忘れてはならない。が、遺された奉納刀剣の価値は神聖にして侵すべからざるものであり、その実態を悪いほうに解釈するのは、慎むべき行為であるとも心得ておきたい。

大原真守

Ohara Sanemori

おおはら　さねもり

◆時代：平安時代
◆種類：太刀
◆刃長：約七六・八センチ　反り　一・五センチ

新羅三郎義光《しんらさぶろうよしみつ》

源頼義《みなもとのよりよし》の三男として生まれた新羅三郎義光《しんらさぶろうよしみつ》（一〇四五～一一二七）は、八幡太郎義家《はちまんたろうよしいえ》の実弟である。

嫡男・義家との仲の良さは、後三年《ごさんねん》の役《えき》の初戦で東国の冬に勝てず、やむなく一時撤退せざるを得なくなった兄の苦戦ぶりを聞いた義光が左兵衛尉《さひょうえのじょう》の官位を捨て、はるばる京の都から馳せ参じたエピソードから明らかであろう。

古伝に「幼にして弓馬を善くし、長ずるに及び驍勇にして謀あり」と評された俊才だけに、佩《は》いていた太刀《たち》も逸品だった。

義光の佩刀《はいとう》と伝えられる大原真守《おおはらさねもり》は、長さ二尺五寸三分。太刀としては長すぎず短すぎず、扱いやすい寸法といえるだろう。反りが浅く、作刀された当時そのままの生《う》ぶ茎《なかご》で、太刀姿がよく整っている外見はいかにも古刀らしいという。衛府《えふ》太刀の刀装向けに仕立てられた雉子《きじ》股《もも》の形を成す生ぶ茎には、目釘孔《めくぎあな》の上部に「真守造」という三字銘がある。なお、棟《むね》の区下《まちした》、つまり鎺元に近い箇所にある「大ハラ」なる切り付けは、作刀されたと思われる平安時代末期の銘とは違うものの、室町時代を下ることはないと判断される。

伯耆国《ほうき》（鳥取県）の刀鍛冶を代表する大原安綱《やすつな》の息子にあたる真守の作刀で在銘品、つまり銘が切られているものは少ない。この太刀の他には、徳川《とくがわ》将軍家に伝来した「大原真守」四字銘の太刀が存在するが、後に重要美術品等に認定されている。むろん、高松《たかまつ》の松平《まつだいら》家に伝えられた真守の太刀も昭和八年（一九三三）に国宝保存法で国宝に指定。昭和二十八年（一九五三）には文化財保護法の制定にともなって、重要文化財に指定された。なぜ松平家の重宝になっていたかというと、義光の子・義清が新田《にった》家を継ぎ、その新田源氏《げんじ》から徳川家が派生したためと思われる。家康《いえやす》の第十子にあたる水戸《みと》頼房《よりふさ》は、嫡男の頼重《よりしげ》が高松藩主として分家する際、父譲りの太刀を贈ったのだろう。

名刀に付き物の流転劇以上に興味深いのは、大原父子の作刀が源氏一族と深い因縁を持っている点だ。天下五剣の童子切《どうじぎり》安綱《やすつな》は、源頼光《みなもとのよりみつ》が大江山《おおえやま》の酒呑童子《しゅてんどうじ》を斬ったと伝えられる希代の名刀。その童子切を鍛《きた》えた安綱の息子、すなわち真守の作刀が、頼光の子孫である義光の佩《はい》刀《とう》になったというのは、どこか不思議な因縁を感じさせる。

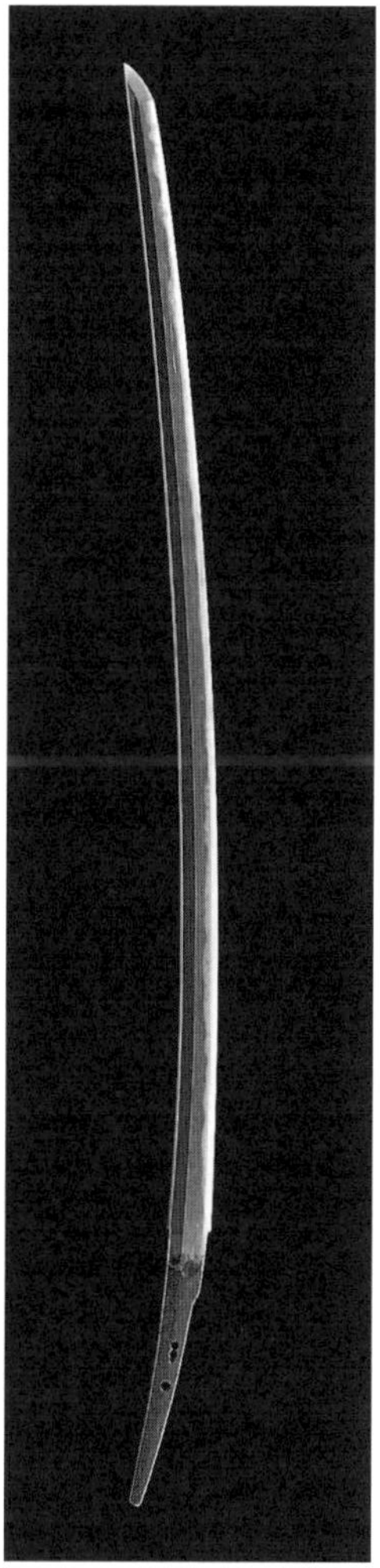
太刀 銘真守造（タチ メイサネモリヅクリ）。義光が後三年の役に佩いた太刀。松平頼武氏所蔵、香川県歴史博物館保管（重文）

獅子王の太刀

Shishio no Tachi

ししおうのたち

◆時代：平安時代（十二世紀）
◆種類：太刀
◆刃長：約一〇二・五センチ　反り　〇・三センチ

源頼政《みなもとのよりまさ》

獅子王《ししおう》。

百獣の王の名前を冠するこの太刀《たち》は、鵺《ぬえ》退治の豪傑として知られる源頼政《みなもとのよりまさ》（源三位入道《げんざんみにゅうどう》）の愛刀である。

時は、近衛《このえ》天皇の御世。仁平《にんぺい》年間（一一五一～五四）のこと。夜な夜な黒雲を巻き起こして紫宸殿《ししんでん》の上空に現れ、怪鳥音を発する物《もの》の怪《け》のため、帝は病床に伏してしまわれた。声はすれども、姿を見た者は誰一人いない。姿なき妖怪を退治するのは、至難の業以外の何事でもなかった。

そこで白羽の矢を立てられたのが、かつて大江山《おおえやま》の酒《しゅ》呑童子《てんどうじ》を退治した源頼光《よりみつ》の嫡流《ちゃくりゅう》、源三位頼政だった。勅命を奉じた頼政は正月の夜、殿上から聞こえる怪鳥音の主を目がけて手練の矢を放ち、ものの見事に物の怪を射落とした。

頭が猿、胴が猩々《しょうじょう》、手足が虎、尾が蛇の異形の獣だったと伝えられる鵺が発していた怪鳥音の正体、実のところは本物の鳥、トラツグミの鳴き声であった。日本全国に分布するスズメ目の中でも最大級に属するトラツグミは全長三〇センチ。口笛に似た声で夜中に鳴き騒ぐのを耳にすれば、当時の人々が妖怪と誤認したのも、無理はあるまい。実態はどうあれ、その怪鳥声だけを頼りに動き回る標的を射落とした頼政の武芸の腕は、ただならぬものだったに違いない。

非凡な武芸者の許には、優れた武具が集まる。

鵺退治の褒美に「関白太政大臣（藤原）基実公を御使として」（『源平盛衰記《げんぺいじょうすいき》』）帝より下賜された獅子王の太刀は、非凡きわまりない名刀であった。

長さ三尺五寸五分（約一〇二・五センチ）、反り一分（〇・三センチ）。刀身そのものにほとんど反りがなく、棟区《むねまち》に近い部分で極端に反った獅子王は初期の彎刀《わんとう》である毛抜形《けぬきがた》太刀《たち》を彷彿させる、古式ゆかしい作刀だった。

特筆すべきは、拵《こしらえ》が現存している点だろう。

柄《つか》を鮫革《さめがわ》で包んで黒漆《くろうるし》を塗り、目貫《めぬき》には丸に三巴紋《みつどもえもん》が高彫りされている。柄糸《つかいと》は切れて滅失しているが、他はほぼ原形をとどめており、当時の黒漆《くろうるし》太刀《たち》拵《こしらえ》を今に伝える第一級の史料というべき存在なのである。

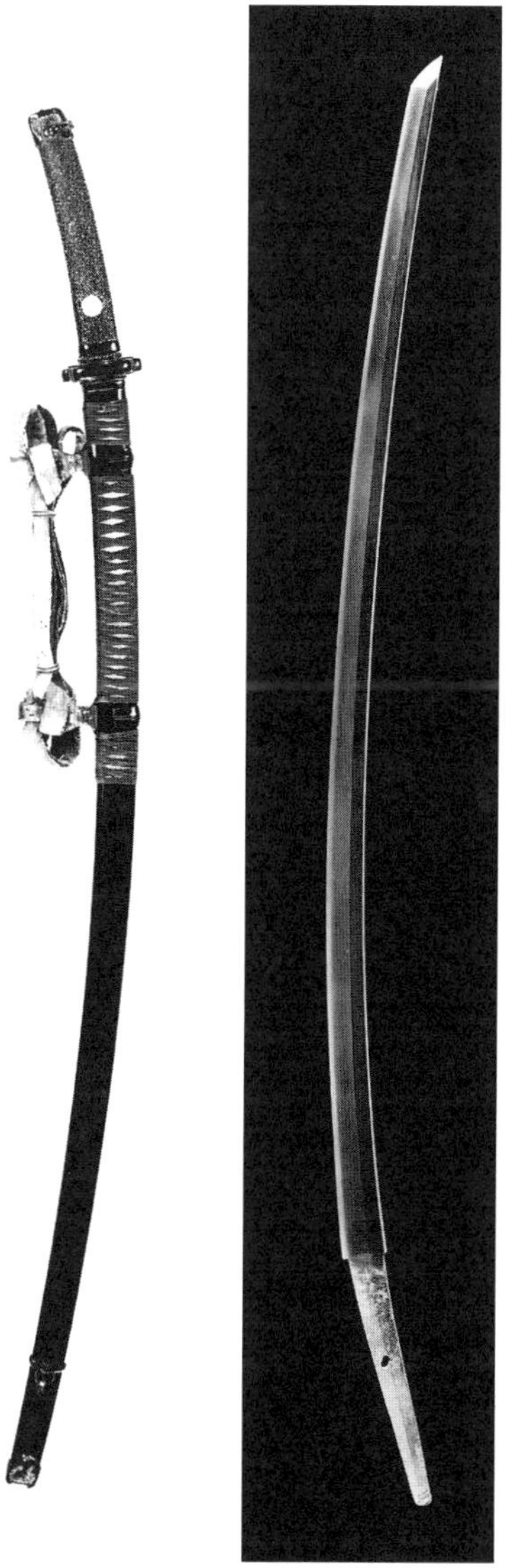

獅子王の太刀の刀身（無銘、右）と
拵（黒漆太刀、左）。東京国立博物館蔵（重文）

鐔《つば》は練革《ねりかわ》製の木瓜《ぼけ》形で、四方には猪《いのしし》の目の透し彫りが施され、木瓜形の大切羽《おおせっぱ》が付属する。鞘《さや》は猿《さる》革で包んだうえから黒漆が塗ってある。二の足の金物には黒糸で渡り巻きが施されており、金物類は無地の山銅《やまがね》で黒漆塗り。柄頭《つかがしら》には猿手《さるて》がついている。

土岐《とき》家（頼政と同流の源氏の名門）の重宝だった獅子王の太刀は維新後、明治天皇に献上され、終戦後には東京国立博物館の所蔵となった。

黒漆太刀拵と称される頑丈な拵は、平安時代に台頭した武士階級が好んで用いたものだ。

前時代の毛抜形太刀が、衛府《えふ》の武官向けに儀杖《ぎじょう》用の太刀として作られたのに対し、この黒漆太刀は五位～六位以下の公家が凶事に佩用《はいよう》したと伝えられる。本来は殿上《てんじょう》人《びと》向けの拵ではあるが、毛抜形太刀も黒漆太刀も万が一の折には武用刀として、実戦に行使されることが前提となっている。獅子王の太刀を代表とする黒漆太刀は、重厚かつ長めに作られており、毛抜形太刀以上に実戦を意識した仕様の拵といえるだろう。

公家にとっては凶事の時にしか縁のない豪刀も、武芸で世を渡る武士にとっては、日頃から佩いていて当然のものである。頼政は大内守護《おおうちしゅご》、つまり時の王権を護衛する武士集団の長を務めていた人物。斬撃の衝撃によく耐える、腰反りの太刀が必需品だったのも頷ける。

しかし、この獅子王の太刀が実用に供されたかどうかは定かでない。頼政に窮地を救われた近衛帝が、褒美に太刀を下賜したのは、何も戦闘要員としての活躍を期待してのことではなかったからだ。

九世紀末の蔵人所《くろうどどころ》に設置された滝口《たきぐち》に端を発する、内裏《だいり》を守護する武者たちの存在は、源平《げんぺい》両氏に始まる武士階級の台頭を促したことで、つとに有名である。が、彼らは必ずしも武官の役割を期待されたわけではない。頼政が就いていた大内守護は、大内裏を侵すケガレを赦い、天皇の御身を清浄に保つことが任務である。祖先の源頼光以来、ケガレやモノノケと呼ばれた非物理的な敵を排除する辟邪《へきじゃ》の武を担う立場だったからこそ、頼政は鵺退治の英雄に祭り上げられたに他ならない。同じ源氏《げんじ》でも頼政の摂津《せっつ》源氏は、後に鎌倉幕府を構える東国武士団、すなわち源頼朝《よりとも》の清和《せいわ》源氏とは性格の異なる存在だったのだ。

大内裏を守護する、時の王権にとっては不可欠な立場でありながら、大内守護の官職としての地位は低かった。齢六十三まで昇殿を許されることなく過ごした頼政が、権謀術数を弄して台頭した平家《へいけ》に、憎悪の念を抱いたとしても不思議ではないだろう。治承《じしょう》・寿永《じゅえい》の乱、いわゆる源平の争乱の口火を切った治承四年（一一八〇）の四月二十八日、頼政は獅子王の太刀を佩いて事に臨んだという。

だが、ケガレを赦う大内守護の愛刀も、現世の闘争には効力を発揮できなかった。

宇治《うじ》の戦闘で平家の大軍に完敗し、平等院のほとりにて自刃。時に頼政、七十六歳であった。

今剣《いまの つるぎ》

Ima-no Tsurugi

◆時代：鎌倉時代（十二世紀）
◆種類：短刀
◆刃長：不詳

源義経《みなもとのよしつね》

源平《げんぺい》争乱を舞台に華々しく活躍し、そして散った一代の英雄・源義経《みなもとのよしつね》（一一五九～八九）。平家《へいけ》の支配に反旗を翻した兄・頼朝《よりとも》を援護するべく兵を挙げ、敵の精鋭部隊を相手に勝利を重ねた義経の武勇譚は枚挙に暇がない。大願だった平家打倒が成就した後、血肉を分けた兄、そして嫂《あによめ》の政子《まさこ》と北条《ほうじょう》一族から不興を買って放逐され、無残に死に果てた最期についても、多くの伝説が残されている。

最期の瞬間、義経が自刃に用いたとされるのが『義経《ぎけい》記《き》』に出てくる名刀・今剣《いまのつるぎ》である。

この今剣、小鍛冶宗近《こかじむねちか》の作刀と伝えられる。小鍛冶宗近。室町時代の謡曲『小鍛冶』を初め、数々のフィクションの登場人物として有名な刀工だ。正確な生没年こそ不明だが、実在の人物だったことは天下五剣の一振り、三日月宗近《みかづきむねちか》（三〇頁参照）の存在からも明らかだ。

宗近が鍛《きた》えたとされる刀には、なぜか義経にゆかりの深い逸品が数多い。静御前《しずかごぜん》の薙刀《なぎなた》。武蔵坊弁慶《むさしぼうべんけい》の岩融《いわとおし》。そして、義経の今剣。詳しくは別稿に譲るが、愛妾・静御前の遺愛刀には魅力的な逸話が残されているのに対し

（一二二頁参照）、岩融と今剣のエピソードは少ない。源平争乱における第一の英雄であるにも関わらず、義経がどういう刀を佩《は》いていたのかさえ、明らかにされていないのだ。有名な源氏重代の宝剣「薄緑《うすみどり》」にしても、実際に義経が一連の平家掃討戦で行使したか否かの確証はつかめておらず、義経の遺愛刀かどうかはわからない。薄緑と称する義経奉納の太刀《たち》が箱根《はこね》神社に伝わる以上、単なる創作と片付けてしまうわけにはいかないが、真相は定かではないのが現状だ。

今剣にしても、確かな歴史的事実に裏付けされている刀ではない。

わかっているのは鎌倉を、そして京を追

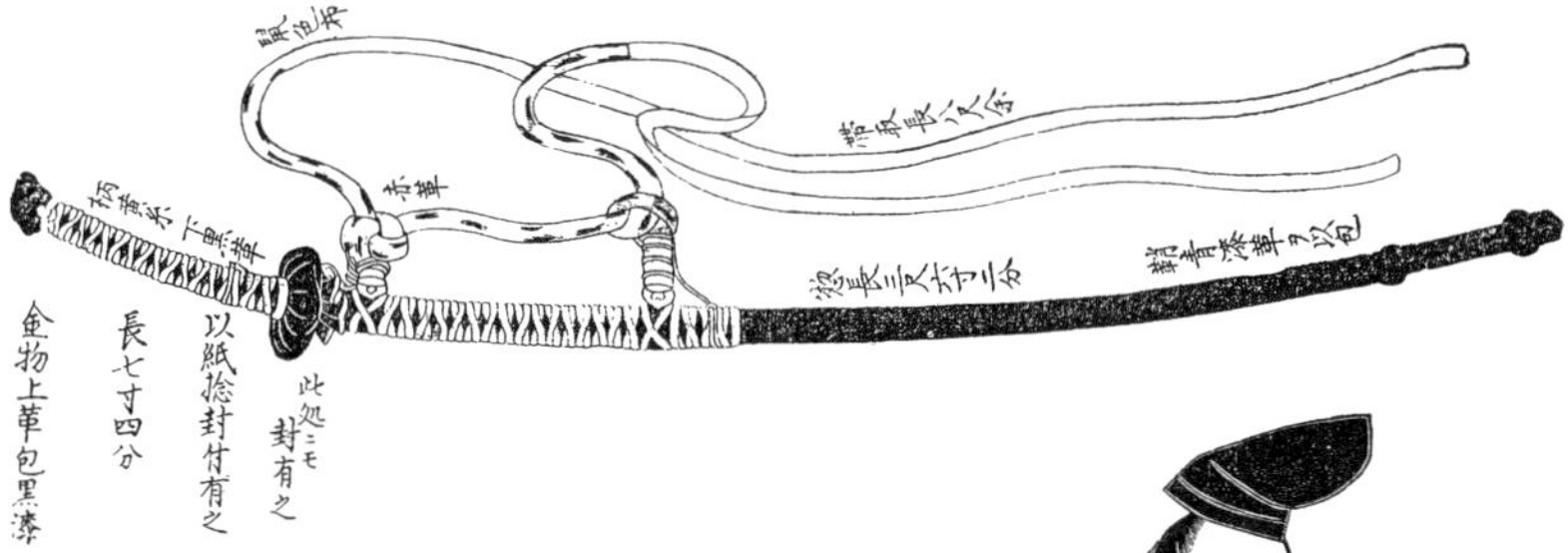

源義経像（右）と宗近作刀の太刀図（上）。ともに『集古十種』所載

われた義経とその一族が、流浪の果てに行き着いた奥《おう》州《しゅう》・平泉《ひらいずみ》で、文治《ぶんじ》五年（一一八九）四月三十日夜、一族の安泰を目論んだ藤原泰衡《ふじわらのやすひら》の軍勢に夜討ちをかけられて抗し切れず、妻の河越重頼女《かわごえしげよりのむすめ》と幼い娘を道連れにした義経が自刃する時に用いた短刀が、今剣と呼ばれる小鍛冶宗近の作刀だったという一点のみである。

しかし、筆者は薄緑以上に惹かれるものを今剣に感じる。華々しく実戦で活躍した伝説を持つ名刀・豪刀の類よりもむしろ、一代の英雄が己の命を絶つのに使ったという話のほうが、よほどリアリティに満ちているといえまいか。

義経は父・義朝《よしとも》が平清盛《たいらのきよもり》に敗れて刑死した後、京の鞍《くら》馬山《まやま》にお預けの身となって成長した。鞍馬山は聖地であると同時に、西国における剣術諸流派の源流・京八流《きょうはちりゅう》の発祥の地。だからこそ鞍馬天狗《くらまてんぐ》伝説や五条大橋における弁慶との決闘を初めとする、義経にまつわる英雄譚も多く生まれたのであろう。今剣に関する伝承は、数ある義経英雄譚の中でも地味な部類に属する。しかし、限られた情報量なればこそ、筆者は想像を逞しくせずにいられないのだ。

ここに、興味深いエピソードがある。

かつて、一人の刀工が鞍馬山へ参詣に訪れた。小鍛冶宗近、その人だった。祈願の証しにと宗近は六尺五寸（約一九五センチ）の大太刀《おおだち》を鍛え上げ、山に残していったという。鞍馬山の別当《べっとう》は大太刀を今剣と命名し、以降も保管されていた今剣は守り刀として、幼少の義経に譲られたのであった。

興味深いのは、この大太刀が武用刀ではなく、お守りとしての機能を果たしていた点だ。むろん、誰もが護身用に刀を一振り持っていた中世といえども、幼児に六尺五寸の大太刀を持たせておくはずがない。仮に大太刀であった場合も六尺五寸とは全長を指しており、柄を除く刀身の長さは四尺（約一二〇チセン）前後だったと思われるが、それにしても長すぎる。我々が伝え聞いている今剣はあくまで短刀だからだ。西国で平家を追討した義経は今剣を鎧の下に忍ばせていたという。ならば、どれほど長くても、全長はせいぜい一尺（約三〇チセン）。宗近が鞍馬山に残した大太刀の成れの果てが今剣だとしたら大磨《おおすり》上《あ》げ、つまり茎の部分から刀身を切り詰めて短くする加工を施したということになるのだが、まさか大太刀を一尺にまで磨上げたとは思えない。考えられる可能性としては、あくまで筆者の想像だが、何かの拍子で折ってしまった刀身の先の部分に手を加えて、短刀に作り直したのだろう。義経の最期を飾った今剣、本当に宗近の大太刀から生まれたのだとしたら、やはり後世まで語り伝えられるに値する名刀なのだ。

周知の通り、十五歳に成長した遮那《しゃな》王、後の義経は僧侶になるための修業をそっちのけにして、武芸の稽古《けいこ》に日毎励んでいた。その遮那王が、稀代の名工が鍛えた刀に興味を示さぬはずがない。もしも今剣が短刀に作り直されることなく、大太刀の形を保っていたとしたら、迷わず武用刀として佩いていたはずだ。遮那王、改め義経は小柄だったといわれるが、武芸に熟達した者ならば、刃長四尺の刀を抜き放つのは決して不可能な業ではない。無二の従者である弁慶のような大男でなくても、大太刀は魅力的な武器だったといえるだろう。

だが、今剣が原形のままで義経の所有するところとなり、実戦に用いられていたらどうだったか。実在の義経は、弓が不得手だったという。弓は当時の武士にとって必須の武技。だから、義経は己の欠点を補うために常人離れした敏捷性を生かし、一ノ谷越《いちのたにご》えや壇ノ浦《だんのうら》における八艘跳《はっそうと》びといった戦法を駆使したのではないか、と筆者は私見する。先陣を切って敵陣に突入する、いわば斬り込み隊長に徹するしかなかった義経が、もしも稀代の名刀を手に入れて、血気に逸《はや》っていたらどうだったか。早々に討ち死にしてしまい、勇名を残すには至らなかったかもしれない。刀は、有意義に使われてこそ名を残す。持ち主が迎えた最期こそ悲劇であったが、本来の大太刀としてではなく、短刀として一代の英雄の幕引きに用いられたことで、今剣はその名を後世に伝えたのである。

備前友成の太刀

Bizen Tomonari no Tachi

びぜんともなりのたち

◆時代：平安時代（十世紀末）
◆種類：太刀
◆刃長：約七九・三センチ　反り三・一センチ

能登守教経《のとのかみのりつね》

能登守教経《のとのかみのりつね》（一一六〇〜八五）は平清盛《たいらのきよもり》の甥《おい》にあたる。

京に君臨した平家《へいけ》の中でも第一等の剛力無双と謳《うた》われた傑物だけに、武勇伝には事欠かない。源氏《げんじ》との戦闘が激化した、寿永《じゅえい》二年（一一八三）のことである。水軍の大将として備中《びっちゅう》国（岡山県）水島に赴いた教経は、敵将の高梨高信《たかなしたかのぶ》以下十三名を一人で射殺し、味方を勝利に導いたという。当時の戦闘は陸戦も海戦も弓による攻撃が最も有効だったのは、いうまでもない。しかし実際に射かける段となれば、波に揺れる舟上で正確な弓射を行うのは至難の業《わざ》だ。教経がいかに強弓の遣《つか》い手だったかわかるだろう。

平家の敗色が濃厚となった文治《ぶんじ》元年（一一八五）。壇《だん》ノ浦《のうら》の総力戦に臨んだ彼は、敵軍の将・源義経《みなもとのよしつね》と雌雄を決するべく奮戦したが果たせず、行く手を阻む源氏の荒武者二名を道連れに海の藻屑と消えた。享年二十六。

東国武士団を後ろ盾とする源氏に対して、平家は公家風の豪奢な生活に耽溺し、脆弱化したあげくに敗れ去ったというのが定説だが、現実は軍記物の伝承とは違う。強大な武力に裏付けられていたからこそ、平家は源氏に代わる武門の棟梁《とうりょう》の地位を確立できたのであるし、武力が弱まれば即、源氏勢の反撃を待つまでもなく潰されていたはずだ。教経は、平家の猛々しい武者ぶりを一身に体現していたともいえるだろう。

この平家の若大将にゆかりの一振りを、ご紹介しよう。伯父・清盛が築き上げた平家一門の繁栄を祈願し、教経が寄進したという太刀《たち》が、厳島《いつくしま》神社に所蔵されている。刃長、二尺六寸三分。腰反りで踏張りのある鎬造《しのぎづくり》で小《こ》鋒《きっさき》の古風な太刀は、古備前《こびぜん》派の巨匠・備前友成《びぜんともなり》の作刀だ。三条宗近《さんじょうむねちか》、伯耆《ほうき》国安綱《やすつな》と合わせて日本最古の三名匠と呼ばれている友成の現存品の中でも、教経の愛刀だったと

能登守教経の刀(下)と安徳帝の御剣(上)の図。阿弥陀寺(現・赤間神宮。山口県下関市)には安徳帝の御陵をはじめ、平氏一門の墓が祀られている。『集古十種』所載

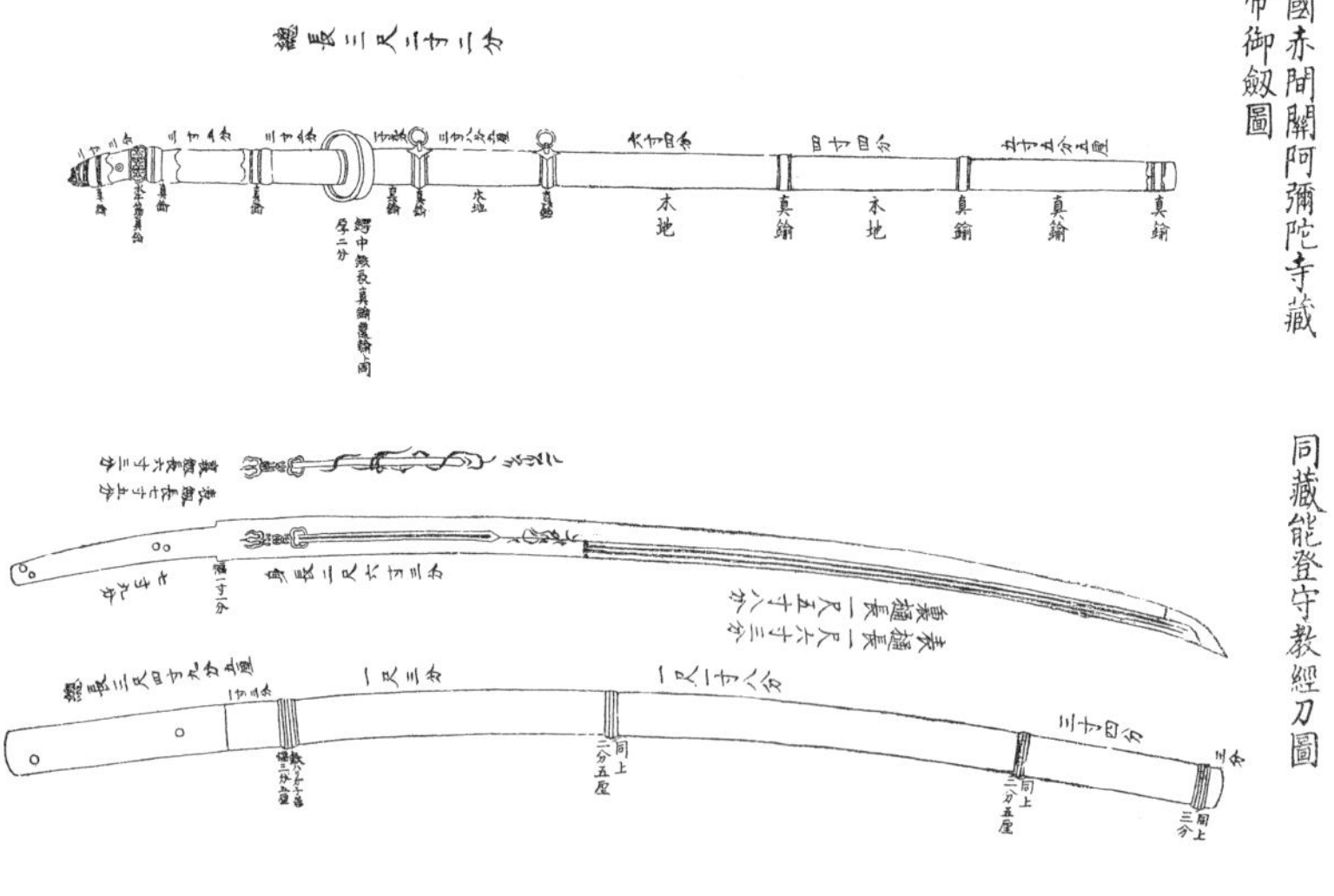

伝えられる厳島神社所蔵の太刀はとりわけ出来が良く、健全無類と評される。刃文は全体に緩やかな波を打つように湾《のた》れ込んでいて、鋒《きっさき》の部分では小丸帽子《こまるぼうし》と呼ばれる、半径の小さな円を描いた形になっている等々といった刀剣鑑賞上のチェックポイントは、友成の作刀に独特の特徴といわれる。刀身の表裏に刻まれた棒樋《ぼうび》も独特のもので、作刀された当時そのままの生《う》ぶ茎《なかご》には「友成作」の三字銘が見える。健全な保存状態に基づいた評価なのだろう、昭和二十七年（一九五二）制定の文化財保護法によって、国宝指定を受けている。

　厳島神社は、平家の守護神。だからこそ教経は、当時としても名刀の覚えが高かった備前友成を寄進したのだ。永延《えいえん》年間（九八七～九八九）に活躍した友成作の太刀は、すでに少なからぬ価値を持っていた。高価な太刀を佩用《はいよう》し、同族の栄華を祈願して奉納する。いかにも平家の若大将らしい豪放磊落《らいらく》な振舞いだが、優美な太刀姿と同様、その態度には一種の気品が感じられる。

小竜景光《こりゅうかげみつ》

Koryu Kagemitsu

◆時代：南北朝時代（十四世紀）
◆種類：太刀
◆刃長：約七三・二センチ　反り二・八五センチ

楠木正成《くすのきまさしげ》

南北朝の争乱の渦中、後醍醐《ごだいご》天皇を奉じて挙兵した楠《くすの》木《き》（楠）正成《まさしげ》（一二九四〜一三三六）、いわゆる楠公《なんこう》の勇名は、北朝と南朝の是非を越えた尊王の士の鏡として、つとに名高い。その楠公の佩刀だったと伝えられる国宝指定の太刀《たち》が、東京国立博物館に所蔵されている。小竜景光《こりゅうかげみつ》という号の他に、この太刀は「楠公景光」「のぞき竜景光」とも称される。のぞき竜とはいささか奇妙な呼称だが、元の刀身が磨上《すりあ》げられたためについた異名だ。ちなみに磨上げとは長い刀剣を短くしたい場合、茎《なかご》の部分に手を加えて短縮することである。

この太刀の佩表《はきおもて》、つまり刀身の右側にはもともと、樋《ひ》の鐔元《つばもと》近くの部分に、独鈷付剣《とっこつきけん》に巻き付いている姿の、小竜の彫物があった。茎が短く加工されたため、本来はむき出しになっていた竜が柄の中に隠れてしまい、わずかに首だけを鐔から出して覗いているように見えるからと講釈されれば、のぞき竜なる異名にも納得もいくというものだ。竜の彫物の位置から察するに、元の長さから二寸（約六・〇センチ）以上を磨上げられた小竜景光は、備《び》前長船派《ぜんおさふね》の刀工・景光《かげみつ》の作刀である。

腰反りで、身幅《みはば》は鐔元《つばもと》から剣尖《けんせん》にかけて九分（約二・

七センチ）余～六分八厘（約二・〇四センチ）となっており、通常の太刀よりも広い。特筆すべきは、片落互《かたおちぐ》の目《め》と呼ばれる、景光が創始した刃文だ。鋸刃という異名をもつ独特の刃文は力強く、また、父・長光《ながみつ》譲りの技法で仕上げられた剣尖には隙がないといわれている。

力強く、鋭利な太刀姿といい、鍔元でにらみを効かせる竜といい、いかにも勇将・楠木正成の差料にふさわしい剛刀なのだが、実は小竜景光、古来より伝説ばかりが一人歩きしていて、本当に楠公が愛用していたかどうかの確証が未だに得られていない。

ここで、銘を見てみよう。

二寸余を磨上げた、目釘孔《めくぎあな》が三つある茎の表には「備前国長船住景光」と、裏には「元亨二年五月日」と長文の銘が残されている。元亨《げんこう》二年（一三二二）といえば、

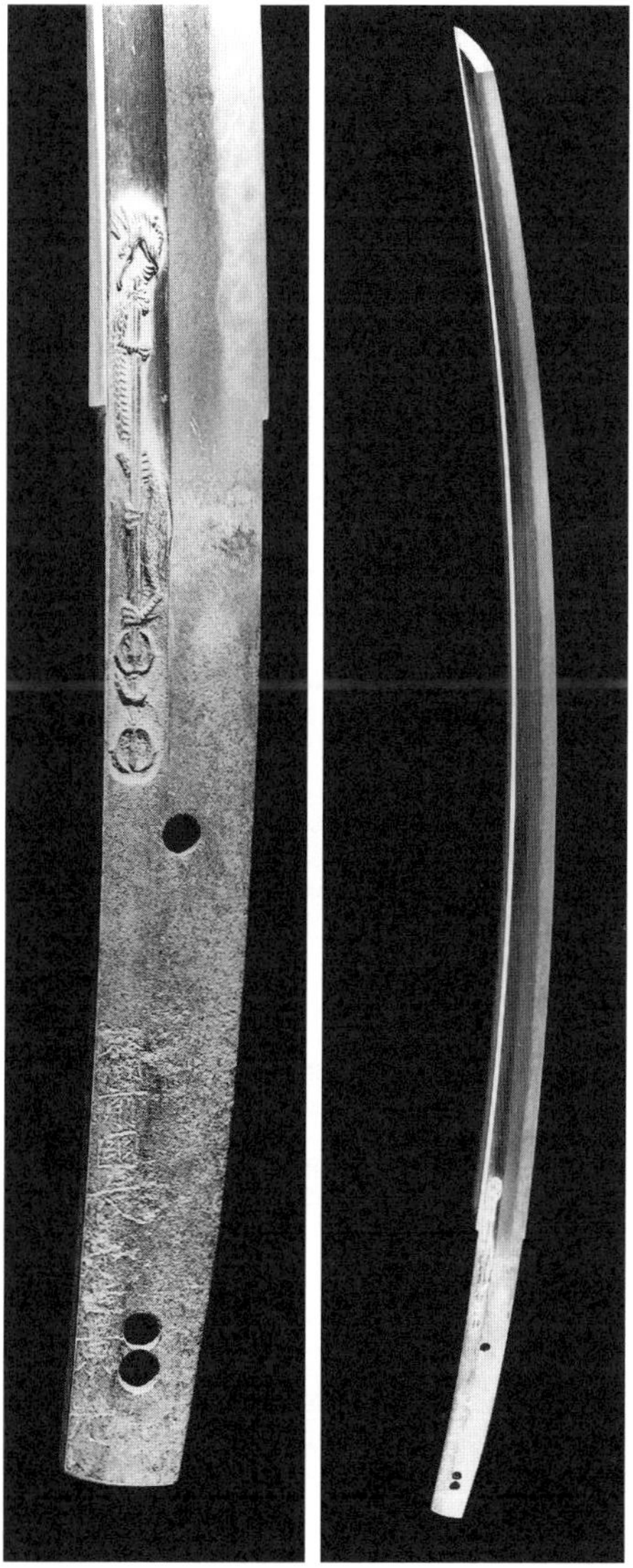

小竜景光の刀身（右）と表棒樋中の竜の彫り物（左）。東京国立博物館蔵（国宝）

正成が挙兵する九年前だ。当時の正成は、二十八歳。悪《あく》党《とう》と称された武士集団の若き頭目として、河内国《かわちのくに》(大阪府)は金剛山《こんごうさん》に居を構え、朝廷や貴族の領地から京への年貢の運搬を生業《なりわい》としていた頃である。果たしてどのような経緯から、遠い備前の刀工が作った太刀を入手したのだろうか。一説によると、中納言藤房《ちゅうなごんふじふさ》から贈られたものといわれる。年貢運送という稼業を通じて、貴族との関係が深かった史実に照らせば、一応は筋の通った話ではある。

楠木正成の佩刀という触れ込みで、小竜景光が初めて世に出たのは、幕末期のことである。河内国の農家から発見された太刀は、公儀の刀剣極め所・本阿弥《ほんあみ》家の鑑定では景光に非ず、偽物と見なされたものの、弘化《こうか》三年(一八四六)に公儀御用御様役《こうぎおためしごようやく》・山田浅右衛門吉昌《やまだあさえもんよしまさ》が入手するに及んで、にわかに好事家《こうずか》の評判となった。とりわけ、並々ならぬ執着を示したのは彦根《ひこね》藩主の井伊直《いいなお》中《なか》・直弼《なおすけ》父子で、浅右衛門は五百石での仕官を見返りに提示されたというから、半端ではない。俗説によると浅右衛門、一度は小竜景光を手放して高禄を得たものの、万延《まんえん》元年(一八六〇)に直弼が桜田門外で暗殺されたのを機に五百石を返上し、景光を返してもらったというのだが、出来すぎの観が強いエピソードではある。ちなみに、正成への贈り主が中納言藤房というのは、山田家の記録から来ているとのこと。真偽の程は、定かでない。

幕末の名だたる愛刀家たちを熱狂させた小竜景光は維新後の明治六年(一八七三)、山田家から東京市長を通じて、宮内庁に献上された。明治天皇は、この太刀をいたくお気に召され、常にお手許で鑑賞されていたと伝えられる。楠木正成の遺愛刀という伝説を信じるならば、尊王の士の鏡と謳われた傑物の愛刀は幾百年の時を経て、新時代の御上《おかみ》の許へ晴れて奉納されたことになる。この場は伝説を巡る詮索を止めて、楠公の名誉を重んじようではないか。

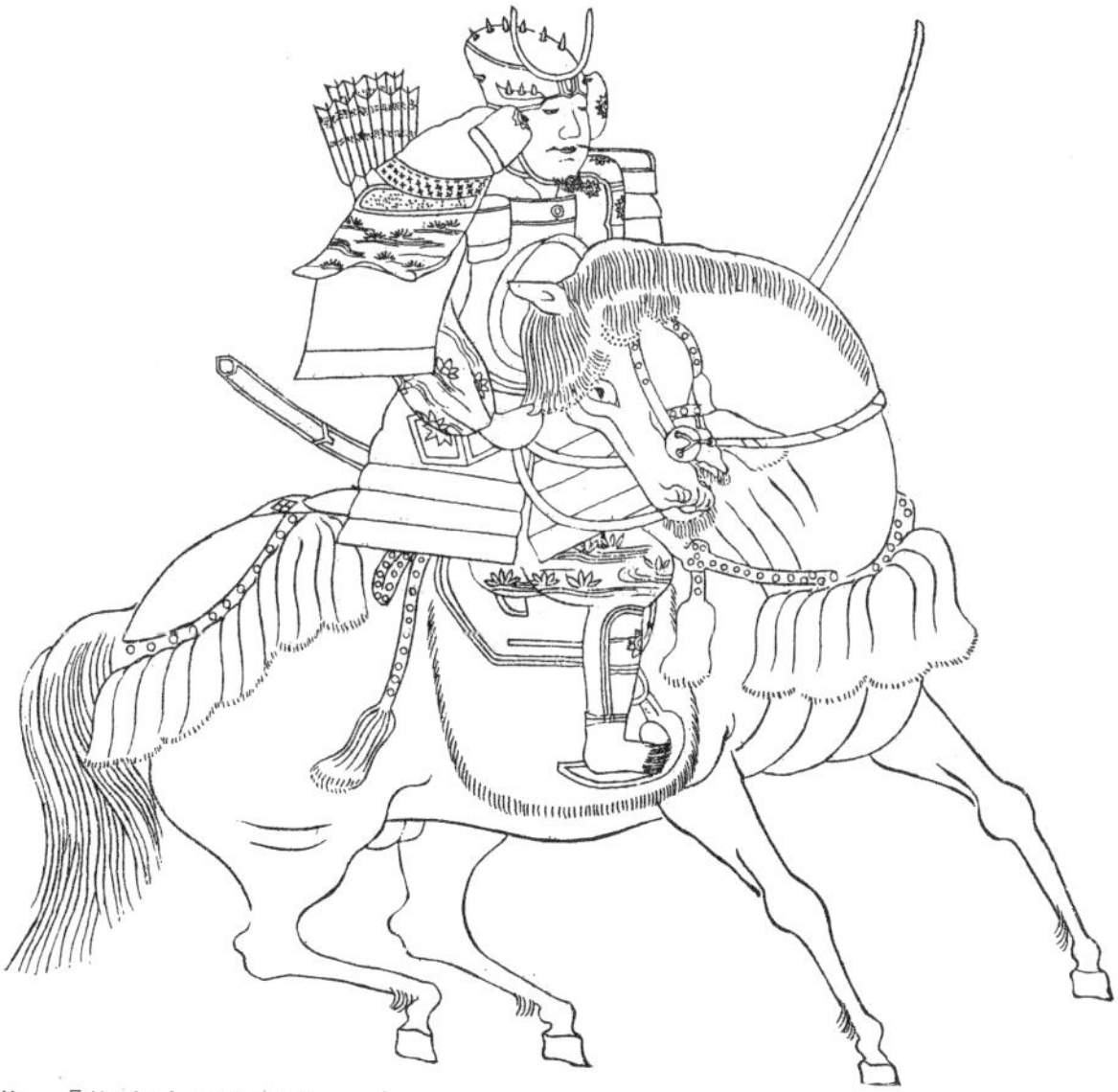
楠正成像。『集古十種』所載

二つ銘則宗と友成

Futatsumei-Norimune & Tomonari

ふたつめい のりむね と ともなり

◆時代：鎌倉時代初期、南北朝時代初期
◆種類：太刀、腰刀
◆刃長：本文参照

足利尊氏《あしかがたかうじ》

北条氏《ほうじょう》の鎌倉幕府に取って代わり、武家による新たな長期政権を築き上げた足利尊氏《あしかがたかうじ》（一三〇五～五八）。その遺愛刀と伝えられる刀剣は、数多い。

尊氏といえば、号を聞いただけでもイタくなる有名な薙刀「骨喰《ほねばみ》」を思い出される方も多いはずだ。しかし、骨喰はあくまでも合戦場で消耗される運命の武用刀、すなわち実用武器であった。むしろ尊氏以下、足利家の歴代当主たちが集めた名刀群のほうが、世の評価は高い。

本来、刀剣とは、実戦のための武器に他ならない。しかし、権力を手中に収めた人々はよほどの緊急事態に巻き込まれない限り、自ら刀を振るうことは有り得ない。世の権力者が名刀を蒐集《しゅうしゅう》するのは戦うためではなく、鑑賞したい、所有したいという欲求ゆえの行動なのだ。代々の足利将軍で、いや、わが国の征夷大将軍の座に就いた武家の棟梁《とうりょう》たちの中で、名刀のコレクションを実戦に用いたのは、剣豪将軍と謳われた足利義輝《よしてる》ぐらいのものだろう。詳しくは別項（一五〇頁参照）に譲らせていただくが、義輝のように自ら最前線に立ち、幾振りもの名刀で実際に人を斬ったのは、いかに乱世の出来事とはいえ、本来は考えられないことだ。足利家に伝えられた

足利尊氏像。『集古十種』所載
（現在は高師直像といわれる）

名刀群は鑑賞刀、俗にいうところの「お宝」として、永きにわたって保管されてきたものだからである。

足利家伝来の重宝だった鬼丸《おにまる》（三四頁参照）、大典太《おおてんた》光世《みつよ》（二六頁参照）、二《ふた》つ銘則宗《めいのりむね》の三振りの太刀《たち》は、それぞれ次の時代の権力者の手に渡り、現在に至る。明治維新後に皇室御物の刀剣、すなわち御剣《ぎょけん》となった鬼丸《おにまる》を初め、大典太は加賀《かが》の前田《まえだ》家に、二つ銘則宗は京都・愛《あた》宕《ご》神社の神宝として伝承されている。

さて、なぜ足利家から流出したのか。

時は、戦国乱世。栄華を誇った足利家も時の流れには抗し切れず、義輝が暗殺された後、弟の義昭《よしあき》は信頼を傾けるにふさわしい戦国大名の庇護を求めて、諸国を流浪した。重代の「お宝」が流出の憂き目をみたのは、この時期のことである。

所有者が次々に代替わりし、流転を余儀なくされるのは、いわば名刀の宿命だ。豊臣秀吉《とよとみひでよし》の所有するところとなった鬼丸と大典太は再び流出する運命をたどったが、二つ銘則宗だけは秀吉の手から、直ちに愛宕神社へ奉納されている。

この二つ銘則宗は、鎌倉時代初期に活躍した刀工・福《ふく》岡一文字《おかいちもんじ》則宗の作刀と思われる。刃長は二尺六寸四分半（約七九・五センチ）で反りは九分半（約二・八五センチ）。腰反りが高い太刀姿で、やや反りがついた生《う》ぶ茎《なかご》には、一つ目釘《めくぎ》の上に長銘が見える。判読できるのは「××国則宗」の三文字のみなのだが、他の則宗銘の刀がすべて「則宗」の二字銘という既成事実があるにも関わらず、この一振りだけは銘が長文なのだ。それにしても、歴然とした長銘が切られているというのに、なぜ二つ銘則宗なる号がつけられたのか。事情は、今も定かでない。ちなみに、この二つ銘則宗は黒革包《くろかわづつみ》太《た》刀《ち》拵《こしらえ》ともども、重要文化財に指定されている。

もう一振り、やはり豊臣秀吉が奉納した厳島《いつくしま》神社所蔵の腰刀《こしがたな》が現存しており、国宝指定を受けている。腰刀とは、鎧武者が太刀に添えて携行する短刀のこと。鎌倉時代に活躍した古《こ》備《び》前《ぜん》派の刀工・友成《ともなり》の作刀と伝えられており、茎には「友成作」の三字銘が見える。組討《くみうち》する際に至近距離から敵を刺したり、首を掻《か》くのに欠かせない腰刀は、冒頭で挙げた骨喰と同様に、合戦場では太刀以上に使用頻度が高い、いうなれば消耗品だ。平安から鎌倉時代にかけて作られた短刀には現存品がきわめて少なく、その価値の高さは計り知れないといえるだろう。

道誉一文字

Doyo Ichimonji

どうよ　いち　もんじ

◆時　代：鎌倉時代（十三世紀）
◆種　類：太刀
◆刃　長：八〇・〇チセン　反り三・八チセン

佐々木《ささき》道誉《どうよ》

佐々木《ささき》道誉《どうよ》（一三〇六〜七三）は、いわゆるバサラ大名として名高い人物だ。鎌倉幕府最後の執権となった北《ほう》条高時《じょうたかとき》に仕えながら主人を見限り、足利尊氏《あしかがたかうじ》とともども北条氏を滅ぼした後は、北朝を奉じて戦い、正平《しょうへい》三年（一三四八）には楠木正成《くすのきまさしげ》の一子・正行《まさつら》を討つ戦功を挙げている。南北朝争乱を描いた軍記物『太平記《たいへいき》』に欠かせない登場人物の一人であり、知略と謀略に優れた、時代を代表する武将というにふさわしい存在だった。

その佐々木道誉の愛刀だったと伝えられる太刀《たち》が、皇室の御剣《ぎょけん》として現存する。

二尺六寸四分（約八〇チセン）の太刀は「名物道誉一文字《めいぶつどうよいちもんじ》」と呼ばれており、作刀者の名前は不明だが、備前《びぜん》鍛冶の福岡《ふくおか》一文字派の作刀と特定できるのは、茎《なかご》に「一」の銘が切られているためだ。一文字の銘は同派に独特のものであり、作風は鎌倉時代中期の備前国（岡山県）で活躍した、福岡一文字派の典型と見られている。腰反りが高く、豪壮で踏張りがある道誉一文字は、いかにもバサラ大名の佩刀にふさわしい。

この道誉一文字は江戸時代初期、尾張徳川家《おわりとくがわ》へ伝来する以前の来歴が一切不明という、謎を秘めた一振りでもある。

当時、名刀は贈答品として各大名間を行き来する機会が多かった。佐々木道誉と縁続きの六角家《ろっかく》か京極家《きょうごく》か、いずれかの戦国大名が秘蔵していたものが流出して、何者かの手を経たうえで尾張徳川家に渡ったであろうことは想像に難くない。

有力視されているのは、道誉一文字を見出して尾張徳川家に献上したのは、刀剣鑑定の目利きとして知られる戦国大名・池田三左衛門輝政《いけだざんざえもんてるまさ》だったのではないか、という説だ。

裏付けとなる理由は、後年に尾張徳川家の第三代藩主・尾張中納言綱誠《つななり》が、この太刀を備前池田家に贈っていることだ。鑑定書の添付書類として、刀身を保存する白鞘《しらさや》に書き付けられる鞘書《さやがき》にも「道誉一文字御刀　尾張中納言綱誠卿ヨリ被進」と記されており、事実と見て間違いない。

幕藩体制下における各大名間の贈答は、家柄の高さに応じて品物が選択されていた。どういうことかというと、上位の大名から下位の大名に贈り物をする時は、一般に名の低いものが選ばれたのに対し、下位から上位への贈答品は、選りすぐられた一級の品が充てられていたのである。諸大名から御三家に名刀を贈答することは起こり得ても、その逆に、御三家筆頭の尾張徳川家から外様大名の池田家に、道誉一文字ほどの太刀を贈るというケースは、当時の常識に照らせば、まず考えられない。にも関わらず、綱誠が池田家に道誉一文字を贈ったのは、もともとは池田家から出た太刀だったからではないかというのが、戦前・戦後の刀剣界の大家として著名な、故・佐藤寒山《さとうかんざん》博士の提示されたお考えである。

江戸時代における大名間での名刀の贈答は、贈られた側が、次の機会に元の所有者へ贈り返すというのが常道だった。だから、道誉一文字ほどの太刀が尾張徳川家から池田家に渡ったのも、最初の贈り主が池田輝政だったとすれば、不自然には当たらない。誠に妥当な説といえるだろう。

明治維新後、備前池田家から盛岡の南部《なんぶ》家に渡った道誉一文字は、昭和三年（一九二八）十月の東北地方行幸《ぎょうこう》の際、盛岡にて皇室に献上された。

郷則重の太刀と薙刀

Gono-Norishige no Tachi, Naginata

ごうの のりしげ の たち と なぎなた

◆時代：鎌倉時代末期
◆種類：太刀、薙刀
◆刃長：本文参照

脇屋義助《わきやよしすけ》

脇屋義助《わきやよしすけ》（一三〇六～四二）は、鎌倉の北条《ほうじょう》一族を攻め滅ぼした新田義貞《にったよしさだ》の弟である。同志の足利尊氏《あしかがたかうじ》が、後《ご》醍醐《だいご》天皇に反旗を翻してからは、南朝を奉じて兄弟で協力して尊氏軍と渡り合った勇将の義助も、一度は撤退させた尊氏が反撃に転じた後に抗し切れず、北国へ逃れざるを得なくなった。

この時、義助が福井の藤島《ふじしま》神社に奉納したと伝えられる太刀《たち》が現存する。

銘は「越中則重」。鎌倉時代末期、越中《えっちゅう》国（富山県）婦負《ねい》郡呉服郷に在住した刀工で江戸時代には相州正宗《そうしゅうまさむね》十哲の一人に数えられ、世に郷則重《ごうのりしげ》と聞こえた名工だ。

則重は相州鍛冶の新藤五国光《しんとうごくにみつ》の門に学び、相州伝の流れを汲むといわれる。その作風は同門出身の正宗に似ており、硬軟の鋼《はがね》を組み合わせて鍛《きた》えられた刀身に浮かび上がる独特の地肌《ぢはだ》は、則重肌と称せられる。

脇屋義助が奉納した藤島神社所蔵の太刀は二尺三寸三分（約六九・九センチ）に磨上《すりあ》げられ、やや細身で小鋒《こぎっさき》。茎《なかご》先の佩表《はきおもて》、つまり右側面に「則重」の二字銘がある。短刀を得意とした則重に太刀の現存品は少ないだけに、価値も高いという。

もう一振り、義助が奉納したと伝えられる郷則重銘の薙刀《なぎなた》が、伊予国《いよ》（愛媛県）大三島《おおみしま》の大山祇《おおやまづみ》神社に所蔵されている。大山祇神社は日本総鎮守の海神・武神として、古来より信仰を集める大社である。奉納された門外不出の武具は数多く、まさに宝庫と呼ぶにふさわしい。

北国を転戦後、吉野《よしの》に戻った義助は興国《こうこく》元年（一三四〇）に勅命を奉じて、伊予に赴いている。薙刀を大山祇神社に奉納したのはこの当時のことだろう。「越中国御服住則重」の長銘が切られた薙刀は正中《しょうちゅう》年間（一三二四〜二六）の作刀と見なされる。頭が張らず反りの少ない姿で、鍛《きたえ》は板目《いため》がやや肌立って地沸《じにえ》がついており、地斑《じふ》が交わり、刃は浅く、湾《のた》れに互の目《ぐめ》、よく沸づいて金筋《きんすじ》が仕切りに交わっているのは則重の特徴と一致している。

四国で南朝のために兵を挙げた国司《こくし》や守護、豪族たちをよく率いて北朝方を圧倒した義助だったが、病に倒れ、そのまま帰らぬ人となった。

北国と四国を股にかけて奮戦した勇将が遺した二振りの名刀は今、南北朝動乱の置き土産として、静かに眠っている。

藤丸拵の兼光

Fujimaru-koshirae no Kanemitsu

ふじまる こしらえ の かねみつ

◆時代：南北朝時代
◆種類：短刀
◆刃長：不詳

足利義政《あしかがよしまさ》

足利《あしかが》第八代将軍の義政《よしまさ》（一四三五〜九〇）は東山文化の推進者として知られる風流人であるが、武家の棟梁《とうりょう》としては遺憾ながら不器用といわざるを得ない人物だった。

弟の義視《よしみ》と嫡子の義尚《よしひさ》、いずれを次代将軍の座に据えるかの家督相続問題に端を発する重臣たちの権力抗争に、何の抑止策も講じることができず、結果として京の都が戦乱の巷と化したいわゆる応仁《おうにん》の乱の勃発から六年。文《ぶん》明《めい》五年（一四七三）に、義政は将軍職を子の義尚に譲ると晴れて隠居の身となった。完全に権威が失われた将軍の座に対して、もはや未練はなかったのだろう。

応仁の乱の後、義政は東山《ひがしやま》に作らせた銀閣《ぎんかく》に移り、茶道三昧の日々を送った。

その風流人の用いた短刀が、藤丸拵《ふじまるこしらえ》の兼光《かねみつ》である。

義政の愛刀だった備州長船《びしゅうおさふね》兼光には、彼が自ら工夫したと思われる黒塗刻鞘《くろぬりきざみさや》の合口拵《あいくちこしらえ》がついていたと伝えられる。鞘《さや》は金銀を用いて藤《ふじ》の葉を唐草《からくさ》風の蒔絵《まきえ》にし、さらに藤の花を配している。金銀蒔絵に螺鈿《らでん》を施した、この美麗な鞘に合わせて、柄《つか》は藤で隙間なく平巻《ひらまき》にし、目貫《めぬき》は金を高彫りにした藤の花丸風のものである。出し目貫と呼ばれる茎《なかご》の固定と装飾を兼ねた目貫だ。柄頭《つかがしら》と縁《ふち》は角製で、金《きん》沃《い》懸地《かけじ》に仕立てられている。

付属品としては鐺《こじり》の先に菖蒲革《しょうぶがわ》の犬まねきをつけ、栗《くり》形《がた》には白革《しろかわ》を草花文に染めた火打袋《ひうちぶくろ》を下げている。ちなみに犬まねきとは、当時の武士たちが腰刀《こしがたな》につけていた飾り紐のことで、まるで犬をじゃらす玩具のように、鐺の先から垂れ下がっている外見に由来する俗称といわれる。腰刀が帯の間から脱け落ちるのを防止するための、一種のストラップとも思えるが、詳細は不明である。

現物が残されていないにも関わらず、この藤丸拵が後世まで伝えられた理由は、いかにも風流人らしい美麗な刀装でありながら、戦陣には欠かせない火打金と火打石をワンセットにした火打袋が付属するという、実用を兼ねた発想の面白さゆえに他ならない。江戸時代には模造の拵が多数作られ、明治以降には兼光の短刀には藤丸拵を必ずつける、という具合に一対で扱われるようになっ

義政木像。等持院（とうじいん）は京都にある
歴代足利将軍の廟所。『集古十種』所載

（第15代将軍の足利）義昭公藤丸短刀図。
『集古十種』所載

た。

最後に、肝心の作刀者について触れておきたい。

備州長船兼光は、鎌倉時代末期の一代限りだったというのが江戸時代以来の定説だった。この藤丸拵の兼光にしても「延文《えんぶん》二年（一三五七）八月日」と切られている裏銘は備前長船の習慣で、刀工とは別に銘切り師が存在した以上、証拠にはならないと片付けられてきた。だが、南北朝時代に活躍した兼光が二代目だったとの説が唱えられるようになり、近年ではこちらの新説が有力視されている。藤丸拵の兼光は平造《ひらづくり》で、二代目兼光の典型的な作刀と見なされる。

滋籐の弓

Shigedo no Yumi

しげどうのゆみ

◆時代：平安時代（十二世紀）
◆種類：弓

那須与一《なすのよいち》

那須与一宗高《なすのよいちむねたか》（生没年未詳）は、下野国《しもつけ》（栃木県）那須荘を所領とする那須家の十一男に生まれた、若き坂東《ばんどう》武者である。

平家《へいけ》の支配体制に反旗を翻した源氏《げんじ》は、東国武士団の荒武者が皆、武家の棟梁《とうりょう》と認める実力を備えた一門だ。加勢して手柄を立てれば、相応の恩賞が期待できる。このままでは家督を継げる可能性など皆無の与一にとって、源平《げんぺい》の全面戦争は功名を挙げる、千載一遇の好機だった。

そして、激闘の日々が始まった。

源義経《みなもとのよしつね》の平家追討軍に加わった与一は、西国を転戦す

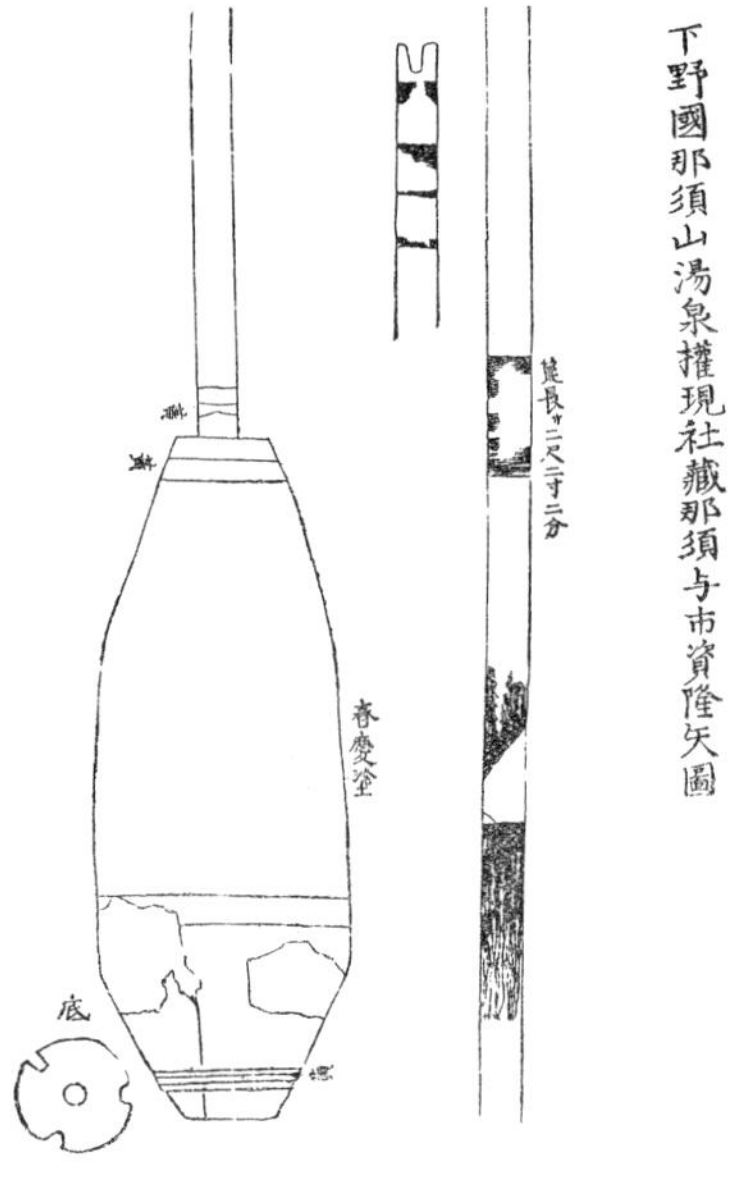

与一の矢図。木製の鏑（かぶら）。春慶塗は漆塗法の一種で木地に黄または赤で色付けし、透明な漆を上塗りして木目をみせる技法。『集古十種』所載

る。寿永《じゅえい》三年（一一八四）初頭、命運を懸けた一ノ谷《いちのたに》の合戦に敗れた平家は四国の屋島《やしま》に逃れ、新たな陣を構える。それから一年を経た文治《ぶんじ》元年（一一八五）二月、九州に続いて四国の武士団をも臣下に従えた源氏は義経の指揮下、ついに満を持して、屋島への上陸作戦を敢行した。

追討軍は、海上に逃れ出た敵軍と激しく矢を交わす。雅《みやび》な都暮らしで弱体化した平家など物の数ではないと思いきや、反撃は苛烈なものだった。強弓から続々と放たれる矢の数は、軽輩の者たちにも弓矢を取らせての人海戦術を得意とする源氏方にも劣らない。平家を軽んじていた坂東武者の面々もまなじりを決し、猛然と返矢《かえしや》を射るのだった。

やがて、合戦場に日が落ちる。

両軍の兵馬が退こうとした、まさにその時のこと。

源氏の軍勢が陣取っている陸地に向けて、沖合から一艘の小舟が漕ぎ寄せてきた。波打ち際から五十間《けん》（約九〇メートル）の位置で止まった舟上に姿を見せたのは、若い女が一人。伏兵らしき者の姿は、見当たらない。女は優雅な手つきで竿《さお》を立て、その上に扇《おうぎ》を据える。紅地に金の日輪をあしらった、見事な品だ。血臭漂う戦場とは、およそ不似合いな光景だった。

（……なるほどな）

総大将の義経は、平家の者たちの思惑を鋭く察した。

この扇の的《まと》を射抜いてみよ。数に頼らぬ坂東武者の弓の冴え、見せてもらおう。敵は、そう言っているのだ。

挑戦を受けなければ、源氏は無粋なばかりか腕にも覚えがないと揶揄《やゆ》されるに違いない。本来ならば、総大将の任を務める義経が自ら出張るべき局面だった。しかし、残念ながら義経は弓の名手とは言い難い。この屋島に上陸する時も、海に逃れていく敵の舟を追撃する最中に愛用の弓を落としてしまい、こんなものを敵方に拾われては恥になると一命を賭して回収したほどである。彼が日頃用いている、張りの弱い弓では、五十間の遠間《とおま》にある標的を射抜くなど、とうてい無理な話だ。むろん、配下には弓術《きゅう》に秀でた者が大勢控えている。が、絶え間なく波に揺れる小舟の上の扇を狙うとなれば、よほどの手練《てだれ》でなければ務まるまい。

しばし考えた後、義経は命じた。

「与一を呼べ」

程なく、大鎧に身を固めたままの若武者が参上する。

「あの扇の的、見事に射抜いてみせよ」

「は……」

大役を命じられたにも関わらず、与一の顔色は冴えない。逡巡《しゅんじゅん》するのも当然だった。あの扇を見事に射抜けば、この上なき巧名を挙げることができる。が、もしも外せば那須与一は、いや、自分たち坂東武者は後々の世まで恥辱を残す羽目になるのだ。平家征討軍に、与一以上の技量を持つ者はいない。義経が自分を指名したのも背水の人事なのだろう。総大将とはいえ、義経は若年の身。二十歳を過ぎたばかりの与一よりも、さらに年下であった。

小賢しい者ならば、こう切り返したかもしれない。

(御大将はなぜ、直々に挑戦をお受けなさらぬのか)

だが、それはできない。己の技量を見込まれたからには、断じて引き下がるわけにはゆくまい。那須与一は弓《きゅう》馬《ば》の芸をもって世を渡る、武家の若き一員なのである。

「お受けいたします」

主命を奉じた与一は夕陽の下、決然と愛馬にまたがる。

沖に浮かぶ舟団からは、好奇の視線が注がれる。戯れの誘いに、敵の荒武者をまんまと乗せたのが面白いのだ。

風が吹き荒れる。折からの北風は小舟を揺らすだけでなく、人馬を凍《こご》えさせずにおかない。限界まで乗り入れても、的への距離は四十間（約七二メートル）を越えていた。

足元から立ち昇る冷気に耐えながら、若武者が携えるは滋籐《しげどう》（重籐）の弓。竹と木の合成弓に藤蔓《ふじづる》を強く重ねて巻きつけた上から漆《うるし》を掛けた滋籐の弓は、どこででも手に入る普及品に過ぎない。しかし、与一にとっては飛ぶ鳥を落とす技を鍛《きた》えてきた、唯一無二の相棒であった。

故郷を出て以来、自分は巧名を挙げ、恩賞に預かりたいという若き野望だけのために、この弓を弾いてきた。

しかし今は違う。わが技を武神の上覧に供し、その審判を仰ぐのだ。外れれば、潔く死を選ぼう。首尾よく射抜くことができれば命ある限り、弓馬の道に生き続けよう。

（……南無八幡大菩薩《なむはちまんだいぼさつ》！）

鏑矢《かぶらや》が、ひょうと鳴る。

一瞬の後、扇の的は高々と夕焼け空に舞った。

信じられない妙技を目の当たりにした一同のどよめきが上がる中、与一は残心《ざんしん》を示しながら彼方を見やる。

その澄んだ視界いっぱいに、瑞雲が映じていた。

五人張りの弓

Gonin-bari no Yumi

ごにんばりのゆみ

◆時代：平安時代
◆種類：弓

俵《たわら》(田原)藤太《とうた》

俵藤太《たわらとうた》、本名・藤原秀郷《ふじわらのひでさと》（生没年未詳）が平将門《たいらのまさかど》を討って勇名を挙げる以前、承平《じょうへい》年間（九三一〜九三八）のことである。当時の彼は朝廷から疎まれ、京の都を離れた近江国《おうみ》（滋賀県）に居を構えていた。

ある日、琵琶湖にかかる瀬田《せた》の大橋を一人で渡ろうとした彼は、身の丈が二十丈（約六〇メートル）もある大蛇が橋桁の上に横たわっているのに遭遇した。鋭い角と牙を備えた威容は蛇というよりも竜であった。しかし、秀郷は驚きも騒ぎもせず、巨獣の背中を橋桁代わりにドシドシと踏み渡り、何事もなかったように対岸へとたどり着いたのであった。

先を行く秀郷に、声をかけてくる小柄な老人がいた。「自分はこの橋の下、つまり琵琶湖に二千年来棲んでいる竜神だが、貴男ほどの豪勇の士には、かつて会ったことがない。ぜひ、儂《わし》の宿敵を討ってはもらえないか」

巨大な竜神が、長年争ってきた相手である。生身の人間には太刀《たちう》打ちできない敵に違いない。しかし、豪勇の士と見込まれては引き下がれまい。即座に承知すると、元の姿に戻った竜神は、秀郷を琵琶湖底の竜宮城に案内した。

歓待を受けているうちに、夜が更けた。騒然とし始めた城内の様子に異変を覚えた秀郷は、機敏に行動を開始する。竜神の恐れる「敵」が来襲したのだ。

従者も連れず、往来を歩いていた時のままの格好で湖底に赴いた秀郷だが、武器の準備に怠りはない。肌身離さず持ち歩いている、五人張りの弓につがえる矢は

「三年竹の節近《ふしちか》なるを十五束《たば》三伏《ふせ》に拵《こしら》え、鏃《やじり》の中心を筈《はず》本《もと》まで打とおうした（註・打ち通した、すなわち先端から根元まで鉄芯が通っている）矢三本」

だ。一束が三寸（約九センチ）だから、十五束は四十五寸、つまり四尺五寸（約一三五センチ）に相当する。強弓にふさわしい、長大な矢箆《やの》だった。

速やかに臨戦態勢を整え、秀郷は時を待つ。

そして夜半を過ぎた頃、ついに「敵」は現れた。

巨獣……！

竜神をはるかにしのぐ、長大な威容であった。

聞けば、瀬田の大橋から五里（約二〇キロ）ほどのところに位置する、三上山《みかみやま》に棲む大百足《おおむかで》だった。数千もの松《たい》明《まつ》を両脇に並べていると錯覚したのは、絶え間なく蠢動《しゅんどう》する脚なのだろう。巨大なのも当然で、身の丈は山を七

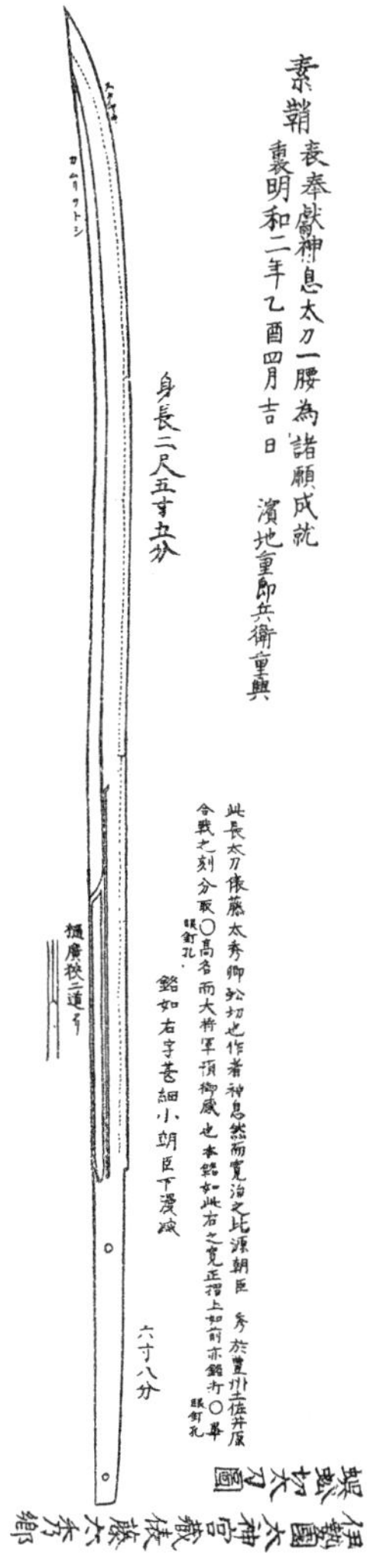

百足切太刀の図。刃長は約76.5センチ。『集古十種』所載

巻き半もするという。

動じることなく、秀郷は異形の怪物に立ち向かう。竜神に遭った時と同じく、たとえ心の内で動揺を覚えていても決して面に出さない。想像を絶する敵を前にしても、武人の心構えが崩れることはなかった。

手持ちの矢は三本。一撃必殺を期さなくては後がない。果たして、眉間《みけん》を狙った一の矢は命中したが、物の見事に弾き返された。続く二の矢も同じ場所に当たったものの、頑丈な百足の皮膚には刺さらない。

しばし考えた後、秀郷は最後の矢に唾《つば》を吐きかけてから迷うことなく射た。

鉄芯《てっしん》を仕込んだ矢は唸《うな》りをあげて、標的に殺到する。

命中……!

眉間を貫き、喉《のど》までも刺し貫いたかと思った刹那《せつな》、数千の松明に見えた脚の動きが瞬時に止まる。

地響きを立てて倒れたまま、大百足は息絶えた。

竜神は大いに喜び、米俵《こめだわら》と巻絹《まきぎぬ》を秀郷に贈った。さらに食物の尽きぬ鍋《なべ》を、そして太刀《たち》、鎧《よろい》、鐘《かね》も褒美に与えたという。竜神みやげの米俵と巻絹は、どれほど使っても減ることがない。秀郷は一夜にして物持ちとなった。爾来《じらい》、無尽蔵の米俵にちなんで、彼は俵藤太と呼ばれた。

なお、大津《おおつ》市にある三井寺《みいでら》の鐘は秀郷の寄進と伝えられている。

以上が室町時代に成立した『俵藤太草子《ぞうし》』『俵藤太物語』、そして『太平記《たいへいき》』に記された俵藤太百足退治のあらましである。本当に大百足と戦ったか否かはどうあれ、実在の秀郷が世の武士の崇拝を集めてやまない、弓の名手という一点は事実と考えていい。五人力でなければ引き絞れない強靭な弦《つる》を一人で張り、特別仕様の重い矢を常用する程の強者《つわもの》ならば、揺れ動く標的の一点を集中して狙うことも可能だろうし、最後の矢に唾を吐きかけてから放つという、今日の武道の礼儀作法に照らせば不謹慎な振舞いも、英雄の血をもって邪気を清める行為と解釈すべきであろう。

　古代から近世に至るまで、弓はわが国の合戦場における主要な武器であった。戦闘要員として世を渡る武士が、弓の操法に習熟していないはずがない。その武士階級の中で英雄と呼ぶに値する実力者だったからこそ、秀郷は大百足を退治した英雄に祭り上げられたに違いない。

　なお、実在の秀郷には近江に在住したという事実もないし、俵藤太なる異名を冠せられてもいなかった。異形の敵を退治するという説話のイメージは、彼の一族が先祖代々、下野《しもつけ》国（栃木県）の押領使《おうりょうし》として東国の軍事権・警察権を担っていた事実に端を発し、子孫たちが鎮《ちん》守府将軍《じゅふしょうぐん》に任じられたことも手伝って、増幅したものと考えられる。

　秀郷とその一族に滅される憂き目を見た人々にとっては不名誉きわまりない話だが、巷間に流布する伝説とはいつの世も、征服者の視点から語られるのが常なのかもしれない。

源氏の武将《ぶしょう》たち

源氏一門の弓

Genji-ichimon no Yumi

げんじ いちもん の ゆみ

◆時代：鎌倉時代
◆種類：弓

古来より弓馬《きゅうば》の芸――弓術《きゅう》と馬術《ば》――に秀でていることは武士の必須条件だった。たとえ武家に生まれても、この二つの術に長じていなくては、家督を相続する資格は与えられなかったのである。勢力が弱まれば即、他家に侵攻されるのが日常茶飯事の戦国乱世はいわずもがな、武士の台頭期にあたる平安時代においても、武家の当主たる者には家臣の模範となる、卓抜した弓馬の芸が求められたのだ。

世の武士たちから武門の棟梁《とうりょう》と仰がれた、源氏《げんじ》の場合はなおのこと、子弟に対する教育は厳しかった。何といっても八幡太郎義家《はちまんたろうよしいえ》（七四頁参照）・新羅三郎義光《しんらさぶろうよしみつ》（八〇頁参照）の兄弟を筆頭とする、弓射の達人を先祖代々、輩出してきた家柄だ。鎌倉幕府を興した源頼朝《みなもとのよりとも》が子弟教育に注力したのも、当然であろう。

源平《げんぺい》の争乱が繰り広げられた平安時代後期、弓は飛躍的な発達を遂げている。もともと、実戦向けの弓は七尺（約二一〇チ《セン》）以上の長弓だけに、威力も大きかった。構造は、丸木を削って作られた素地の外面にのみ補強材の竹を張る伏弓《ふせゆみ》（伏竹弓《ふせたけゆみ》）が主流を為していたが、竹を内面にも張る三枚打弓《さんまいうちゆみ》の発明にともない、より重く、長い矢を射ることが可能となった。しかし、伝説の域に達した古《いにしえ》の源氏の強者《つわもの》たちは皆、旧式の伏弓をもって数々の戦功を挙げてきたのを忘れてはならない。

弓馬のみならず、和歌の名人でもあった源三位《みなもとのさんい》頼政《よりまさ》は「おもはすや　手ならす弓に　ふす竹の　ひと夜も君にはなるへしとは」と詠じている。

頼政が鵺《ぬえ》を退治したという、仁平《にんぺい》年間（一一五一〜五四）の当時には「ふす竹の」弓、すなわち伏弓が一般的だったのだろう。以前の時代においては、いわずもがなだ。その頼政の挙兵を契機に勃発した、源平の争乱の渦中で実戦に供されたのが、新式の三枚打弓である。愛媛県・大三島《おおみしま》の大山祇《おおやまづみ》神社所蔵の三枚打弓は平家《へいけ》方の若大将・能登守教経《のとのかみのりつね》の奉納だが、十二世紀後半に普及した新式の弓が源平の両陣営で盛んに用いられたであろうことは、想像に難くない。

各戦線において矢数で平家を圧倒し、勝利を手にした源頼朝は、百足《むかで》退治で知られる藤原秀郷《ふじわらのひでさと》（俵藤太《たわらとうた》）の子孫にあたる下河辺《しもこうべ》行平《ゆきひら》を、七歳になる息子・頼家《よりいえ》のための弓術師範として招き、次代将軍にふさわしい指導を託している。新式弓を積極的に活用すると同時に、伝説の名手の一族の技をも、貪欲に取り込む。新たな幕府を樹立した源氏の基盤は名実ともに、弓馬の芸に支えられていたというべきだろう。

弓を持つ騎乗の足利尊氏。『集古十種』所載

岩融《いわとおし》

Iwa-toshi

◆時　代：平安時代（十二世紀）
◆種　類：薙刀
◆刃　長：約一〇五・〇センチ

武蔵坊弁慶《むさしぼうべんけい》

源平《げんぺい》争乱の英雄・源義経《みなもとのよしつね》に最期まで付き従った、無二の忠臣にして剛力無双の僧兵。京・五条大橋の決闘を初めとする武勇伝には事欠かない武蔵坊弁慶《むさしぼうべんけい》（？〜一一八九）であるが、その遺愛刀に関する伝承は、意外なほどに少ない。義経の生涯を綴った『義経記《ぎけいき》』には、弁慶は三条宗近《さんじょうむねちか》（三〇頁参照）が鍛《きた》えた岩融《いわとおし》と称する刃長三尺五寸（約一〇五センチ）の薙刀《なぎなた》を用いた、とのみ記されている。むろん、現存していない。

こうなると想像を働かせる以外にないのだが、果たしてどのような薙刀だったのか。

鎌倉時代以降、騎馬武者と渡り合うための主武器として徒歩武者が常用するようになった薙刀も、弁慶が活躍した時期は柄《つか》が短く、二尺五寸（約七五センチ）〜三尺（約九〇センチ）の刃部に対し、四〜五尺（約一二〇〜一五〇センチ）が妥当とされた。標準は耳の高さといわれるが、当時の平均身長を大きく上回っていたらしい弁慶の場合には、もっと長大な柄を装着したのではないかとも考えられる。

騎馬武者が下手に振り回せば、過って自分の乗っている馬を傷つけてしまう恐れのある長柄《ながえ》も、徒歩武者にとっては頼もしい味方となる。攻撃半径が広いため、馬上の敵に刃を届かせることもできるし、剛力の持ち主ならば騎馬の脚ごと薙ぎ払う荒技も可能だろう。もちろん、普通の人間にはとうてい無理な戦法だが、常人離れした巨躯《きょく》と豪腕を兼ね備えた者ならば、敵武者の体に打ち込んだ刃を反動で持って行かれることなく、振り抜くのも不可能事ではあるまい。腰を低く構えた体勢で長柄を振るい、三尺を越える白刃を一閃させるたびに、並み居る騎馬武者が次々に薙ぎ倒されていく、まさしく人口に膾《かい》炙《しゃ》した武蔵坊弁慶のキャラクターそのままではないか。

ともあれ、弁慶といえば薙刀が即座に浮かぶほど、この長柄武器のイメージは固まっている。あるじの義経が自刃に用いた今剣《いまのつるぎ》（八六頁参照）と同じ三条宗近が作刀した薙刀を、本当に弁慶は所持していたのか。たとえ持っていたとしても、最後の戦いとなった衣川《ころもがわ》の血戦において、迫り来る敵勢を相手に振るったのは、果たして岩融だったのか。真偽の程は定かでない。しかし、敬愛する主人が切腹する時を稼ぐために文字通り、わが身を捨てて防戦した弁慶の仁王立ちのエピソードは、掛け値なしに素晴らしい。歴史的な事実か否かはともかく、最後の独壇場を稀代の名刀で飾ったのではないか、と考えたいのがやはり人情であろう。

錦絵「牛若丸弁慶」。江戸中・後期の浮世絵師、鳥居清長（とりい・きよなが）の作。東京国立博物館蔵

静御前・巴御前の薙刀

Shizuka-gozen, Tomoe-gozen no Naginata

しずか ごぜん ・ ともえ ごぜん の なぎなた

◆時代：平安時代（十二世紀）
◆種類：薙刀
◆刃長：不詳

静御前《しずかごぜん》・巴御前《ともえごぜん》

静御前《しずかごぜん》と巴御前《ともえごぜん》（ともに生没年未詳）。

源平《げんぺい》争乱の渦中、華やかに並び咲いた二輪の徒花《あだばな》である。ともに志半ばで悲運の死を遂げていった源氏《げんじ》の男たちの愛妾として、後世に美名を遺したのは一緒だが、人口に膾炙《かいしゃ》している人物像は対照的だ。

片や、九郎判官義経《くろうはんがんよしつね》。

片や、木曾義仲《きそよしなか》。

愛された相手はいずれ劣らぬ英雄だが、静御前は京の都で洗練された、雅《みやび》な舞姫。対する巴御前は木曾山中で生まれ育って鬼をもひしぐ、現代の総合格闘技調に表現すれば、サブミッションでタップさせると恐れられた女武者。

同じ美女でも、まことに対照的な存在であった。

古来、薙刀《なぎなた》は静型と巴型の二種類に区別されている。

静型は刀身の反りが少なく、元と刃先との差がほとんどない、いかにも華奢な外見をしている。対する巴型は反りが大きく、元幅は狭いものの、刃先に行くに従って幅広く、先重《さきおも》でガッシリした印象を与えられる。それぞれに冠した女性のイメージが投影された作りといえるだろう。しかし、これらの原形と思われる遺愛刀は、静型も巴型も現存していない。そればかりでなく、両者が薙刀を振るったという文献もまた、存在しないのだ。

武芸とは縁がなさそうな静御前はともかく、あの巴御前が薙刀を遣《つか》わなかったはずがあるまい。そう思われるかもしれないが、弓馬《きゅうば》の芸に秀でた絶世の美女と謳った『平家物語《へいけものがたり》』にも、治承《じしょう》五年（一一八一）の横田の合戦において七騎もの敵武者を討ち取り、首級を挙げたと伝える『源平盛衰記《げんぺいじょうすいき》』にも、彼女の名前が付けられた大薙刀の具体的な描写は見られない。にも関わらず、巴型という型名のみが現在に至るまで伝承されているのは、勇猛果敢な女武者にちなむことで堅牢なイメージを高めようという、後の世の人々の意図ゆえに他ならないだろう。

一方の静型は現存こそしていないものの、二振りが徳《とく》川《がわ》将軍家に伝えられていたとの記録がある。代々の護り道具だった「静の薙刀」の一振りは、第三代将軍の家光《いえみつ》が少年時代、戯れに振り回して茎《なかご》を折ってしまった。しかし、当時の江戸で上手と評判をとった刀工・日置山城《へきやましろ》守《のかみ》一法《いっぽう》が見事に修復し、以前と変わらぬ斬れ味を示したという。もう一振りは、第二代将軍の秀忠《ひでただ》が息女の珠《たま》姫を前田《まえだ》家に嫁がせる際に持参させ、静御前の霊験あらたかな宝刀として珍重された。

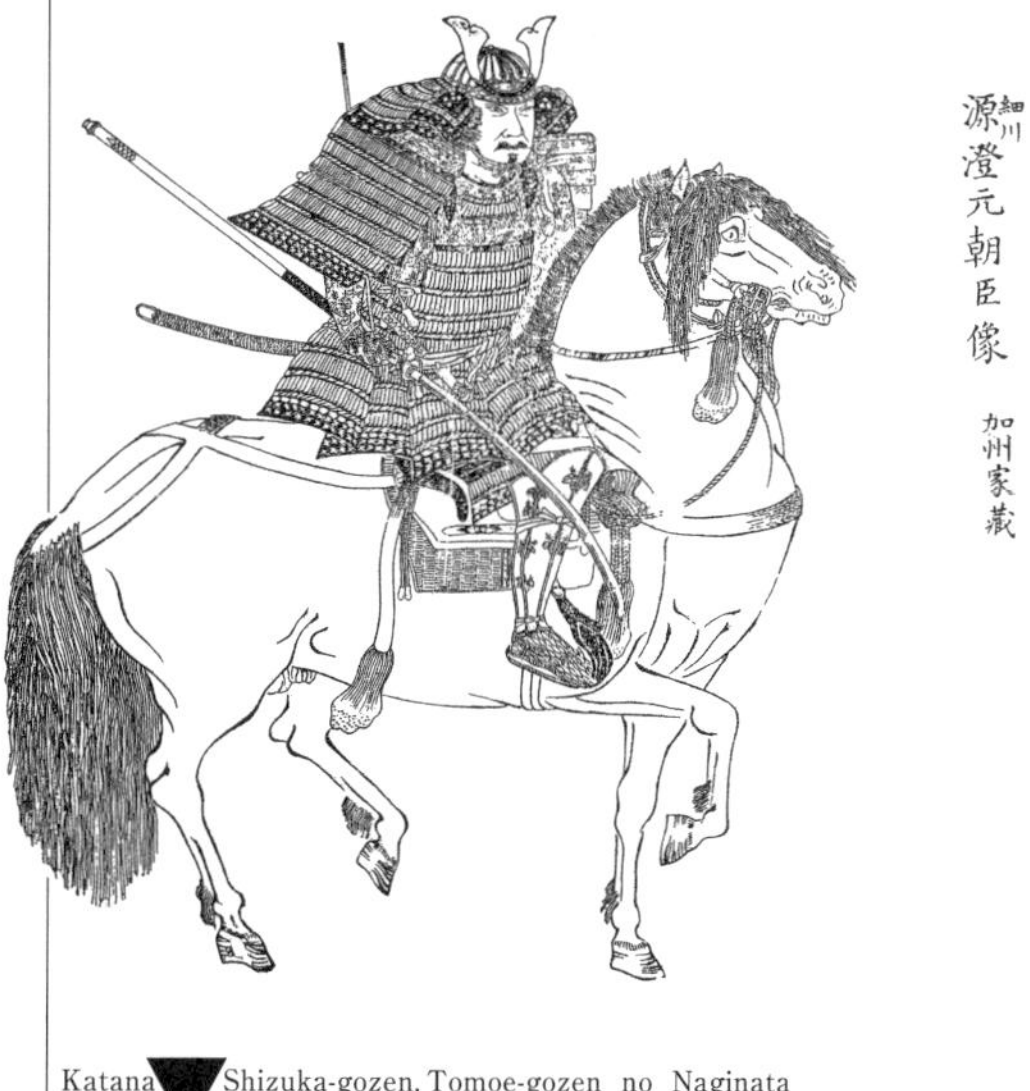

薙刀（静型）を持つ細川澄元（ほそかわ・すみもと）〈1489～1520〉の図。
『集古十種』所載

コラム……①

偽作・偽銘を考える

刀工が精魂を込めて作り上げた刀剣の茎《なかご》、すなわち柄《つか》を装着する刀身の下部に、自分の名前や居住地、製作年月日などを明記した長短の文言を指して、銘《めい》と呼ぶ。

奈良時代の遺物には刀工名がなく、刀身に由来や称号が入っている事例がわずかに見られるのみだったが、太刀が普及した平安時代の後期には、茎に作者の銘を残す慣習が定着したという。

銘切り鏨《たがね》と呼ばれる、専用のタガネで文言を切り付けるために、銘を入れる行為を「銘を切る」と称する。金銀の象嵌《ぞうがん》で試し斬りの結果を記す、試銘を後から入れる場合もあるが、ふつう、銘といえば鍛刀の全工程を終えた刀工が自らタガネを取り、作り上げた刀を真に完成させるために切るものというイメージが強い。

しかし、実際のところ、必ずしもすべての刀に銘が切られたわけではない。

たとえば、五郎入道正宗《ごろうにゅうどうまさむね》。一般にも名前を広く知られている、鎌倉時代の名工である。

正宗作と伝えられる刀剣に在銘品、すなわち銘が存在するものは、無きに等しい。巻末に掲載した国宝刀剣一覧（三七五〜六頁参照）をご覧いただいてもおわかりのように、数々の国宝指定を受けていながら、在銘品は一振りも含まれていない。短刀に三振りだけ、銘を確認できるものが存在するといわれているが、国宝に関しては、名物の九鬼正宗《くきまさむね》も日向正宗《ひゅうがまさむね》も、そして計三振りの庖丁正宗《ほうちょうまさむね》も、すべて無銘である。

どうして、銘を切らなかったのか。

自分の作風に絶対の自信があったからとも、茎の形状に特徴があるので銘は不要と判断したともいわれるが、真の理由は未だに明らかにはされていない。それでも、正宗作に無銘が多いというのは室町時代からの定説であり、後世に捏造された話ではない。事実と見て、間違いないだろう。

一説によると明治時代の後半、三千振りを下らない正宗作の刀が存在したという。

真偽の程は定かでないが、生涯に作刀したと思われる総数を最大限に見積もったとしても、およそ二千八百振りが上限だ。となると、二百振りも足りない。仮に正宗

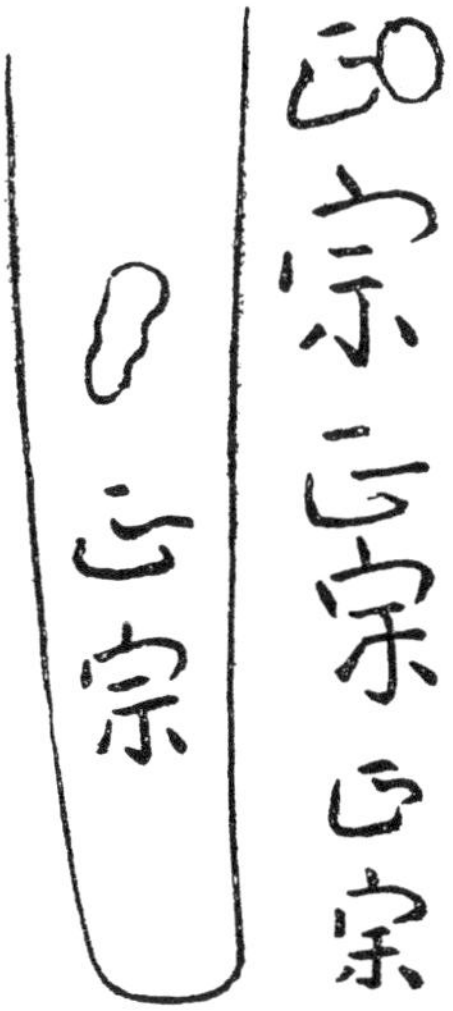

正宗の銘

が三千振りを達成していたと見なしても、鎌倉時代の太刀や短刀が南北朝の争乱、そして戦国乱世を経ていながら、一振りも失われることなく現存するとは、さすがに考え難い。白兵戦の主武器として用いられたために現存品が少ない槍《やり》や薙刀《なぎなた》などの長柄《ながえ》武器に比べれば、確かに最前線で使用される頻度が少なかったとはいえ、三千振りとは、あまりにも数が多すぎる。

もっとも、ニセモノまで含めれば話は違う。

豊臣秀吉《とよとみひでよし》が天下の名工と評価したことから、正宗の人気は江戸時代には一気に高まり、諸国の大名がこぞって買い求め、秘蔵したと伝えられている。町人でも、名字《みょうじ》帯刀《たいとう》を許された豪商ならば、脇差や短刀を所持することができたため、正宗人気はさらなる広がりを見せた。

しかし、江戸時代に流通した「正宗」のほとんどは、偽作だった可能性がきわめて高い。

オリジナルに似せた刀を作ることを「偽作《ぎさく》」、銘だけを本物らしく真似て切ることを「偽銘《ぎめい》」という。

名刀のコピーを作ることを目的とする偽作は、高齢などの理由で自ら刀が打てなくなった名工の代理として、技術を受け継いだ門弟たちが行う代作《だいさく》とは根本から事情が異なる。たとえ、まったくの別人が同じ銘を切ってはいても、代作であれば同門の者が伝承された匠の技を精魂傾けて振るう以上、まだ良心的であろう。だが、偽作は最初から確信犯以外の何事でもない。まったく別の刀を本物に見せかけるために切る偽銘ともなれば尚のことタチが悪いといわざるを得ない。

でも、ここで考えてみよう。

全国の諸大名、それこそ最低ランクの一万石の大名さえ必ず一振りか二振りは所持していたという正宗だが、一見裕福そうには見えても、財政状態は常に火の車という場合が多かった小大名たちにとって、やすやすと買える刀ではなかったのも事実である。何しろ、すでに江戸時代の初期の時点で代付無代《だいづけむだい》、つまり天井知らずの参考価格をつけられていたのだ。また、いかに大金を積んだとしても正宗本人が何百年も前に没している以上、大名から家臣にまで波及した正宗人気に、供給が追いつくはずもない。

偽作の正宗が世に氾濫した理由のひとつには、ユーザーの立場である諸大名がニセモノと承知の上で所望したから、というのもあったのではないだろうか。

俗に今様《いまよう》正宗と称されて、江戸時代に流通した正宗作の贋物《がんぶつ》はもちろんオリジナルと同様、無銘だった。鑑定書さえ添えられていれば、正宗と主張し、所持しても、世に恥じるところはない。たとえ、その実態が正宗と似た作風の無銘の刀、あるいは元の銘を磨《す》り落としたものだったとしても、ステータスシンボルの価値さえ維持できていれば問題はなかったはずである。

無銘の、真贋《しんがん》の定かでない刀が世に出回ったのは、何も正宗だけには限らなかった。

正宗人気の火付け役である豊臣秀吉が、天下の三名工として、正宗と一緒に選んだ藤四郎吉光《とうしろうよしみつ》や郷義弘《ごうよしひろ》も、盛んに偽作が作られていた。もっとも、吉光と義弘の場合には正宗と違って、自作に銘を切っていたのだが、それでも偽作に対する抑止力にはあまりならなかったようだ。

オリジナルが鎌倉時代の末期から南北朝時代にかけて活躍した刀工の作の場合、大磨上《おおすりあ》げした大太刀《おおだち》である、という来歴さえ後付けすれば事足りたからだ。

江戸時代、大太刀を作刀された当時そのままに保存している者は、限りなく少なかった。ほとんどの場合には、刀身を茎から徐々に短く切り詰める大磨上げを施して、ふつうの大刀のサイズに仕立てていたからである。古刀期に多く作られた大太刀は、ご存じのように三尺（約九〇チセン）を軽く超える。南北朝時代の合戦では、長柄武器の槍や薙刀とも対等に渡り合える長大な大太刀が徒歩武《かちむ》者《しゃ》の武器として絶大な威力を発揮したわけだが、足軽を主戦力とする集団戦が定着し、個人単位での戦闘が激減した戦国時代には、ほとんど無用の長物と化していた。ましてて、合戦が途絶えた江戸時代となれば、腰に差して歩くための平常指《へいじょうざし》として、大太刀などを用いるわけにはいかなかった。本来、大太刀とは背負った状態から抜刀しない限り、鞘走らせることさえできない構造なのだ。

それに、徳川《とくがわ》幕府は正保《しょうほう》二年（一六四五）以降、武士の大刀の長さを二尺三寸（約六九チセン）の定寸《じょうすん》に制定している。そこで戦国時代に引き続き、大太刀を短く加工する、大磨上げが行われたのだ。当然、「生《う》ぶ茎」と称された作刀当時の茎を切断してしまうのだから、偽作を正当化する理由として、元は在銘だった刀が大磨上げしたために無銘になったと断言するのも、決して不自然ではない。あまり短くしないで茎を折り、オリジナルの銘を刀身の裏面に残しておく、折返銘《おりかえしめい》という加工法も行われてはいたのだが、大太刀を脇差にするといった場合には生ぶ茎を切る以外になかったため、もともとは大太刀だったから……という理由で、言い逃れることができたのだ。

これまで述べてきたように、古刀期、それも鎌倉時代の末期から南北朝時代の作ならば、苦心して銘をコピーするよりも安全に、確実に無銘の贋物を本物と偽ることが可能だった。作風が似ていて、鑑定書さえ出してもらえれば、立派に諸大名家のステータスシンボルとしても通用したのである。もっとも、不用意に自慢した相手が目利きだったら見抜かれることも多かったはずだが、そこは互いを立てる大名家の間での付き合いだけに、野暮に暴き立てたというエピソードは、あまり伝わっていない。ただ、名刀ほど贋物が多かったのは周知の事実だったようで、有名な「郷と化物（幽霊ともいう）は見たことがない」は、あくまで本物を指してのことと解釈すべきだろう。ちなみに、石田三成《いしだみつなり》は豊臣方に諸国の大名を引き入れる一策として、当時の名工だった堀川国広《ほりかわくにひろ》を招聘し、正宗と貞宗《さだむね》、そして義弘の偽作を贈答用に量産させたという。国広クラスの名工を起用するところまでいかなくても、そこそこに作風を模倣できれば、後は鑑定書を手配するだけで事は済む。増加の一途をたどる需要に対する供給を維持するという、どちらかといえばユーザー寄りの事情ゆえに、江戸時代は古刀の偽作が横行する結果を見たのであった。

しかし、対象が新刀《しんとう》となると、状況は一変する。いくら鑑定書を添えても、江戸時代の中期以降は本阿《ほんあ》弥《み》家を筆頭とする鑑定家の権威も下落して、信用度が著しく損われていた。つまり、純粋に刀そのものを、素人目には判別できない「名刀」に仕立て上げるために「こなし研《とぎ》」と称する研磨で、古刀らしく見せたりするような、特殊な技量の持ち主が求められたのだ。

近藤勇《こんどういさみ》の長曽禰虎徹《ながそねこてつ》（二五六頁）の偽物説を巡るエピソードに顔を見せる細谷平次郎直光《ほそやへいじろうなおみつ》は、幕末における偽作・偽銘の第一人者として名高い。新々刀《しんしんとう》期を代表する水心子正秀《すいしんしまさひで》の孫弟子となれば腕は立って当然。虎徹偽物説がこれほど世に浸透したのも、無理はあるまい。そう思わせるほどの力量を備えた、直光のようなプロフェッショナルたちが、その職人芸を大いに発揮したからこそ、潤沢な活動資金を持っていたとは言い難い末端の勤王志士たちにも「村正《むらまさ》」が行き渡ったのであろう。諸大名家が正宗を渇望したのと同様、いや、それ以上に、幕府打倒を目指す志士たちにとって、徳川家に祟る妖刀・村正は必須の一振りだったのだ。とにかく手に入れたい、遣いたい。そんなユーザー側の切実な事情こそ江戸時代を通じて、偽作・偽銘を世に出回らせた、最大の原因だったのではないだろうか。

先祖伝来の名刀を刀剣商に持ち込んだら、実は真っ赤なニセモノだった！　というのは、TV時代劇でお馴染みの展開だが、ご先祖様が贋物と承知のうえで秘蔵していたとしたら、やはり大事に守り伝えるのが子孫の務めなのだと私は思う。だが、家宝が無価値と知ってしまった時、平静を保てるかどうかと問われたら、やはり自信はない。もっとも真刀《しんとう》といえば今のところ、居合用の稽古刀しかもっていない身にとっては、縁遠い話ではあるのだが……。

真贋をはっきりさせれば、それが幸福な結果を生むとは限らない。つくづく、鑑定とは難しいものである。

第三章　戦国武将

不動行光《ふどうゆきみつ》

Fudo Yukimitsu

◆時代：鎌倉時代（十三～十四世紀）
◆種類：短刀
◆刃長：不詳

織田信長《おだのぶなが》

戦国の風雲児・織田信長《おだのぶなが》（一五三四～八二）。進取の精神に富み、中世日本を革命したともいわれる存在の信長だが、決して日本の伝統文化を否定したわけではない。茶の湯に歌舞。刀剣に関しては、言わずもがなだ。決して、人を斬る武用刀としての価値にしか興味がなかったわけではない。安土《あづち》城の工事視察の際、通りすがりの女性に悪戯をした人足の首をその場ではねたり、無礼を働いた茶坊主を手討ちにしようと城内を追い回したあげく、膳《ぜん》を収納する棚《たな》の下に隠れたと気付くや棚ごと強引に圧《へ》し斬ったりと、自ら刀を振るったエピソード、それもキレたあげくの刃傷沙汰が少なからず伝えられる信長だが、鑑賞対象として名刀をこよなく愛する蒐集《しゅうしゅう》家の一面も、きちんと備えていた。ちなみに、茶坊主の成敗に用いたといわれるのは、相州正宗《そうしゅうまさむね》に連なる正宗十哲の一人である長谷部国重《はせべくにしげ》が南北朝時代に作刀した太刀《たち》を大磨上《おおすりあ》げ、すなわち元の茎《なかご》を切断して刀に仕立て直した逸品だった。この国重の刀は現在、国宝として世に広く知られている。これほどの逸品を癇癪《かんしゃく》を起こした時にとっさに持ち出せたということは、信長にとって名刀は実に身近な存在だったと解釈できるのだ。もちろん、信長の一連の行状は、現代人の目には狂気の沙汰としか映らない。しかし、現代人の良識が通用しない戦国時代においてさえも並外れた人物だったことを思えば、蒐集した名刀を鑑賞対象として愛でるだけでなく、武用の価値をも等しく求めた信長の姿勢は、いかにも乱世の革命に成功した、一代の風雲児らしいといえるだろう。

それにしても、なぜ、信長の手許には名刀が集まったのか。尾張国《おわり》（愛知県）の一守護代から身を興した信長

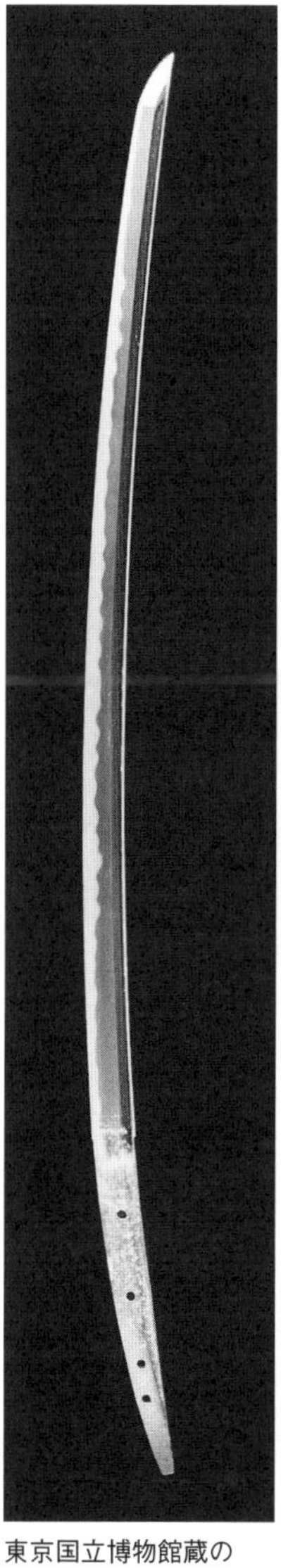

東京国立博物館蔵の長谷部国重の一振り

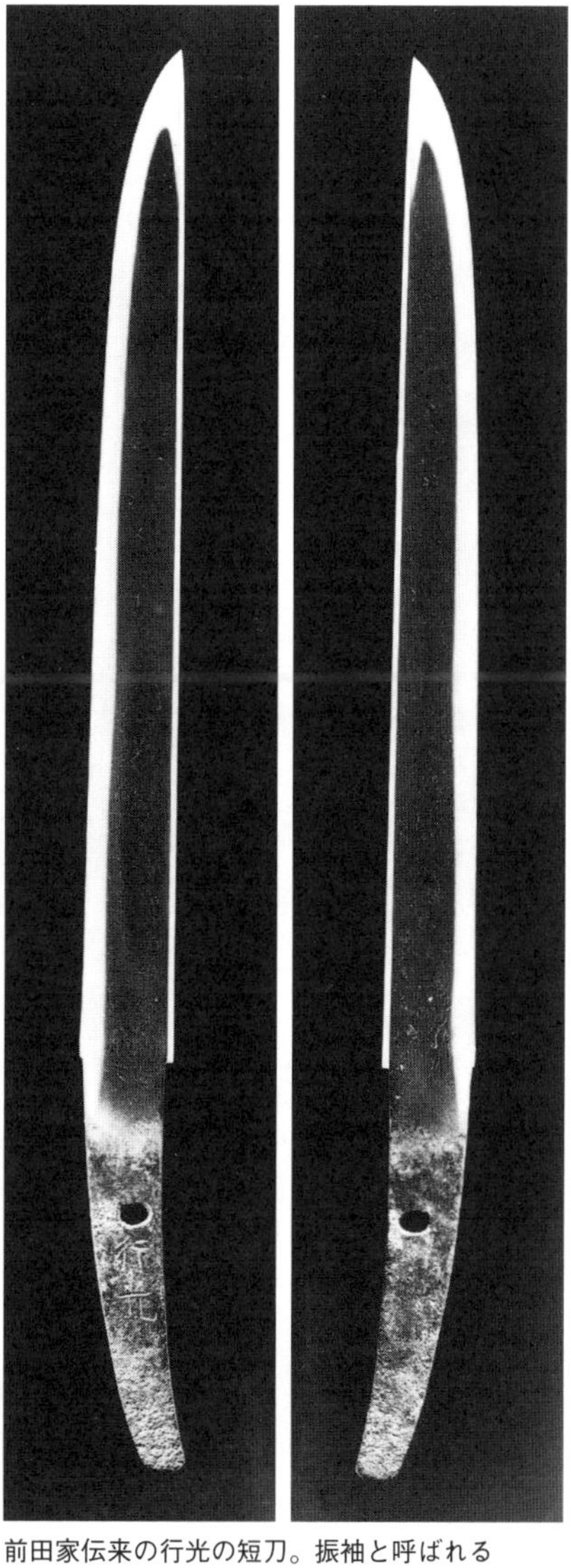

前田家伝来の行光の短刀。振袖と呼ばれる特徴的な茎を持つ。東京国立博物館蔵（国宝）

が、着々と天下統一事業に邁進《まいしん》していく過程において、彼に服従した戦国大名たちは名刀をこぞって献上した。当時、刀は名刀であればあるほどに、贈答品として喜ばれたからだ。しかし、すべてが信長のコレクションになったわけではない。手柄を立てた家臣への褒美として、右から左に出ていくケースも多かったようだが、もちろん例外はある。信長が好んで蒐集した備前長船光忠《びぜんおさふねみつただ》の総数は、三十二振りに及んだという。この三十二振りの中には、光忠作の太刀でも上位にランキングされる「福島《ふくしま》光忠」「生駒《いこま》光忠」「三好実休《みよしじっきゅう》光忠」などが含まれていた。

信長が愛蔵した名刀群は、実に幅広い。光忠と同じ鎌倉時代中期の備前鍛冶・一文字吉房《いちもんじよしふさ》の作刀で最も優れていると称され、後に譲り受けた信長の次男・信雄《のぶかつ》が謀反の嫌疑をかけた老臣の岡田重孝《おかだしげたか》を成敗したことから名付けられた「岡田切《おかだぎり》」や、先に述べた茶坊主成敗のエピソードから「へし切《ぎり》長谷部《はせべ》」の号を授けられた長谷部国重も秘蔵のコレクションの一部である。

幾多の名刀を所有した信長だが、彼が最も愛したのは不動行光《ふどうゆきみつ》の腰刀《こしがたな》だった。腰刀とは後世の脇差に当たる、当時の武士が普段から差していた短刀のことである。作刀者は相州伝上期の文永《ぶんえい》・元亨《げんこう》年間（一二六四〜一三二四）を代表する、名工の藤三郎《とうざぶろう》行光である。鎌倉鍛冶の新藤五国光《しんとうごくにみつ》に山城《やましろ》伝（京都）の技を学び、師の優美で上品な作風を強化した華実《かじつ》兼備の作風で知られる行光の短刀に、信長は刀身に負けず劣らず豪奢な腰刀の拵《こしらえ》を施し、自慢にしていたという。

自他に厳しい信長も、酒を呑めば上機嫌になる。心地よく酔うたび、戯れにこんな歌を唄うのが常だった。

「不動行光、つくも髪、人には五郎左《ごろうざ》御座候《ござそうろう》」

不動行光の名刀に、世の茶人たちが求めて止まない名器中の名器・九十九髪茄子茶入《つくもがみなすのちゃいれ》。そして、美濃《みの》攻略戦で手柄を立てて以来、小姓から重臣の列に加わった丹羽《にわ》五《ご》郎左衛門長秀《ろうざえもんながひで》。どれも容易には得られぬ逸物ばかりだぞ、という絶対の自信に満ちた歌である。この不動行光、晩年の信長が最も愛した小姓・森蘭丸《もりらんまる》に与えられたが、本能寺の変では新旧の主人に殉じて、無残に焼け果てた。現存する黒塗の刻み鞘《さや》の腰刀拵は、後世に復元されたものだが、一代の風雲児が駆け抜けた戦国乱世の面影をよく伝えているという。

『集古十種』所載の本能寺蔵信長刀図

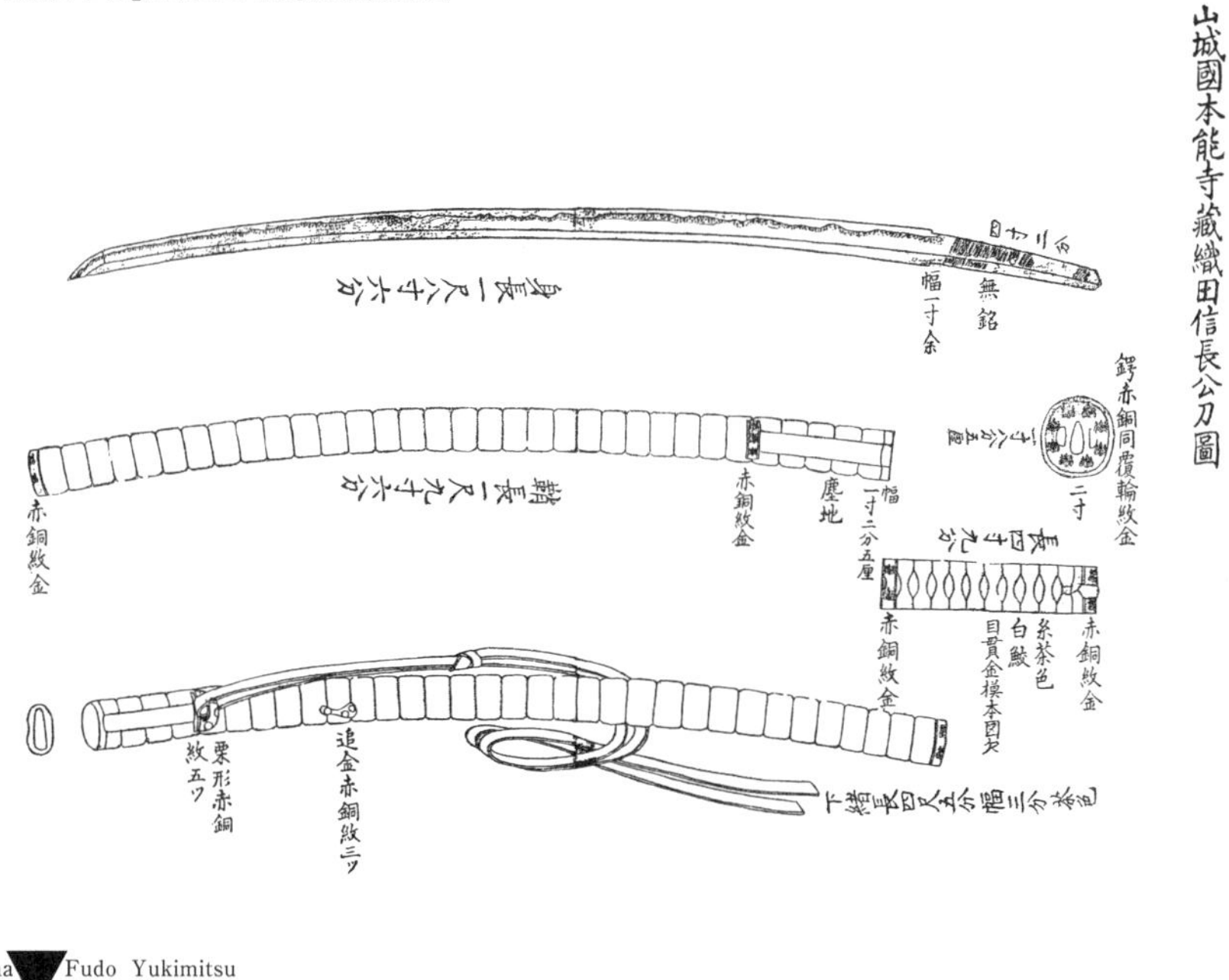

一期一振《いちご ひとふり》

Ichigo Hitofuri

◆時代：鎌倉時代（十四世紀）
◆種類：太刀→打刀
◆刃長：約六八・四センチ

豊臣秀吉《とよとみひでよし》

太閤秀吉《たいこうひでよし》（一五三六〜九八）。数多い戦国大名の中でも、一時代を築き栄華を誇った点においては右に出る者のない存在であり、わが国の立志伝中の人物としては古今無双、最高峰に位置付けられるべき一代の英雄である。

当然ながら集めた名刀は膨大な数にのぼり、山城《やましろ》、大和《やまと》、備前《びぜん》、相州《そうしゅう》、美濃《みの》とあらゆる伝系の逸品が蔵に蓄えられた。総数こそ定かでないが、秀吉の刀係として管理にあたった時の刀剣鑑定の第一人者・本阿弥光徳《ほんあみこうとく》が後の世に伝えた押形《おしがた》——茎《なかご》の形や銘字を拓本《たくほん》の要領で紙に写し取った名刀群の記録資料によると、代表格の正宗《まさむね》と吉光《よしみつ》だけでもそれぞれ十数振りに及ぶという。

中でも秀吉がこよなく愛したと伝えられるのが、吉光作の一期一振《いちごひとふり》である。作刀者の粟田口藤四郎《あわたぐちとうしろう》吉光は、鎌倉時代の前期に活躍した刀工。相州正宗《そうしゅうまさむね》、そして郷義弘《ごうのよしひろ》とともども、秀吉が天下の三名工に数えたほどの傑物だ。

この一期一振、もともとは足利《あしかが》将軍家の重宝だったのを、秀吉の庇護を求めた第十五代将軍・義昭《よしあき》が献上してきたもので、吉光の作刀には珍しい太刀《たち》であった。室町時代に冠せられたという号「一期一振」が意味する通り、古来より世に唯一無二と認知されてきた一振りなのである。

本阿弥光徳が押形を取り、銘に記された年代別に編纂した『刀絵図《かたなえず》』の文禄《ぶんろく》三〜四年（一五九四〜九五）編によると、本来の刃長は二尺八寸三分（約八四・九センチ）。作刀された当時に流行した長尺の太刀だ。しかし、皇室御物として現存するのは二尺二寸八分（約六八・四センチ）に磨上《すりあ》げられた刀である。なぜだろう。これほどの名刀、まさか実用に供したとは思えないが、小柄だった秀吉はこの太刀を佩用《はいよう》するために、いささか長すぎる八〇センチ強の刀身をあえて磨上げさせたものと見なされている。

ちなみに現代居合《いあい》道では、刃長は身長マイナス約九〇センチが最長限度とされている。むろん、古流居合術を現代に伝える林崎《はやしざき》夢想《むそう》流の修業者たちが使用する三尺二寸三分（約九六・九センチ）の大太刀《おおだち》のように、長尺の刀を用いるのが居合本来の、そして合戦場の実像だったのはいうまでもない。戦国時代の当時としても小柄な体格だった秀吉とはいえ、長尺の太刀を佩くのは決して不自然ではなかったはずなのだが、なぜ短く仕立て直したのか。やはり、もしも実戦で自ら抜刀せざるを得ない状況を迎えた時を考えると遣いこなせる自信がなく、心許なかったのではあるまいか。それならば自分の身長に合わせて、磨上げさせたとしても納得がいく。稀代の智恵者の秀吉だが、こと武芸の腕に関しては、信長《のぶなが》や家康《いえやす》ほどの実力を有していなかったのは明らかである。本来はもっと長かった一期一振を、自分の剣の力量に合わせて短く仕立て直した、という説が妥当なのだろう。

一期一振が磨上げられた時期は正確には不明だが、銘から判断する限り、秀吉が齢六十を目前に控えていた文禄三年以降の出来事なのは間違いない。老境に至ってもなお、名刀に実用性を見出そうとしていた天下人の頼もしさを彷彿とさせられる一振りだ。

しかしながら、事実関係を検証すると、この一期一振が磨上げられたのは秀吉の没後の出来事と見なさざるを得ない。というのも、現存する一期一振は、大坂の陣で焼失した後に修復されたものだからである。

幾多の名刀を秘蔵した秀吉だが、その栄華は一代限りであった。朝鮮出兵の最中、慶長《けいちょう》三年（一五九八）の春に秀吉は体に変調を来し、同年の八月十八日未明に絶命した。死因は肺結核、気管支炎、赤痢、老衰と諸説が唱えられているが真相は不明である。死を目前にした八月九日、秀吉は五大老の徳川家康《とくがわいえやす》と前田利家《まえだとしいえ》に朝鮮からの撤兵を遺言として命じた後、錯乱状態に陥った。秀吉が最も信頼を預ける五大老が今後の命令はすべて無視すると決断せざるを得ないほど、人としての機能をもはや果たしていなかった秀吉だが、一子の拾《すて》、後の豊臣秀頼《とよとみひでより》に関することだけは、意識をしっかり保っていたと伝えられる。病床で命じた大坂城の城壁の補強工事がすぐさま実行に移されたのも、是が非でも己の血を分けた唯一の存在である六歳の愛息を後継者とし、その居城となる大坂城を磐石のものにしようと欲した男の執念の為せる業といえるだろう。しかし、秀吉の執念が凝縮された天下人の砦も、ついに最期を迎えることになる。元和《げんな》元年（一六一五）五月八日、豊臣家根絶を願った家康の思惑通り、大坂の陣に完敗した秀頼は、母の淀《よど》君とともども自刃。天下の名城は灰燼に帰した。この時に運命を共にしたのが、秀吉秘蔵の名刀群である。骨喰《ほねばみ》藤四郎（九八頁）の薙刀のように堀の底から無傷で回収された例外もあったが、一期一振をはじめとする逸品のほとんどは、焼身《やきみ》と呼ばれる無惨な姿に成り果てたのだ。高熱で刃文が失われ、曲がった鉄の棒と化した名刀には見る影もない。が、家康は大坂城跡から発掘された秀吉のコレクションを、無下に放棄したりはしなかった。抱え鍛冶の越前康《えちぜんやす》継《つぐ》に、焼直しを命じたのだ。焼直しというのは焼失した刀の修復作業のことで、刀身の形を整えて再び焼きを入れて、失われた刃文を復活させるのである。ただし、刀はいちど高熱で焼かれてしまうと強度が著しく損われるため、焼直した刀は斬ることができない。在りし日の面影を偲ぶための役にしか立たないのだ。それと承知のうえで焼跡を執拗に探索させたという家康の姿勢からは、亡き秀吉の遺産を何としても我がものとせずにはいられなかった、男の執念が感じられて止まない。

その家康が寵愛した名工・康継の手で二尺二寸八分に磨上げられ、直刃の大刀として再生した一期一振は家康の没後、紀州徳川家を経て明治天皇に献上された。

秀吉像。『集古十種』所載

三池光世

Miike Mitsuyo

みいけ みつよ

◆時　代：平安時代
◆種　類：太刀
◆刃　長：約六六・九センチ

徳川家康《とくがわいえやす》

織田信長《おだのぶなが》、次いで豊臣秀吉《とよとみひでよし》に仕えながら着々と力を蓄え、名実ともに天下を手中に収めた徳川家康《とくがわいえやす》（一五四二〜一六一六）。数々の計略で豊臣家を滅亡に追い込んだのは事実であり、巷間に流布した、腹黒い狸おやじの印象は確かに否めないが、柳生但馬守宗厳《やぎゅうたじまのかみむねよし》とのエピソード（二二四頁参照）が示すように、兵法者《ひょうほうしゃ》としても優れた人物であったことは、よく知られている。所蔵した名刀もあるじに似て、日光東照宮の御神体《ごしんたい》に擬せられた日光《にっこう》助真《すけざね》の太刀《たち》を初めとする、実戦志向の豪壮な逸物が揃っている。

中でも三池光世《みいけみつよ》は『徳川実紀《とくがわじっき》』に曰く、家康が死の前日に斬れ味を試させ、徳川家を子々孫々まで鎮護する宝刀と定めた一振りだ。

三池典太の作刀と伝えられる刀身は、刃長二尺二寸三分（約六六・九センチ）。太刀としては短いが、家康の命を受けた当時の江戸町奉行・彦坂九兵衛光正《ひこさかきゅうべえみつまさ》が、死刑の決まった罪人の首で試し斬りをさせたところ「心地よく土《ど》壇《だん》（註・斬る対象を据える土の台）まで切込みし」との報告が届いた。家康は戻された太刀を自ら「二振三振と打ちふり給ひ」た後、葬儀用の枕刀として自分の亡骸を護らせたうえで、久能山《くのうざん》東照宮に収蔵するように命じたという。同じく久能山に安置された備州長船行光《びしゅうおさふねゆきみつ》の短刀と一緒に現在まで大切に保管され、明治四十四年（一九一一）には古社寺保存法により、国宝指定を受けた。

武人の家康が後世の護りを託した三池光世は刀身こそ短いが、身幅《みはば》の広い実戦向きの剛刀である。重ねは薄く、反りは浅い。刀身の表裏には、幅広く、浅い棒樋《ぼうび》が茎《なかご》まで掻《か》き通されている。

この樋は、注目に値する一点といえるだろう。最近の現代居合《いあい》道用の刀には、本来の重量を軽減するという目的だけでなく、演武の際に派手な刃音《はおと》を出すために、刀身には深めに樋が掻かれている場合が多い。しかし、このような居合刀の場合、刀身の耐久性は度外視されていると考えざるを得ない。巻藁《まきわら》を相手にするのでさえ、よほど手の内が決まっていなければ、刀を曲げてしまうことがあるからだ。その点、かつての合戦場で用いられていた武用刀は違う。樋を掻くという行為に装飾性があったのも事実だが、あくまでも刀身の強度を保ちながら、重量とバランスを所持する者に合わせて調整し、武用刀として十分な効果を発揮させることが第一の目的だったのだ。大阪夏の陣を最後に大規模な合戦が途絶えたとはいえ、まだまだ刀に実用性が求められていた江戸時代初期、樋が必要以上に深く彫られなかったのも当然のことと私見する次第である。

最後に、銘を見てみよう。作刀された当時そのままの生《う》ぶ茎の佩表《はきおもて》、すなわち刀身の右側には「妙純伝持」と平らに切られており、樋の中に片仮名で「ソハヤノツルギ」という切り付け銘が施されている。佩裏《はきうら》、すなわち左側には、やはり樋の中に「ウツスナリ」とある。故・佐藤寒山《さとうかんざん》博士は古の拵《こしらえ》にソハヤノツルギと称する種類が存在しており、これを模造し伝承したのが表銘に記された妙純なる人物ではないかと推理されている。拵そのものが現存しないために詳細は不明だが、坂上《さかのうえの》田《た》村《むら》麻《ま》呂《ろ》が佩用した大刀と同じ名前を冠する幻の拵、いかにも武人の家康好みだったのではないだろうか。

一文字の太刀

いちもんじのたち

◆時代：鎌倉時代
◆種類：太刀
◆刃長：約八一・九センチ　反り三・六センチ強

武田信玄《たけだしんげん》

武田《たけだ》信玄《しんげん》（一五二一～七三）と上杉謙信《うえすぎけんしん》。

戦国合戦史をひも解く時、この両雄ほど魅力的なライバルストーリーを構築した者は、他に見当たらない。

天下に布武するに足る実力を備えながら、共に上洛《じょうらく》の機に恵まれぬまま生涯を閉じた両雄を語る時、五度に及んだ川中島《かわなかじま》の合戦にまつわるエピソードとして外せないのが、永禄《えいろく》十年（一五六七）夏の出来事である。

七年前に前当主の今川義元《いまがわよしもと》を織田信長《おだのぶなが》に討たれ勢いを

『集古十種』所載の信玄像

失った今川家との同盟を、信玄は突然に破棄した。むろん、狙いは東海道への進出だ。これを阻もうと今川家は、縁戚関係を結ぶ北条《ほうじょう》家と連携し、信玄のお膝元・甲《か》斐《い》国（山梨県）へと至る塩の輸送路をすべて遮断する作戦を採った。海に面していない甲斐国で、塩の自給は不可能。このままでは、精強をもって鳴らす武田の兵も塩分を摂取できず、戦う力を失ってしまう。ところが、謙信は兵糧攻めで敵を弱らせる今川・北条両家のやり口を不勇不義なりと批判し、自領の越後《えちご》国（新潟県）から武田領へ塩を運び込む輸送路を開放したという。もちろん、自腹で調達した塩を救援物資として送ったのではなく、ただ輸送を妨害しなかったというだけのことなのだが、戦国乱世の出来事と思えば、謙信の好漢ぶりには感心せずにいられない。

いわゆる「敵に塩を贈る」という格言で有名なこの話には、後日談が伝えられている。好敵手の温情に感謝した信玄は、返礼として秘蔵の太刀《たち》を贈ったのだ。現存する一文字《いちもんじ》の太刀の刀身は二尺七寸三分（約八一・九$_{チ}^{セン}$）と長く、反りは一寸二分（約三・六$_{チ}^{セン}$）と深い。一寸一分八厘（約三・五四$_{チ}^{セン}$）の元幅に対して、先幅は七分四厘（約二・二二$_{チ}^{セン}$）。実戦向けの威容を誇る太刀姿だ。刀身の表裏には、棒樋《ぼうび》が茎《なかご》まで掻《か》き通されており、生《う》ぶ茎の目釘孔《めくぎあな》の下、すなわち棟《むね》寄りの部分には「弘」の一字銘が切り付けられている。この「弘」の下にもう一文字が存在したと見なされるが、何者かの手で磨《す》り潰されていて判別できない。信玄から謙信に贈られる以前、何らかの理由から、銘がわからないように加工されたものと思われる。このように作刀者が明らかでないため、終戦後まで重代の宝にしていた上杉家では、鎌倉時代中期の山城《やましろ》国（京都府）の名工・来国行《らいくにゆき》の作と伝えたというが、作風から同時代の備前一文字《びぜんいちもんじ》派のいずれかの刀工の作刀と見られている。備前刀をこよなく愛した謙信の嗜好に合わせて、贈答品に選ばれたのであろう。

戦国の世の王者たらんと互いに鎬《しのぎ》を削った両雄の間を遍歴した一文字の太刀は、東京国立博物館に寄贈されて、現在は重要文化財の指定を受けている。

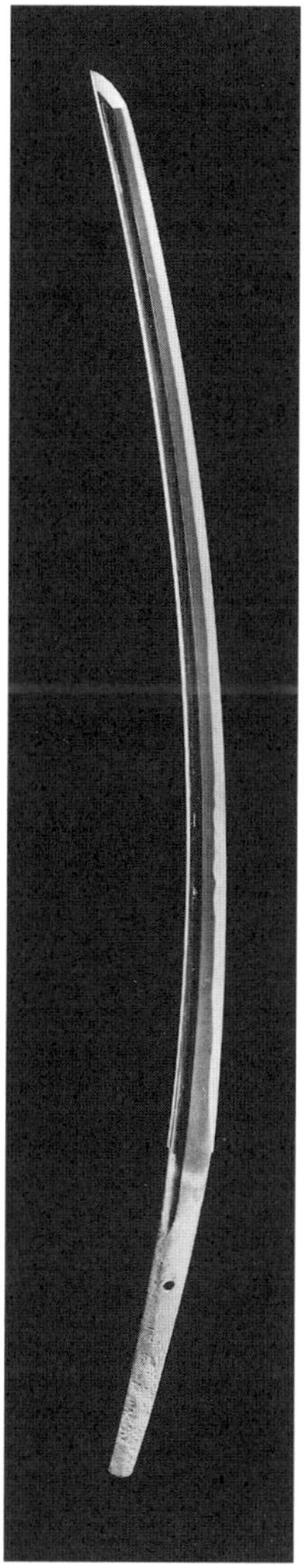

太刀 銘弘。東京国立博物館蔵

小豆長光

Azuki Nagamitsu

あずき ながみつ

◆時代：鎌倉時代
◆種類：太刀
◆刃長：不詳

上杉謙信《うえすぎけんしん》

本名・長尾景虎《ながおかげとら》（一五三〇～七八）。後に足利《あしかが》第十三代将軍・義輝《よしてる》から一字を賜って輝虎《てるとら》と名乗り、関東管領《かんとうかんれい》の名門・上杉《うえすぎ》家を継いだ後に出家して、謙信《けんしん》と号した名将である。軍師の類いを召し抱えず、合戦のたびに春日山の毘沙門堂《びしゃもんどう》に数日間こもって神仏に祈り、一人で作戦を立案したというストイックな人柄で有名な謙信だが、備前刀の愛好者だったことは意外に知られていない。

備前長船長光《びぜんおさふねながみつ》と兼光《かねみつ》をこよなく愛し、合戦場でも佩用《はいよう》した謙信の秘蔵刀の中で、伝説の一振りといわれるのが小豆長光《あずきながみつ》である。

異名の由来として、このような話が伝えられる。

ある時、謙信の家臣が鞘《さや》の割れた、みすぼらしい太刀《たち》を腰に差して歩いている男を見かけた。男は小豆を入れた袋を担いでいたが、袋に破れ目があるらしく、小豆粒がしきりにこぼれ落ちる。何げなく視線を向けた謙信の家臣は、目を疑った。こぼれた小豆粒は、割れた鞘から露出した刃に触れた瞬間、たちまち真っ二つになっては地に落ちていくではないか！　感心した家臣は男から太刀を買い求め、謙信に献上した。話を聞いて非常に喜んだ謙信は爾来《じらい》、愛刀として用いたという。

一説には、小豆ではなく「なづき（脳髄）」を真っ二つにしたことに由来する異名ともいわれるが、いずれにしても、かなり斬れ味の鋭い太刀だったのは間違いない。

残念ながら現物も押形《おしがた》も存在しない以上、川中島《かわなかじま》の合戦において、敵将・武田信玄《たけだしんげん》の本陣に単身突入した際に謙信が抜き打ち、信玄の軍配《ぐんばい》に阻まれたといわれる伝説の名刀の詳細は、謎に包まれている。謙信の跡を継いだ景勝《かげかつ》の時代まで上杉家に伝えられたものの、京の刀工・越中守正俊《えっちゅうのかみまさとし》が研ぎに出された小豆長光を自作の偽物とすり替えたため、行方がわからなくなったという。伝えられるところによると、本物の小豆長光は鎺《はばき》の上部に馬の尾が通るほどの大きさの孔《あな》が開けられていたが、偽物にはこの孔がなかったために、看破されたといわれる。しかし、本物も偽物も現存しない以上、一概に信じられる話ではないことを、故人である正俊の名誉のために強調しておきたい。

小豆長光絡みの逸話の真偽の程はともかく、上杉家には長光銘の太刀が五振り伝承されており、いずれも作刀当時の豪壮な姿のまま、磨上《すりあ》げられることなく後世に残された。上杉家代々の当主たちが長い太刀を好んだのも、合戦場で自分を狙った敵兵を鉄砲もろとも、助真《すけざね》の脇差《わきざし》（兼光の太刀ともいわれる）で斬り捨てた武勇伝を持つ上杉謙信の末裔《まつえい》ならでは、といえるだろう。

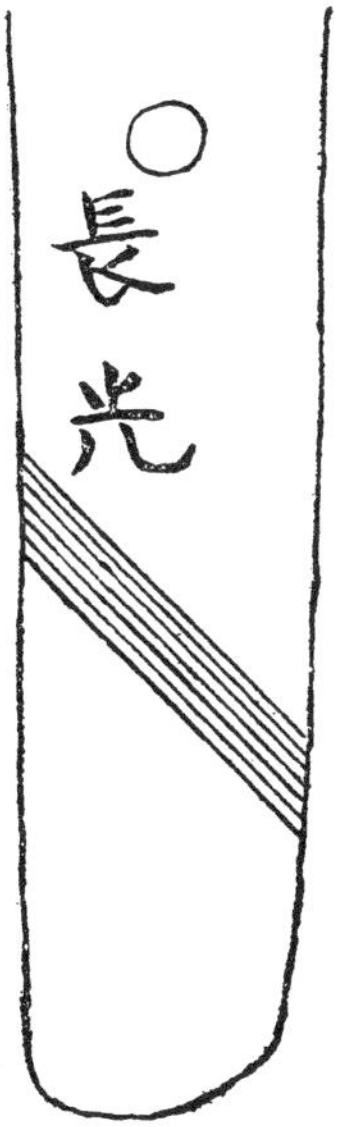

長光の銘

明智近景

Akechi Chikakage

あけち ちかかげ

◆時 代：南北朝時代（十四世紀）
◆種 類：太刀→打刀
◆刃 長：約七〇・八センチ

明智光秀《あけちみつひで》

明智十兵衛光秀《あけちじゅうべえみつひで》（一五二八～八二）、悲運の武将である。

才気に溢れながらも仕える主君に恵まれず、各地を転々とした末、足利《あしかが》第十五代将軍・義昭《よしあき》を奉じて織田信長《おだのぶなが》の家臣団に加わったのは四十代前半、元亀《げんき》元年（一五七〇）前後のことと思われる。

出自を問わず、才能豊かな人材を集めて活用していた信長の臣下にあればこそ、開花して然るべき光秀であったが、結果として主人を攻め殺し、あまりにも短い三日天下を経て極悪非道の逆賊という汚名を着せられたまま、悲劇の生涯を閉じた。五歳年下の暴君によく仕え、五年もの時を費やして丹波国《たんば》（兵庫県）を平定する功を挙げたにも関わらず、なぜに突如として反旗を翻し、本能寺において信長を討たなければならなかったのかは定かでない。ともあれ、後の世の人々は彼を逆賊と称し、恐れはばかった。

その弊害を被《こうむ》ってしまった一振りが、光秀の愛刀と伝えられる明智近景《あけちちかかげ》だ。

戦国時代以降、明智一族の子孫にあたる出羽国《でわ》（山形県）庄内《しょうない》藩の郷士《ごうし》・日向家に伝来した明智近景には、「備州長船近」なる不完全な銘字が見受けられる。幕末期に同藩の勘定奉行・山岸嘉右衛門が手に入れた時、明智光秀の佩刀《はいとう》だったことを示す「明智日向守所持」という金象嵌《きんぞうがん》の所持銘に気付き、逆賊・光秀の名をはばかって磨《す》り落とさせてしまったのだ。この時に刀工の銘の一部まで削られてしまい、今に至っているという。

正当な理由なくして銘を欠損された明智近景、あるじに相通じる悲劇を背負った名刀といえるだろう。

重要美術品として現存する明智近景の刃長は、二尺三寸六分（約七〇・八センチ）。備前長船長光《びぜんおさふねながみつ》の門下で南北朝時代に活躍した近景の作刀と伝えられる。この刀は磨上げられているために元の刃長が明らかでないのだが、佩《は》き裏《うら》、つまり刀身の左側の茎《なかご》には暦応《りゃくおう》三年（一三四〇）と記されているため、もともとは太刀《たち》だったことがわかる。長尺の刀が流行した南北朝の世に作られた、堂々たる武用刀なのだ。ちなみに初代の近景の作といわれる太刀の銘に見受けられる年紀には、南朝暦の元弘《げんこう》（一三三一〜三四）もあれば、北朝歴の建武《けんむ》（一三三四〜三八）や暦応（一三三八〜四二）もある。南北両朝の年号が混在していた当時としては当然の話だが、いささか混乱を招きやすい現象ではある。

大般若長光

Dai-Hannya Nagamitsu

だいはんにゃ ながみつ

◆時　代：鎌倉時代
◆種　類：太刀
◆刃　長：約七三・六三㌢《チセン》　反り二・〇三㌢《チセン》

足利義輝《あしかがよしてる》

剣聖・塚原卜伝《つかはらぼくでん》より免許皆伝を授けられ、剣豪将軍と称された足利義輝《あしかがよしてる》（一五三六～六五）の最期は、よく知られている。

京都周辺に群雄割拠する戦国武将たちに圧倒されて久しいとはいえ、室町第十三代将軍という地位にあった義輝の存在は、決して軽いものではなかった。幕府の無力化に乗じて台頭した各地の実力者たちも、法制上の確固たる権限を保持している室町将軍を無視することはできない。

幕府の復建を目指した義輝は、五畿内の覇権を握る阿《あ》波《わ》国（徳島県）の守護・三好長慶《みよしながよし》と永禄《えいろく》元年（一五五八）に講和を結んでいる。諸国を流浪することなく、京洛の地に腰を据えて、将軍の権威を取り戻そうと考えたのだ。その手許には、歴代の足利家当主が蒐集《しゅうしゅう》した古今の名刀が、幾振りも秘蔵されていた。

しかし、弱肉強食の乱世は、何事も実力次第と割り切ってしまえる者のほうが強い。長慶の死後、三好一族を継いだ長逸《ながやす》と従兄弟の政康《まさやす》に石成友通《いわなりともみち》を加えた、悪名高い三好三人衆は、同盟関係にある松永久秀《まつながひさひで》と結託して新将軍を担ぎ出し、幕府の権限を我が物にしようと目論んだ。三好・松永連合軍が二条《にじょう》の室町御所を襲撃したのは、永禄八年（一五六五）五月十九日のことである。御所の警備が手薄になる夜半を狙い、大軍を投入しての、堂々たる下剋上の決行だった。異変を察知した義輝はわずか三十数名の宿直《とのい》の者たちに下知し、自身も手早く甲冑を着けると同時に、秘蔵の名刀群を十数振り、自分の居住区である奥殿の床に、鞘を払って突き立てさせた。敵勢を自ら迎え撃つための臨戦体勢を、速やかに整えたのである。この春から二条に着工されたばかりの御所は、まだ造営半ばの状態。未完成の正門から潜入した敵兵が身近に迫るのは、時間の問題だった。否も応もなく、自ら矢面に立たなくてはならない修羅場を義輝は迎えつつあったのだ。戦場介者《せんじょうかいしゃ》、つまり鎧武者同士が刃を交える合戦場での白兵戦は、防御の薄い籠手裏《こてうら》や首筋などを狙うのが基本とされている。甲冑の表面にまともに刃を打ち込むと、装甲に阻まれて自分の刀を損傷してしまい、戦闘を継続できなくなってしまうからだ。しかし、いかに合戦経験の豊富な卜伝から伝授された、新当流《しんとうりゅう》剣術の達

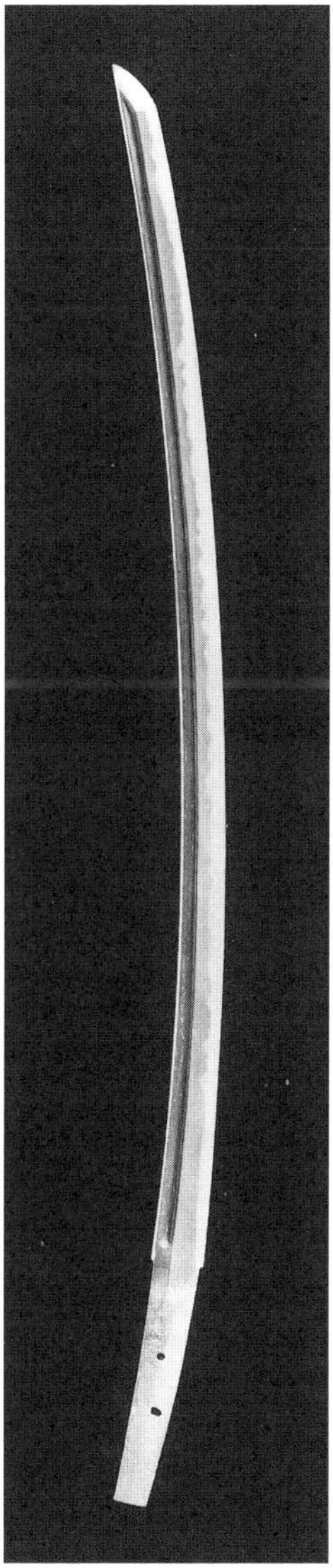

太刀 銘長光（大般若長光）。
東京国立博物館蔵（国宝）

人とはいえ、孤立無援の状況では基本通りに剣を操る余裕はない。一対一の勝負とは、次元が違うのだ。刀身の耐久性をいちいち心配せずに戦える環境を整えなくては、自慢の太刀先も鈍ることだろう……。強靭に作られているはずの秘蔵の名刀ばかりを十数振りも用意させたのは、乱戦を覚悟した義輝の、決死の判断の為せる業だったのである。

宿直たちを一蹴し、御所内に突入してきた敵兵に対して、義輝は惜しげもなく秘蔵の名刀を振りかぶり、所構わず刃を打ち込んだ。自分も敵も甲冑で防御を固めている以上、反撃を恐れずに戦える反面、当然ながら自分の刀も欠ける、ササラと化す。手にした刀が刃こぼれするたび、義輝は奥殿に取って返すと替えの刀を畳から引き抜き、殿上に昇ってくる敵兵と斬り結ぶ。斬れ味が落ち

足利義輝像。『集古十種』所載

る度に投げ捨てては抜き、抜いては投げ捨てる、獅子奮迅の激闘ぶりだったという。しかし、一対多数の戦闘は永く続かなかった。隙を見て忍び寄り、戸棚の脇から飛び出した池田主殿《いけだとのも》が背後から脚を薙刀《なぎなた》で斬り払ったのに続き、殺到した兵たちは戸板で押し潰して動きを封じてしまい、隙間から刀でめった突きにしたあげく、槍で板もろともに刺し貫いて、義輝の息の根を止めたと伝えられている。京の人々は、自ら刀を振るった末に討ち死にするとは将軍らしからぬ、まるで足軽《あしがる》のような死に様だと揶揄したというが、筆者はそうは思わない。あの世まではもっていけないとばかりに潔く、秘蔵していた古今の名刀を惜しむことなく持ち出して、力の限りに戦った末に迎えた剣豪将軍の最期、誠に見上げたものとはいえまいか。

この時に用いられた名刀群の中に、大般若長光《だいはんにゃながみつ》があった。

備前長船長光《びぜんおさふねながみつ》は、鎌倉時代の刀工の中でも、多くの現存品を確認することができる。長光が遺した幾多の名刀中、最も有名で、父の光忠《みつただ》に匹敵する作風を示すのが、この大般若長光だ。腰反りが高く、鋒《きっさき》は猪首《いくび》、踏張りのある力強い太刀《たち》姿と来れば、鎌倉時代の作刀ならではの豪壮な一振りといえるだろう。刀身の表裏には棒樋《ぼうひ》が掻《か》き通されており、先端をわずかに切り詰めた茎《なかご》の、目釘《めくぎ》孔《あな》の上の部分には、棟《むね》寄りに「長光」の二字銘がある。

ちなみに、大般若という号は室町時代当時の代付《だいづけ》に由来するものだ。代付とは売買上の価格とは別に、価値を示す目安のこと。この長光作の太刀には代付として、六百貫という破格の高値がつけられていた。わかりやすく江戸時代の貨幣に換算すると、およそ三百両に相当する。一両が十万円としても三千万円。まして、この世に一振りしか存在しない以上、どこでも、誰でも入手できるわけではないのだ。当然ながら、プレミアがつく。いわば参考価格にすぎない代付で六百貫の高値ともなれば、額面以上に大変な価値をもつ名刀だったのは、間違いない。ふつうの太刀には及びもつかない、代付の六百「貫」という字音が、仏典である大般若経《だいはんにゃきょう》六百「巻」に相通じることから、付いた異名が大般若長光なのである。

世の蒐集家《しゅうしゅうか》にとって、垂涎《すいぜん》の的だったのも当然だろう。

多勢に無勢で義輝を圧倒し、その命を奪った者たちの手中に墜ちた大般若長光は、後に研ぎ直されたのだろう、松永久秀の所有するところとなった。しかし、下剋上の世に、これほどの名刀をいつまでも後生大事に抱えていられるものではない。時流を敏感に察知した久秀は三好三人衆を見限り、元亀《げんき》三年（一五七二）には織田信長《おだのぶなが》に接近して、足利将軍家から強奪した名刀群を献上した。茶道の世界で名器と知られる九十九髪《つくもがみ》が信長の手に渡ったのも、同じ頃の出来事と思われる。蛇足ながら、後に信長と対立した久秀が降伏勧告を拒んで天守閣に火を放ち、助命の条件として求められた平蜘蛛《ひらぐも》の茶釜もろともに爆死したのは、有名な話である。

その後、大般若長光は信長から徳川家康《とくがわいえやす》の手に渡り、徳川家の家臣の奥平信昌《おくだいらのぶまさ》（一八一頁参照）に授けられたが、後年には家康の養子となった松平忠明《まつだいらただあき》が所有する運びとなった。忠明は信昌の四男で、家康の孫に当たる人物だ。破格の高値をつけられた名刀を託すにふさわしい人物と、家康も見込んだのだろう。明治維新の後も松平家の重宝として長らく伝承されたが、蒐集家たちがこれほどの名刀を放っておくはずがない。大正年間、ついに流出した大般若長光は、昭和十四年（一九三九）に帝室博物館が買い入れた。価格は五万円。東京府（現・東京都）知事の年俸が五三五〇円の時代のことである。室町の昔につけられた代付が適正価格だったという事実を、世の人々は改めて痛感させられたのではないだろうか。

太郎太刀 次郎太刀

Taro-Tachi, Jiro-Tachi

たろうたち・じろうたち

◆時代：戦国時代
◆種類：大太刀
◆刃長：本文参照

真柄父子《まがらおやこ》

元亀《げんき》元年（一五七〇）六月二十八日早朝、姉川《あねがわ》のほとりにて勃発した、合戦の渦中の出来事である。

戦局は、織田《おだ》・徳川《とくがわ》の連合軍に有利に傾いていた。対する浅井長政《あざいながまさ》と朝倉義景《あさくらよしかげ》の軍は壊滅し、八時間に及ぶ戦闘の末、姉川の水は赤く染まったと伝えられる。

むろん、流れたのは敗軍の兵の血だけではない。

朝倉の家中には、真柄十郎左衛門直澄《まがらじゅうろうざえもんなおずみ》という豪勇の士がいた。佩刀《はいとう》は人呼んで太郎太刀《たろうたち》。刃長だけで五尺三寸（約一五〇・九センチ）にも及ぶ大太刀《おおだち》の茎《なかご》を含めた全長は、実に一丈（約三〇〇・三センチ）。重ねが三分五厘（約一・〇五センチ）もの超剛刀ながら、一貫二〇〇匁（約四・五キロ）と軽量で扱いやすい大太刀を手に、十郎左衛門は壊滅状態に陥った朝倉軍でただ一人、迫り来る徳川の将兵を敢然と迎え撃った。

その奮戦ぶりは、凄まじかった。『信長記《しんちょうき》』によると、四方八方に斬って回る十郎左衛門の周囲の地面は、四〜五十間《けん》（七二〜九〇メートル）にわたって鋤《す》き返したようになったという。異形の大太刀を振るうことにより、それだけの広い範囲を単身で制圧していたのだ。

たちまちのうちに、十人を越える徳川の武者が太郎太刀の餌食と化した。近づくに近づけず、遠巻きに見守る以外にない敵勢を挑発した十郎左衛門に応じたのが、徳川の家臣・勾坂式部《さぎさかしきぶ》とその弟たちである。

名乗りを挙げた式部の武器は、六尺（約一八〇𥳽《チセン》）前後の柄を備える手槍《てやり》だった。殺到する大太刀をかわしつつ、腰部を保護する草摺《くさずり》に必殺の突きを浴びせた式部だったが、十郎左衛門は当たりの浅い突きを物の数ともせず、大太刀を連続して振るい、式部の兜の角を打ち砕く。槍を打ち落とされて窮地に陥った兄を助けるべく、式部の弟の五郎次郎が割って入ったものの、強烈な斬撃を競り合いで受け流すことができずに、刀ごと真っ向からの一太刀に倒されてしまった。十郎左衛門の勢いは、とどまるところをしらない。式部の太刀を鍔元《つばもと》から折ったのに続き、弓で射ようとした足軽の股を、返す刀で薙ぎ払う。式部の手の中には、もはや太刀の柄しか残されていない。そこに駆け付けたのが、末弟の六郎五郎と郎等《ろうとう》の山田宗六だった。あるじを守ろうと前に出た宗六が、太刀を真向に振りかざして突撃してくるのに対し、十郎左衛門は見上げた奴よと褒めたたえながら豪剣一閃、ただ一太刀で脳天から斬り下げ、籠手《こて》までも刃を食い込ませた。

まさしく、獅子奮迅の戦いぶりである。

しかし、宗六の忠義心に奮い立った六郎五郎も負けてはいない。

六郎五郎は槍の中でも難易度の高い、十文字槍《じゅうもんじやり》の名手だった。矢継ぎ早に繰り出される猛撃を受けては、いかなる豪勇の士にも限界はある。激戦また激戦で、十郎左衛門の五体に蓄積された疲労は闘志に反し、動きを鈍らせてもいたのだろう。ついに打ち倒された十郎左衛門は敗北を認め、首を取って名を高めろと六郎五郎に告げた。

最初に一突き浴びせた兄に手柄を譲ろうとする六郎五郎だったが、手傷を負ったうえに兜まで砕かれているからと辞退した式部は勇敢な弟に対し、お前が首を打てと勧める。長兄の潔い態度に感じ入ったのだろう、六郎五郎は迷わずに走り寄ると、名高い十郎左衛門の首級を挙げたのだった。

だが、死闘はまだ終わらない。十郎左衛門の一子・十蔵も、四尺七寸（約一二二・一センチ）の次郎太刀を操る猛者だった。父の太郎太刀に比べれば短いものの、この次郎太刀とて堂々たる大太刀だ。敗走中の朝倉軍に在《あ》った十蔵は父の悲報を聞き、涙ながらに次郎太刀を振るった。追撃する敵兵たちを薙ぎ倒しつつ、目指す先は岳父・十郎左衛門が討ち死にした場所である。せめて自分も同じ場所で果てようと疾走する若武者に引導を渡そうと、一隊を率いて取り囲んだのが、徳川軍の青木《あおき》所右衛門一重《かずしげ》だった。ところが、先を争って十蔵に殺到した家来たちは、太刀ゆきの速い若武者の剣を浴びては次々に首を飛ばされていく始末。そこで一重は自ら鎌槍を振るい、十蔵の左手を斬り落とすと、天命尽きた若武者の首を打ったと伝えられる。

姉川の合戦を語る時、この真柄父子の存在は欠かせない。死を覚悟して、多くの徳川兵を道連れに討ち死にした勇猛果敢な態度もさることながら、戦国時代の当時としても並の者には遣いこなせず、軽便な打刀《うちがたな》に取って代わられつつあった大太刀を、父子揃って縦横無尽に駆使することができた剣技の冴えに、感服せずにはいられないのだ。ただ力任せに叩きつけるだけでなく、正確に斬り、突く技術を備えていなくては、一対多数の修羅場で自分ひとりに向かって殺到してくる敵兵を、着実に倒していけるものではない。敗者でありながら、真柄父子が世から忘れ去られることなく語り継がれてきたのは、乱世の落とし子ともいえる大太刀の古今無双の遣い手と目されているからに他ならないだろう。もちろん、大太刀の名手といわれる剣豪は少なくない。しかし、合戦場において長大な刀身の真価を発揮した武者の代表格となれば、やはり真柄父子を筆頭に挙げなくてはなるまい。

現在、太郎太刀・次郎太刀と称される大太刀は、真柄父子の銅像があることでも有名な名古屋市の熱田《あつた》神宮に所蔵されているほか、石川県石川郡鶴来町三宮町の白山《はくさん》比売《ひめ》神社にも、太郎太刀と称される大太刀が存在する。この白山比売神社所蔵の大太刀は、先述したように全長一丈にも及ぶ長寸の超剛刀だという。同神社のある加賀《かが》国(石川県)の名工・藤島友重《ふじしまともしげ》の門下で、享禄《きょうろく》年間(一五二八～三二)に活躍した行光《ゆきみつ》の作だ。

ちなみに十蔵を討った青木一重の佩刀《はいとう》は「青木兼元《あおきかねもと》」の号を授けられ「真柄切」とも称する。関《せき》鍛冶を代表する、孫六《まごろく》兼元の最高傑作といわれている。

南山刀

Nanzan-To

なんざんとう

◆時代：南北朝時代
◆種類：太刀
◆刃長：約六九・三センチ

管政利《すがのまさとし》

南山刀《なんざんとう》は文禄《ぶんろく》元年（一五九二）の釜山《ふざん》上陸に始まる朝鮮出兵の折、黒田長政《くろだながまさ》の侍大将として従軍した管政利《すがのまさとし》（六介）（一五七〇〜一六二九）の愛刀である。この南山刀にまつわる二つのエピソードを、戦国武士の武勇伝を集めた『常山紀談《じょうざんきだん》』はこう伝えている。

「黒田長政、朝鮮の全義館に陣せられしに、ある暁、俄かに騒ぎければ、敵、夜討にや寄せたると井楼にのぼれしに、虎、馬屋に入りやるにてぞありける。恐れて出づる者も無かりしに、管政利、刀を引提げて走り向ふ。虎、噛みかかるところを、飛びちがへて腰骨深く斬り付けたり。虎、後ろ足にて立あがり、愈々猛りて危かりしところに、後藤基次（註・又兵衛）かけ来たり、肩先を乳の下かけて切りつくれば、管、得たりやと虎の眉間《みけん》を切り割って殺しぬ。」

虎騒動を聞いた長政は政利と基次を呼び出し、獣と自ら争うとは侍大将らしからぬ振る舞いと叱った。しかし後日、また一頭の虎が出現する。

「朝鮮機張にて、長政虎狩りせられしに、虎一疋、人の群れたる中に駆け来たる。管六介が足軽の肩を咥みて後ろに擲げ、また一人をも腕を咥みて投倒しけるが、六介、其の日は朱具足着たるをや（註・虎が）目にかけけん、忽ち飛びかかりしを、管、二尺三寸ありける刀を抜きて忽ちに切伏せたり。その刀、今管の家に持伝ふ。（後略）」

南山刀の号は、後の徳川《とくがわ》幕府に仕えた当代随一の儒者・林羅山《はやしらざん》が古代中国の故事から名付けたと伝えられる。

羅山は、このようにお墨付きを与えたという。

「節たる彼の南山。山惟れ剣鋩。苛政除き去り。酷吏逃げ蔵る。邪を截り佞を斬る。惟れ刀箱に在《あ》り。惟れ其の虎（註・政利が単独で斬った二頭目の虎）を言ふに、真偽有るが若し。之を万世に伝へて、子孫の常と為す。」

管家の子孫が秘蔵する破邪の剣・南山刀の茎《なかご》には「備前国住義次」の銘がある。義次《よしつぐ》は南北朝時代の備前《びぜん》鍛冶と伝えられる人物で、その作風は備中青江《びっちゅうあおえ》派に近い。

ちなみに、この二尺三寸一分（約六九・三センチ）の太刀《たち》で倒された虎の顎《あご》の骨と爪は、政利が使用した采配《さいはい》や軍《ぐん》配《ばい》と一緒に今日まで残されており、武勇伝を史実として裏付ける証拠となっている。

政利が斬り伏せたのは恐らく、半島原産の朝鮮虎だろう。古来、アジアの諸民族が虎に深い尊敬と畏怖の念を抱いているのも、虎の鋭い眼には相対する者の意志を奪い、神経中枢を麻痺させる力が備わっているからだという。虎の眼の呪縛に囚われることなく機敏に動き、南山刀を振るって初太刀《しょだち》を浴びせた政利は、余程の豪傑だったに違いない。

石田正宗《いしだまさむね》

Ishida Masamune

◆時代：鎌倉時代
◆種類：打刀
◆刃長：約六七・五《センチ》 反り二・四六《センチ》

石田三成《いしだみつなり》

刃長二尺二寸五分（約六七・五《センチ》）。反り八分二厘（二・四六《センチ》）。磨上《すりあ》げられた無銘の刀ながら、作風がことごとく勢州正宗《せいしゅうまさむね》と一致していることから、「名物石田《めいぶついしだ》正宗《まさむね》」と称される一振りだ。

号の由来となった石田治部少輔三成《いしだじぶのしょうみつなり》（一五六〇～一六〇〇）は、豊臣秀吉《とよとみひでよし》の懐刀として知られる傑物である。

二度に及ぶ朝鮮出兵において苦戦を強いられた秀吉の軍が撤退する時のこと、三成はすでに没していた秀吉の死を李氏朝鮮《りしちょうせん》に対して隠し通したまま、首尾よく和平工作に成功した。しかし従軍の恩賞も得られず、いたずらに兵馬を消耗する憂き目を見た武将たちの怒りは、秀吉の側近である三成に集中するという結果を招いてしまった。

秀吉が遺児の拾《すて》、後年の豊臣秀頼《ひでより》の補佐役に任じた前《まえ》田利家《だとしいえ》が死没した慶長《けいちょう》四年（一五九九）に至り、ついに加藤清正《かとうきよまさ》らの七将は三成襲撃計画を実行に移そうとする。背後で糸を引いていたのは秀吉の後継者の座を虎視眈々と狙う、徳川家康《とくがわいえやす》その人であった。

事前に危機を察した三成は大坂の屋敷を出て、大胆にも家康がいる伏見《ふしみ》に走る。表向きは亡き秀吉の遺言により、拾の補佐役の一人を務める家康が、懐に飛び込んできた三成を殺せるはずがない。やむなく次男の結城秀康《ゆうきひでやす》に命じ、三成を居城のある江州佐和山《ごうしゅうさわやま》まで護送させたという。秀康は十一歳の時に秀吉の養子となり、十七歳で結城家を継いで大名となった。家康の実子ながら豊臣家に好意を抱いており、三成を救うには適任の人物だった。

この時の恩義に報いるため、三成が秀康に贈ったと伝えられるのが、名物石田正宗なのである。

石田正宗、またの名を石田切込正宗ともいう。

棟《むね》の物打《ものうち》のあたり、そして、腰元の部分に深い切込疵《きりこみきず》が残されていることからついた異名だが、これは三成本人が合戦場でこしらえた疵痕《きずあと》ではないと見なされる。彼の手に渡る前、あるいは磨上げられる以前の太刀《たち》だった当時の名残なのかもしれない。ともあれ、過去の生々しい実戦の跡を物語る一振りといえるだろう。ちなみに刀剣鑑定上、刀身が傷付いていることはマイナスポイント以外の何物でもないのだが、敵の刀や矢を受けた疵に限っては、むしろ価値を高める判断材料と見なされる。

三成は、この刀を秀吉から拝領したと伝承されているが、秀吉の五大老の立場にあった毛利輝元《もうりてるもと》から宇喜多秀家《うきたひでいえ》が四百貫の大枚で買い取り三成に贈ったという、『享保名物帳《きょうほうめいぶつちょう》』の説も存在する。いずれにしても、三成から秀康に贈られた逸品なのは事実であり、秘蔵の一振りだったに違いない。関ヶ原の戦後、秀康が初代藩主に封じられた福井藩・松平《まつだいら》家の重宝として伝えられた後、現在は重要文化財に指定されている。

加賀《かがの》国《くに》信長《のぶなが》

Kaganokuni-Nobunaga

◆時代：室町時代（十五世紀）
◆種類：打刀
◆刃長：約七〇・五センチ

細川三斎《ほそかわさんさい》

戦国乱世を生き延び、隠居後に移り住んだ肥後《ひご》国熊本に、独自の文化圏を築いた細川三斎忠興《ほそかわさんさいただおき》（一五六三～一六四五）。その愛刀・加賀国信長《かがのくにのぶなが》は刃長二尺三寸五分（約七〇・五センチ）。身幅《みはば》が広く、先反りの強い、実戦向きの剛刀だ。

作刀者の信長については、詳細が明らかにされていない。もちろん、戦国大名の織田信長《おだのぶなが》とは全くの別人である。初代は室町時代、応永《おうえい》年間（一三九四～一四二八）頃の人物で、室町時代以降も同名の刀工が何代か続いたと思われる。現存しているのは室町中期以後の作刀のみで、銘はすべて「信長」の二字銘になっている。

加賀国信長の刀を愛用した細川三斎には、織田信長、豊臣秀吉《とよとみひでよし》、徳川家康《とくがわいえやす》と歴代の時の権力者たちから重用された父・幽斎《ゆうさい》（藤孝《ふじたか》）と同様、戦国大名として世を渡るのに十分な武勇に加え、文化人としての側面が備わっていた。その愛刀に由来する信長拵《のぶながこしらえ》は、文武両道に通じた三斎の嗜好が反映されたものといえるだろう。

柳鮫《やなぎさめ》と呼ばれる鞘《さや》の加工には、木地に巻きつけた鮫皮《さめがわ》を研いだうえに黒漆をかけ、表面の皮の模様が綾《あや》に見えるように仕立てる方法が採られている。この柳鮫の加工

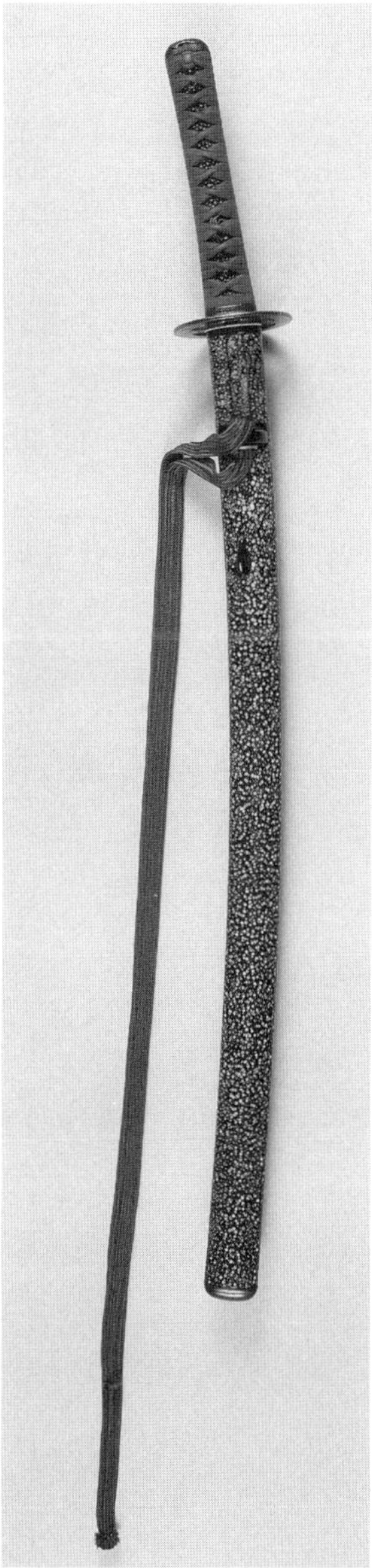

信長拵・中身信長。永青文庫蔵

法を用いれば、いわゆる黒鞘《くろざや》でありながら黒一色にはならず、明るく冴えていると同時に、深く透き通って見える印象を与えるという。彩りを添える刀装具《とうそうぐ》も、贅を尽くしている。樋腰小豆皮包《ひごしあずきがわづつ》みと呼ばれる、塗皮をかぶせた縁《ふち》。波毛彫《なみげぼり》、さらには山道《やまみち》の深彫を入れた柄頭《つかがしら》。柄には燻革《ふすべかわ》という燻製《くんせい》にした鮫皮が巻かれ、黒塗りに仕上げられている。金工《きんこう》として名高い古正阿弥《こしょうあみ》の傑作と伝えられる丸鐔《まるつば》は、薄い鉄地の左右には海鼠《かいそ》、つまりナマコ形の透しが入り、耳（縁）の部分には雷文《らいもん》繋ぎという百八個の銀の平象嵌《ひらぞうがん》が施されている。三所物《みところもの》、または三点物と称する、笄《こうがい》・目貫《めぬき》・小柄《こづか》も極上の品が揃えられた。笄および目貫の作者は、装剣金工の代表格ともいえる後藤《ごとう》祐乗《ゆうじょう》だ。とりわけ見事なのは銀を磨き上げた、無地丸張の小柄である。三斎は柄とのバランスを取るのに悩んだ末、千利休《せんのりきゅう》から助言を得て、このシンプルでありながら美麗この上ない小柄を作らせたという。

武将好みの加賀国信長には、他にも衛府《えふ》太刀拵や鞘巻《さやまき》太刀拵などの様々な刀装が施された例が見られる。数ある刀装の中でも、とりわけ凝った意匠の信長拵は、三斎の没後も肥後武士の間で珍重されることになるわけだが、熊本藩初代藩主の父として三斎が遺したのは、見た目の美しさを愛でる精神だけではない。実は三斎、もう一振りの愛刀である和泉守兼定《いずみのかみかねさだ》（一七〇頁参照）には、斬った者の数と三十六《さんじゅうろっ》歌仙《かせん》にちなんで「歌仙兼定」と号したほどの豪の者でもあった。成敗した相手は嗣子の忠利《ただとし》をそそのかした奸臣とも、若き日の三斎に京で無礼を働いた無頼漢とも伝えられる。悪を許さずに三十六人の敵を誅した強者《つわもの》でありながら、文化人の顔を兼ね備えていた細川三斎の存在は、文武両道を尊ぶ肥後武士の気風の源泉といえるだろう。

にっかり青江《にっかりあおえ》

Nikkari Aoe

◆時代：南北朝時代
◆種類：太刀→脇差
◆刃長：約七五《センチ》→約五九・九《センチ》

丹羽長秀《にわながひで》

「にっかり（ニッカリ）青江《あおえ》」と称されるこの刀、平安時代末期から鎌倉、南北朝時代にかけて隆盛した備中《びっちゅう》青江派の刀工の手に成ると見られる無代の名刀である。もちろん、無代とは値段が無料という意ではない。天井知らずの高値でもなければ引き合わぬ、貴重な一振りとして刀剣鑑定の大家・本阿弥《ほんあみ》家が折紙《おりがみ》を付けた逸品なのだ。

丹羽長秀《にわながひで》（一五三五～八五）の愛刀と伝えられる理由は、その銘にある。茎《なかご》に金象嵌《きんぞうがん》で施された所持銘は「羽柴五郎左衛門尉長」。「長」の字の下半分が切れているものの、長秀は天正《てんしょう》十一年（一五八三）以降に羽柴《はしば》姓を名乗り、同十三年（一五八五）以降、五郎左衛門尉《ごろうさえもんのじょう》と称していたことがわかっているから、彼が所持していた刀と見ても不自然ではあるまい。

　しかし、もともと二尺五寸（約七五センチ）の太刀《たち》であったものを一尺九寸九分（約五九・九センチ）に磨上《すりあ》げ、短く仕立て直したのはなぜだろう。磨上げることにより、あえて銘を消してしまうだけの理由があったのだろうか。父から子に、すなわち長秀から嗣子の長重《ながしげ》に伝えられる過程において、何かの理由で手を加えたと考えるのが妥当だろう。刀剣研究の第一人者・福永酔剣《ふくながすいけん》氏の説に曰く、削り取られたのは長「秀」ではなく、長「重」の名前だという。なぜかといえば、長重は相次ぐ失態により、百十二万石の超大大名だった父には遠く及ばない小大名の身に落魄したのを恥じていた。ゆえに不孝者のわが名を削り取り、後の世の人たちが偉大な父の愛刀だったと解釈してくれることを期待したのではないかというのだ。確かに長重は父の没後、同じ五郎左衛門尉を襲名するのだから、所持銘が酷似していても不思議ではない。誠に説得力のある説といえるだろう。

なお、にっかり青江なる号は、この刀が丹羽父子の手に渡る以前のエピソードに由来するものだ。名刀の号に複数の由来が存在するのは珍しくない話だが、にっかり青江の場合には、夜道を歩いていた武士が「にっかり」笑う女の化物《ばけもの》に声をかけられ、抜き打ちに斬って倒したという点が、すべてのエピソードに共通しているのが興味深い。讃岐《さぬき》国（香川県）丸亀《まるがめ》城の旧城主で、にっかり青江を長く所持した京極《きょうごく》家の伝承によると、化物を斬った武士は江州《ごうしゅう》（滋賀県）佐々木《ささき》家に仕える狛丹後守《こまたんごのかみ》という。後年、江州を領有した柴田勝家《しばたかついえ》に召し上げられたにっかり青江は、勝家の長男、あるいは養子といわれる勝《かつ》敏《とし》に譲られたものの、織田信長の後継者争いに敗れた柴田家が滅亡し、勝敏が丹羽長秀に捕らわれて斬首された後には、戦利品として丹羽父子の手に渡ったという。号の由来もさることながら、戦国乱世の様相が生々しく伝わってくる一振りである。

にっかり青江は昭和十五年（一九四〇）に重要美術品指定を受け、終戦後に京極家から流出した後、平成九年（一九九七）に丸亀城の築城四百年を記念して、香川県の丸亀市が購入する運びとなった。戦国乱世に転々とした末、幾百年の時を越えての里帰りを果たした名刀は現在、同市の市立資料館に保管されている。

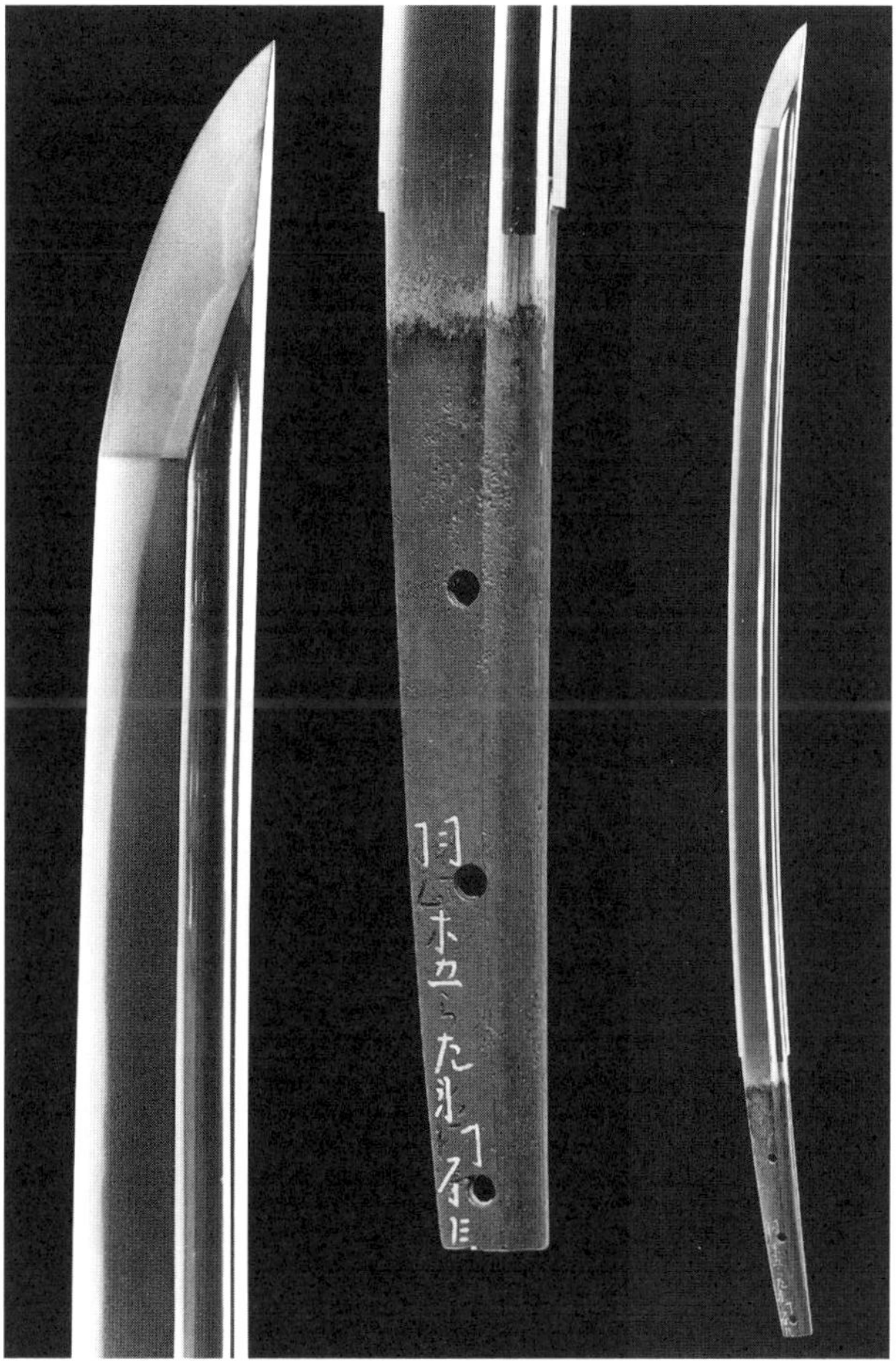

ニッカリ青江脇差。茎の「長」の字が途中で切れているのがよくわかる。丸亀市立資料館蔵

道芝の露

Michishiba no Tsuyu

みちしば の つゆ

◆時代：戦国時代（十六世紀）
◆種類：打刀
◆刃長：不詳

木村重成《きむらしげなり》

金象嵌《きんぞうがん》で「道芝《みちしば》の露《つゆ》」の銘が切られていたと伝えられる木村重成《きむらしげなり》（?〜一六一五。生年は一五九三とも）の愛刀は、端正な美貌の内に豪胆な勝負度胸を秘めた傑物と名高い豊臣《とよとみ》家の若き闘将にふさわしく、とにかく斬れ味が優れていたらしい。

この刀だけに限らず「触れば落ちる」という意味が込められた号は数多い。一キロを軽く越える重量をともなう日本刀の刃は、カミソリに匹敵する鋭さを備えている。真刀《しんとう》である以上、不用意に触りでもすれば肌を裂き、指を落としかねない鋭利な刃がついているのは当然のこと。

日本刀は本来、斬れて当たり前の武器なのだ。ことさらに標榜する以上、並々ならぬ斬れ味と思わなくてはなるまい。ちなみに「水もたまらぬ」を意味する籠釣瓶《かごつるべ》、そこぬけひしゃくといった号も同義である。

道芝の露の作刀者は、和泉守兼定《いずみのかみかねさだ》（二代兼定）。永正《えいしょう》年間（一五〇四〜二一）に活躍した刀工で、歴代の兼定で最も優れた作風の持ち主といわれている。通称「之定《のさだ》」と呼ばれるのは、銘を当初は名前通り「兼定」と切っていたのを、後年に「定」からウ冠を省き、略字の「之」としたためだという。

時代が下がって、文政《ぶんせい》十三年（一八三〇）に有名な御様御用首斬り役《おためしごよう》・山田朝右衛門吉睦《やまだあさえもんよしむね》が著した『古今鍛《ここんか》冶備考《じびこう》』では、和泉守兼定の刀は最上大業物《さいじょうおおわざもの》に位置付けられている。試し斬りを生業とした山田一族に伝えられる実体験を基とする評価だけに、並外れた斬れ味を誇ったと考えて間違いないだろう。

慶長《けいちょう》十九年（一六一四）十二月二十一日、稀代の武用刀をしっかりと帯びた木村重成が臨んだのは、徳川家康《とくがわいえやす》の本陣だった。

亡き豊臣秀吉《とよとみひでよし》に命を救われ、その唯一の嗣子である秀《ひで》頼《より》に仕える腹心の重成の双肩には、豊臣家存続の責任が重くのしかかっていた。目下展開中の大坂冬の陣、何としても首尾よく講和に持ち込まなくてはならない。決裂となれば即、徳川家は総力を挙げて大坂城の攻略を続行することが目に見えているからだ。そこで重成は道芝の露を腰に差し、勢州村正《せいしゅうむらまさ》の短刀を懐に隠し持って、家康との会見に臨んだ。使者の大任を果たせなければ、その場で刺客に変身して、敵の総大将を討つ心積もりだったのである。

必殺の決意に圧倒されたのか、最初は血判を薄く押そうとした家康も、堂々とやり直しを求めた若い重成に逆らうことなく、講和の文《ふみ》に鮮明な誓約の跡を残した。しかし、これが家康一流の策略に過ぎなかったのは、歴史が示す厳然たる事実である。狡猾に事を進め、家康が大坂に再出陣した翌日、元和《げんな》元年（一六一五）五月六日、木村重成は大坂城外の八尾《やお》に打って出ると、勇猛なことで知られる井伊《いい》勢を迎え撃ち、壮絶な討ち死にを遂げた。その首級がかぶっていた兜は、顎に固定する忍緒《しのぶお》が解けないように、端の部分が切られていたという。生きて甲冑を脱ぐことはないと決死の覚悟を決めて、乳兄弟の秀頼に対する忠誠を貫き通した若き闘将の迎えた、早すぎる死であった。

刀はあまりに鋭いと、かえって斬れ味を発揮できない。巻藁《まきわら》を相手にした試し斬りを行う場合にも、心得のある者は砥石《といし》の小片をあらかじめ用意しておき、刃に軽く当ててから事に臨む。これは俗に寝刃《ねたば》を合わせると称する、真刀を用いる場合の心得である。砥石を軽く当てれば、刃の表面を構成する鉄の粒子が適度に荒くなる。このちょっとした前準備を行うことで、はじめて確実な斬れ味が発揮されるのだ。いかに高価な刀でも、刃がカミソリのように鋭利な状態のままでは満足に斬れず、逆に欠けてしまう危険性が高い。生身の人間が相手の実戦ともなれば尚のこと、不可欠な準備だったのはいうまでもない。もちろん、戦国乱世に「触れば落ちる」名刀を帯びていた武者にとっては初歩の初歩、心得ていて当たり前の常識だった。

重成の研ぎ澄まされた態度に負けた振りをした家康は、入念に事を進めた末、予定通りに豊臣家を葬り去った。寝刃を合わせることを知らない若武者は、最初から老獪《ろうかい》な古武士の敵ではなかったのである。

朝倉籠手切の太刀

Asakura Kotegiri no Tachi

あさくら こてぎり の たち

◆時代：鎌倉時代
◆種類：太刀
◆刃長：約六七・二センチ

朝倉義景《あさくらよしかげ》

朝倉《あさくら》家は越前《えちぜん》国（福井県）守護から成長した、戦国大名の中でも由緒正しい名門である。しかし、名門イコール名将だったわけではない。最後の当主となった十一代目の義景《よしかげ》（一五三三〜七三）は文人肌で、学問と芸能に精通した風流人ながら、戦国の世を渡るには力不足だったために滅亡の憂き目を見たという評が多いが、そこは乱世を生きた一族の長だけに、相応の実力を備えた人物だったのは間違いない。子孫に遺すために父祖の孝景《たかかげ》が起草したと伝わる十七箇条の家訓において、名刀の蒐集《しゅうしゅう》が固く戒《いまし》められている点からも、朝倉家が武将として世を渡るのに恥じない一族だったことがわかる。

値が一万疋《ひき》もする太刀《たち》を賄う金があるならば、百疋の槍が百筋も買える。この百筋の槍を百人の雑兵に持たせるのが自分を守る道と知れ、という孝景の言は戦国武将としては当然の心得といえるだろう。秘蔵していた古今の名刀群を、取っ替え引っ換え振るって単身で奮戦しながらも、あえなく惨死した剣豪将軍・足利義輝《あしかがよしてる》の最期を想起するまでもなく、いかに剣術に熟達し、遣《つか》う刀が優れていても、数に任せて殺到する大軍を相手に生き残るのは難しい。ならば、より多くの兵を養って武装させるべきであり、持たせる武器も刀ではなく、武芸の心得がない者にも扱えるうえに威力の大きい槍のほうが、はるかにふさわしい。天下取りの野望が希薄な文人肌の義景といえども、武将の心得として、合戦の実態を正しく理解していたのは事実と見ていいだろう。

名刀の蒐集を自粛していたであろう義景だが、重宝と呼べる名刀が朝倉家に皆無だったわけではない。中でも籠手切《こてぎり》の太刀は南北朝時代の正平《しょうへい》十年（一三五五）、三代目当主の氏景《うじかげ》が京都・東寺南大門《とうじなんだいもん》の合戦において、敵将の鉄籠手《てつごて》を斬り落とした故事に由来する号を誇る、相州貞宗《そうしゅうさだむね》作の剛刀であった。

ただし、作刀者と号の由来には異説も多い。

籠手切の太刀は「名物籠手切正宗」とも称されており、貞宗の作刀とする朝倉家の伝承に反して、相州正宗《そうしゅうまさむね》の作である可能性を持っている。南北朝時代の相州鍛冶、それも上位の者が手がけた一振りと見なされているのだが、貞宗か正宗か、現在でも特定するのは難しいという。なお、号の由来となった京都での戦闘については、先にご紹介した氏景説の他に二説、七代目当主の孝景説と五代目当主の教景《のりかげ》説が存在する。ちなみに、年は同じ大永《たいえい》七年（一五二七）で、破った相手はいずれも畠山勢とされている。合戦の地は孝景説が川勝寺口《せんしょうじぐち》、教景説が西院《さいいん》である。また一説によると、腕もろともに切断したのは鉄籠手ではなく、弓を引くために武者が右手に着ける弽《ゆがけ》だったともいわれている。確かに、鹿革製のグローブの牒よりも、敵の斬撃を受け止めることも可能な、鉄板仕込みの具足を斬ったと称したほうが、聞こえはいい。先祖から伝承された貴重な一振りだけに、後世の朝倉家の人々が権威づけに苦心したのも、無理からぬことだろう。

天正《てんしょう》元年（一五七三）に朝倉家が滅亡した際、この太刀を他の戦利品と一緒に分捕った織田信長《おだのぶなが》は、短く磨上《すりあ》げさせたうえで小姓の大津伝十郎《おおつでんじゅうろう》に下賜したという。この時、茎《なかご》の佩表《はきおもて》に「朝倉籠手切太刀也。天正三年十二月」と、そして裏には「右幕下御摺上、大津伝十郎拝領」の切付銘《きりつけ》が加えられたものと思われる。ちなみに切付銘とは、鑑定結果などを記す場合に金や銀で施される象嵌銘《ぞうがん》に対して、鏨《たがね》などで茎に刻み込んだ銘のことをさす。

伝十郎が天正七年（一五七九）に討ち死にした後、籠手切の太刀は第三代加賀《かが》藩主・前田利常《まえだとしつね》の所有するところとなり、江戸時代を通じて前田家に伝えられていた。明治十五年（一八八二）には同家秘蔵の平野藤四郎《ひらのとうしろう》と一緒に皇室へ献上され、明治天皇の御愛刀となったが、終戦後は東京国立博物館に移管された。

二尺二寸六分（約六七・二㌢）の刀身は二度にわたって磨上げられているため、元の刃長は定かでない。最初の磨上げは織田信長が所有していた当時のことで、後に拝領した大津伝十郎が切付銘を施させた時に再度磨上げたため、どこまで寸を詰めたのかは不明である。ちなみに朝倉家の伝承では、元は三尺二寸（約九六㌢）の大太刀だったということになっている。

このように諸説紛々、解明が待たれる謎が多い一振りなのだが、敵の斬撃を受け止めるための鉄籠手をも切断したという由来の真偽の程はともかく、実戦向けに鍛え上げられた質実剛健の名刀なのは間違いあるまい。

本庄正宗

Honjo Masamune

ほんじょう まさむね

◆時代：鎌倉時代（十四世紀）
◆種類：太刀
◆刃長：約六四・六五センチ

本庄繁長《ほんじょうしげなが》

上杉《うえすぎ》家の侍大将・本庄繁長《ほんじょうしげなが》（一五三九～一六一三）は、越後《えちご》国（新潟県）小泉庄《こいずみのしょう》（村上《むらかみ》市付近）の地頭《じとう》を代々務めてきた家の出身で、十六歳の時から上杉家に仕えてきた古参の忠臣だ。謙信《けんしん》の信頼も厚かった繁長だが、実子のいない謙信の遺言で後継者に指名された養子の上杉景《かげ》虎《とら》に器量がないと見切りをつけ、もう一人の養子・景勝《かげかつ》を主君の座に就けてしまうという、戦国乱世ならではの権謀術数に優れた人物でもあった。

その繁長が名刀・本庄正宗《ほんじょうまさむね》を手に入れたのは、いかにも戦国の世らしい出来事を通じてのことだった。

天正《てんしょう》十六年（一五八八）。晴れて上杉家の家督を継いだ景勝に重用されていた繁長は主命を受けて、出羽《でわ》国（山形県）庄内《しょうない》地方に勢力圏を有する東禅寺《とうぜんじ》家と大宝寺《だいほうじ》家の争いに介入。三万名を擁する東禅寺の大軍をわずか三千の兵で打ち破った。夜明けを狙っての奇襲攻撃を受けて大敗した東禅寺軍であるが、侍頭の東禅寺右馬頭《うまのかみ》は繁長の命を奪うべく本庄軍の一員を装って、繁長の陣地に単身潜入した。合戦場で拾ったのだろうか、囮《おとり》の首を提げて本陣に潜り込んだ右馬頭は、さりげなく繁長に接近する。首実検は総大将と間近に接することができる、暗殺には絶好の機会だ。間合いが詰まったところで、すかさず抜き打った右馬頭だが、必殺の勢いを込めた初太《しょだ》刀《ち》は兜の鉢《はち》を割ったのみだった。手傷を負いながらも、繁長は暗殺者を返り討ちに仕留める。この時に右馬頭が佩用《はいよう》していたのが名工・相州正宗《そうしゅうまさむね》が作刀した、大磨上《おおすり》げで反浅《そりあさ》の二尺一寸五分半（約六四・六五センチ）の太刀《たち》だったのである。

　敵から優れた武具を分捕ることが美徳とされていた当時、繁長が右馬頭の佩刀《はいとう》をわが物にして、本庄正宗と名付けたのも不自然な話ではないだろう。討たれた右馬頭の視点に立てば、本懐を遂げんとした時に役に立たなかった駄刀と見なすべきなのかもしれない。しかし一命を拾った繁長にしてみれば、むしろ貴重な一振りといえる。それに刃こぼれこそしたものの、兜鉢を割る斬れ味を、図らずもわが身をもって体験できたのだから、繁長本人にしてみれば、誰にでも折り紙付きで勧められる名刀ということになる。

　この合戦後、戦利品として上杉景勝に献上された本庄正宗は改めて下げ渡され、晴れて繁長の所有するところとなった。繁長が伏見《ふしみ》城の普請《ふしん》に出た際、羽柴秀次《はしばひでつぐ》が望んで金十三枚で買い上げたが、後年には家康《いえやす》の手に渡った。かくして、将軍家の秘蔵刀となった本庄正宗は紀州《きしゅう》徳川《とくがわ》家に移されるまで、長光《ながみつ》および来国光《らいくにみつ》の太刀と一緒に歴代将軍の居間に置かれていたという。

大包平《おおかねひら》

Okanehira

◆時代：平安時代（十世紀）
◆種類：太刀
◆刃長：八九・二センチ　反り三・四センチ

池田輝政《いけだてるまさ》

天正《てんしょう》十二年（一五八四）に小牧《こまき》・長久手《ながくて》の合戦において討死した父・恒興《つねおき》の跡を継ぎ、美《み》濃国（岐阜県）大垣《おおがき》城主の座に就いた池田三左衛門輝政《いけださんざえもんてるまさ》（一五六四～一六一三）は、豊臣秀吉《とよとみひでよし》に重用されて羽柴《はしば》の姓を賜った。時流に乗り遅れることなく、関ヶ原の合戦では徳川家康《とくがわいえやす》に味方して播磨《はりま》国（兵庫県）を与えられ、その子孫は備前《びぜん》岡山藩主を代々務めた。

戦国乱世を生き延びた諸大名の中でも、池田輝政は愛刀家として名高い人物で、確かな見識眼を備えていたという。その名を号に冠した池田来国光《らいくにみつ》の短刀、そして池田貞宗《さだむね》の脇差《わきざし》は現在、共に重要文化財に指定されている。

池田家秘蔵の名刀群でもとりわけ有名なのは、国宝中の国宝と絶賛されて止まない「名物大包平《めいぶつおおかねひら》」である。

刃長は二尺九寸四分。華やかな刃文《はもん》が特徴の太刀《たち》で、身幅《みはば》が広くて力強い、深反りの刀身を誇る、健全無比な一振りだ。

作刀者の備前包平《かねひら》は、同じく永延《えいえん》年間（九八七～九八九）に活躍した助平《すけひら》、そして、応和《おうわ》年間（九六一～九六四）の高平《たかひら》と共に、古備前《こびぜん》「三平《さんぴら》」と知られる名匠だ。

ちなみに、大包平の号には刀身の寸が長いことに加えて、最も偉大な出来という意味が込められている。並の刀工が自己宣伝のために吹聴したのではない。目の肥えた、古《いにしえ》の愛刀家たちが名匠の最上作と認めて名付けた一振りである以上、童子切安綱（二二頁参照）と並ぶ名刀の両横綱と評されるのも、当然すぎるほどに当然といえるだろう。

この名物大包平、三尺近い大太刀《おおだち》にも関わらず、意外なほどに目方《めかた》が軽い。

三六〇匁（一・三五キロ）という刀身の重量は、現代居《い》合《あい》道や抜刀道用の刀と比べても、さほど変わらない。これは、驚くべきことだ。武道の稽古《けいこ》で一般に用いられる刀は二尺三寸（約六九センチ）〜二尺五寸（約七五センチ）。このぐらいの刃長でも、重量はせいぜい一キロ前後。表裏に樋《ひ》が掻《か》かれていないにも関わらず、二尺九寸四分の長尺で三六〇匁とは、信じられない軽さである。ちなみに三尺刀は現在、古流剣術の技を伝承する一部の流派でしか用いられていない。

同じ長さの太刀を複製する場合、現代の一流刀工たちの作刀技術をもっても、五〇〇匁（約一・八七五キロ）を越えてしまうという。この大包平や太郎太刀《たろうたち》・次郎太刀《じろうたち》

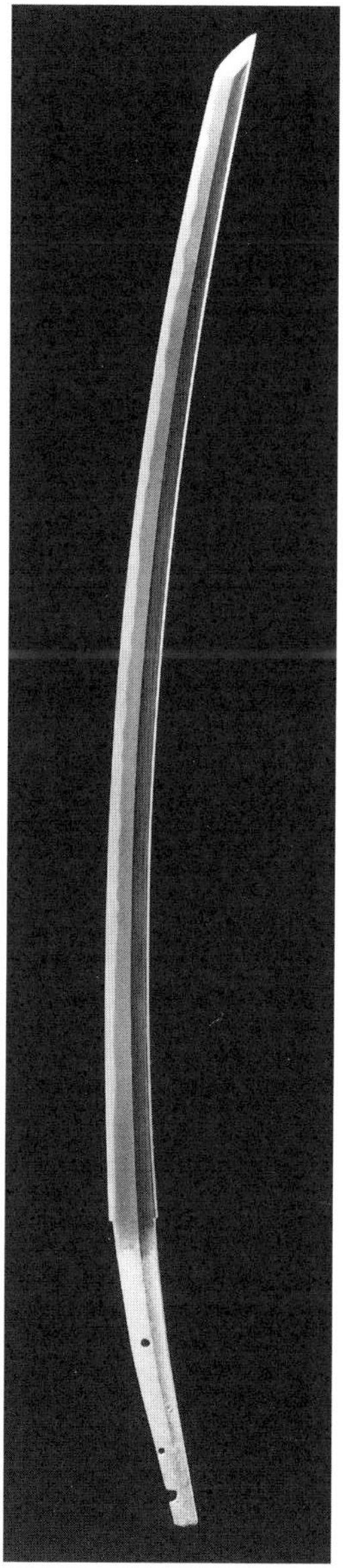

太刀 銘備前国包平作（名物大包平）。東京国立博物館蔵（国宝）

（一五六頁参照）に代表される中世の匠の技には、誠に堂目させられる。もちろん、ただ軽いだけではない。大包平は実際に振ってみても調子が良く、取り扱いやすいという。十数人を斬ったと伝えられる太郎太刀と同様、軽量でありながら絶大な威力を秘めた刀身であることに、疑いの余地はないだろう。

長篠一文字

Nagashino Ichi-monji

ながしの　いち　もんじ

◆時　代：鎌倉時代
◆種　類：太刀
◆刃　長：七〇・九チセン　反り三・〇三チセン

奥平信昌《おくだいらのぶまさ》

長篠一文字《ながしのいちもんじ》は、徳川家康《とくがわいえやす》の尖兵として武田《たけだ》家の軍と交戦した功績を褒めたたえられた奥平信昌《おくだいらのぶまさ》（一五五五～一六一五）が、織田信長《おだのぶなが》より贈られた名刀である。

備前《びぜん》国（岡山県）の福岡《ふくおか》一文字派が最盛期を見た当時に作刀されたと伝えられる太刀《たち》は刃長二尺三寸四分。鎬《しのぎ》造《づくり》に庵棟《いおりむね》。身幅《みはば》が広く、腰反り高く、踏張りがあって武用刀としては申し分のない、豪壮な一振りだ。現在は国宝指定を受けている。

信昌を武人の鑑《かがみ》とたたえた信長は、秘蔵の太刀と一緒に自分の名前から「信」の一字を与え、それまでの定昌《さだまさ》（貞昌）から信昌に改名させるのと同時に「武者助《むしゃのすけ》」の称号まで下賜したという。一連の名誉と併せて授けられた一文字の太刀は、まさに信昌の武功の賜物といえるものだった。しかし、ここで忘れてはならないのは、長篠の合戦における武功は、決して信昌が単独で立てた手柄ではないという事実である。

奥平信昌は武田信玄《しんげん》の没後、長らく仕えてきた武田家を見限り、父の貞能《さだよし》ともども家康に寝返った人物だ。裏切りは戦国の世の習い。しかし、信玄の嗣子・武田勝頼《かつより》は奥平父子の離反に怒り、信昌の娘を磔刑（はりつけ）に処したという。恨み重なる武田家との対抗勢力として有益な人材と信昌を見込んだ家康は長女の亀《かめ》姫を嫁がせ、長篠城を与えた。

言うまでもなく長篠は天正《てんしょう》三年（一五七五）五月二十一日、織田信長と徳川家康の連合軍が精強の武田軍を撃破して世に知られた、長篠・設楽《したら》ヶ《が》原《はら》の合戦の舞台となった地である。

武田家の軍勢二万が押し寄せる長篠城を、信昌はわずか五百の兵でよく守り、必死の防戦に努めた。しかし、桁違いの大軍に囲まれた状況下での篭城戦は、粘れば粘るほど城兵の死期を早める。矢弾と兵糧が尽きる前に、援軍が到着してくれればいい。しかし、その気配はまるでなかった。かくなるうえは城内から使者を出すか、いっそのこと降伏を選ぶか――道は、二つに一つしかなかった。

降伏は即、城主である信昌の死を意味する。主君の苦境を救うため、徳川家康が貞能と一緒に陣を構える浜松《はままつ》城への使者を志願した奥平家の雑兵《ぞうひょう》・鳥居強右衛門《とりいすねえもん》の逸話は、あまりにも有名である。

九里（約三六キロ）の道を敵中突破し、奇跡的に浜松城へたどり着いた強右衛門は、援軍が間もなく長篠に到着すると聞かされた。総勢四万。武田方の倍の軍勢が、自分たちを救うために動いてくれているのだ。敬愛する主君に一刻も早く安堵してもらいたいと決意した強右衛門は、無謀だと引き止める貞能以下の武将たちの制止を振り切り、長篠城へと取って返す。だが、奇跡は二度続かなかった。捕えられた強右衛門は、大将の勝頼から直々に、援軍は来ないと城内に一声呼びかければ助命し、武田の家臣として取り立ててやると懐柔された。一介の雑兵の身にとっては、魅力この上ない交換条件だったに違いない。しかし翌朝、硬骨の漢《おとこ》が選んだのは、信昌以下の人々が城内から見守る中で援軍の到着を声高らかに叫び、志気が萎えかけていた城兵たちを鼓舞することだった。甘言に屈さずに放った覚悟の一声の代償が何なのかを承知のうえで、強右衛門は一途に思い定めた忠義の心を、雄々しく貫いたのだ。

信昌が指揮を採った長篠城の籠城《ろうじょう》部隊の奮戦があればこそ、強右衛門が磔刑に処された二日後、五月十八日に到着した織田・徳川軍は速やかに布陣を整え、武田軍を完膚なきまでに叩き潰すことができた。だからこそ信長は一文字の太刀を、家康は「名物大般若長光《だいはんにゃながみつ》」（一五〇頁参照）をもって信昌の手柄に報いたのであるが、二振りの名刀の所有者が代替わりした背景に、主君を奉じて己の忠義に殉じた人々の痛みに満ちた死があったことも、我々は決して忘れてはならないだろう。

山城大掾国包

Yamashiro Daijo Kunikane

やましろ　だいじょう　くにかね

◆時　代：戦国時代～江戸時代初期
◆種　類：打刀
◆刃　長：本文参照

伊達《だて》政宗《まさむね》

奥州の覇者・伊達《だて》政宗《まさむね》（一五六七～一六三六）は豊臣《とよとみ》秀吉《ひでよし》、さらには徳川《とくがわ》家康《いえやす》と歴代の天下人に帰順し、幕末に至るまで外様の大藩として栄華を誇った伊達家の礎を築いた傑物である。

伊達家には当主のために刀を鍛《きた》える、代々の御抱え鍛冶が存在した。山城守国包《やましろのかみくにかね》（一五九二～一六六四）を祖とする、仙台《せんだい》国包《くにかね》一門である。

文禄《ぶんろく》元年（一五九二）に奥州宮城郡国分若林に生まれた国包は、大和保昌《やまとほうしょう》派の末流を自称した刀工。その作風は大和鍛冶を代表する保昌派に通じるものであり、政宗が愛したというのも頷ける逸材だった。

慶長《けいちょう》十九年（一六一四）に政宗の命を受けた国包は京へ上り、名工の越中守正俊《えっちゅうのかみまさとし》に入門した。大坂冬の陣・夏の陣で仙台に一時戻り、伊達軍のための鍛刀に励んだ時期を除いては京にて修業に励み、元和《げんな》五年（一六一九）に帰国。寛永《かんえい》三年（一六二六）には山城大掾《やましろだいじょう》を受領《ずりょう》した。

大掾とは守《かみ》・介《すけ》・掾《じょう》・目《さかん》の四段階に区分された刀工の官名の一つで、山城大掾というのは山城国（京都府）の掾でも、上位に位置することを意味している。御抱え鍛冶として恥じない力量を備えていたからこそ、伊達家も支援を惜しまず、結果として高い受領名を得ることも実現できたのだろう。

ちなみに、政宗は香取神道流《かとりしんとうりゅう》を修めた軍師・片倉小十郎景綱《かたくらこじゅうろうかげつな》に剣を学んでおり、火縄銃の扱いにも非凡な才を発揮したと伝えられる。武芸に優れた政宗本人が佩用《はいよう》しただけに、伊達家に伝来する名刀群には実戦向きの、頑丈な剛刀ばかりが揃っている。

小田原の北条《ほうじょう》氏攻めに参戦した二十四歳の時以来の愛刀は、佩表《はきおもて》に「備前国（註・岡山県）住人雲次」、佩裏《はきうら》には「正和《しょうわ》四年（註・一三一五）一〇月日」と銘の入った二尺六寸（約七二チセン）の太刀《たち》。

現在は二尺二寸三分（約六六・九チセン）に磨上《すりあ》げられているものの、三尺（約九〇チセン）余りの大太刀《おおだち》だった当時の名残をとどめる、指裏《さしうら》の彫物に由来する号を誇る「名物大倶利迦羅広光《だいくりからひろみつ》」。

数え上げていけば暇がないが、政宗は何も、過去に作られた刀にばかり執着していたわけではない。現役の御抱え鍛冶である国包を重用し、リアルタイムで鍛え上げられていく刀を大切にしていたからこそ、質の高い作刀技術が東北の地に根づいたのだ。

国包は政宗の死後、剃髪《ていはつ》して用恵仁沢《ようけいにんたく》と名乗った。改名にともなって銘も変わり、現存する刀には「用恵国包」と短く切った場合と、「山城大掾藤原用恵国包」と長銘に切った場合の二種類が見受けられる。隠居後も刀工として現役生活を続行し、寛文《かんぶん》四年（一六六四）に七十三歳で没した。

七本槍

Shichihon Yari

しちほんやり

◆時代：戦国時代
◆種類：槍
◆刃長：不詳

加藤清正《かとうきよまさ》、加藤嘉明《かとうよしあき》
片桐且元《かたぎりかつもと》、加須屋真雄《かすやさねお》
福島正則《ふくしままさのり》、平野長泰《ひらのながやす》
脇坂安治《わきざかやすはる》

俗に七本槍《しちほんやり》といえば、賤ヶ岳《しずがたけ》の七本槍のことを指す。
天正《てんしょう》十一年（一五八三）六月五日。羽柴秀吉《はしばひでよし》、後の豊臣《とよとみ》秀吉は、亡き織田信長《おだのぶなが》の後継者の座を争う柴田勝家《しばたかついえ》の軍勢を近江《おうみ》の賤ヶ岳にて撃破した。この合戦で敵陣を突き崩し、秀吉軍の勝利に多大な貢献を果たしたのが加藤清正《かとうきよまさ》（一五六二〜一六一一）、加藤嘉明《かとうよしあき》（一五六三〜一六三一）、片桐且元《かたぎりかつもと》（一五五六〜一六一五）、加須屋《かすや》（糟屋）真雄《さねお》（生没年未詳）、福島正則《ふくしままさのり》（一五六一〜一六二四）、平野長泰《ひらのながやす》（一五五九〜一六二八）、脇坂安治《わきざかやすはる》（一五五四〜一六二六）、以上七名の若武者たちであった。いずれの者も秀吉の支配基盤を支える重臣に成長し、槍一筋で巧名を得た者の代表格として、末永くたたえられた。

この七本槍という呼称、賤ヶ岳が最初というわけではない。二十八年前の弘治《こうじ》元年（一五五五）八月、駿河《するが》国（静岡県）の覇者として破竹の快進撃を続けていた今川《いまがわ》義元《よしもと》が、蟹江《かにえ》城を攻略した時のこと。今川勢は予想外の苦戦を強いられ、城内から撃って出た敵兵の襲撃で窮地に陥った。この時に主君を守って反撃に転じ、敵城を陥落させた七名の武将が蟹江の七本槍と称された。詳細は不明だが、彼らこそが七本槍の第一号といえるだろう。

また、元亀《げんき》元年（一五七〇）六月、織田信長が同盟関係を結ぶ徳川家康《とくがわいえやす》の援軍をともなって、敵対する浅井長《あざいなが》政《まさ》・朝倉義景《あさくらよしかげ》連合軍と激突した姉川《あねがわ》の合戦では、渡辺金《わたなべきん》太夫《だゆう》以下七名が先手《さきて》、すなわち第一線に立つ精鋭部隊として、朝倉の軍勢と槍を合わせている。

なお、織田・徳川連合軍が勝利を収めた後の話であるが、渡辺金太夫の指物《さしもの》、つまり合戦場で個々の鎧の背中に差して携行する標識が金短冊《きんたんざく》を十八枚も付けた、他の者よりも目立つものだったため、彼一人だけ信長の目に止まって「天下第一の槍」の感状と相州貞宗《そうしゅうさだむね》の脇差《わきざし》を与えられた。七本槍の残り六人はこの措置に異を唱え、手柄を立てた事実そのものに差はないのだから渡辺を非難はしないが、我々も感状だけは賜りたいと上申した。信長は彼らの願いを聞き入れ、追加の感状を下賜したという。

賤ヶ岳も姉川も、七本槍と褒めたたえられた者たちが皆、死地から生還して名を成した点は注目に値する。ちなみに賤ヶ岳の七本槍は本来、八本槍と数えられるべきだったが、一番槍の石川兵助《いしかわひょうすけ》は、合戦前夜の同輩との口論の決着を先陣争いで付けるべく単騎で突撃を敢行した結果、あえなく討ち死にしてしまった。秀吉《ひでよし》は兵助の弟・長松に感状を与えたものの、七本槍には含めなかったという。多大な危険をともなう最前線で先頭に立ち、どれほど勇敢に槍を振るっても、死んでしまえば報われない。首尾よく生き残ればこそ、功名も得られる。昔も今も、名を上げるのは難しいものである。

一国長吉

Ikkoku Nagayoshi

いっこく ながよし

◆時代：室町時代
◆種類：槍
◆刃長：約四二・三㌢

黒田長政《くろだながまさ》

筑前国《ちくぜん》（福岡県）福岡藩の初代藩主・黒田長政《くろだながまさ》（一五六八～一六二三）が、天正《てんしょう》十一年（一五八三）の賤ケ岳《しずがたけ》の合戦以来、常に用いてきた愛槍と伝えられる大身槍《おおみやり》は、一国《いっこく》という異名を冠する。

秀吉《ひでよし》の軍師を務める父・如水《じょすい》（官兵衛《かんべえ》）をよく助け、秀吉から家康《いえやす》に乗り換えた後、筑前国を与えられて一国一城のあるじとなるまで二十年余の長きにわたり、この槍一筋に戦って功名を挙げてきたことが命名の理由と思われる。

刃長は、一尺四寸一分強（約四二・三㌢）。六分三厘（約一・八九㌢）の元幅に対し、身幅《みはば》は七分三厘（約二・一九㌢）と若干広い。四角く、平らで長い首には「八幡《はちまん》大菩薩《だいぼさつ》」と太い切付《きりつけ》が見える。この切付のすぐ上には大《おお》樋《び》があり、朱色で塗られた樋《ひ》の中には密教の法具・三鈷《さんこ》剣《けん》が浮彫にされている。

長さ一尺二寸五分（約三七・五㌢）の茎《なかご》には「長吉作」の三字銘がある。

作刀者の平安城長吉《へいあんじょうながよし》は、室町時代に活躍した山城国《やましろ》（京都府）の刀工だ。朴訥《ぼくとつ》でありながら濃密な彫物を特徴とする長吉は槍のみに限らず、刀、ことに短刀を多く手がけた。やはり、寸が詰まった刀身の狭い空間に、細かい彫物を施すのが常だったという。

この平安城長吉、勢州村正《せいしゅうむらまさ》の師といわれる。勢州村正は室町時代末期、伊勢国《いせ》（三重県）を初めとする当時の刀工界の頂点に君臨した名匠だが、その作刀は徳川家《とくがわ》に災いを及ぼす妖刀と忌み嫌われたことで知られている。その村正と酷似した平安城長吉の作刀が忠臣・黒田長政の愛槍として徳川家に福をもたらしたのだから、不思議なものである。

慶長《けいちょう》五年（一六〇〇）の関ヶ原の合戦に際して、長政は家康に反旗を翻した大友義統《おおともよしむね》を相手に、父・如水の居城である豊前国《ぶぜん》（大分県）の中津城《なかつ》を拠点に戦った。豊《ぶん》後《ご》（大分県の中部・南部）一円の城を三つ陥落させ、敵将・大友を生け捕った黒田父子は十一月に上洛《じょうらく》。家康は北九州から反徳川勢力が一掃されたことを大いに喜び、長政に筑前国を与えたという。一連の合戦で長政が振るった一国長吉の槍には、一国一城の主として自立を願う二世大名の切なる願いが込められていたと筆者は思う。豊前六郡を首尾よく相続できても、それは長政が自力で獲得した領土ではない。父に代わり、実戦部隊の長としての戦功の報償に与えられた筑前国だからこそ、長政は愛用の槍に「一国」と名付け、己が達成感を不滅のものにしたいと願ったのではないか。

一国長吉、長政にとっては愛刀家の父から譲られた日光一文字《いちもんじ》、権藤《ごんどう》の薙刀《なぎなた》（名物権藤鎮教《めいぶつごんどうしずのり》）、へし切《ぎり》長谷部《はせべ》（一三四頁参照）などの名刀群以上に、価値ある一筋だったに違いない。

瓶通しの槍

Kame-doshi no Yari

かめどおしのやり

◆時代：室町時代（十六世紀）
◆種類：槍
◆刃長：約二七・三センチ

酒井忠次《さかいただつぐ》

九寸一分（約二七・三センチ）の短い槍身に、九寸八分（二九・四センチ）の茎《なかご》を備えた華奢な直槍《すぐやり》。この一筋こそが若き日の家康《いえやす》を支えた徳川《とくがわ》四天王の最古参・酒井左衛《さかいさえ》門尉忠次《もんのじょうただつぐ》（一五二七〜九六）の愛槍、人呼んで「名物瓶《めいぶつかめ》通《どお》し」だ。瓶通しなる異名は文字通り、追い込んだ敵が瓶の陰に隠れたところ、忠次が瓶もろとも突き通して仕留めたことに由来するという。瓶割りは、真刀を用いる試し斬りの中でも、きわめて高度な一手だ。まして、側面から槍で刺し貫くとなれば、真っ向から打ち割る以上の技の冴えが必要とされるのは想像に難くない。

忠次は家康にとって、今川《いまがわ》家の人質に差し出されていた当時から苦楽を共にしてきた世話役。だからこそ戦国大名としての自立の第一歩となる三河《みかわ》国（愛知県）平定のため、地元の一向一揆《いっこういっき》を鎮圧する際にも連日、忠次に先陣を切らせていたのだろう。忠次が実戦向けの刀槍の技を習得するに至ったのは数十回の合戦、そして百余日の争闘が続いたと伝えられる当時の経験ゆえに他ならない。もちろん名槍なればこそ、あるじの酷使によく耐えて幾度となく窮地を救ったことであろう。平三角造《ひらさんかくづくり》で首は五角形。刃文は地味ながら、平の櫃《ひつ》の中には強い筆致で描き出された、三鈷剣《さんこけん》の浮彫がある。茎に「三条吉広《さんじょうよしひろ》」の作者銘が見られることから、室町時代末期の山城国《やましろ》（京都府）で、平安城長吉《へいあんじょうながよし》（一八八頁参照）と同時期に活動していた刀工の作刀とわかる。

今も酒井家の重宝として伝えられる瓶通し、現存する槍の中では古い部類に属するという。南北朝時代に発達した槍が一般化したのは室町時代以降のことだから、最初期の貴重な一筋といえるだろう。騎馬武者用の大身槍《おおみやり》、組足軽用の長柄槍《ながえやり》、変則的な連続突きに適した管槍《くだやり》、そして護身用の枕槍《まくらやり》と、多岐にわたるタイプが派生する以前に誕生した酒井忠次の直槍《すぐやり》は、いかにも十五歳年下の主君に全生涯を捧げた漢《おとこ》の愛槍らしい、重厚な雰囲気に満ちている。素朴な作りながら、力強い彫物に彩られた外見に見る者が惹かれるのも当然のことである。

家康の無二の忠臣だけに、時の権力者たちも忠次を丁重に扱った。瓶通しに加えて、数々の名刀が集まったのも頷ける。織田信長《おだのぶなが》より下賜された、平安城信国《のぶくに》の薙刀《なぎなた》、備前真光《びぜんさねみつ》の太刀《たち》。家康より拝領した、古備前《こびぜん》派の名工・信房《のぶふさ》の太刀。なお、衣冠束帯を着用して宮中に参内する際に佩用《はいよう》した衛府太刀拵《えふたちこしらえ》の中身は、備前長光《ながみつ》だったと伝えられる。

木村又蔵の槍

Kimura Matazo no Yari

きむら またぞう の やり

◆時代：不詳
◆種類：槍
◆刃長：約七二・三センチ強

木村《きむらまたぞう》又蔵

加藤清正《かとうきよまさ》に仕えた木村又蔵正勝《きむらまたぞうまさかつ》（生没年未詳）は剣術と槍《そう》術に優れており、剛力無双と謳《うた》われた逸材だったという。その又蔵の愛槍と伝えられるのが、平三角造《ひらさんかくづくり》の直《すぐ》槍《やり》だ。槍穂《やりほ》は二尺四寸一分（約七二・三センチ）強、身幅《みはば》は一寸一分（約三・三センチ）。重ねは四分七厘（約一・四一センチ）で重量は三百二十八匁（約一二三〇グラム）。長さ二尺六寸三分（約七八・九センチ）の茎《なかご》を柄《つか》に固定する、目釘孔《めくぎあな》は二つ。この茎には「田上作」という三字銘が切られているが、作刀者は明らかにされていない。当時のものか否かは不明だが、素朴な白鞘《しろさや》が付属している。

木村又蔵の愛槍には、格別の感慨を覚えずにいられない。目立った特徴が見受けられるわけではないが、生涯一人の家臣として主君に一命を捧げた漢《おとこ》が振るった、どこまでも武用のための一筋だったという事実が、見る者にロマンを感じさせて止まないのだ。

槍の現存品が刀に比べて極端に少ない理由は、合戦場で主武器として頻繁に用いられたために損傷が激しく、首を取るための白兵戦でも補助武器に過ぎなかった刀剣ほどには残らなかったためであるという。

逆にいえば、最前線で用いられた槍が現存しているのは、誠に驚くべきことである。

確かに、樋《ひ》の掻《か》かれた槍穂の上半分に走った長い堅割れ、在《あ》りし日の激闘を物語っているかのように見える。

この堅牢な槍を愛用した又蔵の最期は、壮絶なものだった。

果てたのは、矢弾の飛び交う合戦場ではない。己の志に殉じて、自らの腹を切ったのである。

秀吉《ひでよし》が没した後、豊臣家《とよとみ》は唯一の嗣子である拾《すて》、後の秀頼《ひでより》の養育係に最適の人物として、又蔵に白羽の矢を立てた。豊臣家に召し抱えられることになれば、清正の許を去らなくてはならない。だが、無二の主君と仰ぐ清正は亡き秀吉公より多大な恩顧を受けた人物。大坂城の実権を握る石田三成《いしだみつなり》らと対立してはいても、望まれれば清正も断れるはずがない。そこで、二君に仕えるのを潔しとしない又蔵は、あるじの清正に累を及ぼさぬために割腹を選んだという。一人の家臣としての、そして武人としての道を迷わず貫き通した生涯であった。

槍も刀も、素朴であればあるほどに、所有者の人柄を偲ばせずにはおかない。又蔵の在りし日を想起させる素朴な直槍、まさに戦国武士の心意気を示す一筋とはいえまいか。

ちなみに、又蔵には清正の生涯を伝える『清正記《せいしょうき》』という著作が存在するが、これは又蔵が生前に書き遺した内容に、後世の者が筆を加えて編纂したものと思われる。

半蔵の槍と忍者刀

Hanzo no Yari & Ninja-to

はんぞうのやりとにんじゃとう

◆時　代：戦国時代
◆種　類：槍
◆刃　長：約九八・四センチ

服部半蔵《はっとりはんぞう》

伊賀忍《いがにん》軍の頭領として名高い服部半蔵正成《はっとりはんぞうまさなり》（一五四二〜九六）。彼が本来は忍者ではなく、戦国武将だったというと、若干の違和感を覚える方もおられるかもしれない。

父の初代半蔵（半三保長）以来の徳川《とくがわ》家直属の伊賀者、諜報活動を任された忍《しの》びの頭目というイメージが強調されて久しい半蔵だが、その原点はれっきとした戦国武将なのである。

世に

徳川殿は人もちよ
服部半蔵鬼半蔵
渡辺半蔵鑓半蔵
渥美源五は首取源五

と謳《うた》われた強者《つわもの》であり、徳川家康《いえやす》の天下統一事業を陰で支えた名武将。これが服部半蔵正成、本来の姿なのだ。

寛政《かんせい》年間（一七八九〜一八〇〇）の家譜に曰く

「永禄《えいろく》十二年（註・一五六九）掛川《かけがわ》城攻めに功あり、姉《あね》川《がわ》、牛窪《うしくぼ》、小坂井《こざかい》、高天神《たかてんじん》の戦に連戦功あり、また元亀《げんき》三年（註・一五七二）十二月三方ケ原《みかたがはら》の合戦にも功あり、浜松《はままつ》城二の丸に於《おい》て鑓《やり》一筋を賜はり、伊賀の者百五十人を預けられる。これより先、武田《たけだ》家の間者《かんじゃ》竹庵なるものを討ちとめその所持する相州広正《ひろまさ》の懐剣を奪ってそれを賜はり、同時に采配《さいはい》、具足《ぐそく》、大星兜をも賜はる。天正《てんしょう》二年（註・一五七四）九月武田勝頼《かつより》と三方ケ原で対戦、天正七年（註・一五七九）九月十五日、松平信康《まつだいらのぶやす》のこと（註・家康の長男。武田勝頼と密通したと信長《のぶなが》に疑われ、やむなく家康は切腹を命じた）で、天方《あまがた》山城守と共に関与し、その冥福を祈って麹町安養院《こうじまちあんよういん》に信康の碑を安置した。天正十年（註・一五八二）六月（註・本能寺の変の時）、堺に在《あ》った徳川家康が、本国三河《みかわ》に帰るにあたり、伊賀勢を率いて嚮導《きょうどう》し、無事家康を帰した。」

とある。

まさに歴戦の士と呼ぶにふさわしい、勇猛果敢な働きぶりだ。同時に、諜報・暗殺の術に長けた忍者としての活躍も随所に見受けられるのが興味深い。

江戸幕府が置かれた後、服部家が江戸城南西にある半蔵門の守りを任されていたことはよく知られている。今日も残っている半蔵門の名が、服部半蔵の名前から来ているのはいうまでもない。ここで忘れてはならないのは、服部家が忍者ではなく、八千石を拝領した幕臣として位置付けられていた点だ。もちろん伊賀の中忍の一人だった以上、二代半蔵の正成も忍術に精通していたと考えて間違いない。だから、世間に流布しているイメージは必ずしも誤りではないのだが、最初から忍者集団の頭として召し抱えられたわけではなく、あくまでも槍を初めとする武勇に優れた兵法者《ひょうほう》、つまり武芸者だったからこそ家康の目に止まったと見るべきだろう。

あまりにも有名な伊賀越えのエピソード、そして隠密《おんみつ》の頭領を務めたことから、結果として忍者というイメージが強調されて久しい半蔵だが、決して忍術オンリーの人物だったわけではないのである。

とはいえ、半蔵自身が忍者として、頻繁に諜報活動に従事したであろうことは想像に難くない。家康の腹心として側近くに仕えていた立場上、部下の伊賀者には任せきりにできない重大事にも、度々関与していたはずだ。そうなると、必要になってくるのが忍者刀《にんじゃとう》である。

俗に言う忍者刀のサイズは、決して長いものではない。敵地に潜入するために民間人を装う場合が多かった忍者は、武士のように長い刀を差す機会が少ない。帯刀が禁じられていなかった江戸時代以前とはいえ、民間人は脇《わき》差《ざし》を帯びるのが普通だったからだ。定番の忍《しの》び装束《しょうぞく》に身を固めて闇に潜む際にも、長い刀では邪魔になって仕方がないのはいうまでもない。必然的に、忍者はコンパクトで持ち運びやすい、脇差サイズの刀を携行することに慣れていたという解釈が成り立つのだ。

さて、半蔵の場合はどうだっただろうか。あくまでも推測に過ぎないが、小なりとはいえ戦国武将として育てられた以上は、家伝の忍術だけに限らず、剣術を初めとするひと通りの武芸は習得していたはずである。現代に伝わる古流剣術には大太刀《おおだち》だけではなく、必ずといっていいほど小太刀《こだち》の技法が含まれている。半蔵がどの流派を学んだのであれ、剣術として小太刀、すなわち忍者刀の技を身に付けていたことに疑いの余地はないのだ。

しかし、合戦場での主武器はあくまでも槍である。むろん半蔵も例外ではなかった。

それでは、現物と一緒に伝えられる『槍の絵図』の解説文を見てみよう。

服部半蔵の槍

四ッ谷西念寺ノ蔵　号専称山安養院西念寺　浄土宗也

身長サ　三尺三寸二分（註・現在は三尺二寸八分〈約九八・四チセン〉）穂先折テアリ　柄長サ　五尺七寸（註・現在は五尺一寸〈約一五〇・三チセン〉）

鞘長サ　五尺二寸五分

中心　サビテ抜ズ柄不残センダン巻也　色黒　キザミ数合百三十八

目釘孔三所

此寺半蔵建立也ト云半蔵墳墓アリ　五輪ノ塔也

服部石州五十五歳ト側刻

左傍

慶長元丙申年霜月

服部氏法名

専称院殿安養西念居士

又別ニ

岡崎三郎殿ノ御石碑ナリトテ

五輪大塔アリ　梵字而巳

この「槍の絵図」は、江戸末期に書かれたと推察される。穂先《ほさき》は当時すでに折れていたと思われるが、鞘《さや》の長さだけで五尺二寸五分（約一五七・五チセン）もあるからには、長大な槍穂《やりほ》を備えていたのは間違いない。

身幅《みはば》が広く、重量級の大身槍《おおみやり》を携えて合戦場を疾駆した服部半蔵。その戦国武将としての実力者ぶりが、ひしひしと伝わってくる逸品だ。

十文字槍

Ju-monji Yari

じゅう もんじ やり

◆時 代：不詳
◆種 類：槍
◆刃 長：不詳

松本備前守《まつもとびぜんのかみ》

松本備前守政信《まつもとびぜんのかみまさのぶ》（一四六八〜一五二三）。香取神道流《かとりしんとう》を究めた後に鹿島神陰流《かしましんかげ》を創始し、塚原卜伝《つかはらぼくでん》（一四八九〜一五七一）の師として名高い剣豪である。

俗に剣豪といえば、刀でしか戦わないというイメージが強いらしい。しかし、ひとたび合戦場に出れば、主武器となるのは槍だ。あくまでも、刀は槍を損傷した時のための補助武器として携行するものであり、十分な軍装を整えることが可能な立場ならば、槍術に熟達していたのは当然といえるだろう。鹿島神宮の祝部《はふりべ》、つまり神官を代々務める松本家に生まれた備前守は、常陸国《ひたち》（茨城県）を朝廷から授けられた常陸大掾《だいじょう》氏の支流・鹿島氏に仕える四宿老の一人だった。合戦ともなれば一武将として采配を振るう立場であり、馬上で指揮をとると同時に、白兵戦においては下馬して最前線で戦っていたのだ。もちろん剣術も駆使したに違いないが、主武器の槍を扱う術にも習熟していたであろうことは想像に難くない。

備前守は師の飯篠長威斎家直《いいざさちょういさいいえなお》の死後、学んだ香取神道流の技を基に、鹿島神陰流を打ち立てた。独自に完成させた剣術に加えて、長・短柄の鎌に薙刀《なぎなた》、杖《じょう》、さらには十文字槍《じゅうもんじやり》の技まで網羅されている点に注目して欲しい。

草創期の剣術諸流派は刀だけでなく、多岐にわたる武術を取り入れた兵法全般を伝えていたのである。果たして、備前守がどのような形の十文字槍を用いていたかは不明だが、大永《たいえい》・天文《てんぶん》年間（一五二一～五五）以降の戦国時代には片鎌槍《かたかまやり》（二〇六頁参照）と同じく一般に使われていたというからには、特別な仕様だったわけではあるまい。ちなみに備前守は暴君の鹿島（多気《たけ》）義幹《よしもと》を引退に追い込んだ時、前後の合戦において「槍を合わすこと二十三度、高名の首二十五、並の追首七十六」を奪取したと伝えられる。追首とは敗走する敵を追撃して得た首を指すが、当然ながら、真っ向から戦って倒さない限りは手柄には含まれない。刀も槍も遣《つか》い手が優れていればこそ、名刀・名槍と呼ぶに値する。その兵法が尋常ならざるものだった備前守の十文字槍も、むろん例外ではない。

備前守は大永三年（一五二三）十月、齢五十七歳にして壮絶な討ち死にを遂げた。巻き返しを狙った義幹が再び挙兵したのに対し、他の宿老たちと出陣した備前守は、十文字槍の補助武器として携行したのだろう、四尺二寸（約一二六チセン）の大太刀《おおだち》を振るって奮戦する。手練の武技で敵将八名を倒したものの、不意を突いてきた敵の横槍を避けられずに憤死。剣に生き、槍の前に果てた、無念の最期であった。

丸子の槍

Maruko no Yari

まるこ のやり

◆時 代：戦国時代
◆種 類：槍
◆刃 長：約六〇センチ

岡部長盛《おかべながもり》

丸子《まるこ》の槍とは、徳川家康《とくがわいえやす》の家臣・岡部長盛《おかべながもり》（一五六八～一六三二）が天正《てんしょう》十三年（一五八五）八月二十日、信《しな》濃《の》国（長野県）に上田《うえだ》城を構える真田《さなだ》氏を攻めた際、多大な戦功を挙げた名槍だ。同日、上田城外の丸子川において真田昌幸《まさゆき》・幸村《ゆきむら》父子の軍と激突した長盛は奮闘数刻、真田勢の数十名を倒して味方を勝利に導いた。この激戦の地にちなんだ号を冠する丸子の槍は、刃長二尺（約六〇センチ）の直槍《すぐやり》である。

六角首で身幅《みはば》は九分三厘（約二・七九センチ）。重ねは三分八厘（約一・一四センチ）で柄《つか》は失われ、目釘孔《めくぎあな》は一つ。山形の茎《なかご》に十字に切られた銘には「南都住金房兵衛尉政次」とある。作刀者の金房政次《かなぼうまさつぐ》は、永正《えいしょう》～永禄《えいろく》年間（一五〇四～六九）の大和国《やまと》（奈良県）において活躍した金房一門の刀工で、槍を多く手がけた。宝蔵院《ほうぞういん》流の月形十《つきがたじゅう》文字《もんじ》槍《やり》は、この政次が鍛《きた》えたとも伝えられる。平の腰の部分には肌割れが見られるが、いかにもガッシリした印象を与えられるものだ。平には棒樋《ぼうび》が掻《か》かれており、樋の中は朱塗り。付属の丸鞘《まるさや》は当時のままの現存品で、黒漆千段巻塗りの堅牢な造りである。

直槍とは、いわゆる素槍《すやり》のことだ。槍穂《やりほ》が直線形で鎌刃や鉤《かぎ》、管《くだ》などの装備がなく、一本の棒のような外見である。一般には全長三メートル、槍穂五〇センチ、総重量三キロの仕様だから、丸子の槍も別段珍しいタイプではない。軽くて扱いやすい直槍は、長時間の戦闘に最適の槍といえるかもしれない。同じ直槍でも槍穂が長く重たい大身槍《おおみやり》では、数十人もの敵を相手に何時間も徒歩で戦うのは難しい。武器の重量に耐え切れず、疲労困憊してしまうからだ。まして乱戦ともなれば、槍持の足軽とて命の保障がないのは同じこと。槍の運搬役として、どこまでも無事についてきてくれるとは限らない。

軽便な直槍を携え、戦上手と世に知られた真田父子の精兵たちを向こうにまわして奮戦した長盛の手柄を、主君の家康は高く評価した。その後、長盛は順調に出世を重ね、美濃国《みの》（岐阜県）大垣《おおがき》城主として、五万石余りを拝領する大名となった。父の岡部正綱《まさつな》が豪勇を謳《うた》われながら主君に恵まれず、今川《いまがわ》氏に武田《たけだ》氏、そして徳川氏と主家を転々としてきた過去を思えば、まことに恵まれた栄達ぶりである。長盛の没後に、息子の宣勝《のぶかつ》は美濃守を受領《ずりょう》。和泉国《いずみ》（大阪府）の岸和田《きしわだ》城主に据えられ、その子孫は明治の世を迎えるまで同城の城主を務めた。岡部家では、一族の繁栄の基を作った長盛の愛槍を丸子の槍と号して子々孫々、秘蔵したという。

無乃字槍

Munoji no Yari

むのじのやり

◆時代：南北朝時代
◆種類：槍
◆刃長：約二九・八五センチ

秋元泰朝《あきもとやすとも》

秋元泰朝《あきもとやすとも》（一五八〇～一六四二）は大坂夏の陣に際して、徳川《とくがわ》軍の勝利に最大の貢献を果たした人物である。

太閤秀吉《たいこうひでよし》が巨万の富を投じて造らせた大坂城は、鉄壁の防御を誇っていた。最大の守りが外堀、そして本丸を囲む二の丸と三の丸の堀にあることはいうまでもない。すべての堀を速やかに埋め尽くす命を受けた泰朝は一策を案じ、堀を横切る堤《つつみ》を築いた。多大な労力と時を費やす手間を省き、敵の本丸に至る最短の道を確保した功により、二千五百石取りの身となった泰朝は家康《いえやす》の寵愛を受け、夏の陣での護衛役に続いて、敗れた豊臣《とよとみ》方の残党狩り、さらに中国・四国方面の海上改め役を果たした報償として、一筋の槍を拝領した。

これが無乃字槍《むのじのやり》と称される、秋元家伝来の重宝だ。上鎌十文字《うえかまじゅうもんじ》と呼ばれる、上向きの両鎌《もろかま》刃を備えた十文字槍で、刃長は九寸九分五厘（約二九・八五センチ）。鎌刃は七寸四分（約二二・二センチ）で、身幅《みはば》は棟区《むねまち》の部分で一寸一分五厘（約三・四五センチ）になる。丸首で、重ねは二分五厘（約〇・七五センチ）。三つの目釘孔《めくぎあな》がある茎《なかご》に「広光」の二字銘が見える。作刀者の相州広光《そうしゅうひろみつ》は、南北朝時代の観応《かんおう》年間（一三五〇～五一）に相模《さがみ》国（神奈川県）

で活躍した刀工だ。いわゆる相州伝中期の代表者とも称されており、作刀に短刀が多いことでも知られる。

ちなみに無乃字槍という号の由来は、増上寺《ぞうじょうじ》の僧・仁的に命じて泰朝が鞘《さや》に書かせた「無」の金文字にある。槍の付属品として現存する黒漆塗りの鞘に草行体で記され、四海事無しの心を意味するという。徳川の天下の安泰を祈る心、と言い換えてもいいだろう。

晩年の家康に影のごとく従い、あるじの亡骸が葬られた日光東照宮の造営に際して奉行を務めた後、第二代将軍・秀忠《ひでただ》の許で重職を歴任。寛永《かんえい》十九年に没した泰朝の子孫は上州館林《じょうしゅうたてばやし》の城主に任じられた。

この無乃字槍は、全国的な争乱の終結を象徴していると思えないこともない。鞘の金文字「無」には、もはや二度と合戦場で振るわなくて済むように、という所有者の心が託されているように受け取れるのだが、いかがだろうか。十文字槍は高い技量を要する、絶大な攻撃力を秘めた槍でもある。ひとたび鞘を払えば、徳川の天下に弓引く敵を誅さずにおかない。家康の庇護ゆえに出世した泰朝の、永遠の恩義に報いる心情を込めた名槍といえるのではないか。

長坂血鑓九郎の槍

Nagasaka Chiyarikuro no Yari

ながさか ちやりくろう の やり

◆時　代：江戸時代（十七世紀）
◆種　類：槍
◆刃　長：約二七・六㌢

長坂《ながさか》血鑓九郎《ちやりくろう》

血鑓九郎《ちやりくろう》とは古くから徳川家《とくがわ》に代々仕え、槍の柄《つか》が血で真っ赤に染まるほどの奮戦を重ねたことで、乱世に勇名を馳せた長坂《ながさか》一族に継承された異名である。

初代の信政《のぶまさ》は松平清康《まつだいらきよやす》、広忠《ひろただ》、そして徳川家康《いえやす》の三代にわたって仕え、最初に血鑓九郎を名乗った勇将だ。

長坂家の系図に曰く

「清康公に仕へ度々軍功有、其忠信を賞せられ、血鑓九郎と付られ、嫡家代々の名とすべしと命あり。」

との由である。

その勇猛果敢な戦いぶりから、朱柄の槍を異名ともども許された一族の二代目・信宅《のぶたか》は家康に仕え、姉川《あねがわ》から長篠《ながしの》、小牧《こまき》・長久手《ながくて》と各戦線で戦功を挙げた。

現存する長坂血鑓九郎の槍は、三代目・信吉《のぶよし》が所有したものと見なされる。

早逝した兄に代わって家督を継いだ信吉は、有事に際して最前線で戦う精鋭部隊・御先手組鉄砲頭《おさきてぐみてっぽうがしら》に任じられた人物。勇名を謳《うた》われた一族の長にふさわしい実力を備えていたであろうことは、想像に難くない。その信吉が所持した愛槍ならば、堅実な名槍と賞されるのも当然のことだろう。

平三角造《ひらさんかくづくり》、丸首の篠穂《しのほ》槍で刃長は九寸二分（約二七・六センチ）。身幅《みはば》一寸五分（約四・五センチ）強で、重ね三分（約〇・九センチ）強。目釘孔《めくぎあな》が一つの茎《なかご》は一尺二寸六分（約三七・二センチ）。

その茎には、以下の長文銘が切られている。

「下坂　□次郎
慶長拾六　伏見三年在番之時　長坂茶利九郎ウタスル
也」

□の部分は「悦」か「孫」と思われるが判然とせず、作刀者は明らかにされていないが、長坂家の三代目・信吉が京都の伏見《ふしみ》城に勤番中、同地に在住する下坂《しもさか》一派の刀工に発注したものと思われる。下坂一派は、幕末期に至るまで徳川将軍家の御抱え鍛冶として重用され、銘に葵《あおい》の御紋を切ることを特別に許可された下坂康継《やすつぐ》を代表格とする名門刀工だ。越前国《えちぜん》（福井県）から全国各地に広がった一派なので、作刀者を当時の京都に住んでいた、同派の刀工の一人と見なすことに無理はない。

最後に、朱柄について触れておこう。

この長坂血鑓九郎の槍に付属する柄《え》は、全長九尺二寸七分（約二七八・一センチ）。太刀《たち》打の部分は千段巻《せんだんまき》で、皆朱漆塗り。鞘《さや》は木製で、やはり朱漆で塗られている。長坂一族の者が全員、使用を許されていたものと同じ型と思われる。

片鎌槍

Kata Kama Yari

かた かまやり

◆時代：室町時代
◆種類：槍
◆刃長：本文参照

加藤清正《かとうきよまさ》

片鎌槍《かたかまやり》は、勇将・加藤清正《かとうきよまさ》（一五六二〜一六一一）の愛槍として名高い。賤ヶ岳《しずがたけ》の七本槍《しちほんやり》（一八六頁参照）の筆頭格で、精強の武将を多数擁する豊臣秀吉《とよとみひでよし》の麾下《きか》でも随一の強者《つわもの》だった清正が愛用しただけに、武具の機能だけには終わらない、迫力と気品が自ずと備わっている。

とはいえ、槍は美術品ではない。戦国時代に白兵戦の主力として用いられた長柄《ながえ》武器であることが大前提だ。

まずは、片鎌槍の武器としての機能を検証しよう。

けら首《くび》に近い部分に片方のみ、あるいは左右非対象の鎌刃を装備する槍を一般に片鎌槍と呼ぶが、この片鎌槍は鎌刃で敵の刺突を受け止めて槍穂《やりほ》を回し、巻き落とすと同時に反撃の突きを見舞う、もしくは掻《か》き斬るといった戦法が可能だ。素槍《すやり》より操法が難しく、障害物に鎌刃が引っかかりやすい欠点はあるものの、習熟した者ならば絶大な威力を発揮できる。また、鎌刃は深く刺さり過ぎるのを防ぐストッパーの機能も果たすため、自分の首を狙って集団で殺到してくる雑兵を速やかに蹴散らす必要がある武将格の者にとっては、きわめて実用性が高いといえるだろう。

片鎌槍の代名詞と呼ぶにふさわしい加藤清正の愛槍は、

幹が一尺七寸（約三二・一センチ）で鋒先《きっさき》が二寸六分五厘（約七・九五センチ）。幹の左右に生えた鎌刃は、長い鎌が四寸二分五厘（約一二・七五センチ）で、短い鎌が一寸三分五厘（約四・〇五センチ）となっている。元幅は八分（約二・四センチ）で先幅は九分一厘（約二・七三センチ）。丸首で、二つの目釘孔《めくぎあな》で青貝螺鈿《あおがいらでん》の柄《つか》に固定されている。槍身の重量は百十九匁（約四四六・二五グラム）。一尺一分（約三〇・三センチ）の茎《なかご》に銘はないが、娘の嫁入り道具に清正が持参させたことを証明する朱書が記されている。

片鎌槍は永正祐定《えいしょうすけさだ》の異名で知られる備前長船祐定《びぜんおさふねすけさだ》、美濃《みの》国（岐阜県）の刀工・兼重《かねしげ》が鍛《きた》えた大身槍の二筋と合わせて三口一連で紀州徳川家《きしゅうとくがわ》に伝来し、明治の世を迎えて帝室博物館に献納され、現在に至る。

ちなみに、清正は愛刀家としても名高い人物である。秀吉《ひでよし》より拝領したと伝えられる備前長船光忠《みつただ》は惜しくも現存していないものの、本人の指導の下に作られた清《せい》正公拵《しょうこうこしらえ》（網代拵）と称される合口《あいくち》拵と一緒に伝承される備前祐定の短刀は、熊本県より重要文化財の指定を受け

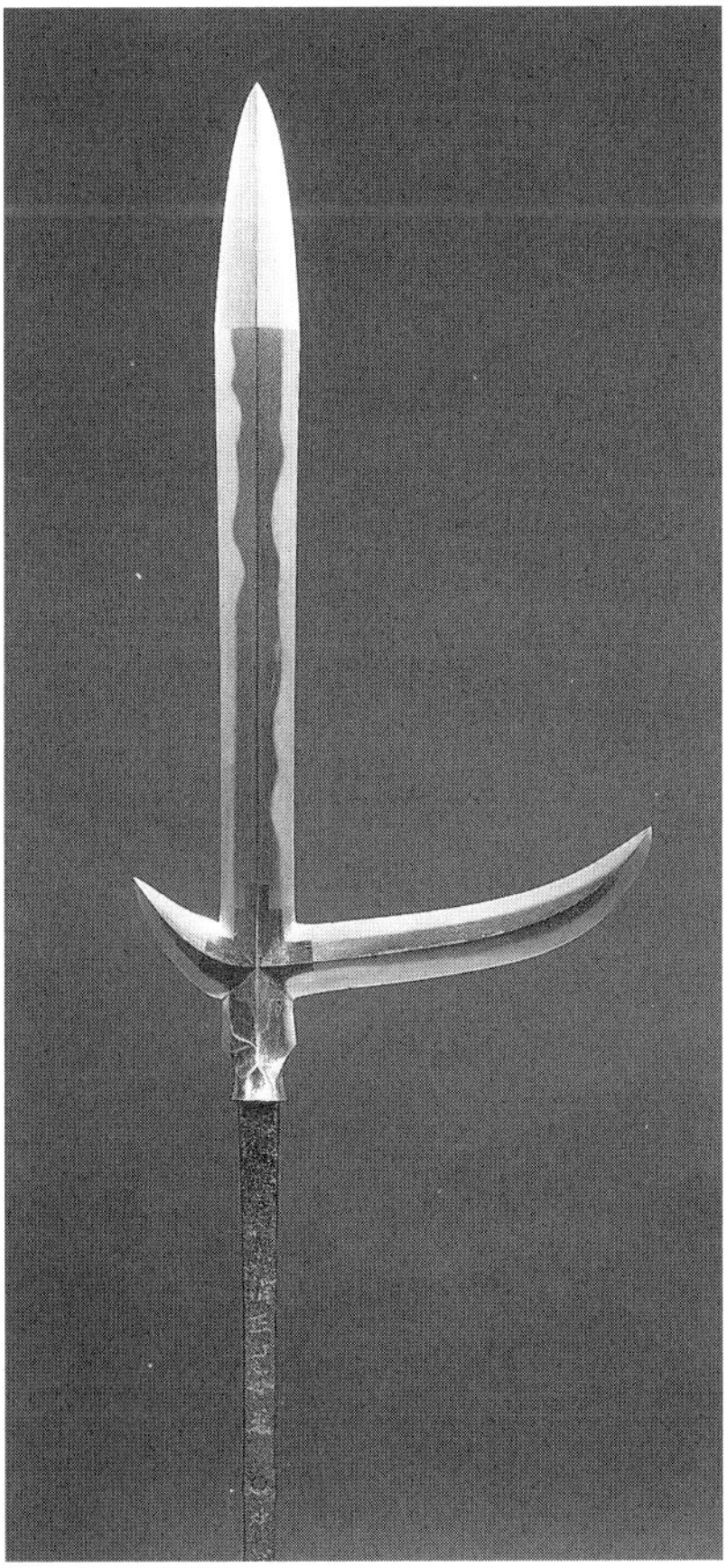

片鎌槍。茎に朱書が見える。東京国立博物館蔵

ている。また、南北朝時代の作刀と伝わる無銘の大磨上《おおすりあ》げの太刀《たち》には「加藤左文字《さもんじ》」、戦国末期から江戸初期を代表する名工・堀川国広《ほりかわくにひろ》の刀には「加藤国広」と、清正の勇名にちなんだ号がそれぞれ付けられている。この二振りの存在も、特筆に値するであろう。

加藤清正像。『集古十種』所載

人間無骨

Ningen Bukotsu

にんげん ぶこつ

◆時代：室町時代
◆種類：槍
◆刃長：約三七・五センチ

森長可《もりながよし》

森長可《もりながよし》（一五五八～八四）は織田信長《おだのぶなが》の寵童としてあまりにも有名な、森蘭丸《らんまる》の長兄にあたる。信長麾下《きか》の有力武将の一人だった父の死にともない、信濃《しなの》国（長野県）四郡を信長より拝領した長可は蘭丸たち三人の弟が主君に殉じた本能寺の変の後、織田信孝《のぶたか》に仕えた。信濃国の領地を失い、本領の東美濃《ひがしみの》に立ち戻った長可は、信長の後継者の座を巡って羽柴秀吉《はしばひでよし》と対立する信孝の旗色が悪いと気付くや、今度は秀吉の許に走る。力なき主君を見限るのは乱世の常だが、この森長可、時流を読む力には、まことに長けていたといえるだろう。

しかし、主君の顔色をただ窺っているばかりでは、武将として自立するのは難しい。第二次大戦後まで森家に伝えられた十文字槍《じゅうもんじやり》は、天正《てんしょう》十年（一五八二）の武田《たけだ》攻めにて頭角を現したという、長可の武将ぶりを証明するものだ。

後年、寛政《かんせい》四年（一七九二）十月二十七日付で作成さ

れた写し『槍の絵図』に記されている、長可の愛槍の刃長は一尺二寸五分（約三七・五センチ）。両の鎌刃を含めた横幅は一尺一寸九分（約三五・七センチ）。身幅《みはば》は槍穂《やりほ》も鎌刃も、共に一寸一分五厘（約三・四五センチ）となる。茎《なかご》には、「和泉守兼定作」の銘が見受けられ、けら首《くび》の表に「人間」、そして裏には「無骨」と切り付けられていたという。この人間無骨《にんげんぶこつ》という号、美童と謳《うた》われた森蘭丸の兄の愛槍と思えばいささか堅苦しいものだが、武将としての生き方を選んだ人物ならば、別に違和感などあるまい。

　人間無骨を作刀した和泉守兼定《いずみのかみかねさだ》（一七〇頁参照）は、永正《えいしょう》年間（一五〇四～二一）に美濃国で活躍した有名刀工。斬れ味の鋭さは、山田朝右衛門吉睦《やまだあさえもんよしむね》が一族の試刀術《しとうじゅつ》の実体験を基に編纂した『懐宝剣尺《かいほうけんしゃく》』の改訂版『古今鍛《ここんか》冶備考《じびこう》』に、最上大業物《さいじょうおおわざもの》として追加されている点からも明らかだ。同じ刀工の作でも、むろん槍と刀では種類が異なる。が、名工の手に成る鋭利な槍を武用に所持したあたり、森長可は武将として、相応の実力を備えていたと見なして良いのではないだろうか。

　秀吉の家臣となった長可は、天正十二年（一五八四）に小牧《こまき》・長久手《ながくて》の合戦に出陣した。池田恒興《いけだつねおき》が総指揮をとる別動隊の二番隊を率いた長可は、対する徳川《とくがわ》家の本拠地である三河《みかわ》国（愛知県）への侵入を企てたが、同年四月九日、長久手の富士ヶ根で敵の軍勢に遭遇。狭隘《きょうあい》な地で大激戦を展開したが、陣地を死守することができず、恒興ともども討死して果てた。容姿と才覚を武器に出世した弟・蘭丸に遅れること二年目の死であった。

　現在、人間無骨は正・副の二筋が存在する。

先にご紹介した『槍の絵図』に記されている和泉守兼定作の在銘品が正で、現在は皇室御物。副は、やはり長可の愛槍だったと称される「蜻蛉止《とんぼとま》らずの槍」と一緒に、兵庫県の大石《おおいし》神社（旧赤穂《あこう》神社）に所蔵されているという。ちなみに、四十七士のエピソードで知られる赤穂藩を浅野《あさの》家の断絶後に引き継いだ森家は、長可たち森兄弟の末裔に当たる。戦国乱世で各々の主君に殉じた森四兄弟と、天下太平の世に自らの定めた武士道を貫いた四十七士。両者の結びつきに、不思議な因縁を感じさせられずにはいられない。

第四章 剣豪

櫂《かいのぼくとう》の木刀

Kai no Bokuto

◆時　代：江戸時代（十七世紀）
◆種　類：木刀
◆刃　長：本文参照

宮本武蔵《みやもとむさし》

世に広く知られた剣豪といえば、誰を置いても宮本武《みやもとむさ》蔵《し》（一五八四〜一六四五）を挙げなくてはなるまい。むろん、わが国の剣術が体系化された室町時代以降、全国各地には武蔵以上に有名な、一時代を築いた傑物が幾人も存在した。にも関わらず、武蔵ほどにその生涯をドラマチックに語られてきた剣豪は、恐らく、後にも先にも存在しないだろう。

しかしながら、彼が用いたとされる歴代の愛刀の銘は、持ち主ほどには有名ではない。フィクション『宮本武蔵』の世界では最大最強の好敵手と目される、佐々木小次郎《ささきこじろう》の名前が出れば即、通称・物干竿《ものほしざお》と呼ばれる大太刀《おおだち》がイメージできるのに比べると、実在の武蔵がどのような刀を所持していたのかさえ、明らかにはされていないのだ。『二天記《にてんき》』を初めとする武蔵の伝記の数々は、彼が体験してきた真剣勝負の様相を詳細に伝える反面、各勝負で用いたはずの刀に関しては銘はおろか、何尺何寸だったのかさえ記されてはいない。これは、後世の人々が武蔵の兵法《ひょうほう》者としての明確な思想を尊重した措置と見るべきだろう。

晩年に自ら著した『五輪書《ごりんのしょ》』において、武蔵は真剣勝負で刀の長さにこだわることの愚を、繰り返し説いている。

「（前略）長きにても勝ち、短きにても勝つ。故によって太刀の寸をさだめず、何にても勝つ事を得る心、一流の道也。」（地之巻）

という刀法の定義に始まり、自身が興した二天一《にてんいち》流以外の流派を批判するのにも

「他に大きなる太刀をこのむ流あり。我兵法よりして、是をよはき流と見たつる也。（中略）太刀の長きを徳として、敵相遠き所よりかちたきと思ふによつて、長き太刀このむ心あるべし。世中にいふ「一寸手まさり」とて、兵法しらぬものの沙汰也」（風之巻）

と、手厳しい。

この『五輪書』風之巻で悪しざまにいわれている大太刀の技を得意とした佐々木小次郎との立ち合いの時、武蔵は四尺一寸八分（約一二五・四センチ）の木刀《ぼくとう》を用いた。小次郎から決闘の場に指定された巌流島《がんりゅうじま》へ赴く途中、小舟の上で古びた櫂《かい》を削って作ったというのは後世のフィクションだが、決闘の立会人を務めた細川藩の筆頭家老・長岡佐渡守興長《ながおかさどのかみおきなが》の養子にあたる寄之《よりゆき》の要望を受けて、晩年の武蔵自身が目の前で復元したと伝えられる一振りだけに、信憑性は高い。

武蔵が説いた、長い刀にこだわることの愚とは、何も大太刀を使ってはならないという意味ではあるまい。状況に応じ、相手を圧倒するのに最適の武器を取捨選択するのが兵法の基本。小次郎の大太刀を制するには、より長い刀身、それも軽量であると同時に頑丈な木刀で立ち向かうのが賢明という自明の理を、武蔵は勝敗の結果をもって、無言のうちに証明したのだ。

備前長船長光

Bizen Osafune Nagamitsu

びぜん おさふね ながみつ

◆時　代：戦国時代～江戸時代初期
◆種　類：野太刀
◆刃　長：約九〇《センチ》以上

佐々木小次郎《ささきこじろう》

佐々木小次郎《ささきこじろう》（生没年未詳。?～一六一二とも）。宮《みや》本武蔵《もとむさし》、宿命のライバルである。

物干竿《ものほしざお》の異名を持つ長大な刀を振るう美剣士、というイメージが定着して久しい小次郎だが、その実態は謎に包まれている。有名すぎる巌流島《がんりゅうじま》の決闘の顛末を伝える『二天記《にてんき》』の他には確たる史料が存在せず、今日に至るまで様々な研究が行われているものの、実在したかどうかさえ疑わしいという説が提示されているのが現状だ。

それで本題の小次郎の愛刀なのだが、この「異様に長い」外見を強調するためにつけられたとしか思えない、物干竿という異名は剣を学ぶ者にとって、いささか屈辱的な響きを持っていることを最初にお断りしておきたい。三尺（約九〇《センチ》）以上の日本刀は大太刀《おおだち》、もしくは野太《のだ》刀《ち》というのが正式な名称であり、戯れに呼ぶにしても「物干竿」とは少々ひどい。古流剣術には、野太刀の技法を現代に伝える流派もあるわけで、頭の片隅に止めておいていただければ幸いである。

さて、物干竿の異名が妥当か否か、そして本当に存在したのかどうかはともかく、世に謳《うた》われた小次郎の愛刀が、稀代の業物なのは間違いない。

この太刀の作刀者は、備前長船長光《びぜんおさふねながみつ》だったと『二天記』には記されている。長光は、正応《しょうおう》年間（一二八八～九三）の備前国（岡山県）で活躍した刀工。祖父の光忠《みつただ》は鎌倉時代前半、古来より刀剣の名産地として知られる備前国で、衰退した一文字《いちもんじ》派に取って代わった長船派の事実上の祖であり、父は破格の代付《だいづけ》で有名な大般若長光（一五〇頁参照）を初めとする、数々の名物を手がけた順慶《じゅんけい》長光だ。備前鍛冶を代表する名工の一人であることに、疑いの余地はない。

長光の二代目に当たる彼は、初代の順慶長光と区別して、左近将監《さこんしょうげん》長光と呼ばれる。父親と同様、気位の高い優美な太刀姿を特徴とする作風に加えて、身巾《みはば》が均一で、反りの浅い太刀も得意としたと伝えられる。

果たして佐々木小次郎、この長光の太刀をどのように用いたのだろうか。

物干竿、もとい野太刀は、本来は合戦用に生み出された特殊なタイプの刀だ。日本人の平均身長が一五七㌢程度だった戦国時代当時、三尺を越える刀を日常の中で持ち歩いていたとはいささか考えにくい。いかに小次郎が世間に流布しているイメージの通り、長身の美剣士だっ

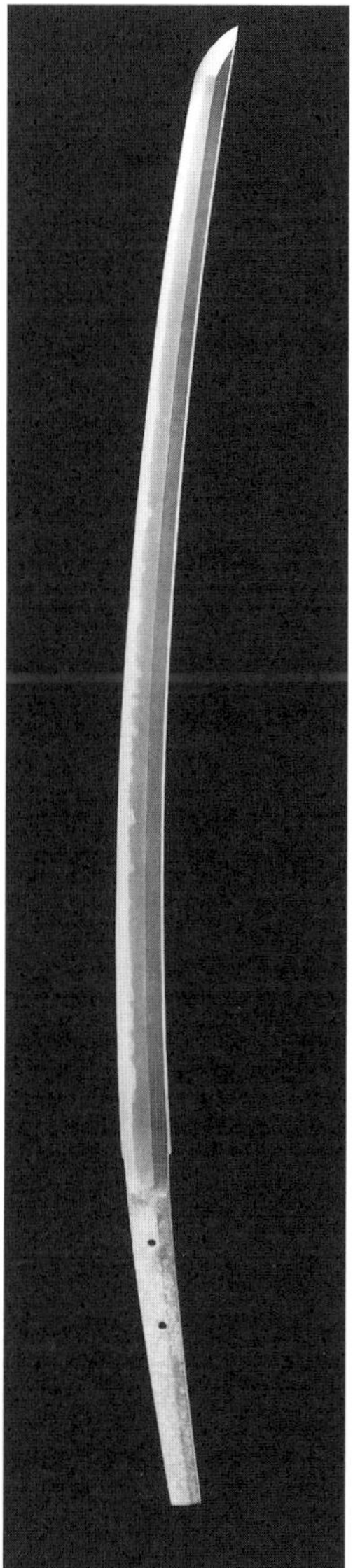

東京国立博物館蔵の長光の一振り。太刀 銘長光（国宝。刀長68.8センチ）

たとしてもだ。

しかし、これが合戦場となれば話が違う。腰に差して歩くには長すぎて、たとえ危機に際して抜刀しても屋内や狭い路地では容易に振り回せない野太刀であるが、広い合戦場で複数の敵兵と渡り合う場合には刀身が長く、攻撃半径の広いほうが有利なのはいうまでもない。もちろん、当時の合戦の主武器は槍であり、刀はあくまでも補助武器だったという歴史学上の観点に立てば、誰もが長大な野太刀を合戦場に持ち込んでいたとは考えにくい。とりわけ騎馬武者の場合、あまりにも長い刀を差していては馬を操りにくいし、鎌倉時代のような一対一の戦いが廃れた戦国時代には、馬上から片手で斬り下ろす太刀はさほど有益な武器だったとは思えない。万が一、槍が折れた時の補助武器として、二尺二寸（約六六チセン）前後の打刀《うちがたな》を携行していたと考えるのが妥当だろう。

とはいえ、合戦は騎馬武者だけでは戦えない。足軽で編成された鉄砲・長槍・弓の各隊および臨時雇いの雑兵が主要な戦力として活躍していたのは周知の事実だ。ここで注目したいのは、後者の雑兵たちである。

鉄砲が登場する以前の南北朝時代ほどではなかったにしても、白兵戦は合戦場において敵対する両軍が雌雄を決する上で、欠かせないものだった。むろん、刀よりも攻撃半径の広い槍のほうが有利だったのは間違いない。とはいえ、徒歩武者は誰もが槍を装備できていたわけではないし、騎馬武者にしても落馬したり、槍を折ってしまったりすれば最後の武器――刀で戦う以外に、生き残る道は残されていない。

ここで雑兵の装備を見てみよう。馬を持たず、満足な鎧さえ装備していなかった彼らの主武器は鉄砲でも槍でもない。長柄武器の能力を兼ね備えた、一振りあればオールマイティに戦うことが可能な万能兵器・野太刀だったのだ。

先に述べた通り、当時の一般的な日本刀である打刀の平均サイズは二尺二寸前後。三尺を越える野太刀と渡り合うには、いささか分が悪い。槍を失った武者と雑兵が戦った場合、たとえ剣術の心得があっても、前者が必ずしも有利とはいえない。刀身の長さに、決定的な差をつけられているからだ。むろん、相応の体力の持ち主でなければ振り回すことさえ難しいはずだが、主人も家来もいないフリーランスの雑兵にとって、一振りあれば安心なだけに、槍、打刀、予備の打刀、首取り用の右手指《めてざし》（短刀）といった複数の武器を携行する騎馬武者よりも、むしろ身軽だったといえるかもしれない。三尺の刀身は決して重たいものではなかったことだろう。

野太刀が実戦本位の刀剣として恐れられていたという事実は、徳川《とくがわ》幕府が武士に対して二尺九寸五分（約八八・五チセン）以上の刀の所持禁止令を敷いていた点から明らかだ。武士以外の者に関してはなおのこと厳しく、一尺八寸（約五四チセン）以上の刀の所持は認められていなかった。刀は刀身が長ければ長いほど、実戦に際して威力を発揮することがわかっていたからである。

そこで、佐々木小次郎である。師・冨田盛源《とだせいげん》の打太刀《うちだち》、すなわち稽古《けいこ》で技を仕掛ける役を長年務めた彼は、冨田流本来の小太刀術よりも野太刀の術に精通するに至ったとされている。冨田流は野太刀の使い手を仮想敵に立て、小太刀術の技法を磨く流派だったからだ。皮肉なことかもしれないが、小次郎の野太刀術は、師の恩顧を受けた結果として誕生したものだったのだ。

いかに長光が反りの浅い太刀を作っていたとはいえ、さすがに三尺ともなれば、鞘から抜き放つのも容易ではない。しかし、映画・テレビドラマ化された『宮本武蔵』における描写でお馴染みのように、右手で柄を、そして左手で鞘を同時に引けば、いかに長大な刀身も抜刀と納刀を自在に行うことができる。ただし、本当に試みる場合には柄を右肩ではなく、左肩から出さないと不可能な方法であることを、念のためにつけ加えておく。

フィクション世界の描写をそのまま鵜呑みにするわけにはいかないが、小次郎の圧倒的な強さは、長大な野太刀を自在に駆使することができるからに他ならない。その小次郎が武蔵に敗れたのは、自慢の野太刀より一尺（約三〇センチ）以上も長い、舟の櫂《かい》で作られた長大な木刀《ぼくとう》を用いられたからなのだ。技量が同等ならば、より長い得物を使う者が勝るのは自明の理。かつて自分が倒してきた者たちと同様、小次郎は長大な剣を駆使する敵の前には敗れ去るしかなかったのである。

ふくろしない

Fukuro Shinai

ふくろ しない

◆時 代：戦国時代（十六世紀）
◆種 類：竹刀
◆刃 長：本文参照

上泉伊勢守信綱《かみいずみいせのかみのぶつな》

上泉伊勢守信綱《かみいずみいせのかみのぶつな》（生没年未詳）は、わが国の剣術の源流の一つである陰《かげ》流の極意を基に独自の工夫を加え、後世に弟子の柳生《やぎゅう》家一門が大成することになる新陰《しんかげ》流を創始した剣豪だ。

藤原秀郷《ふじわらのひでさと》（俵藤太《たわらとうた》）の流れを汲む武家の名門の子に生まれた信綱は、合戦に明け暮れる日々を送っていた。小なりといえども元は戦国武将だったという点では、一世代上の塚原卜伝《つかはらぼくでん》も同じである。剣聖と謳われた卜伝も十代前半の頃には、常陸《ひたち》国（茨城県）の豪族・鹿島《かしま》家の支城である塚原城の城主だった養父に駆り立てられて戦場《せんじょう》介者《かいしゃ》、つまり鎧を着けた状態で戦う剣術の技を、好むと好まざるとに関わりなく、合戦場で実地に磨かされた時期を経験しているのだ。その卜伝が十代後半以降は好んで武者修業の旅を繰り返し、三十代を迎える頃には、武将よりも兵法《ひょうほう》者として確実に大成しつつあったのに対し、信綱の場合は壮年に至るまで、合戦や権謀術数に奔走する戦国武将の世界から離れられなかった。名門の家柄を支えるという重たい使命を、生真面目に背負っていたからだ。しかし、いかに名家でも時代の流れには逆らえない。関東管領《かんとうかんれい》の上杉《うえすぎ》家に連なる、主君の長野《ながの》一族が武田《たけだ》信玄《しんげん》に攻め滅ぼされたのを機に、信綱は武将としての人生に見切りをつける。兵法者として第二の人生を送る道を選んだ彼は、その武勇を惜しむ信玄の仕官の誘いを断り、武者修業の旅に出たのだった。永禄《えいろく》六年（一五六三）、信綱五十五歳の時のことである。

武者修業といっても、よくイメージされるような貧苦が道連れの独歩行ではない。信綱や卜伝のような元武将ともなれば、金も弟子も十分に持っている。己が創始した流派を世に広めることを第一の目的とした諸国回遊の道中において、信綱はわが国の剣術の歴史を語るうえで特筆するべき一振りの剣を発明した。

剣といっても、本身《ほんみ》の刀ではない。現代でも剣道の稽《けい》古《こ》に用いられる竹刀《しない》の原型「ふくろしない」である。

信綱が最初に「ふくろしない」を使ったのは、諸国回遊に出た最初の年、永禄六年のこと。相手は、近畿第一の腕を持つと謳《うた》われた柳生但馬守宗厳《やぎゅうたじまのかみむねよし》だった。当時の剣術試合は木刀《ぼくとう》もしくは刃引《はび》きの刀を使うのが普通だったが、互いの命を危険にさらし、無益の死を為すことに異を唱えた信綱は、ササラと呼ばれる割れ竹を木刀の代用品に持ち出すと有り合わせの引肌《ひきはだ》をかぶせて、試合に臨んだ。引肌とは、旅の途中で佩刀《はいとう》の鞘《さや》が破損するのを防ぐために使用する馬革製のカバーである。奇妙な代用木刀を手にした信綱は、宗厳に攻め込む隙を全く与えることなく、三本勝負を制したという。この「ふくろしない」

第一号の寸法は不明だが、後年に柳生新陰流として師の刀法を大成させた柳生一門は、全長が三尺二寸（約九六センチ）で刀身に相当する部分が二尺五寸（約七五センチ）の竹刀を完成させて、試合および型稽古に用いた。

戦国乱世の当時に、立ち合う相手の生命を惜しむ感情を持ち合わせていた剣豪が、果たして何人存在したであろうか。一武将として幾度も合戦を体験し、長野家十六人槍の筆頭にも数えられた勇猛の士だった信綱は、兵法者としてだけでなく、一人の人間としても完成された人物だったのではないか。斬れないからこそ、名刀としての「ふくろしない」の価値は誠に計り知れないといえるだろう。

備前景則《びぜん かげのり》

Bizen Kagenori

◆時代：南北朝時代（十四世紀）
◆種類：大刀
◆刃長：不詳

柳生但馬守宗厳《やぎゅうたじまのかみむねよし》

戦国乱世が終息を迎えつつあった文禄《ぶんろく》三年（一五九四）五月三日のこと。大和《やまと》国（奈良県）柳生《やぎゅう》庄から五男の又《また》右衛門《えもん》宗矩《むねのり》と共に京へ上った柳生家当主・但馬守《たじまのかみ》宗厳《むねよし》〈石舟斎《せきしゅうさい》〉（一五二七～一六〇六）は、聚楽《じゅらく》紫竹村《しちくむら》鷹ケ峯《たかがみね》の陣屋に滞在中の徳川家康《とくがわいえやす》の招きを受けていた。所領を失って零落した、大和の小豪族に過ぎない六十六歳の老人を、天下の大大名がわざわざ招聘《しょうへい》したのには、むろん理由がある。家康の目的は戦国の世に倦《う》み疲れた宗厳が爾来《じらい》二十年、柳生庄で隠遁《いんとん》生活を送りながら研鑽《けんさん》を重ねてきた新陰《しんかげ》流剣術の奥義、とりわけ秘伝と聞く「無刀取《むとうど》り」の全貌を知ることだった。

「宗厳、これを取るべし」

ひとしきり剣談を交わした後、柳生父子が披露する演武に感嘆した家康は、自ら木太刀《きだち》を取ると、宗厳の真っ向へ打ち込んだ。

当時、家康は五十三歳。若き日に東海道一の弓取りとたたえられた武芸の力量は、未だに衰えを知らない。上《かみ》泉《いずみ》伊勢守信綱《いせのかみのぶつな》の弟子で、奥山《おくやま》流剣術を創始した奥山休賀《きゅうが》斎《さい》に就いて七年間修業し、新当《しんとう》流の有馬大膳時貞《ありまだいぜんときさだ》（満盛《みつもり》）からも奥義を伝えられた家康の太刀筋《たちすじ》は、あくまでも剛直。優れているのは、権謀術数の手練手管だけではないのだ。

果たして、渾身の一刀を宗厳は受け止めた。真剣にも等しい木太刀の斬撃を、素手《すで》で封じたのだ。

左腕で家康の上体を支えながらも、右拳は突き倒すように胸元へ擬《ぎ》せられている。刀の柄《つか》を捉えると同時に奪って投げ捨て、殺さずに敵を倒す活人剣《かつじんけん》。これこそ、戦国乱世に背を向けた宗厳が完成させた、究極の秘技であった。

「上手なり」

完敗した家康は、当日のうちに宗厳を師と仰ぐ神文誓紙《しんもんせいし》を入れるとともに佩刀《はいとう》を下賜した。この刀は家康が幾振りも愛蔵した長船景光《おさふねかげみつ》と同じく備前《びぜん》伝で、貞治《じょうじ》年間（一三六二～六八）に活躍した刀工・備前景則《かげのり》の作だった。その刃文は通常の互の目《ぐめ》（三五九頁参照）よりも細かく、等間隔の目が並んでいる、小互《こぐ》の目と呼ばれるものだ。室町時代に繁栄した、吉井《よしい》備前の一門の作刀に独特の刃文である。

この景則、他ならぬ柳生家の総帥との対面時に携えていたことから察するに、家康の武用刀だったであろうことは、想像に難くない。価値そのものは家康自慢の景光よりも劣る景則だが、人を斬らない宗厳の技の冴えに感服した家康が、当日のうちに手放すに至ったという事実に、鑑定上のものとは異なる価値を見出すことができるとはいえまいか。

ちなみに、家康が宗厳の前に師事した有馬大膳時貞は、元の名を津賀大炊《つがおおい》といい、松本備前守《まつもとびぜんのかみ》（一九八頁参照）の直弟子だった有馬大和守に養子として迎えられた人物だった。ふつう、新当流といえば塚原卜伝《つかはらぼくでん》の興した流派を指すが、その卜伝の師に当たる松本備前守の流れを汲む時貞は自流派を神道御流、または有馬流とも称していた。家康は新当流、もとい有馬流の奥義を伝授された時には禄五百石と一緒に、青江貞次《あおえさだつぐ》の刀を与えたという。青江貞次は鎌倉時代、後鳥羽上皇の御番鍛冶（三三三頁参照）を務めたほどの名工だ。その貞次の作刀だけに、やはり鑑定上の価値は宗厳が拝領した景則よりも高かったが、宗厳が家康から与えられた恩恵は、かつて有馬時貞が浴したものを遥かに上回っていた。

神文誓紙を入れた家康はさっそく、宗厳に兵法師範を命じた。しかし景則の刀は有難く拝領した宗厳だが高齢を理由にして誘いを断り、同行していた当時二十四歳の五男・宗矩を身代わりに差し出す。この人選が、吉と出たのである。岳父の期待を背負った宗矩は関ヶ原の戦の後、旧領の二千石を安堵されたのを振り出しに着々と出世を重ね、ついには但馬守として大名の列に加えられる。古今の兵法者で、時の権力者からここまで抜擢された一門は、他に例がない。後に将軍家御流儀として隆盛を誇ることになる、柳生新陰流《やぎゅうしんかげ》の歴史は宗厳・宗矩父子に始まったのだ。そのきっかけとなったのが人を殺さない、活人剣だったという事実も、また感慨深いといえるだろう。

なお、活人剣の真価を発揮した宗厳が、数年を待たずして天下人となる運命の超大物に惜しみなく手放させた備前景則であるが、新たな所有者の許で実用に供されたという話は寡聞にして聞かない。

柳生《やぎゅう》の大太刀《おおだち》

Yagyu no Odachi

◆時　代：戦国時代（十六世紀）
◆種　類：大太刀
◆刃　長：約一四三・四センチ

柳生兵庫助利厳《やぎゅうひょうごのすけとしよし》

秘伝「無刀取《むとうど》り」をもって、徳川家康《とくがわいえやす》に柳生新陰《やぎゅうしんかげ》流の剣の実力を認めさせた宗厳《むねよし》は、高齢を理由に兵法師範の誘いを断り、当時二十四歳の五男・宗矩《むねのり》（一五七一〜一六四六）を推挙した。後年に家康が幕府を開いたのにともない、江戸に拠点を構えた宗矩とその一族は、将軍家御流儀を司る江戸柳生として栄達を極めることになるのだが、柳生の剣を伝承したのは彼らだけではない。御三家の筆頭・尾張《おわり》徳川家にも、もう一つの柳生一族が存在したのである。

尾張柳生の初代当主となった兵庫助利厳《ひょうごのすけとしよし》（一五七九〜一六五〇）は、宗厳の孫として生まれた人物だ。つまり、江戸柳生の総帥である宗矩とは叔父と甥の間柄にあたる。宗厳に瓜二つの容貌の持ち主である利厳は、剣の技量も祖父譲りだった。死期を悟った宗厳が新陰流の極意書《ごくいしょ》および「一子相伝」の印可状《いんかじょう》を授けたのも、当然のことだろう。この極意書と印可状は宗矩にも同一のものが授けられたため、尾張柳生と江戸柳生のいずれが新陰流の継承者なのかは未だ判然としないが、利厳にのみ与えられた新陰流の正統のあかしが存在する。それが、柳生の大《おお》太刀《だち》と呼ばれる宝剣だ。刃長四尺七寸八分（約一四三・四センチ）の堂々たる威容を誇る柳生の大太刀は、身幅《みはば》一寸四分（約四・二センチ）で重ねが五分（約一・五センチ）。茎《なかご》の長さだけでも二尺三寸二分（約六九・六センチ）と、並外れて長大重厚な刀である。刀身には樋《ひ》が掻《か》かれているが、多少の重量を軽減しても、常人に扱えるものではない。事実、振るうことは何とか可能でも、中段に構えられた者は皆無だったという。新陰流の正統のあかしとして神聖視されており、武用刀とは考えられていないゆえであろう。

　作刀者は出雲守永則《いずものかみながのり》。茎にあるのは二字銘、つまり「永則」の二文字のみで、製作期は足利《あしかが》幕府第三代将軍・義満《よしみつ》の治世下にあたる至徳《しとく》年間（一三八四～八七）と伝えられる。時代が下った永正《えいしょう》年間（一五〇四～二一）にも、備前《びぜん》（岡山県）の出身で出雲国（島根県）に移住した永則という刀工が存在するが、柳生の大太刀の作刀者とは別人と思われる。なお、茎には利厳の所持銘が金象《きんぞう》嵌《がん》で記されている。

　尾張柳生家と尾張徳川家が代々に伝え合った新陰流の正統のあかしとして、柳生の大太刀は印可状とともども両家に保持され続けた。明治の世を迎えた後には尾張徳川家が重宝として末永く護持する運びとなり、大正時代に創設された徳川美術館に収蔵され、現在に至る。尾張柳生の歴史を語るうえで外せない名刀といえるだろう。

大太刀 銘 永則　柳生利厳所用（柳生の大太刀）と朱塗大太刀拵。徳川美術館所蔵

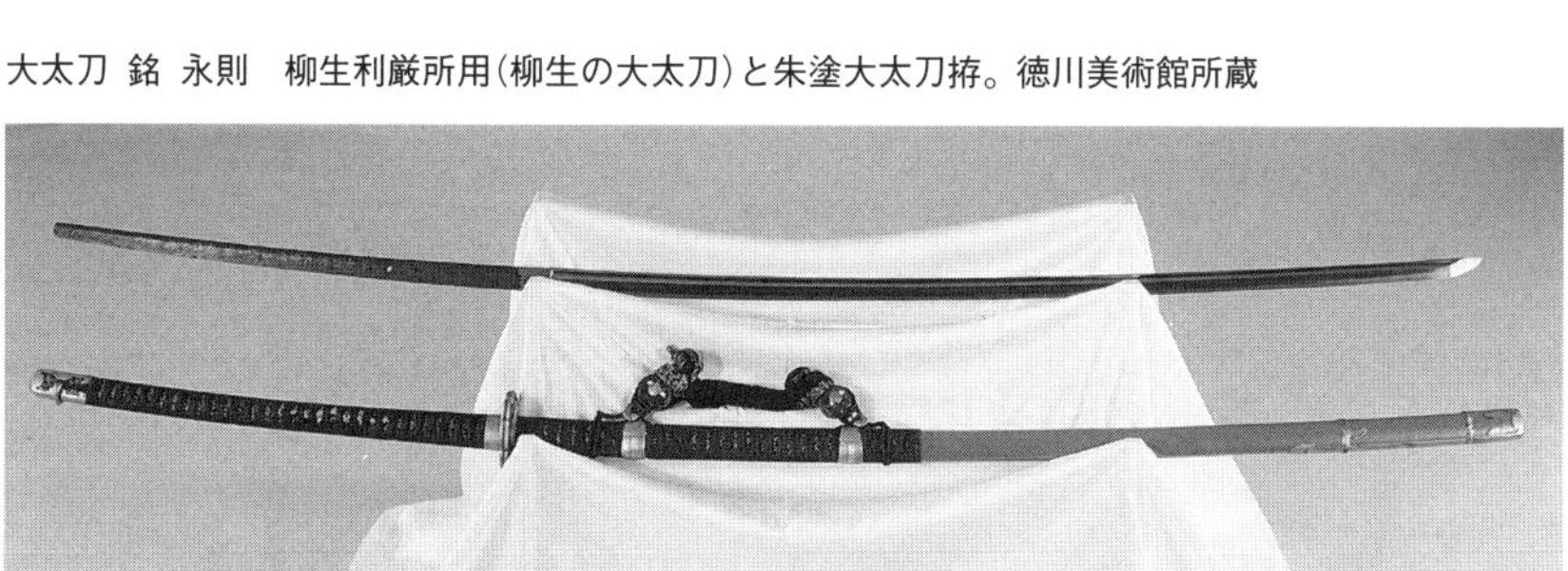

籠釣瓶

Kago Tsurube

かご つるべ

◆時　代：江戸時代（十七世紀）
◆種　類：打刀
◆刃　長：六〇センチ

柳生連也斎厳包《やぎゅうれんやさいとしかね》

「尾張《おわり》の麒麟児《きりんじ》」と賞された柳生厳包《やぎゅうとしかね》（一六二五〜九四）は、尾張柳生家を創始した利厳《としよし》の三男に生まれた。有名な連也斎《れんやさい》というのは、後年に僧籍に入ってからの名前である。

彼は麒麟児の異名に恥じない天才だった。幼少の頃から積み重ねた激烈な稽古《けいこ》によって天性の剣才に磨きをかけ、兄の利方《としかた》が尾張藩主の兵法師範の座を譲らずにはおかぬほどの兵法者であった。その連也斎の遺愛刀が、本項にてご紹介する籠釣瓶《かごつるべ》だ。

作刀者は連也斎と同じく延宝《えんぽう》年間（一六七三〜八一）に尾張で活躍した肥後守光代《ひごのかみみつよ》。銘は「肥後守秦光」、恐らくは「代」の文字が欠落した長文銘で、茎《なかご》裏に通称の「かごつるべ」が共鏨《ともたがね》で切られている。この通称は装飾を兼ねた目貫《めぬき》にも見られる。全体に尾張伝来の刀装である尾張拵《おわりごしらえ》に似た作りで、頭が小さめの柄《つか》には浅黄《あさぎ》糸が十三菱に巻いてある。黒呂《くろろ》色塗りの鞘《さや》は三分刻み、つまり三分（約〇・九センチ）ごとに蛇腹《じゃばら》に似た刻み目の入った仕様となる。専用の下緒《さげお》は、柄糸《つかいと》と同素材の浅黄を江戸時代に始まった竜甲打《りゅうこううち》という技法で組んだもの。表面に竜の背中を思わせる凹凸が浮き出た模様は虎《とら》のそれにも似ているため、武人によく好まれたという。

重厚かつ品の良い尾張拵の特性を反映させつつ、独自の工夫が加えられた連也斎の籠釣瓶は、後年、尾張柳生家に独特の柳生拵の原型となった。三分刻みの鞘と丸形の柳生鍔《つば》が特徴の柳生拵は、不世出の兵法者であると同時に風流人でもあった連也斎の美的センスの賜物といっても決して過言ではないだろう。刃長が約六〇センチ、つまり二尺と定寸《じょうすん》の二尺三寸（約六九センチ）よりも短めに仕立てられている点も、兵法をもって主君に仕える一族の差料である以上、実戦を強く意識した結果の産物と見るのが正解だろう。合戦場で実戦向きの刀として用いられた野太刀《のだち》、大太刀《おおだち》の長大な刃は、敵よりも広い間合いを取ることが可能なので有利な反面、長くて取り回し難いという欠点を持つ。まして尾張柳生は戦国の世の介者《かいしゃ》剣術から素肌《すはだ》剣術へ、すなわち甲冑を着けた合戦場での戦いから平時の護身術としての剣への移行を積極的に推進した点で知られている。籠釣瓶および柳生拵の特徴といえる短い刀身は、緊急事態に際して迅速な操作が可能な仕様を追求した結果、と私見する次第。

なお、この籠釣瓶は大小拵になっており、大刀と同作の小刀には、やはり肥後守光代が作刀した連也斎の愛刀・鬼《おに》の庖丁《ほうちょう》と同寸法の四一・二センチに仕立てた刀身が収められている。茎の裏には通称の「笹露《ささのつゆ》」なる銘が見られるという。

伊賀守金道

Igano-kami Kanemichi

いがの かみ かねみち

◆時代：江戸時代（十七世紀）
◆種類：打刀
◆刃長：約八一センチ

荒木又右衛門《あらきまたえもん》

寛永《かんえい》十一年（一六三四）の十一月七日未明に行われた、世に鍵屋《かぎや》の辻《つじ》の決闘と称する仇討《あだう》ちは大名と幕臣の勢力争いを背景とした、政治色の強いものだった。備前《びぜん》岡山藩の小姓《こしょう》同士の取るに足らない嫉妬《しっと》に端を発する事件は、討つ側の渡辺数馬《かずま》に大名、討たれる側の河合又五郎には直参旗本と強大な後ろ盾がついたため大事件に発展し、抜き差しならない状況の下で対決の時を迎えたのだが、この際に数馬の義兄として助っ人に加わっていた兵法者・荒木又右衛門《あらきまたえもん》（一五九九～一六三八）の選んだ大刀が当代一と謳《うた》われた伊賀守金道《いがのかみかねみち》（初代の父・兼道《かねみち》と区別するため「きんみち」とも呼ばれる）である。

伊賀守金道は、万治《まんじ》年間（一六五八～六一）に活躍した山城《やましろ》国（京都府）の刀工。銘は茎表《なかごおもて》に「伊賀守藤原金道」、裏に「日本鍛冶惣匠」「伊賀守金道」と切るのが特徴だ。日本鍛冶惣匠《そうしょう》とは全国の刀工の総領という意味で、金道家では刀工たちの官名である受領《ずりょう》名を司っていた。具体的にいえば、受領名を授かるためには、まず最初に世話役の金道家に願い出て、朝廷への仲介の労を取ってもらうしきたりになっていた。必然的に刀工たちは、朝廷への貢ぎ物に加えて、仲介料も支払わなくてはならない。この特権は初代金道が関ヶ原の戦の直前、徳川家康《とくがわいえやす》から発注された千振りの太刀《たち》を仕上げた褒賞として勅許《ちょっきょ》、つまり天皇の許可を受けたものであった。官名を求める全国の刀工から納められる金は幕末まで、代々の金道家当主に富をもたらしたという。

話を、荒木又右衛門に戻そう。

この金道の作刀を携えて、又右衛門は伊賀上野《いがうえの》・鍵屋の辻で又五郎一行を待ち伏せた。二尺七寸（約八一センチ）もの大刀を選んだのも敵勢で最も手強い、河合甚左衛門と桜井半兵衛を相手に戦うとなれば当然の措置だろう。仇《かたき》の叔父である甚左衛門は、かつて又右衛門ともども大和《やまと》国（奈良県）郡山藩で剣術師範を務めた猛者。仇の義弟にあたる半兵衛も十文字槍《じゅうもんじやり》の達人だったが、遠間《とおま》から攻撃可能な長尺の刀で勝機を狙った又右衛門の策は、予定通り吉と出た。先手を打って落馬させた甚左衛門を正面斬りで沈黙させる。続いて、得意の十文字槍を槍持ちの従者から受け取れないように妨害された半兵衛が、やむなく刀で応戦するのと斬り結び、余裕を持って仕留める又右衛門。が、後がいけなかった。

背後から襲いかかった敵の従者が振るった木刀《ぼくとう》でしたたかに腰を打たれ、第二撃を受け止めた衝撃で自慢の伊賀守金道を折られてしまったのだ。鍛鉄《たんてつ》の真剣を木刀で打ち折るなど不可能と思われるかもしれないが、側面から打ったのなら有り得ない話ではない。すかさず、脇差《わきざし》で従者を追い散らし、数馬が本懐を遂げるのを見届けて助っ人の任を果たしたものの、又右衛門と数馬を保護した津《つ》藩・藤堂《とうどう》家の家臣で新陰《しんかげ》流の流れを汲む兵法者・戸波又兵衛は顛末を聞き、このような大事に新刀を選ぶのは未熟者と手厳しく批判した。恥じた又右衛門は数馬をともなって戸波を訪ね、入門したと伝えられる。

瓶割刀《かめわりとう》

Kamewari-to

◆時 代：鎌倉時代
◆種 類：太刀
◆刃 長：不詳

伊藤一刀斎《いとういっとうさい》

伊藤一刀斎《いとういっとうさい》（一五五〇〜一六五三？）は全国各地で広く学ばれ、現代剣道の原点となった一刀《いっとう》流の創始者だ。その愛刀・瓶割刀《かめわりとう》は鎌倉時代に備前《びぜん》国（岡山県）で一時代を築いた、一文字《いちもんじ》派の刀工の作と伝えられている。

相模《さがみ》国（神奈川県）三島《みしま》神社に大願をかけた刀工は拝殿に三十七日間参籠《さんろう》し、丹精を込めて鍛《きた》えた一振りの太《た》刀《ち》を奉納した。瓶割刀という異名は、奉納刀として神前に吊るされていた太刀が数年後に自ら落下し、供物の酒瓶を真っ二つにした故事に由来するという。

この瓶割刀が一刀斎の愛刀となったのは、彼が十四歳の時のことである。

一刀斎の前身は謎に包まれている部分が多い。一説によると天文《てんぶん》十九年（一五五〇）に伊豆大島で流刑に処されていた一武士の子として生まれたという。立身出世を志した彼は泳いで海を渡り、三島にやって来たが、誰一人として本名の前原弥五郎では呼んでくれない。三島神社の床下に住み着いた精悍《せいかん》な弥五郎少年を、土地の人々は鬼夜叉、島天狗と恐れるばかりだった。

当時の三島では富田一放《とだいっぽう》という、富田越後守重政《とだえちごのかみしげまさ》の弟子と称する兵法者が剣名を轟かせていた。一放を倒せば名を上げることができると考えた弥五郎少年は早速に勝負を申し込み、数十名の門弟を引き連れて三島神社の境内に乗り込んできた一放と試合《たたか》った。無宿者の若僧と侮る相手を、少年は遠間《とおま》から飛び込みざまに浴びせた木刀《ぼくとう》の一撃で打ち倒した。立ち会い人を務めた神官の矢田織部は弥五郎の剣の冴えに感心して、瓶割刀を授けたのである。

瓶割刀にまつわる逸話は、もう一つ存在する。宿なしの身から一転し、織部の客となった弥五郎少年は武者修業に旅立つ前夜、数十人の賊に襲われた。一放の意趣返しを目論んだ残党とも盗賊ともいわれるが、一団の敵を相手に弥五郎は授けられた太刀を振るって奮戦し、七人を斬って追い散らした。逃げ遅れた賊の一人は大瓶の後ろに身を隠したが、弥五郎は構うことなく瓶もろとも賊を両断したという。瓶割刀の奉納にまつわる故事の真偽は、図らずも新たな所有者自身の手で証明されたのだった。授けられたのは一文字ではなく、三島神社の宮司が代々珍重した備前長船勝光《びぜんおさふねかつみつ》だったともいわれるが、大瓶ごと人体を両断する威力を秘めた剛刀だったというエピソードは、やはり一刀斎の若き日を語るうえで欠かせないであろう。一刀流宗家の証明として継承された瓶割刀は、後に日光東照宮に奉納されたといわれるが、現在は残念ながら行方不明である。

小野《お》次《の》郎《じ》右《ろう》衛《え》門《もんただ》忠明《あき》

波平行安

Naminohira Yukiyasu

なみのひら ゆきやす

◆時　代：室町時代（十五世紀頃？）
◆種　類：太刀
◆刃　長：約八四センチ

柳生新陰流《やぎゅうしんかげ》と並び、将軍家御流儀として君臨した小野《おの》派《は》一刀流《いっとう》宗家・小野次郎右衛門忠明《おのじろうえもんただあき》（一五六五～一六二八）。若き日に神子上典膳吉明《みこがみてんぜんよしあき》と名乗っていた忠明は、一刀流の創始者である伊藤一刀斎《いとういっとうさい》の愛弟子だった。もともと典膳は上総国《かずさ》（千葉県）夷隅城《いすみ》に剣術師範として仕えた武士。三神流剣術に熟達した典膳は、武者修業で上総に立ち寄った一刀斎が宿の前に高札を立て、剣術に望みある人は相手になろうと呼びかけているのを聞いた。典膳は己を試すべく愛刀の波平行安《なみのひらゆきやす》二尺八寸（約八四センチ）を携えて、一刀斎の宿を訪れたのである。

初代の波平行安は薩摩国《さつま》（鹿児島県）で永仁《えいにん》年間（一二九三～九九）に活躍した刀工。鎬《しのぎ》が高く、反りの強い剛刀を鍛《きた》えたことで知られている。その名を継承した末孫は文明《ぶんめい》年間（一四六九～八七）の人で、「波平行安」という父祖の銘に「作」の一文字を添えた形となっている。この長尺の剛刀を抜いて勝負を挑む典膳に、一刀斎は炉《ろ》端《ばた》の燃えさしの薪《まき》で応じた。一尺五～六寸（約四五～四八センチ）の薪で三尺（約九〇センチ）近い真剣を相手にするとは、無謀すぎる。しかし、脇構えから踏み込んだ典膳は一瞬に太刀《たち》を奪われ、一刀斎は立ち尽くす若者を尻目に薪を棚に置き、奥へ消えた。我を取り戻した典膳が再試合を請うと、一刀斎は傷を負わせたりはしないから安心して打ち込んで来いと告げた。真剣を三尺の木刀《ぼくとう》に替えた典膳は連続して打ちかかったが、その度に薪で叩き落とされ、剣尖《けんせん》は一刀斎の着衣さえ捉えられない。落胆して帰宅した典膳は翌日また宿を訪ね、弟子入りを申し込んだ。入門を許された若者は在地のまま稽古《けいこ》に励み、次の年に再来した師に誘われて主家を捨て、武者修業の旅に出たのだった。

それにしても、一刀斎の倍近い長尺の太刀を携えていた典膳が、なぜ敗れたのか。一刀流剣術には「間積もりは心にあって刀にはない」との教えがある。意味するところは一刀流宗家を継承した典膳に関する『本朝武芸小伝《ほんちょうぶげいしょうでん》』『一刀流極意《いっとうりゅうごくい》』所収の逸話から窺われる。

武州《ぶ》（埼玉県）膝折《ひざおり》村で、鬼眼という刀術者が人を殺して民家に篭城した。徳川家康《とくがわいえやす》の命で現場に赴いた典膳は立てこもった鬼眼に対し、内外のどちらで勝負を決するかと呼びかけた。応じた鬼眼は表に走り出て三尺余りの大太刀《おおだち》を抜き、大上段から斬りかかったが、典膳は二尺（約六〇チセン）程の刀で右脇構えから両腕を斬り飛ばした。ただ一太刀で、抵抗する術を奪ったのだ。そして、典膳は検使として同行した弟子の兵学者・小幡勘兵衛景憲《おばたかんべえかげのり》に処置をどうするのか判断を仰いだ後、その場で鬼眼の首を打ったと伝えられる。断罪の権限を委任された弟子の許可の下、志なき武芸者を死刑に処したのである。

典膳が大太刀の三分の二ほどしかない、短い刀で事に臨んだのは、敵の油断を誘うための計略だったのだろう。刀身は長ければ長いほどに間合い、すなわち攻撃半径も広くなる。狭い屋内ではなく、障害物のない屋外を戦いの場に選べば、長尺の太刀も自在に振り回すことができる。だから、自分が有利に違いないと安心した鬼眼の心に生じた隙を、典膳は見事に突いた。いかに刀身が長くても、的確に太刀筋を見切り、間合いに踏み込む術を心得ている者が相手では、しょせん勝ち目はなかったのだ。

間積もりは心にあって刀にはない、とする一刀流の極意を体現した典膳が外祖父の姓を継いで小野次郎右衛門と名乗ったのは、この時の手柄によるという。

短《たん》竹刀《しない》

Tan Shinai

◆時代：江戸時代（十九世紀）
◆種類：竹刀
◆刃長：本文参照

平山行蔵《ひらやまぎょうぞう》子《し》竜《りゅう》

いつの時代も、天下太平の世に容れられない豪傑というものは存在する。江戸時代後半の兵法者、平山行蔵子《ひらやまぎょうぞうし》竜《りゅう》（一七五九〜一八二八）は徳川《とくがわ》第十一代将軍・家斉《いえなり》の治世下、享楽の風潮が世に満ちていた文化《ぶんか》・文政《ぶんせい》年間（一八〇四〜三〇）の江戸に在《あ》って、戦国武士さながらの生涯を貫いた奇傑である。

徳川幕府に仕える伊賀《いが》組同心の子として、行蔵は宝暦《ほうれき》九年（一七五九）に生まれた。代々の御家人《ごけにん》ともなれば幼時から学問と武芸を学ばなくてはならないのは当然だが、行蔵の文武両道は並み大抵ではなかった。剣術を初め、槍《そう》術、柔《じゅう》術、砲《ほう》術、弓《きゅう》術、さらには馬《ば》術に泳法《えいほう》とあらゆる武術を修得した彼は家督を継ぐと、平山家が四谷《よつや》に与えられていた伊賀組同心の役宅を兵原草廬《へいげんそうろ》と名付け、自分の剣術道場にしてしまう。ここで彼が教えたのは、自らが極めた真貫《しんかん》（心抜）流剣術の精神を受け継いだ、苛烈きわまりない剣だった。

行蔵が指導した稽古《けいこ》法は、刃長が一尺三寸（約三三センチ）の短い竹刀《しない》を一振り持ち、通常の長さにあたる三尺三寸（約九九センチ）の竹刀で迎え撃つ相手の内懐に飛び込んで、まっしぐらに胸板を貫くというものである。小太刀《こだち》術の精緻《せいち》な技法を継承した現代の短剣道とはまるで違う。同じく一撃必殺を基本とする示現《じげん》流と野太刀自顕流《のだちじげん》にも、激しい打ち込みが身上の小太刀の技は伝承されているが、まず最初に浴びせる一太刀で敵の手首を斬るなどして、反撃を封じたうえで攻め込む形を取っている。だが、自流派を忠孝真貫流《ちゅうこうしんかん》、後年には講武実用流《こうぶじつよう》と称した行蔵は、攻撃一辺倒の野太刀自顕流でさえ「槍止め」という、突いてくる槍のけら首《くび》を打ち落としてから踏み込むといった技法が存在するというのに、敵の武器を封じる術などはまったく教えず、ただただ一直線に突進して貫くことだけを門弟たちに指南した。

むろん、用いるのは長柄《ながえ》武器とも対等に戦えるとされる、長柄刀《ながつかとう》ではない。わずか一尺三寸しかない、合戦場では首取りにしか用を為さない脇差《わきざし》だった。常日頃から四尺（約一二〇センチ）近い、筑州左《ちくしゅうさ》が作刀した南北朝時代そのままの大太刀《おおだち》を差していた行蔵が、なぜ人に教える時には短竹刀《たんしない》に固執したのか。

還暦を過ぎても板の間で寝るという日常を案じた松平《まつだいら》定信《さだのぶ》が蒲団を贈ったと伝えられるほど、幕閣からも一目おかれていた行蔵ならばともかく、表向きは所持を禁じられている大太刀では、常に持ち歩くわけにはいかない。しかし、脇差はどこへでも差していくのが武士の心得であった。自宅でくつろいでいる時でさえ、帯びているのがふつうだった。つまり、多くの武士にとって、不意に襲われた時などに命を託す可能性が高いのは太刀よりもむしろ脇差、という解釈もできるのだ。それに、太刀は刀身が長ければ長いほど、鞘走らせるのに一瞬遅れを取る。行蔵自身も命を狙われた時、大太刀の鞘を半ばまでしか払えなかったために敵を取り逃したことがあったといわれる。だからこそ身近な存在で、とっさに一挙動で抜き放てる脇差に注目したと考えられるのだが、いかがなものだろうか。

一見すると不利な短い竹刀を用いたほうが、気迫をもって敵を圧することができるか否かで生死を分ける、実戦の心得を学ぶのには適している。行蔵の中には、長い竹刀で有効打突を狙う技術の巧拙よりも、間合いの狭い短竹刀で睨《にら》み合い、一直線に突き進んで気迫で相手を圧倒する呼吸の習得こそが道場稽古の根本、と考えていた部分も大きかったのだろう。大太刀の技をあえて教えず、短竹刀を自流派の稽古に取り入れた行蔵の指導者としての態度は、自身が生死の境目で学んだ体験に、裏打ちされていたのかもしれない。

行蔵は「常在戦場」を信条に掲げ、五百に及ぶ著書の一冊『剣説《けんせつ》』において「剣術とは敵を殺伐することなり」と説いている。早朝の七つ（午前四時）に起き出して鉄棒の素振り四百、居合《いあい》型三百、さらには鉄砲、弓、馬の稽古を毎朝欠かさず、書見台に向かっている最中も座布団代わりの三尺（約九〇センチ）四方の杉板を打って両拳を鍛《きた》えるという、文字通り行住坐臥《ぎょうじゅうざが》己を鍛える日々を送っていた傑物の言なればこそ、口先だけではない、真の説得力に満ちた実戦論といえるだろう。

長竹刀

Naga Shinai

ながしない

◆時代：江戸時代（十九世紀）
◆種類：竹刀
◆刃長：本文参照

大石進種次《おおいしすすむかずつぐ》

幕末の動乱を目前に控えた江戸時代の後期は、町道場の隆盛期であった。およそ七百ともいわれる剣術流派が出揃い、各流各派の伝承者が道場を構えていた天保《てんぽう》年間（一八三〇～四四）の江戸に、前代未聞の長竹刀《ながしない》を引っ提げて乗り込んだ伝説の剣豪が存在した。

その名を、大石進種次《おおいしすすむかずつぐ》（一七九七～一八六三）という。

進は寛政《かんせい》九年（一七九七）に、筑後《ちくご》国（福岡県）柳川《やながわ》藩の剣槍《けんそう》術師範を務める大石家の長男に生まれた。隣接する三池《みいけ》藩の師範役を兼任した大石家の代々の当主は、剣術と槍術の双方に優れているのが常だったが、槍に関しては六歳で柳川藩主に形《かた》を上覧するほどの非凡な才に恵まれていた進も面籠手《めんこて》を着けて行う竹刀剣術はなぜか弱く、ウドの大木と馬鹿にされていたという。少年時代、正月の御前試合で惨敗を喫した進は独自の剣術修業を始めた。得意の槍術の要領で竹刀を遣《つか》うことを思い立ったのである。人に知られないように蔵の天井から吊った一文銭や石を狙い、片手で構えた長竹刀で突き上げる稽古《けいこ》を重ねた結果、左右いずれも百発百中の技量を身に付けた進は、同時に胴斬《どうぎ》りと諸手《もろて》突きの技を工夫した。従来の竹刀剣術では軽視されていた突きを主体とする、槍術を剣術に転用した進の技が本領を発揮したのも、この長竹刀を発明したからこそである。

ひとくちに長竹刀といっても、進が考案したものは驚くべき長さだった。全長は実に五尺三寸（約一五〇・九センチ）。当時の竹刀の標準が三尺三寸（約九九センチ）といえば、いかに並外れていたのかがおわかりになるだろう。むろん、常人に取り扱える仕様ではない。身の丈が七尺（約二一〇センチ）にも達する、日本人離れした偉丈夫だからこそ持てる長竹刀を自在に操る技を会得した時、進は十八歳になっていた。二十代の前半で大島《おおしま》流槍術の免許と愛洲陰《あいすかげ》流剣術の皆伝を許された進は北九州一円を武者修業に廻り、勇名を轟かせた。西国一の名剣士と謳《うた》われた豊前《ぶぜん》国（大分県）中津《なかつ》藩の長沼無双右衛門《ながぬまむそうえもん》の道場を破った時のエピソードは凄まじい。長沼は用心のために強度の劣る生竹で作った竹刀を進に遣わせ、鉄面を着けて試合に臨んだにも関わらず、左片手突きは面を突き破り、眼球が面金《めんがね》の外まで飛び出たという。三年後、無事に視力を回復したのだろう、長沼は進に入門したと伝えられる。

進が初めて江戸の土を踏んだのは、大石家の当主として藩の剣槍術師範を継いだ八年後、天保四年（一八三三）のことである。諸藩の武士は役務に応じて一定の期間、出府して藩邸に勤めるのが常だったからだ。他流試合が厳禁されていた当時も江戸でならば比較的、自由に試合をすることができる。大々的な道場破りを開始した進の最終目標は日本一と名高い男谷精一郎信友《おだにせいいちろうのぶとも》だった。小手調べに三カ月ほど江戸市中の高名な町道場を廻った進は鏡新明智《きょうしんめいち》流、心形刀《しんぎょうとう》流、甲源一刀《こうげんいっとう》流、直心影《じきしんかげ》流、小野派《おのは》一刀《いっとう》流を相次いで撃破し、負け知らずの長竹刀の遣い手と大評判を呼んだ。ついに実現した最初の対戦では男谷から一本も取れなかった進だが、二度目以降の試合では直心影流男谷派を興した剣聖も七尺の巨躯《きょく》から繰り出される左片手突きを防ぎきれず、進の実力を認めて、江戸での便宜を図ったという。

北辰一刀《ほくしんいっとう》流の千葉周作《ちばしゅうさく》、そして天真白井《てんしんしらい》流の白井亨義謙《しらいとおるよしのり》にこそ敗れたものの、念願の男谷越えを果たした進の名は全国諸藩に知れ渡った。同時に全長四～五尺（約一二〇～一五〇センチ）の長竹刀も大いに流行するのであるが、やはり常人に扱えるものではない。日本人離れした体格と、相撲《すもう》では二段目以上に相当したという膂力《りょりょく》に加えて、幼時から鍛《きた》えた槍術の確かな下地を備えていた進だからこそ、五尺三寸という度外れた長竹刀は真価を発揮したのだ。安易に真似たところで、役に立つものではないだろう。遣い手を選んだ事実を鑑みて、大石進の長竹刀は「名刀」と呼ぶにふさわしい一振りと私見する次第である。

なお、安政《あんせい》三年（一八五六）に幕府が設立した講武所《こうぶしょ》は使用する竹刀を男谷の指導の下、全長三尺八寸（約一一四センチ）と定めた。この標準は、現代剣道にも受け継がれている。

月形十文字槍

Tsuki-gata Ju-monji Yari

つきがた じゅうもんじ やり

◆時代：戦国時代～江戸時代
◆種類：両鎌槍
◆刃長：本文参照

宝蔵院流槍術《ほうぞういんりゅうそうじゅつ》

戦国時代初期に登場し、江戸時代を迎えてから広く普及した十文字槍《じゅうもんじやり》とは、槍穂《やりほ》のけら首《くび》に近い部分の両側に鎌刃が装着されている、両鎌槍《もろかまやり》のことを指す。

大身槍《おおみやり》に代表される、戦国時代に主流を為した槍が、敵を外見で威圧するための重厚長大な槍穂が特長だったのに対し、十文字槍は鎌槍術の精緻《せいち》な技の習得を目的とする修業者の需要に応じた、きわめて実用的な仕様に作られていた。槍穂が約十八センチ、鎌刃が約十二センチと、戦国時代の槍よりも小型化が進んだ十文字槍は、普通の素槍《すやり》以上に複雑な技法を要する。敵を薙ぎ倒すために設けられている鎌刃を十全に駆使できなくてはならないからだ。

基本形としては、槍穂の左右に装着された鎌刃がともに上を向いた「上り鎌十文字」に、下を向いた「下り鎌十文字」。鎌刃が真横を向いた文字通りの「十文字」。そして片方が上向きで、もう片方が下向きと、左右の鎌刃の向きが非対称になっている「上下鎌十文字」の四種類に分けられる十文字槍だが、鎌刃の形からさらに細かく分類されており、枚挙に暇がない。それらの一種である月形十文字槍《つきがたじゅうもんじやり》を用いる宝蔵院《ほうぞういん》流槍《そう》術は江戸時代に中村派、高田派、磯野派、下石《おろし》派と多数の支流を生み出した、十文字槍術の原点ともいうべき名流派だ。

大和国《やまと》（奈良県）の名刹で、古より南都《なんと》の僧兵の本拠地と名高い興福寺《こうふくじ》の塔頭《たっちゅう》、つまり本寺に従属する小寺の宝蔵院では、代々の院主によって十文字槍の技法が伝承されてきた。この宝蔵院流槍術の源流は、戦国の世もたけなわの永禄《えいろく》〜天正《てんしょう》年間（一五五八〜九二）に活躍した覚禅房法印胤栄《かくぜんぼうほういんいんえい》（一五二一〜一六〇七）に端を発する。

仏に仕えながらも武芸を好み、柳生新陰《やぎゅうしんかげ》流剣術を興した柳生但馬守宗厳《たじまのかみむねよし》を初めとする兵法者たちと親交が厚かった初代宗家の胤栄が愛用したことから、最初に十文字槍を考案したのも彼だったと伝えられているのだが、槍穂の左右に鎌刃を備えた両鎌槍そのものは、戦国時代の初期から使用されている。だから胤栄が水面に映る月影から着想を得て、直槍《すぐやり》に十文字の刃を付けたという俗説は誤りなのだが、石突《いしづき》を槍穂と同じ五寸（約十五センチ）に仕立てるとともに、鎌刃が通常の両鎌槍よりも平たい点は宝蔵院流のオリジナルだ。

この月形十文字槍の仕様、一説によると、胤栄が学んだ穴澤《あなざわ》流薙刀《なぎなた》術の影響といわれる。鎌刃つきの槍は、ふつうの直槍と違って、刺突できる範囲が広い。わかりやすくいえば、先端が三本になっているので、たとえ中心の刃部で狙った目標に誤差があっても、左右に突き出した鎌刃で敵に手傷を負わせることができるからだ。しかし、攻撃半径を広げることにのみこだわって、前向きの大きい鎌刃をつけてしまうと、肝心の操作性が損われる。刀の場合も同じだが、あまりにも先重《さきおも》の造りでは、思うように扱えないからだ。そこで、胤栄は鎌刃の部分を薙刀のように平たく作らせることで刃部の重量を軽減し、全体のバランスを取ったのではないか、と思われる。バランスが取れていれば槍そのものが扱いやすくなるし、柄《つか》の尖端に当たる石突で敵を攻撃する、薙刀の技を用いるのにも適している。槍術と薙刀術を修めた者にとっては、まさに申し分のない仕様なのだ。

鋭利な両鎌刃で敵を追い込むと同時に、柄を旋回させて石突で打撃を見舞う宝蔵院流の演武に欠かせない月形十文字槍は、新しい武術が発達していく過程で生み出された武具の好例といえるだろう。

赤穂義士の刀

Ako-gishi no Katana

あこうぎしのかたな

◆時代・本文参照
◆種類・同右
◆刃長・同右

元禄《げんろく》十五年（一七〇二）十二月十四日の夜半、播磨《はりま》国（兵庫県）赤穂《あこう》藩の浪士四十七名は、江戸・本所《ほんじょ》の吉良《きら》邸に討ち入りを敢行した。激闘一時間余の後、亡き主君の仇《かたき》である吉良上野介義央《こうずのすけよしなか》の首級《しるし》を挙げた浪士たちの行動は、退廃の元禄文化を享受していた天下太平の世に衝撃と感動を巻き起こし、事件から三百年を経た現在も忠《ちゅう》臣蔵《しんぐら》四十七義士《ぎし》の物語は小説、舞台、映画、テレビドラマと様々なメディアで語り継がれている。事の成否を問わず、待つのは死のみという末路を恐れることなく義に殉じた漢《おとこ》たちの生きざまには時代を越えて、人の心に訴えかけるものがある。また幕末を除いて、これほど組織的な戦闘が江戸市中において展開された例は他に類を見ない。果たして、どのような刀が用いられたのか、本書の執筆対象として研究の余地が大きいテーマといえるだろう。

事が成就された後、頭目の大石内蔵助良雄《おおいしくらのすけよしお》（一六五九〜一七〇三）以下、十七義士の身柄を預かった細川《ほそかわ》藩の家臣で、接待係として一同と親しく接した堀内伝《ほりうちでん》右《え》衛門《もん》重勝《しげかつ》は、藩中でも知られた愛刀家の視点から『堀内伝右衛門覚書』という一冊の書を遺している。忠臣蔵に関す

赤穂《あこう》四十七士《しじゅうしちし》

る史料は諸説あり、真偽の程が定かでないものも多いが、こと刀剣に関する限り、『堀内伝右衛門覚書』は全面的に信用できる内容といわれている。

この覚書に曰く、大石の刀は大小ともに相州物《そうしゅう》で

「大乱れ刃にて刀の切先一尺（約三〇センチ）ばかり血付き居り申し候様子、突き候て抜き候ように見え申し候。定めて上野介殿をとどめさされ候もの、と察し申し候。松葉先一分ほど刃折れ居り申し候。（後略）」

とある。松葉先《まつばさき》とは切先の内側の部分を指す刀剣の専門用語だが、この記述に従えば、大石は吉良の死骸にとどめのひと突きを浴びせた際に、刃を欠いてしまったことになる。冷静沈着な知将の大石でも怨敵に一刀を突き込んだその瞬間、高ぶる感情を抑え切れなかったのだろうか……。想像をかきたてずにはおかない記述である。

大石がとどめを刺すのに先駆けて、吉良を事実上倒した間十次郎光興《はざまじゅうじろうみつおき》（一六七八～一七〇三）、そして武林唯《たけばやしただ》七隆重《しちたかしげ》（一六七二～一七〇三）の佩刀《はいとう》についても、触れておかなくてはなるまい。

隠れていた台所脇の物置から現れた吉良が脇差《わきざし》を抜こうとするのに対し、迎え撃った間十次郎はすかさず手練

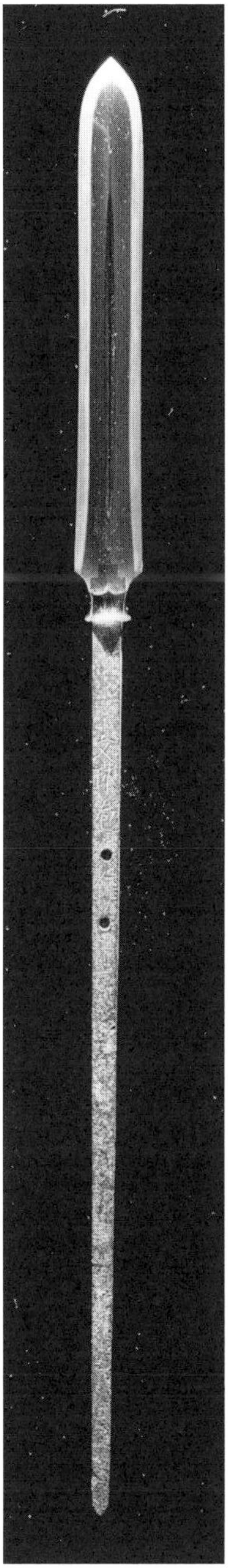

堀部弥兵衛の直槍。銘「文殊包久作」。東京国立博物館蔵

の槍を繰り出した。討ち入り直前に金一両を大石から拝借して調達した自前の十文字槍《じゅうもんじやり》を激戦の渦中で折ってしまい、吉良邸の玄関に掛かっていた長柄槍《ながえやり》を二尺（約六〇センチ）ほど切り詰めて使用したといわれているが、真偽の程は定かでない。ともあれ、十次郎が共に討ち入りに参加した父と弟の期待に違わず、一番槍の功名に続いて吉良の首を落とす大任をも務めたのは、例の『堀内伝右衛門覚書』における

「（間）十次郎殿御鑓付け成られ、殊にしるしまで御あげのこと、（父）喜兵衛殿の御心底察し申し候えば、御手みずから成られ候より、十次郎殿御手にかけられ候事、冥加に御叶い、大慶の事と存じ候。」

という記述に照らし合わせても、事実と考えていいだろう。

　間十次郎の一撃を受けながらも屈せず、果敢に脇差を抜いた吉良を袈裟《けさ》がけに斬り倒し、絶命させるに至ったのは武林唯七である。孟子《もうし》の末裔《まつえい》と称する中国人を祖父に持つ唯七は、忠臣蔵を取り上げたドラマでは粗忽者《そこつもの》として描写される場合が多いが、勇猛果敢な武士であったのは間違いあるまい。なお、討ち入りの時に不動梵字《ふどうぼんじ》入りの大身槍《おおみやり》を携えていたことから、一番槍をつけたのは唯七であったと誤解されがちだが、正しくは十次郎が一番槍で、彼は一番太刀《いちばんだち》である。ただ、両名が差していた刀の正確な銘までは、諸説あるものの未詳である。

　さて、剣豪と呼ばれた義士たちはどのような刀を差して討ち入りに参加したのだろう。誰をおいても、まずは堀部安兵衛《ほりべやすべえ》（一六七〇～一七〇三）の名前を挙げなくてはなるまい。有名な高田馬場《たかだのばば》の決闘に続いて、生涯二度

目の仇討ちに加わる立場となった安兵衛が吉良邸に携行したのは、青年時代に剣術を学んだ恩師・堀内源太左衛《ほりのうちげんたざえ》門正春《もんまさはる》から貸し与えられた、特別仕様の大太刀《おおだち》だった。刃長が二尺八〜九寸（約八四〜八七センチ）で柄《つか》が七尺（約二一〇センチ）。直径五寸（約一五センチ）もの角鍔《かくつば》が装着されていたというから、刀というより長巻《ながまき》に近い形状である。多人数が相手の戦いで優位に立つことを想定し、源太左衛門がかねてより考案していた自家用の一振りだった。よほどの膂力《りょりょく》の持ち主でなくては扱いかねる豪刀だが、高田馬場で二尺六寸（約七八センチ）を超える寿命《じゅめい》作の刀を振るって恩人の仇を討った安兵衛の後日談として、ふだんは重いと思っていたが高田馬場では軽くて、扇子《せんす》を振り回しているようだった、と述懐した記録が残されているから、ふつうの刀では物足りなかったのかもしれない。背水の陣で臨んだ討ち入りに特別仕様の大太刀を選んだのは、むしろ賢明な選択だったといえるだろう。ちなみに、高田馬場の仇討に用いられた寿命は応永年間（一三九四〜一四二八）の関の刀工で、表記が「寿の命」と縁起よく読めるため、武家社会では祝い事の贈答用として人気が高かったという。本人の作ではなくても、縁起かつぎに寿命銘を切らせるケースが珍しくなかったようで、そのために偽物も多く出回ったらしい。もっとも、堀部家の婿養子となるまで赤貧の暮らしに甘んじていた安兵衛の場合、贈答用の祝い刀には無縁だったはずなので、恐らくは本物だったのだろう。それにしても、二尺六寸の刀が扇子を振り回しているようだったとは、つくづく常人離れした剛力である。

この安兵衛が四十七士に加わるきっかけを作った義父の堀部弥兵衛《やへえ》（一六二七〜一七〇三）は堀内門下の兄弟子にあたる人物で、齢《よわい》七十七歳ながらも武勇に優れており、討ち入りの主武器として用いたのは、やはり長柄武器の直槍《すぐやり》だった。東京国立博物館所蔵の弥兵衛の槍は両鎬造《しのぎづくり》で、刃長六寸五分（約一九・五センチ）。一尺三分（約三〇・九センチ）強の茎《なかご》に「文殊包久作《もんじゅかねひさ》」（ルビは著者）の銘が切られている。包久は大和《やまと》鍛冶の流れを汲む刀工で元禄当時の江戸に在住しており、時代も一致する。槍術《そう》を得意とした弥兵衛が、討ち入りの以前から発注していた、と見なしても不自然ではあるまい。屋内が主戦場になるとしても、体力の劣る老齢の身で多人数の敵と戦うには長柄武器が有利と踏んだからこそ、弥兵衛は使い馴れた愛槍を携行したのだろう。

堀部父子だけに限らず、四十七士が槍を初めとする長柄武器をメインに戦ったのは『堀内伝右衛門覚書』において、討ち入りに使った槍はたいていい血糊《ちのり》が付いていていたが、刀には付かないものが多かったと記されている点を鑑みても、間違いあるまい。むろん、則光《のりみつ》の作刀といわれる大刀を刃こぼれして簓《ささら》状になるまで奮戦した不破数《ふわかず》右衛門正種《えもんまさたね》（一六七〇～一七〇三）のように、積極的に刀を使った者も皆無ではないのだが、各自の技量に適した武器を選択した点は皆、変わらない。ちなみに数右衛門は試刀術《しとうじゅつ》の達人で、新身の刀を試すために墓から死体を盗み出す狼藉を働き、生前の浅野内匠頭《あさのたくみのかみ》の怒りを買って赤穂藩を追われた乱暴者だが、主君の悲報を知って大石に嘆願し、浪人の身で加盟を許された唯一の人物でもある。吉良邸で振るった大刀が本当は誰の作刀だったのかは定かでないが、失敗を許されない討ち入りに数右衛門が槍ではなく、あえて刀を選んだのは、鍛《きた》え上げた試刀術の技を最大限に発揮できる武器だったからに他ならないだろう。

四十七士の一人ひとりに熱いエピソードが伝えられているのと同様に、彼らが一命を託した刀槍にもそれぞれのドラマが存在する。その自決と同時に失われた品が数多いだけにより一層、ロマンを感じさせずにはおかないのだ。

第五章 幕末の志士

長曾祢虎徹

Nagasone Kotetsu

ながそね　こてつ

◆時　代：江戸時代（十七世紀）
◆種　類：打刀（大刀）
◆刃　長：本文参照

近藤勇《こんどういさみ》

近藤勇《こんどういさみ》（一八三四〜六八）と虎徹《こてつ》の出会いは、武士として立身出世を遂げる志を抱きながらも自己実現の術を未だ見出せず、天然理心流《てんねんりしん》剣術の四代目宗家として、江《え》戸牛込柳町《どうしごめやなぎちょう》の試衛館《しえいかん》道場に雌伏《しふく》していた当時にさかのぼる。

尊王志士の討伐を目的に発足した浪士隊・新徴組《しんちょうぐみ》に一門を挙げて参加し、京に上ることを決意した勇は刀の新調を思い立った。早速に刀屋を訪ねて発注したのが、新刀期を代表する長曾祢虎徹《ながそねこてつ》（一六〇五〜七八）作の大刀だったというわけだが、虎徹は新刀の横綱と謳《うた》われた、稀代の名刀だ。まして世は幕末の動乱を迎え、武具の需要が急増している。商売人の刀屋としては首尾よく虎徹を調達し、一儲けしたいところだったが、肝心の現物がなかなか仕入れられない。

しかし、まだ最後の手段が残っていた。金に糸目は付けぬ、という勇の申し出を受けた刀屋は、懇意の刀工にいつもの仕事を依頼する。刀工の名は細田平次郎直光《ほそだへいじろうなおみつ》。湯島《ゆしま》天神下で鍛冶平と評判を取った直光は、天保《てんぽう》年間（一八三〇〜四四）に活躍した出羽国《でわ》（山形県）出身の名工・大慶直胤《たいけいなおたね》の門人だったが、名刀の偽銘を切って裏稼ぎをする不心得者でもあった。刀屋は用意した無銘の二尺三寸五分（約七〇・五センチ）の一振りに「長曾祢虎徹興里《おきさと》」の銘を切らせて勇の許に持参し、五十両を受け取ったという。

かくして、あるじの左腰に揺られて京へ上った「虎徹」の武勇伝は、広く世に知られる通りである。浪士隊の平隊士を振り出しに紆余曲折を経て、会津《あいづ》藩御預の新撰組《しんせんぐみ》局長という将の立場を獲得した勇は、元治《げんじ》元年（一八六四）の池田屋《いけだや》事件に際して自ら最前線に立ち、天然理心流の荒稽古《あらげいこ》で鍛《きた》え抜いた剛剣を振るう。そして、勇の「虎徹」は激闘の渦中で折れることもなく、修羅場から生還した。気を良くした勇は江戸へ下向した折、この「虎徹」を手配してくれた刀屋を呼び出して馳走を振る舞い、五両の心付けをはずんだと伝えられる。

以上が多くの刀剣書に紹介されている、そして、司馬遼太郎『新選組血風録』においては作者独自の解釈を交えて構築された、近藤勇の愛刀のエピソードである。ちなみに、勇に偽物をつかませた刀屋の名前だが、司馬作品では芝《しば》愛宕下《あたごした》日陰町《ひかげちょう》の相模屋伊助となっている。

刀 銘長曾祢虎徹入道興里の茎部分。東京国立博物館蔵

勇と新撰組の名を天下に知らしめた「虎徹」の正体は幕末に近い嘉永《かえい》年間（一八四八〜五四）に四谷《よつや》正宗《まさむね》と謳われた、源清麿《みなもときよまろ》（一八一三〜五四）の作刀だったとする偽物説が、定着して久しい。

偽物説が定着した背景には、このような理由がある。虎徹は正宗《まさむね》と並ぶ絶大な人気を誇り、世の愛刀家たちにとっては昔も今も垂涎《すいぜん》の的だ。しかし、虎徹が甲冑師《かっちゅうし》から刀工に転じたのは五十歳の時のこと。従って、後世に遺された作刀の数は、それほど多くはない。もちろん、寛文《かんぶん》三年（一六六三）に江戸へ出てきてから、延宝《えんぽう》六年（一六七八）に死没するまでの十五年間に二百数十振りを作刀したというのは、年齢を考えれば驚くべき多作ぶりではあるのだが、生前から評判の高かった虎徹は、世の需要に供給が伴っていなかった。没した後に大量の偽物が出回ったのも、いわば必然の結果だったわけで、まして武具全般の需要が急増していた幕末に入手した近藤勇の場合、誰もが偽物と疑ってかかるのは無理もない。とりわけ、勇の場合には偽銘を切ったとされる細田平次郎直光が虎徹の押形《おしがた》、つまり、茎《なかご》の銘を写し取った拓本《たくほん》を集めて、研究書を著したほどの目利きだったため、偽物説が支持される条件が揃っている。

ではあるが、東京国立博物館で刀剣室長を務めた小笠《おがさ》原信夫《わらのぶお》氏が剣豪作家・津本陽《つもとよう》氏との対談で明かしているところによれば、明治維新後もしばらく現存していた勇の遺愛刀は、間違いなく本物だったとの証言があるという。

反りが浅く、剛直で、同田貫《どうだぬき》（二九〇頁参照）にも通じる斬れ味を備えた虎徹を、勇はあくまでも武用刀として求めていた。刀剣を実用面から鑑定する術に優れた武士を、当時は武家目利きと呼んだ。剣技と鑑定の力量が必ずしも一致したとは限らないが、一道場主として交友関係を結んでいた人々の差料を拝見する機会にも、少なからず恵まれていた勇である。それなりに、刀を見る目も備えていたと考えて間違いない。

もちろん、正体だったと伝えられる清磨も、現在でこそ新々刀期を代表する名工として認知されており、その作刀は高い価格をつけられているのだが、それは後世の話。幕末の時点では、いわば現代刀だった。古色蒼然たる虎徹との違いを見抜けず、まんまと刀屋に騙されたと決めつけてしまうのは、いささか近藤勇という男を過小評価しすぎているとはいえまいか。

ちなみに『新選組血風録』では、勇は大坂の豪商・鴻《こうの》池《いけ》善《ぜん》右《え》衛門《もん》の京都別邸を襲撃した浪士団を退治した返礼に一振り、そして新選組副長助勤の斎藤一《さいとうはじめ》が露店で見つけてきた一振りと、愛刀の他にも複数の虎徹を所蔵したとされている。

土方歳三の歴代愛刀《ひじかたとしぞうのれきだいあいとう》

Hijikata Toshizo no Aito

◆時代：本文参照
◆種類：同右
◆刃長：同右

土方歳三《ひじかたとしぞう》

土方歳三《ひじかたとしぞう》（一八三五～六九）。新撰組《しんせんぐみ》、鬼の副長である。

一歳年上の近藤勇《こんどういさみ》との関わりは、同郷の武《ぶ》州・多摩《たま》郡で剣術修業に励んでいた青年時代に始まる。ともに生まれは豪農の子だが、近藤家の養子に迎えられて江戸に出た勇が剣も学問も習得できる環境を獲得したのに対し、六男坊の歳三は自立もままならず、家業の薬行商を手伝う立場。齢二十五で晴れて試衛館《しえいかん》に入門し、早々に頭角を現した歳三だが、出遅れたという焦りを抱いていたとしても不思議ではあるまい。そんな歳三が執着を示したのが名刀と呼ぶに値する刀であり、その刀を振るう剣技であった。

文久《ぶんきゅう》二年（一八六二）暮、新徴組《しんちょうぐみ》の隊士募集に応じた面々の主だった者たちを一同に集め、歳三は大々的に試し斬りを催している。佩刀《はいとう》、すなわち普段から差している刀を持参して各人が斬れ味を試し、士気を高め合う集まりの座元を務めた歳三の刀は、大刀が仙台住用恵国包《ようけいくにかね》、小刀が相州住綱広《つなひろ》であった。国包は慶長《けいちょう》年間（一五九六～一六一五）の刀工で試刀術《しとうじゅつ》の第一人者・山田朝右衛門《やまだあさえもん》吉睦《よしむね》が「最上大業物《さいじょうおおわざもの》」と評したほどに、斬れ味は鋭い

（一八四頁参照）。その銘から、出家して用恵と名乗った後半生の作刀とわかるが、いずれにしても二十代の身で国包の刀を賄うとは、よほど心がけが良くなくてはできることではないだろう。腕に覚えの技をもって名刀を振るい、歳三が大いに発奮したであろうことは想像に難くない。だが、年明けに京へ上る際、頭目の勇でさえ平隊士の扱いを受けた事実を鑑みるに、デモンストレーションの効果は残念ながら、得られなかったようである。

歳三を語る時、絶対に外せないのが遺愛刀の会津十一代和泉守兼定《いずみのかみかねさだ》二尺八寸（約八四センチ）だ。作刀者の兼定は新撰組に所縁《しょえん》の深い会津《あいづ》藩の名工で、十一代目は明治の世まで活躍した。作風は父の十代目に似た肌もの上手、刀身の姿が良くて地肌《じはだ》がきれいに現れる点が特徴だった。二枚目然とした遺影を遺す歳三には、いかにもふさわしい。

もちろん、ただ外見が美しいだけでは武用刀、それも最前線で戦う将の刀としては用を為さない。鳥羽《とば》・伏見《ふしみ》の戦での敗走後、歳三は池田屋《いけだや》事件を初めとする数々の修羅場を共に生き抜いてきた兼定を携え、蝦夷地《えぞち》（北海道）に渡る。だが、時の流れは速すぎた。歳三は明治二年（一八六九）四月に遺髪と辞世の句、写真を添えた兼定を新撰組以来の従卒・市村鉄之助《いちむらてつのすけ》に託す。一カ月後の五月十一日、五稜郭《ごりょうかく》一本木関門の攻防戦に撃って出た歳三は馬上で敵弾を受けて戦死。享年三十五。なお、遺愛刀の兼定は脱出行の途中で鉄之助の手許から失われ、現存していない。

菊一文字《きくいちもんじ》

Kiku Ichi-monji

◆時　代：鎌倉時代
◆種　類：太刀→打刀
◆刃　長：約七二・六センチ

沖田総司《おきたそうじ》

新撰組《しんせんぐみ》一番隊隊長・沖田総司《おきたそうじ》（一八四四～六八）。この若者ほど、世の人々から時代を越えて愛される剣客は、他に類を見ない。弱冠十八歳で天然理心流《てんねんりしん》の免許皆伝となり、天才の名を欲しいままにする新撰組随一の遣《つか》い手だった総司は、試衛館《しえいかん》以来の生え抜きとして組織の中核を為した。同時に、天真爛漫な性格で愛敬があったともいう。硬軟の異なるイメージを備えている点も、やはりヒーローと呼ぶにふさわしい。

三段突きと称される、天然理心流の荒稽古《あらげいこ》を通じて会得した速攻技を得意とした総司だが、実際に手にかけた者の数は七名といわれる。遭遇した場面場合に即応し、そして生き残った結果と考えれば、決して少ない数ではない。逆にいえば、元同志である芹沢鴨《せりざわかも》の暗殺、山南敬《やまなみけい》助《すけ》の介錯と、一歩間違えば太刀先《たちさき》が鈍りかねない状況の下、的確な行動が取れたのは総司の剣がそれだけ優れていたことの証明に他ならないだろう。

果たして、どのような刀を佩《は》いていたのか。

数ある沖田総司伝説の一つに、名刀・菊一文字則宗《きくいちもんじのりむね》を巡るエピソードが存在する。

則宗は元暦《げんりゃく》年間（一一八四～八五）に活躍し、福岡《ふくおか》一文字派の始祖となった刀工だ。承元二年（一二〇八）正月から後鳥羽《ごとば》上皇に召し出されて御番鍛冶を務め、第一位の栄光に浴したことから十六葉菊、いわゆる菊花紋章を茎《なかご》に切る特権を与えられた。則宗の作った刀を俗に菊一文字、と称するのはそのためである（九八頁参照）。

　総司の愛刀は菊一文字だった、というのは、司馬遼太郎『新選組血風録』で一躍有名になった話なのだが、フィクションだから事実無根と決めつけてはいけない。司馬が取材した沖田家の遺族の話によると、総司の没後、東京府（東京都）下の神社に奉納された遺愛刀は茎《なかご》に菊紋と「一」字の銘が切られた、細身の刀だったという。

　ちなみに現在、菊紋と一文字銘が確認できる刀には、古刀では駿河国（静岡県）の島田《しまだ》助宗《すけむね》、新刀では摂津国（兵庫県・大阪府）の丹後守《たんごのかみ》兼道《かねみち》〈初代〉に越前国（福井県）の山城守《やましろのかみ》国清《くにきよ》〈二代〉、新々刀では備前国（岡山県）の横山《よこやま》祐永《すけなが》と、他にも少なからず存在する。誰もが自由に切ることは許されていなかった菊花紋章だが、何も則宗だけが与えられた特権ではない。だから、菊一文字といっても則宗と断定する必要はないのだし、柔軟に考えれば、沖田総司が菊紋と「一」字の銘の刀を愛用し

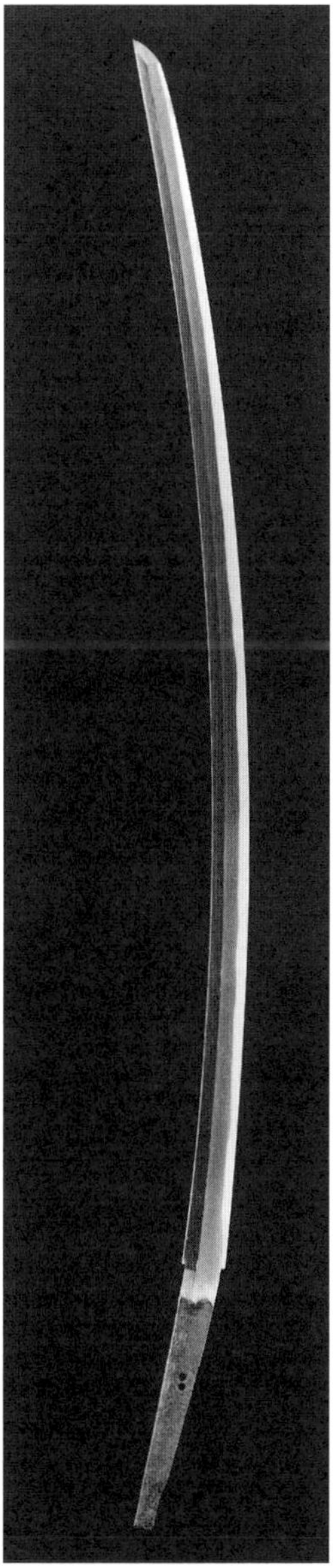

則宗の太刀。刃長80.1センチ。元土浦藩（現茨城県土浦市）藩主土屋家伝来のもの。岡山県立博物館蔵（重文）

たと見なしても、決して間違いではないのだ。なお、一文字銘を切っていたかどうかまでは明らかにされていないが、幕末まで刀工の受領名《ずりょうめい》を司った金道一門の祖・伊賀守金道《いがのかみきんみち》〈初代〉も、晩年に菊紋を許されている。木刀の一撃で折られてしまったという、荒木又右衛門《あらきまたえもん》の故事（二三二頁参照）ゆえのマイナス評価なのだろうか、近《こん》藤勇《どういさみ》には不評だった金道の大刀も、総司の愛刀候補の一振りとしては無視できない存在だ。

太刀か刀か、刀剣の種類が判然としないのも、難しい部分だろう。菊一文字が鎌倉時代初期の刀工である則宗の作刀、すなわち太刀と見なされた理由には、銘が太刀銘、つまり棟《むね》を上にした茎の右側面に切られていたことに起因していると思うのだが、別に刀だったとしても、不自然ではない。わが国の刀剣が完全に太刀から打刀に移行し、時代が古刀期から新刀期に移っても、銘を茎の左側面に刀銘として正しく切るのではなく、反対側の右側面に昔ながらの太刀銘のように、一族代々の習慣であるかのごとく切ってしまう刀工が少なからず存在したからだ。その一人だった山城守国清が、菊一文字の有力候補なのも納得が行く。茎だけを見た場合、銘をふつうと反対側に切る手癖から、打刀なのに太刀と間違えられる可能性がきわめて高いからである。

ところで沖田総司、菊一文字をどのように用いたのだろうか。

懇意の刀屋・播磨屋道伯《はりまやどうはく》が総司に贈ったとされる『新選組血風録』における菊一文字は、刃長二尺四寸二分（約七二・六㌢）。則宗の作刀の特徴である優美な太刀姿で、細身の腰反りが高い一振りと描写されている。

ちなみに今、筆者の頭にあるのは則宗ではない。

それでも、一目見れば誰にでも印象に残る、細身で腰反りという外見には、もう少しこだわってみようと思う。

まずは、当時の実戦における刀のあり方について触れておきたい。大規模な合戦が途絶えた江戸時代、幕末の京ほどに刀が主武器として活用された場所は他にないだろう。槍に代表される長柄《ながえ》武器を主武器とする合戦場とは勝手が異なり、路地裏や屋内といった狭い空間で戦う局面が多かったため、携行しやすく、取り回しの利く刀に勝るものはなかったからだ。武用刀、それも主武器として用いる以上、刀の選択は勤王・佐幕の別を問わない重大事だった。他ならぬ近藤勇にしても重厚長大な刀を推奨するとともに、脇差《わきざし》は大刀を損傷した時の代替えに使えるように、長いほど良いと書き残している。武器として活用するのが大前提だとしたら、いわゆる大小拵の「小」として、武士の身分を証明する標識として持ち歩く小脇差ではなく、大刀を二本差しているかと見まがうような、二尺（約六〇センチ）を越える大脇差のほうが望ましいからだ。ちなみに、大刀並みの長さの大脇差を携行する場合、これを差添《さしぞえ》と呼んだ。差添の必要性を勇が強調したのは、池田屋事件に代表される実戦の場において、刀が折れやすいことを体験として学んだからに他ならない。

さて、菊一文字である。細身の刀身で、果たして大丈夫だったのか。

勇は、総司が池田屋の乱戦の渦中で刀の帽子《ぼうし》、つまり鋒《きっさき》の部分を欠いたと伝えている。しかし「折れた」とまでは明言していない。決して広くはない屋内で多勢の敵と渡り合いながら、わずかな損傷だけで済んだのはむしろ、総司の太刀捌きが優秀だったことの証明だと筆者はと思う。一見すると斬り合いには不利な印象を与えられる細身の刀だが、柄を握る手の内を当然の心得として、自在に調節できたであろう総司の技量ならば刀身に負担をかけず、乱戦の渦中でも、刀の消耗を最小限に抑えられたと考えてもいいはずだ。もちろん、無意識の為せる業、五体の自然な動きが、そうさせていたに違いあるまい。総司は、神速で刀を手許に引いては連続して突きを繰り出す、三段突きの名手だったといわれる。屋内での戦いとなれば、鴨居や廊下などに阻まれてしまって、思うように刀が振るえなかった。だから突き技が大いに真価を発揮したのは想像に難くないし、当時の志士たちの間で流行していた勤王刀《きんのうとう》のような、幅広の大段平造《おおだんびらづくり》よりも、むしろ細身の刀のほうが、狭い屋内では扱いやすかったといえるだろう。

問題は、三段突きを得意とする総司が刀身の反りの深い、刺突よりも斬撃に向いている菊一文字をあえて用いた理由だが、ここで考えてみていただきたい。いかに突き技の遣い手でも、あらゆる局面を、得意技だけで斬り抜けられるわけではない。屋内戦を経て、広い屋外での戦いに移行したとなれば、大きく刀を振るって斬撃を浴びせたり、敵の刃を鎬《しのぎ》で受け止める場合もある。このような時、もしも刀身の反りが浅ければ、受けたショックを吸収し切れずに折れてしまう危険性が高い。新撰組局長として、結成当初から数々の修羅場を体験してきた勇が証言するように、実戦では大刀を折ってしまうケースが少なくなかったのだ。細身で腰反りの菊一文字を総司が選んだのは、刀身の強度を初めとする、実戦の場での有効性を計算に入れたうえで、自分に適している一振りと総合評価した結果と思うのだが、どうだろうか。

作刀者は則宗か国清か、それとも他の刀工なのか。

いずれは時の流れが答えを出してくれるとしても、今は、判明している史実の範囲内で思いを巡らせていく以外にない。ただ、ひとつだけ確かなのは、総司が菊一文字に武用刀としての信頼以上の愛着を抱いていた事実だ。

後に労咳《ろうがい》を病んだ総司は、鳥羽《とば》・伏見《ふしみ》の戦に敗れた隊士たちともども船で江戸へ下向したが、愛刀を手放すことはなかった。新政府の探索の手を逃れて移り住んだ千《せん》駄《だ》ヶ《が》谷《や》の植木屋の離れ座敷で没した時にも、枕頭に置かれていたという。もはや戦えない体になっていてもなお、天才剣士が己の一命を託した名刀の行方は今現在、杳《よう》として知れない。

新撰組隊士の愛刀・愛槍

Shinsengumi no Katana, Yari

しんせんぐみ たいし の あいとう・あいそう

◆時代：本文参照
◆種類：同右
◆刃長：同右

新撰組隊士《しんせんぐみたいし》

後にも先にも幕末ほど素肌《すはだ》剣術、すなわち鎧具足《よろいぐそく》を着用せずに刀槍を駆使する実戦の場において、おびただしい血が流された時代はないだろう。そして新撰組《しんせんぐみ》ほど、組織的な斬殺を業《なりわい》とした集団は存在しなかったに相違ない。

この新撰組の面々、果たしてどのような刀を用いていたのだろう。

結論からいえば、一般の隊士に支給された刀はまとめて仕入れた八両の刀身に、同じく八両の拵《こしらえ》を付けた量産品だった。ただ、愛刀家の側面を持っていた近藤勇《こんどういさみ》（一八三四～六八）に限っては、有名な虎徹《こてつ》の他にも幾振りかの名刀を所持した事実が確認されている。江戸在住当時の佩刀《はいとう》は古刀の備前長船長光《びぜんおさふねながみつ》、二尺二寸（約六六・六センチ）余。池田屋《いけだや》事件の褒美に会津《あいづ》藩主・松平容保《まつだいらかたもり》から授かったのが、貞享《じょうきょう》年間（一六八四～八八）以来の会津《あいづ》刀鍛冶《かじ》棟梁《とうりょう》・三善長道《みよしながみち》。鳥羽《とば》・伏見《ふしみ》の決戦を目前に狙撃された時、馬上で携えていたのは図らずも愛刀・虎徹の正体と同じ源清麿《みなもときよまろ》の作といわれる無銘の大太刀《おおだち》であった。最後の戦いとなった甲陽鎮撫隊《こうようちんぶたい》を率いての出陣に際しては、幕閣の板倉周防守勝静《いたくらすほうのかみかつきよ》から拝領の（播州藤原《ばんしゅうふじわら》）宗貞《むねさだ》を佩用したという。

　これほど多彩な歴代愛刀の履歴を遺した勇も、同志の愛刀については、池田屋事件の顛末を土方歳三《ひじかたとしぞう》の義兄・佐藤彦五郎《さとうひこごろう》に報告した手紙の中で
「土方氏も無事罷在候。殊に刀は和泉守兼定《いずみのかみかねさだ》（註・二六〇頁参照）二尺八寸、脇差《わきざし》は一尺九寸五分堀川国広《ほりかわくにひろ》。扨、脇差長き程、宜く御座候。下拙儀（註・自分、つまり勇のこと）も当時脇差二尺三寸五分御座候。実地場に至り候ては、必定刀損じ申す可く候。万一折れ申候節には、長きに限り申す可く候。（後略）」

　と明かすのみである。自宅内に道場を構えて試衛館《しえいかん》に出張稽古《けいこ》を頼み、歳三と出会うきっかけを作ってくれた彦五郎が相手だからこその気さくな文体で、刀剣談義を交えながら、わずかに漏らしているだけに過ぎない。

　さて、新撰組に所属した男たちの履歴をひも解いていくと、一つの興味深い事実に突き当たる。隊内で文字どおりに鎬《しのぎ》を削った各派閥は、剣術の流派ごとに形成されていたのだ。隊の結成早々に粛正された芹沢鴨《せりざわかも》一派は神《しん》道無念《とうむねん》流、新撰組を勤王の集団に改革しようと目論んで挫折した伊東甲子太郎《いとうきねたろう》一派は北辰一刀《ほくしんいっとう》流、そして近藤勇一派は天然理心《てんねんりしん》流と、各派閥は異なる流派を習得した者の集団だった。結果として天然理心流の近藤一派が指導権を保持し、恭順の意を示した他流派の隊士たちを従えていくのだが、意外なのは流派の別を問わず、槍を遣《つか》う者が実に多かった点だ。

　後に入隊した大坂での修業時代の師・谷《たに》兄弟をはるかにしのぐ武闘派として君臨した種田《たねだ》流《そう》槍術の原田左之助《はらださのすけ》（一八四〇〜六六）は、好んで槍を用いた者の典型だが、槍を携行したほうが有利な局面となれば、刀に固執する理由はない。慶応《けいおう》三年（一八六七）十一月十八日の夜、

伊東甲子太郎暗殺の先陣を切った大石鍬次郎《おおいしくわじろう》（一八三八～七〇）は小野派一刀流《おのはいっとう》をよく遣い、人斬り鍬次郎の異名を取ったほどの男だが、伊東に対しては持参した三尺（約九〇センチ）柄の槍を用い、肩口から喉元《のどもと》に抜ける一突きを浴びせて一番槍の功を立てた。あえて得意の剣術を遣わず、遠い間合いから確実に致命傷を与えようという計略で、事に臨んだのだろう。さすがに人斬り鍬次郎、善《よ》くも悪くも、抜かりがない。また、入隊する以前には大坂で関口流《せきぐち》の道場を開いていた柔術《じゅう》師範・松原忠司《まつばらちゅうじ》（?～一八六五）の場合、禁門《きんもん》（蛤御門《はまぐりごもん》）の変《へん》（一八六四）に出動した時には大薙刀《おおなぎなた》を携行し、武蔵坊弁慶《むさしぼうべんけい》さながらの坊主頭で周囲を威圧したという。

槍を得意とした隊士といえば、やはり原田が有名であるが、他にも大島流《おおしま》を遣った加納道之助《かのうみちのすけ》（一八三九～一九〇二）がいる。大島流は原田らの種田流と同じく、素《す》槍《やり》を用いた流派である。いずれも江戸時代初期には全長が八尺（三・六メートル）以上の槍を好んだというが、屋内での戦いを強いられる局面が多かった新撰組隊士の場合には、大石が伊東暗殺に用いたような、三尺柄程度の手槍《てやり》が路地や屋内といった狭い空間での戦いには有効だったといえるだろう。しかし、いかに軽便な手槍でも扱う者に技量と勝負度胸がなくては、威力を発揮できない。槍術の名手という鳴り物入りで入隊した谷三兄弟の末弟で、近藤勇が養子に迎えた谷昌武《まさたけ》は、近藤周平《しゅうへい》に改名後の初陣となった池田屋事件の時、手槍を携えて浪士襲撃に臨んだ。しかし、周平は二人の兄に鍛《きた》えられてきたはずの槍術で義父を助けて善戦するどころか、斬りかかってきた敵浪士に手槍の柄を真っ二つにされてしまい、刀を抜くこともできずに戸外へ逃げ出すという大失態を見せたため、事件後は近藤から捨てられる憂き目を見た。

一流に秀でた達人ながら得意の武器を駆使できず、無念の最期を遂げた者もいた。紀州《きしゅう》日置《へき》流竹林《ちくりん》派弓《きゅう》術を修めた安藤早太郎《あんどうはやたろう》（?～一八六四）は、三河《みかわ》国（愛知県）挙母《ころも》藩士だった天保《てんぽう》十三年（一八四二）に、奈良《なら》・東大《とうだい》寺《じ》の通《とお》し矢《や》で神業と謳《うた》われた技を披露して評判を取った弓の名手だが、池田屋事件で重傷を負い、そのまま回復することなく果てた。達人の域に達していた安藤の弓も、屋内に閉じこもった敵に対する奇襲攻撃では、残念ながら出番がなかったのである。芹沢派の野口健司《のぐちけんじ》が腹を切らされた時には介錯を務め、一太刀《ひとたち》で事を終えると、当時の新撰組が屯所《とんしょ》を借りていた八木《やぎ》家の餅つきにまじって何食わぬ顔で合取りを手伝ったほど、肝《きも》の座った人物だったというが……。


死と隣合わせの日常を送った新撰組にとって、刀は消耗品。彼らの遺品といわれる刀槍が極端に少ない理由はわが身ともども、日々損傷していたからではないか。もちろん傷ついた体は適切な治療を受ければ回復するし、傷めた刀は研ぎ直せば、繰り返し使えるのだが、江戸時代を通じて新撰組ほど、素肌剣術を実戦の場で行使した集団もなかったはずである。自ずと、そこには限界があった。

傷にも負けず戦い続けた隊士たちとその愛刀が迎えたのは、野に朽ちる運命であった。勤王論者の伊東甲子太郎に共鳴して脱退し、図らずも新撰組と敵対する立場を選んだ服部武雄《はっとりたけお》（一八三二～六八）は、惨殺されたままで油小路《あぶらのこうじ》に放置された頭目の遺体を奪取するべく、隊内でも指折りだった剣の技量を発揮したことで知られる。孤軍奮闘したものの、かつての同志である原田の槍に倒され、その三尺五寸（約一〇五・五チセン）の大太刀は激戦の最中に打ち折られたという。試衛館時代から近藤勇の側近として活躍してきた古参隊士の井上源三郎《いのうえげんざぶろう》（一八二九～六八）は、鳥羽・伏見の戦で千両松《せんりょうまつ》付近にて戦死し、その刀は甥の少年隊士・井上泰助《たいすけ》の手で死首ともども、敗走途中の水田に埋められたと伝えられる。いずれも、所在は定かでない。だからこそ戦いの場に散っていった名もなき男たち、そして銘も知られていない遺愛刀の末路に、思いを馳せずにはいられないのだ。

坂本竜馬の歴代愛刀《さかもとりょうまのれきだいあいとう》

Sakamoto Ryoma no Aito

◆時代：鎌倉時代〜江戸時代（幕末）
◆種類：本文参照
◆刃長：同右

坂本竜馬《さかもとりょうま》

源正雄《みなもとまさお》
陸奥守吉行《むつのかみよしゆき》
相州正宗《そうしゅうまさむね》
備前長船《びぜんおさふね》

以上が、激動の時代を駆け抜けた一代の英雄・坂本竜《さかもとりょう》馬《ま》（一八三五〜六七）が所持したと伝えられる愛刀だ。いずれ劣らぬ名刀揃いなのは、巻末に掲載した刀工のリストをご覧いただければ、一目瞭然であろう。

刀を捨ててリヴォルバー拳銃を携行し、後年には拳銃も捨てて『万国公法《ばんこくこうほう》』を持ち歩いたという逸話で有名な竜馬が名刀と呼ばれるに値する刀を遍歴した事実は、なかなかに興味深い。

それでは、竜馬の歴代愛刀の特徴を列挙していこう。

最初に挙げた源正雄は、竜馬二十一歳当時の愛刀だ。二尺八寸二分（約八四・六チセン）もあり、身長が五尺八寸

（約一七四センチ）だった竜馬でも少々持て余しそうな長さだ。幕末の江戸では長い刀が流行しており、若者らしいセンス、そして北辰一刀《ほくしんいっとう》流の千葉《ちば》道場で剣術修業に励んでいた時期ならではの、実戦志向から所持していたことは想像に難くない。それに、価格も若者にとって手頃だったのだろう。源清麿の門下から出た正雄の作刀、我々が入手しようとすれば決して安かろうはずはないが、当時としてはリアルタイムで作られていた、いわば現代刀。江戸に出た竜馬の最初の差料としては、妥当な一振りだったはずである。この刀には刀身に棒樋《ぼうひ》と呼ばれる溝を彫り、重さを軽減するための工夫がされていたというから、筋骨隆々ではなかったとされる竜馬にも、携行するのは容易だったのかもしれない。

次に挙げた陸奥守吉行は、西郷隆盛《さいごうたかもり》から譲られた二尺二寸（約六四センチ）の逸品である。慶応《けいおう》三年（一八六七）十一月十五日の夜、潜伏先の京都四条・近江《おうみ》屋二階で落命した時に持っていた刀という。反りが浅く、長さも短めの造りだが、屋内での戦いが日常茶飯事だった幕末にはむしろ、実戦向きだったといえる仕様だ。南北朝時代の長大な太刀を理想とする作刀が流行した、幕末の新々刀は刀身があまりにも長すぎて、狭い空間では満足に振るえない。たとえ争いを好まなくても、命を狙われた時は反撃しなくてはならない。結果として命を守るには至らなかったものの、竜馬が正雄の長い刀を捨てて吉行を所持するに至ったのは、道場剣術しか知らなかった彼が実戦を経験し、本当に役立つ刀の何たるかを知ったからではないだろうか。

相州正宗と備前長船は、いずれも形見として竜馬の親族に遺されたものである。

竜馬の相州正宗は、志士仲間たちの間でもそれと知られた評判の名刀で、彼の死後は親友の長州《ちょうしゅう》藩士・三吉慎《みよししん》蔵《ぞう》が秘蔵したというが、現在の消息は不明である。

備前長船は竜馬の姉で女傑として名高い乙女《おとめ》の婚家・岡上家に伝えられていたという。大小揃いで、二尺四分（約六一・二センチ）の大刀は備前長船修理亮盛光《しゅうりのすけもりみつ》、小刀は同じく吉光《よしみつ》の作刀だった。豪奢な拵《こしら》えの小刀は、長州藩主からの拝領品と伝えられる。

それにしても古刀から新々刀まで、愛刀家にとって垂《すい》涎《ぜん》の逸品ばかりがよくも揃ったと驚かざるを得ない。果報に尽きる、と思わず溜め息をつきたくもなろうというものだ。

しかし、生意気なことを書いて恐縮だが、このような名刀群を歴代の差料にしていたにも関わらず、手放した刀に対する執着を感じさせない坂本竜馬の人物そのものに、筆者はむしろ心惹かれてならない。いかにも飄々《ひょうひょう》とした自由人らしい、名刀遍歴ではないか。

高知・桂浜の坂本竜馬像

西郷隆盛の歴代愛刀《さいごうたかもりのれきだいあいとう》

Saigo Takamori no Aito

◆時代：本文参照
◆種類：同右
◆刃長：同右

西郷隆盛《さいごうたかもり》

西郷隆盛《さいごうたかもり》（一八二七～七七）は刀好きであった。しかし、所有欲や独占欲とは終生無縁だったといっていい。

だから借り物、預り物までも人にあげてしまう。

坂本竜馬《さかもとりょうま》に陸奥守吉行《むつのかみよしゆき》を進呈した有名なエピソードだけに限らず、同じ薩摩《さつま》藩出身の盟友・大久保利通《おおくぼとしみち》が自慢した金銀装が施された大礼装用のサーベルを借り受け、自分の書生に下げ渡した話も伝えられているが、これは大久保が華美な刀装に執着する心を戒めるためにわざとやったことだといわれる。

質実剛健の士の見本ともいうべき西郷があえて愛蔵した刀は、やはり名刀と呼ぶに値するものが揃っていた。

来国光《らいくにみつ》　二尺四寸（約七二センチ）

手掻包永《てがいかねなが》　二尺三寸六分（約七〇・八センチ）

志津三郎兼氏《しづさぶろうかねうじ》　二尺五厘（約六〇・一五センチ）

明治維新後に三条実美《さんじょうさねとみ》公爵から贈られた鋒《きっさき》両《もろ》刃《は》造《づくり》（小《こ》烏丸造《がらすまるづくり》）の新刀　二尺（約六〇センチ）余

これらの誉れ高い名刀群に加えて、倒幕派の中核として働いていた当時には勤王の志士の例に漏れず、村正《むらまさ》の大小を所持していた。大刀は偽物だったが、小刀は「村正」の二字銘が存在する本物で、仕込み鉄扇《てっせん》に仕立てた外装には『戦国策《せんごくさく》』に登場する、秦《しん》王（始皇帝）暗殺の刺客・荊軻《けいか》をたたえる漢詩を彫り付けていたという。本来、仕込み刀は暗殺用の武器である。自ら陣頭に立って剛剣を振るったというエピソードが存在せず、千代田《ちよだ》（江戸）城を無血開城に導いた人徳に厚い士ながら、必要とあれば西郷は荊軻のごとくわが身を滅して大義に殉じる覚悟を持っていたのだろう。そのような感慨を抱かせずにはおかない一振りである。

明治の世を迎えた西郷は、新政府の要職を歴任した。明治六年（一八七三）五月、陸軍大将を拝命した彼は源《みなもとの》左衛門尉信国《さえもんのじょうのぶくに》、二尺二寸三分五厘（約六七・〇五センチ）を洋剣拵《ようけんこしらえ》に仕立てている。信国は貞治《じょうじ》年間（一三六二～六八）に活躍した山城国《やましろ》（京都府）出身の刀工。身幅《みはば》が狭く、切っ先が大きい刀身は、サーベル形の軍刀に加工するには最適の素材だったといえるだろう。留学中の従弟・大山巌《おおやまいわお》を介して、フランスで金メッキの軍刀に生まれ変わった信国は、大礼服姿の西郷隆盛像（鹿児島市）に当時の面影をとどめている。

陸軍大将任官からわずか四年後の明治十年（一八七七）九月二十四日、一代の英雄は敗軍の将として、五十年の生涯を閉じた。遺愛刀は「之定《のさだ》」の銘で知られる最上大《さいじょうおお》業物《わざもの》・和泉守兼定《いずみのかみかねさだ》（一七〇頁参照）。東京・上野公園に立つ、薩摩がすりの単衣姿の西郷像が兵児帯に差しているのは、この脇差《わきざし》である。

東京・上野の西郷隆盛像

肥前忠広

Hizen Tadahiro

ひぜん　ただひろ

◆時　代：江戸時代（十七世紀）
◆種　類：打刀
◆刃　長：不詳

岡田以蔵《おかだいぞう》

幕末の京を震撼させたのは、新撰組《しんせんぐみ》だけではない。薩摩《さつま》、長州《ちょうしゅう》、そして土佐《とさ》。徳川《とくがわ》幕府の支配体制に敢然と反旗を翻した雄藩は、幕府方に与する者の暗殺を業《なりわい》とする無名の剣客を抱えていた。京の人々は彼らを「人斬り」と呼んで畏怖したという。岡田以蔵《おかだいぞう》（一八三八～六五）は、幾多の「人斬り」の中でも代表格と呼ぶにふさわしい人物だ。以蔵は土佐・高知城下に住む郷士《ごうし》の子として、天保《てんぽう》九年に生まれた。身分制度が厳しい土佐藩において、半士半農の郷士は正式な武士として扱われず、極貧の暮らしを強いられる立場。その以蔵を従者に取り立てたのが、後年に土佐勤王《とさきんのう》党を結成する郷士の出世頭・武市半平太《たけちはんぺいた》だ。以蔵に剣の天分を見出した武市は鏡《きょう》新明智《しんめいち》流の士学館《しがくかん》に入門させて腕を磨かせ、土佐藩主に随行して文久《ぶんきゅう》二年（一八六二）に京に出ると同時に、子飼いの「人斬り」として暗躍させたのだった。

幕末の動乱が勃発したことで出世のきっかけをつかんだ以蔵の佩刀《はいとう》は、驚くほどの名刀であった。肥前忠広《ひぜんただひろ》。江戸時代の初期にあたる寛永《かんえい》年間（一六二四～四四）以降、六十余年にわたって作刀を続けた、肥前国（佐賀県）出身の名工だ。大業物《おおわざもの》で斬れ味も申し分なく、暗殺を業とする以蔵にとっては格好の一振りだったが、意外なことに元の所有者は坂本竜馬《さかもとりょうま》であった。竜馬は、旧知の以蔵に勝海舟《かつかいしゅう》の護衛を頼むほどの信頼を預けていたから、不思議な話ではないのだが、以蔵は借用した忠広をそのまま自分の佩刀にしてしまい、京まで持ち去ったのだからちゃっかりしている。もっとも、竜馬も西郷隆盛《さいごうたかもり》に見せてもらった陸奥守吉行《むつのかみよしゆき》の刀が気に入って、実は西郷が知人から預かっていたとも知らずにせしめたという逸話が残されているから、お互い様ではあるが……。

天賦の才に恵まれた暗殺剣を振るい、人斬り以蔵と幕府方を大いに恐怖させたのも束の間、慶応《けいおう》元年（一八六五）に刑場の露と消えた以蔵の晩年は、悲惨きわまりないものだった。武市以下の土佐勤王党が藩内での勢力を失ったために後ろ盾がなくなり、金に困って忠広を売り払ってしまった以蔵は京都所司代に無宿人《むしゅくにん》として捕縛された時、脇差《わきざし》しか帯びていなかったという。釈放を待ち構えていた土佐藩の刑吏に手向かうこともできずに捕えられ、激しい拷問を受けて藩の要人殺しを自白させられた後、士籍を剥奪されて打首に処されたという。ともに暗殺の修羅場を渡り歩いてきた愛刀を手放した時、束の間の活躍の場を得た人斬り以蔵の命運は、すでに尽きていたのかもしれない。

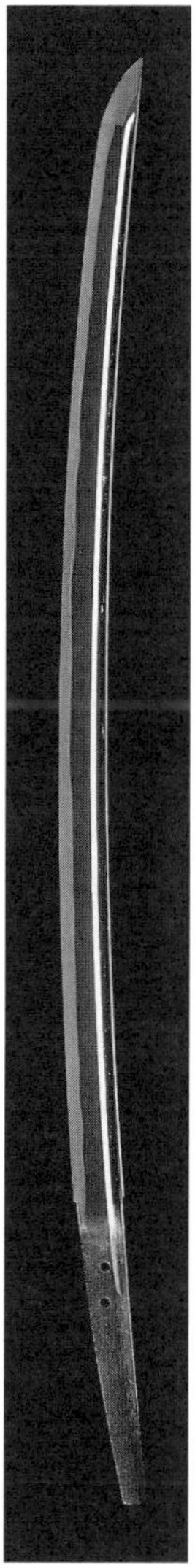

一門の祖、「肥前国忠吉」銘の刀。刃長69・8センチ。慶長5年（1600）作。東京国立博物館蔵

武井信正

Takei Nobumasa

たけい のぶまさ

◆時　代：江戸時代（十九世紀）
◆種　類：打刀
◆刃　長：約六八・〇一センチ

頼三樹三郎《らいみきさぶろう》

西洋軍事技術の導入を推し進めた佐久間象山《さくましょうざん》が、いわば明治維新を実現させたハードウェアの先駆者だったのに対し、頼山陽《らいさんよう》は尊王攘夷運動のソフトウェアを構築したパイオニアだった。文政《ぶんせい》十二年（一八二七）に史書『日本外史《にほんがいし》』全二十二巻を、翌十三年（一八二八）には漢詩集『日本楽府《にほんがふ》』を著した山陽の存在を抜きにして攘夷思想、そして、近代兵器の有効性を自覚しつつも刀を信奉せずにいられない、幕末から明治以降に連綿と続く日本独特の発想は、決して確立され得なかっただろう。

安政《あんせい》の大獄に連座して刑場の露と消えた頼三樹三郎《みきさぶろう》（一八二五～五九）は、この偉大な哲人の三男である。

文政八年（一八二五）に生まれた三樹三郎は十九歳で郷里の京を離れ、江戸の昌平坂学問所《しょうへいざかがくもんじょ》に入学した。生来の激情家で抜刀に及んでの喧嘩《けんか》騒ぎも多かったという。江戸に出て三年目の春、花見帰りの三樹三郎は寛永寺《かんえいじ》の参道に建つ葵《あおい》の紋（将軍家の家紋）入りの石灯籠《いしどうろう》を押し倒し、止める級友たちを抜き身の刀で追い散らして暴れた科《とが》で退学に処された。が、これで挫折する三樹三郎ではない。帰京し、父譲りの詩才を発揮しながら尊王攘夷派の若き頭目として奔走した彼の最終目標は、開国派の大老・井伊直弼《いいなおすけ》を暗殺することだった。

処刑の宣告を受けた三樹三郎は、辞世の詩において

「夢斬鯨鯢剣有声（夢に鯨鯢《げいげい》〔註・悪党の首領〕を斬って剣に声有り）」

と嘆じている。若き日には、無目的に振り回した刀。だが今は、願わくば大義のために遣《つか》いたい。避けられぬ死を目前にした三樹三郎の、無念の想いに満ちたことばが痛ましい。

三樹三郎の遺刀を作刀した武井信正《たけいのぶまさ》は、倒幕活動に奔走する志士たちと交流の厚かった人物だ。もともとは尊王派の巨頭・藤田東湖《ふじたとうこ》が所持した二尺二寸六分七厘（約六八・〇一センチ）の一振りで、東湖は若い同志にエールを送るつもりだったのだろうか、茎裏《なかごうら》に仁徳《にんとく》天皇兄弟の命懸けの仁愛をたたえる詩を刻ませたうえで贈呈した。この刀が大老暗殺を夢見た、三樹三郎の志に拍車を掛けたであろうことは、想像に難くない。

三樹三郎の父・山陽は「日本刀」という呼称の生みの親でもあった。『日本楽府』収録の「蒙古来る」において元《げん》軍を撃退した鎌倉武士を賞賛すると同時に、形骸化して久しい刀を武士の魂と位置付けた父の精神を受け継ぎ、倒幕の志に燃えていた三樹三郎は、幕府の手で「反逆之四天王」として捕縛された二年後の安政六年（一八五九）十月七日、江戸の小伝馬町《こでんまちょう》牢屋敷で斬首された。流刑のはずだった彼を死罪に処した張本人と目される井伊直弼が、桜田門外の変に倒れたのは翌年のことである。

かくして、山陽・三樹三郎父子の影響を受けた勤王の志士たちが振るう日本刀は、血で血を洗う激闘の時代を現出させていくのだった。

新藤五国光《しんとうご くにみつ》

Shintogo Kunimitsu

◆時　代：鎌倉時代（十三世紀）
◆種　類：短刀
◆刃　長：不詳

佐久間象山《さくましょうざん》

元治《げんじ》元年（一八六四）七月十一日、京都・木屋町三条《きやまちさんじょう》上ル。

佐久間象山《さくましょうざん》（一八一一〜六四）は栗毛《くりげ》の馬に揺られて、夕暮れの迫る通りを闊歩していた。

またがっているのは、自慢の西洋鞍である。

刀は、帯びていない。腰に差しているのは、鎌倉鍛冶の名匠・新藤五国光《しんとうごくにみつ》の短刀が一振りのみ。

武士の身で帯刀を好まないのも、当然といえよう。

信濃《しなの》・松代《まつしろ》藩士の象山は藩主の真田幸貫《さなだゆきつら》が幕府の海防《かいぼう》掛《がかり》に就任したのにともなって抜擢され、西洋砲《ほう》術と蘭《らん》学のスペシャリストとして、多数の若い才能を育てた傑物だった。勝海舟《かつかいしゅう》から吉田松陰《よしだしょういん》、さらには坂本竜馬《さかもとりょうま》まで、幾多の俊英を門下から輩出した象山の号は大星。まさに、志高い若者を導く星に等しい存在であった。しかし、西洋文明の導入を推奨する象山は、開国を全否定する尊王攘夷論者の人々にとっては抹殺すべき対象以外に他ならなかった。

元肥後《ひご》熊本藩士・河上彦斎《かわかみげんさい》も、象山を憎む者の一人であった。

彦斎の仕事は、要人を暗殺して報酬を得ること。つまり岡田以蔵《おかだいぞう》を初めとする「人斬り」の同業者である。しかし彦斎が他の「人斬り」と違っていたのは思想を持ち、己の志に従って人を斬る点であった。

斬奸《ざんかん》の段取りは完璧だった。

まずは配下の二名が走り出て、象山が乗った馬を狙って斬り付ける。不意を突かれた象山が動揺する機を逃すことなく、彦斎は小走りに殺到した。

両足を広げて足場を固め、大きく円を描くように長尺の刀を抜刀する彦斎の暗殺剣は、我流の居合《いあい》術を転用したものであった。むろん、武芸者ならぬ身の象山に避けられるはずがない。左脚を狙って神速で抜刀した初太刀《しょだち》に続き、首筋に二の太刀、額には横一文字の三の太刀と続けざまに容赦ない斬撃が浴びせられた。それでも象山は屈することなく新藤五国光の短刀を抜き、果敢に立ち向かったという。

作刀者の国光の父は、元久《げんきゅう》年間（一二〇四〜〇六）に活躍した山城国《やましろ》（京都府）出身の名工で、隠岐島《おきのしま》に流刑に処されていた当時の後鳥羽《ごとば》上皇に御番鍛冶として仕え

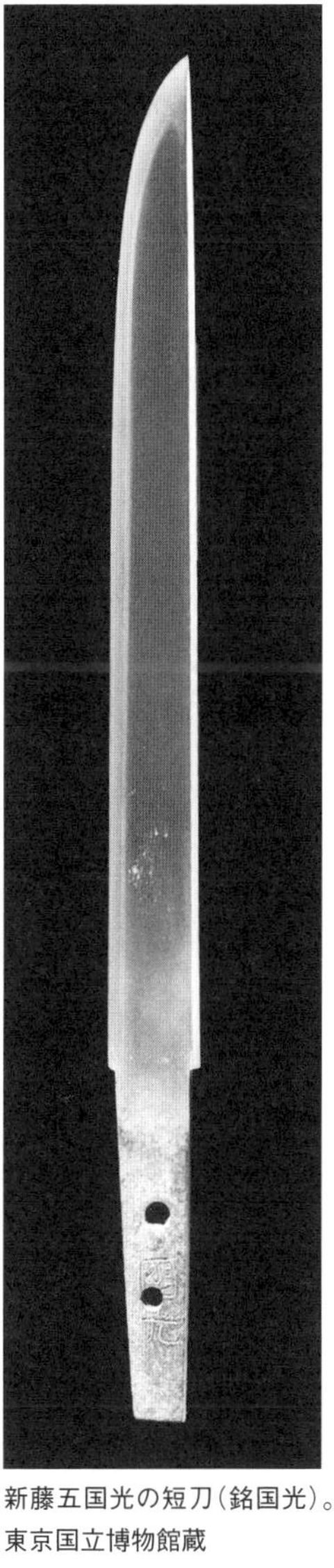
新藤五国光の短刀（銘国光）。
東京国立博物館蔵

た粟田口国綱《あわたぐちくにつな》と伝えられる。熱烈な尊王攘夷論者の自分と同様、天皇家に奉じた一門の刀工が手がけた短刀を象山が手にしているとも気付かず、彦斎は全身の十三カ所に傷を負わせ、その命を奪い取った。

かくして目的を遂げた後、彦斎は「象山を斬った時だけは、はじめて人を斬る思いがして、思わず総髪が逆立った」と漏らしたという。百戦錬磨の人斬り彦斎がかつてない動揺に襲われたのは、象山の貫禄に加えて、その佩刀《はいとう》に込められた、上皇の刀番一族の威厳に圧倒されていたからなのかもしれない。

水心子正秀

Suishinshi Masahide

すいしんし　まさひで

◆時代：江戸時代（十九世紀）
◆種類：打刀
◆刃長：本文参照

直心影《じきしんかげ》流を極めた剣の達人でありながら、一度として刀を抜かずに激動の時代を生き抜いた勝海舟《かつかいしゅう》（一八二三〜九九）。その愛刀を作刀した水心子《すいしんし》正秀《まさひで》は、日本刀の復古主義の実践に務めた名工で、同時代の源清磨《みなもときよまろ》、大慶《たいけい》直胤《なおたね》とあわせて「江戸三作」と賞された新々刀期の大御所である。

文化《ぶんか》年間（一八〇四〜一八）に活躍した初代の正秀は、文政《ぶんせい》九年（一八二六）に『刀剣実用論』を著して、鎌倉時代の剛直な刀を至上とする復古新刀論を唱えた。後に二代目を継承することになる息子の貞秀《さだひで》ともども、当時の刀工にとってステータスシンボルだった受領《ずりょう》名を冠することもなく、現役刀工として五十年間もひたすら作刀に傾倒した正秀の復古主義は世に浸透したが、結果として先祖帰りしすぎた、切っ先が大きい、七五㌢もの長尺の刀が流行する風潮を生んでしまった。若い武士は長柄《ながえ》に太鞘《ふとざや》の異様な拵《こしらえ》の大刀をこぞって帯びたと伝えられる

勝海舟《かつかいしゅう》

が、よほど鍛《きた》えられた剣客でない限り、このような剛刀を遣《つか》いこなせるはずがない。

その点、勝海舟は見かけ倒しの連中とは違う。男谷精一郎《おだにせいいちろう》以上の天才剣士と謳《うた》われた、直心影流《じきしんかげ》の島田虎之助《しまだとらのすけ》が浅草・新堀《しんぼり》に道場を開くと同時に十六歳で内弟子として入門し、二十一歳で免許を授けられたほどの逸材なのだ。長尺の剛刀を自在に扱うことのできる剣技、そして強靭な体力を十分に兼ね備えていた。にも関わらず、なぜ刀を抜くのを好まなかったのだろうか。

海舟が極めたのは、剣術だけではない。禅を通じて胆力《たんりょく》を錬った末、武器を使用せずに不戦の状態にとどまる武の極意を会得した彼は、倒幕派から命を付け狙われる幕府の要人という立場になっても「常に丸腰でもって刺客に応対した」という。むろん、剣術に加えて柔術《じゅう》の修業も積んでいた彼ならば、勢いだけの下手な刺客など素手《すで》でも制することは可能だったに違いない。腕に覚えがあったのだ。しかし、鍛え上げた豪腕に物をいわせるまでもなく、もちろん正秀の刀も鞘走らせることなく、海舟は五体無事に明治の世を迎えた。真の達人とは、こういう漢《おとこ》をいう。

海舟の父・小吉《こきち》は代々の貧乏御家人で、実用面から刀を鑑定する武家目利きの特技を生かし、糊口《ここう》をしのぐための刀剣売買に励んでいた。幼時から父の内職に親しみ、古刀を見る目も養われていたはずの海舟が、あえて新々刀の正秀を佩刀《はいとう》に選んだのは、武用刀の役割を超えた価値を、魅力を見出していたからに他ならない。自分には十分に遣えると見極めたうえで佩用したのは当然としても、豪壮な太刀姿そのものに惹かれたからこそ、手許におこうという気にもなったのだろう。己の剣の力量に見合っていない長い刀を格好つけて佩用していた、凡百の志士とは違うのだ。

明治維新を目前にした幕末には勤王刀と称される、無反りに近くて幅広の大段平《おおだんびら》造りの刀を、先に述べたような異様な拵にして差すことが流行したのだが、真刀に慣れていない志士たちの中には刀を抜いた時、誤って自分の体を傷つけてしまう者が実に多かったという。竹刀の感覚で、安易に真刀を扱った結果である。これでは、手向かってくる生身の人間を、満足に斬れるはずがない。あえて刀には頼らず、胆力をもって相手を制した海舟のほうが、はるかに強かったといえるだろう。

その気になれば自在に遣えた刀をあえて抜かずに、激動の幕末を生き抜いた勝海舟。周囲を圧倒する豪壮な太刀《たち》姿が身上の水心子正秀は、その愛刀にふさわしい。

村正

Muramasa

勤王志士《きんのうしし》

◆時　代：室町時代～江戸時代
◆種　類：太刀、打刀

むら まさ

幕末は武具の需要が急激に高まった、一種異様な時代であった。全国規模の戦乱が途絶えて二百年余、無用の長物と化して久しい刀、槍、火縄銃、そして鎧具足《よろいぐそく》が嘉永《かえい》六年（一八五三）の黒船来航にともない、俄然として武士の必需品となったのである。沿岸の防備を固める軍役を命じられた幕臣たちの中には、かつて不用品として売り払った武具を慌てて買い直すべく奔走する者もいたというから、尋常ではない。

当然ながら、刀は飛ぶように売れた。とりわけ、名刀といわれる刀は天井知らずの高値となったが、中でも勤王の志士たちの人気を呼んだのが、室町時代以来の名匠・千子村正《せんごむらまさ》だった。

応永《おうえい》年間（一三九四～一四二八）の初代に始まる村正は、古来より斬れ味の鋭さには定評のある名刀だ。加えて徳川《とくがわ》家に代々祟《たた》る――家康の祖父・清康《きよやす》が村正で殺され、父・広忠《ひろただ》も傷を負い、また嫡子・信康《のぶやす》の介錯《かいしゃく》に使われ、さらに家康も短刀で怪我を負った――という伝説を持っていた。将軍家が権勢を誇っていた時世には、譜代大名や幕臣はもちろん、後難を恐れた外様各藩の大名までもが佩刀《はいとう》とすることを揃って差し控えたほどである。

それでも、徳川政権の樹立を快く思わない豊臣《とよとみ》家の旧臣たちは、密かに村正を隠匿していたという。

一説によると、村正妖刀伝説を世間に流布させたのは斬れ味鋭い名刀・村正の独占を目論んだ徳川家の陰謀だったともいわれるが、実情は定かでない。

こぞって村正を求めた勤王の志士たちが、徳川幕府打倒の一念ゆえに妖刀伝説を信じていたであろうことは想像に難くない。何しろ、価格が暴騰したために本物を手に入れられず、やむなく手持ちの刀に「村正」の偽銘を刻んだ者もいたというから、推して知るべしである。村正の一振りさえ持っていれば、倒幕はきっと実現する、新撰組《しんせんぐみ》を初めとする幕府方の強敵と斬り合わなければならない局面を迎えた時、たとえ剣の技量では負けていたとしても、決して遅れは取らない。切実に、そう信じ込んでいた志士たちも、決して少なくはなかっただろう。

しかし、最前線での戦闘を課せられた末端の志士に限らず、倒幕派の雄藩の上層部から皇族に至るまで、矢面に立つことのない人々にまで村正の人気が浸透していたとなると、単に斬れ味が鋭いとか、妖刀伝説を持っているからといった俗説以上の理由があったに違いない。

天文《てんぶん》四年（一五三五）に家康の祖父・松平清康が千子村正の刀で家臣に斬殺される、はるか以前の南北朝時代から、村正が生まれた伊勢《いせ》国（三重県）は南朝を奉じる北畠《きたばたけ》氏の本拠地だった。つまり、村正のルーツは勤王派と位置付けることが可能なのである。北畠氏のために刀を鍛錬してきた由緒正しい一族の作刀となれば、妖刀か否かの事実はともあれ、勤王の立場を取る者にとっては必携の一振りだったといえるだろう。

同田貫《どうだぬき》

Dodanuki

◆時代：戦国時代
◆種類：打刀
◆刃長：本文参照

榊原鍵吉《さかきばらけんきち》

榊原鍵吉《さかきばらけんきち》（一八三〇～九四）は明治の世に在《あ》って、お江戸の剣客の意地を見せた一代の傑物だ。流儀は直心影《じきしんかげ》流。師・男谷精一郎《おだにせいいちろう》の推薦で講武所《こうぶしょ》の剣術教授方を務めたが、側近くに仕えた第十四代将軍・家茂《いえもち》の死にともなって講武所が廃止されると自宅の旗本屋敷に道場を開き、門人の指導に徹する道を選んだ無欲な士であったが、武勇伝には事欠かない。慶応《けいおう》四年（一八六八）の五月、新政府軍に抵抗する旧幕臣は彰義隊《しょうぎたい》を結成し、座主として寛永寺《かんえいじ》の一帯を預かる輪王寺宮能久《りんのうじのみやよしひさ》親王を擁して上野《うえの》の山で戦ったものの、大敗を喫した。このままでは、宮の御命が危うい。救出を頼まれた鍵吉は硝煙くすぶる上野に駆け付け、新政府軍の土佐《とさ》藩兵を峰《みね》打《う》ちで薙ぎ倒して本堂に到達、宮を保護した。この救出行に用いたのは六尺（約一八〇センチ）の手槍《てやり》と朱鞘の備前近貞《びぜんちかさだ》だが、何といっても鍵吉の剣名を高めたのは明治二十年（一八八七）十一月十一日、伏見宮《ふしみのみや》邸に臨幸《りんこう》した明治天皇の御前で催された天覧兜割《てんらんかぶとわ》りを成功に導いた剛刀・同田貫《どうだぬき》だ。

天正《てんしょう》十六年（一五八八）に熊本城主となった加藤清正《かとうきよまさ》が兵の御用刀に登用したことで知られる同田貫一門の作刀には、刀に限らず大身槍《おおみやり》や薙刀《なぎなた》も存在するが、いずれも斬れ味の良さは定評があった。重ねが厚く、実戦での片手打ちに適した二尺（約六〇㌢）前後の短い刃長に仕立てられた刀身は、戦うために生み出された兵器に他ならない。肥後《ひご》国（熊本県）在来の延寿《えんじゅ》鍛冶の末裔《まつえい》である兄・清國《きよくに》と一緒に加藤家の御用鍛冶となった正國《まさくに》は、一門を代表する存在として活躍。文禄《ぶんろく》の役《えき》で清正が朝鮮半島に出陣した際には同行し、兵器工廠《こうしょう》というべき立場を担った。朝鮮出兵用に一門が鍛錬した千振りの刀のうち、持ち帰られた数百振りが鍔《つば》を外した状態で、お城備えとして熊本城内に蔵されていたと伝えられる。徳川《とくがわ》幕府が樹立し、加藤家が改易された後も長らく保存されていたが、明治維新をきっかけに民間へ払い下げられたというから、兜割り挑戦の前日に鍵吉が出入りの刀屋を通じて入手した同田貫も、あるいは熊本城下から流れてきた一振りだったのかもしれない。

さて、兜割りの結果である。用意されたのは、古来より良好な鉄の鍛えで知られる甲冑師の一大流派・明珍《みょうちん》派の南蛮鉄桃形《なんばんてつももなり》の兜鉢だ。この逸品を斬り割るべく、鍵吉と一緒に招聘《しょうへい》された鏡心明智《きょうしんめいち》流の逸見宗助《へんみそうすけ》と上田馬之助《うえだうまのすけ》が、いずれも刃を跳ね返されたのに対し、最後に挑んだ鍵吉は大上段《だいじょうだん》に構えた同田貫を一閃させ、見事に兜鉢を斬り裂いた。結果としては三寸五分（約十六・五㌢）の切疵《きりきず》を付けただけだったといわれるが、それでも、快挙以外の何物でもない。

剣術指南だけでは生活が成り立たず、見せ物だったという一面を否定できない撃剣《げっけん》興行を営むなど、維新後は不遇な生活を送った鍵吉だが、剣の実力は健在だった。戦国乱世の武用刀が当時さながらの真価を発揮したのも、東京府（東京都）下で第一の達人と謳《うた》われた剣客の手の内の為せる業といえるだろう。

コラム……②

居合刀と鑑賞刀

皆さんが「刀」と聞いて、まず最初にイメージするのはやはり、サムライの二本差しだろう。

武士とくれば、必ず二振りの刀、それも同じデザインの外装のものを腰に差している姿が目に浮かぶはずだ。時代劇にお詳しい方なら、ふつうの町人は旅をする時の護身用に短い脇差《わきざし》を許可されていただけで、アウトローの渡世人にしても二尺（約六〇チセン）以下の刀、いわゆる長脇差《ながどす》しか持てなかったんでしょ？ と連想することだろう。だから刀は当時の特権階級だった、武士だけが独占していたのだと思われても無理はないが、大刀と小刀が一組で大小拵《だいしょうこしらえ》と称されて、武士の身分を証明するステータスシンボルになったのは、江戸時代を迎え、しばらくの時を経てからの現象に過ぎないのだ。ちなみに、庶民に対する帯刀禁止令が出たのは、江戸時代を迎えて半世紀以上も経った、寛文《かんぶん》八年（一六六八）のことである。豊臣秀吉《とよとみひでよし》に代表される各地の戦国武将の刀狩りは、全国規模で効果を発揮するに至らなかったわけだ。少なくとも、戦国時代から江戸時代初期までは、帯刀して街を歩いている成人男性の姿は、決して不自然な光景ではなかったのである。それだけ大量の刀が作られて、世に出回っていたと考えていい。

武具として実戦に行使されていた時代が過ぎ去った現代社会でも、刀はれっきとした商品として、全国的な規模で流通している。

その内訳は、居合刀と鑑賞刀の二種類に大別される。

両者の違いを、簡潔にご説明しよう。

まずは、居合刀。

古流武術の流れを汲んだ武道において、真刀は日々の稽古《けいこ》に用いられる。

試し斬りの稽古をする抜刀道はむろんのこと、形《かた》の修練が基本の居合道においても、相応の段位に達すれば、稽古には模擬刀ではなく、本身の刀を購入して使うことが自ずと求められる。本来、居合道は刀といえば真刀が当たり前の時代から連綿と続く、古武道だからだ。

日々の稽古に用いれば、当然ながら刀身は消耗する。手入れを怠《おこた》らないように努めていても錆《さび》は浮くし、試し斬りの回数を重ねれば刃は磨耗する。そこで、研《と》ぎに出すのであるが、刃物は研摩すればするほど研ぎ減りするものなので、時を重ねれば刀身の中心部にある心鉄《しんてつ》が露出してきて、斬れなくなってしまう。

居合刀の総称で呼ばれる、武道稽古用の真刀はいわば消耗品というべき位置付けなのだ。ことばは悪いが、最初から使い減らしするのを承知の上でなければ、稽古用には使えないといえるだろう。

だから、稽古用に売られている居合刀の値段はそれほど高く設定されてはいない。といっても十万単位、平均しておよそ五十万円はするので、決して気軽に買えるものではないのだが、私の場合は居合道専門なので、刀を消耗するペースはごく緩やかなものである。稽古を終えたらすぐに刀身に付着した汗を拭《ふ》き取り、刀油《かたなあぶら》を引いておく習慣さえ身に付けておけば、修復不可能な錆が浮くことはないからだ。試し斬り専用にもう一振り、寸の詰まったものを購入する必要が出てきそうではあるが、日々の稽古には最初に入手した、二尺五寸五分（約七六・五糎《センチ》）の居合刀で十分と考えている。もっとも、試し斬りの数を重ねて腕を磨く抜刀道に専心されている方々の場合は、必然的に刃が減りやすく、研ぐ回数も多いので、稽古用の居合刀を消耗するペースも早いようである。

つぎに、鑑賞刀。

居合刀の対義語ともいうべき鑑賞刀は文字通り、好事家が手に取って鑑賞するための刀だ。

テレビのお宝鑑定番組の影響か、刀剣鑑賞という用語もかなりメジャーになった観があるが、古来より、各界には刀剣鑑賞を趣味とする人が数多い。芸能人やスポーツ選手にも、高額な刀を愛蔵する好事家が少なくないのはご存じの通りだ。剣道、居合道、抜刀道の実技を学びながら刀に慣れ親しんでいる人もいるし、そうでない人もいる。昔も今も、むしろ後者のほうが多いようである。

百万単位から一千万〜二千万円まで、鑑賞刀とは価格を見ただけで溜め息が出てしまうほど、高価なものだ。

私自身も店頭で生まれて初めて、南紀重国《なんきしげくに》（四三一頁参照）大和《やまと》伝の新刀を持たせてもらった時は、大いに緊張した覚えがある。真刀なら、ふだんの稽古で持ち慣れているはずなのに……。私は刀身だけの状態で渡された鑑賞刀が漂わせる凄み、そして美しさに圧倒されていたのかもしれない。

刀といえば柄《つか》、鍔《つば》、鞘《さや》といった刀装具とセットになっているのが当たり前と思われるかもしれないが、刀剣鑑賞は刀身の部分のみを取り外したものが対象となる。刀装具は別の鑑賞対象として、認識しなくてはならない。外装に惑わされることなく、刀工が鍛え上げた刀身の特徴を正しく見抜き、その価値を推し量る。茶道で茶器を鑑賞するかの如く、冷静な態度と豊富な知識が求められるのだ。

居合刀と鑑賞刀の違い、ご理解いただけただろうか。

武用と賞玩、それぞれの目的は自ずと異なるが、ここで誤解してほしくないのは、居合刀も鑑賞刀も同じ刀である以上、斬れることは変わらないという一点だ。

もちろん、現代社会では刀で人を斬ることなど、決して起こってはならない。真刀を用いる武道を学ぶ者にとって刀とは神聖な存在であり、安易に血で汚して許されるものではない。それでも、斬れ味を試さずにはいられないのは技を磨く身として、当然の欲求だろう。むろん、斬るのは巻き藁《わら》や竹であり、人体ではない。この最低限の常識さえ持っていれば、刀を所有する資格は誰にでもある。しかし試し斬りをするのは難しく、刀を曲げてしまう危険を伴うため、高価な鑑賞刀の斬れ味を試すには、それだけの技量が必要であることを、念のために申し添えておく。

第六章

名刀由来

はじめに

本章の構成

古今東西、世に名刀と褒め称えられる刀は数多い。

本来、武具の一種として消耗されていく存在だったはずの刀剣がなぜ、わが国では珍重されるのだろうか？

戦国時代に渡来した南蛮人の宣教師ルイス・フロイスは、日本では刀剣類が貴金属並みの価格で売り買いされていたという記録を残している。フロイスは「古い刀ほど値が張る」わが国の刀剣事情に驚愕を覚えたのだが、彼が取り上げたのが戦国時代、つまりリアルタイムで作られたものではなく「古い」刀である点に注目しよう。

わが国では奈良・平安の昔から、刀が作られ続けている。後世に名刀と称されるようになった刀のほとんどが、作られた当時には武用《ぶよう》、つまり実戦に用いることを前提とする武器だった。しかし、その刀を手がけた刀工の評価が高まって価値が出てくれば、武器として消耗してしまうのを惜しむのは当然だ。たとえ斬れ味の鋭さで有名になった武用刀であっても、数百年の時を経て名刀ともてはやされるようになり、価値が不動のものと化せば、もはや武用にしようと考える者などいるはずもない。戦国の昔から、名刀は武用刀としてではなく、その出来映えの見事さを鑑賞するための存在として認知されていたのである。フロイスが貴金属並みの価格に驚いた「古い」刀も、恐らくは、世に名高い逸品のうちの一振りだったのだろう。

フロイスは、日本の刀剣に関する予備知識をもっていないからこそ、純粋に驚き、興味を持つこともできた。読者の皆さんにも、私が書かせていただいた第一章から第五章の読み物を通じて、個々の名刀に対する興味を深めてもらえたことと思う。そこで、第六章では名刀についての概説を「名刀由来」と題してご紹介させていただきたい。

本章の構成は、三部に分かれている。

はじめに、名刀にまつわる名前（異名）の由来、刀の評価を決める鑑定の内容を紹介する。

続いては、各時代の識者たちが試みてきた名刀ランキングのバリエーションを取り上げると同時に、御様御用《おためしごよう》首斬り役という独自の立場から古今の名刀を実地に検証した、山田朝《やまだあさ》右衛門《えもん》吉睦《よしむね》とその一族の背景についても、できるだけ詳しく解説した。

最後には、名刀の生みの親である刀工たちが登場する。刀工という存在の歴史的な位置付け、有名な「正宗十哲《そうしゅうじゅってつ》」や「御番《ごばん》鍛冶」をはじめとする名刀工のランキング、さらに、刀工の名前に「××守《かみ》」などといった形で冠せられる受領名《ずりょうめい》（官名）の制度や、時代別に刀を分類する古刀《ことう》、新刀《しんとう》、新々《しんしん》刀《とう》の区別が行われ始めた理由などについても、資料編に収録した街道別刀工一覧を、スムーズに読み解いてもらうための予備知識として触れているので、一緒にご活用いただければ幸いである。

名刀の要件

名前について

古今の名刀には、それぞれに意を凝らしたネーミングが施されている。

おおまかに分類すると、次の四つになる。

刀工の名前
神話・伝承
実戦の場で証明された斬れ味
所有した者の名前

いちばん多いのは、やはり、刀を作った刀工自身の名前を冠しているタイプだろう。

たとえば、「村正《むらまさ》」。

徳川家《とくがわ》に祟るという理由（二八八頁）から、妖刀として世に恐れられた、いわくつきの刀であるが、村正とは作刀した伊勢国《いせ》（三重県）の刀工一族の名前そのものである。

続いては、神話・伝承に由来するタイプ。

時代が古いほど、この手のネーミングは多い。平安時代が最も目立ち、主だったものだけでも「小烏丸《こがらすまる》」（五〇頁）、「童子切安綱《どうじぎりやすつな》」（二二頁）、「小狐丸《こぎつねまる》」（三〇頁）などが挙げられる。やはり現世と異界が近かった、当時ならではの説得力を持つ異名といえるだろう。鎌倉時代にも「鬼丸国綱《おにまるくにつな》」（三四頁）、そして明確な名前こそ付けられていないものの、新田義貞《にったよしさだ》が荒波を鎮めるために海に投じた太刀（七二頁）など、神がかりな逸話を伴う名刀が登場した。

さらに時代が下がって、室町時代から戦国時代に至ると、名刀の異名は、にわかに血臭漂うものとなってくる。合戦において威力を発揮したという、生々しい事実に由来するネーミングが増えてきたのだ。

聞くだけでもイタい、足利尊氏《あしかがたかうじ》が愛用したと伝えられる「骨喰藤四郎《ほねばみとうしろう》の薙刀《なぎなた》」（九八頁）を始め、「朝倉籠手切《こてぎり》の太刀」（一七三頁）、「鉄砲切《てっぽうき》り」、「瓶通《かめどお》しの槍」（一九〇頁）、そして「蜻蛉切《とんぼきり》」（三九頁）と具体例を挙げていけばキリがない。合戦場だけに限らず、逃亡した捕虜に抜き打ちの一刀を浴びせたところ、対岸に泳ぎ着くまで斬られたのに気付かなかった「波泳《なみおよ》ぎの太刀」、無礼打ちで一刀両断にした相手が念仏を二度も唱えてから絶命したという「二念仏《にねんぶつ》」などの例が見られる。殺伐とした印象を禁じ得ないが、全国規模の争乱が一世紀にわたって続いた時代のことと思えば、現代人の視点から安易に残酷と見なすべきではないだろう。

戦国時代には、所有者の名前が元になるケースも多い。名付けられる対象は当然ながら、所有する武者本人が戦功を立てた際に使用した刀槍となる。たとえば有名な「青木兼元《あおきかねもと》」（一五六頁）は、所有者である青木一重《かずしげ》の姓と、作刀者である孫六《まごろく》兼元の名前とを合体させたネーミングだ。いかに異名といっても、過去の神話・伝承が信じられていた時代ほどには奇抜でなく、刀工名がきちんと含まれている点に注目したい。作刀者の評価と刀剣の価値基準とが同一視されてきた証明、といえるのではないだろうか。他にも、手柄を立てた合戦場の地名と刀工名をミックスした「長篠一文字《ながしのいちもんじ》」（一八一頁）などといった例が見られる。また、山内一豊《やまのうちかずとよ》の「一国《いっこく》兼元」のように、恩賞として主君から領地を与えられる代わりに名刀を受け取った場合には「一国に代え難い」との意味で、一国何々と名付けられたケースも少なくない。当然ながら、領地を与える余裕がなかったという戦国大名の苦しい台所の事情も背景にはあったはずだが、ここは素直に解釈して、当時の名刀たちには一国にも匹敵する価値が備わっていた、と見なすべきだろう。

江戸時代以降は、もっぱら刀工名に基づくネーミングが主流となった。一刀《いっとう》流剣術の開祖・伊藤一刀斎《いとういっとうさい》の武勇伝に由来する、同流の正統を継承するあかしとされた「瓶割刀《かめわりとう》」（二三四頁）などは、純粋に刀の斬れ味のみを謳《うた》った、数少ない例外である。

日本刀の評価

名刀の評価とは、誰が、どのように行うのか。

昔も今も、物を言うのは識者の鑑定だ。

刀の持ち主、あるいは売買する刀剣商から依頼を受けて真偽と価格を査定する、いわゆる鑑定の歴史は平安時代にまでさかのぼる。稀代の愛刀家として知られる後鳥羽《ごとば》上皇（一一八〇〜一二三九）は、在位当時から

「剣などを御覧じ知ることさえ、いかで習はせ給ひたるにか、道の者にもやや立ち勝りて、かしこくおはしませば、御前にてよきあしきなど定めさせ給ふ」（『増鏡《ますかがみ》』）と、確かな見識眼を備えておられたことが窺われる。

この一文からも、すでに「道の者」と呼ばれる刀の目利きが活躍していたと想像できるだろう。

平安時代から室町時代までの時期に、鑑定書に相当するものが存在したか否かは定かでない。ただ、戦国時代には個々人による鑑定証明として、書き付けを作成することが行われており、この書き付けを「極札《きわめふだ》」と呼んでいた。

刀剣を第三者の視点から公平に判断する鑑定家が大々的に活躍するようになったのは、戦国の争乱が途絶え、江戸時代

を迎えてからである。徳川家康《とくがわいえやす》が元和《げんな》二年（一六一六）に刀《とう》剣極所《けんきわめどころ》（幕府目利所《ばくふめききどころ》）に任命した本阿弥《ほんあみ》家から、市井《しせい》の者に至るまで、鑑定家と呼ばれる識者には実に幅広い層が存在したわけだが、やはり気になるのは、いわゆる「鑑定書」にはどのような区分があるのか、という一点だろう。

時代を追って、江戸時代から現代まで、名刀を証明する鑑定書の歴史を見ていこう。

折紙《おりがみ》

まずは「折紙」。

俗に、自分の評価に責任を持つことを「折紙をつける」というが、これは本阿弥家が鑑定結果の証明に発行していたのが折紙形式の鑑定書だった史実に由来する。

一枚の奉書紙《ほうしょがみ》を二つ折りにして、片面に用件を記入する折紙は、書簡や贈答品の目録に使用される文書の様式である。

前田家伝来の行光の短刀(132頁参照)付属の折紙。代千五百貫、宝永四年(1707)、本阿弥光忠(花押)。東京国立博物館蔵(国宝)

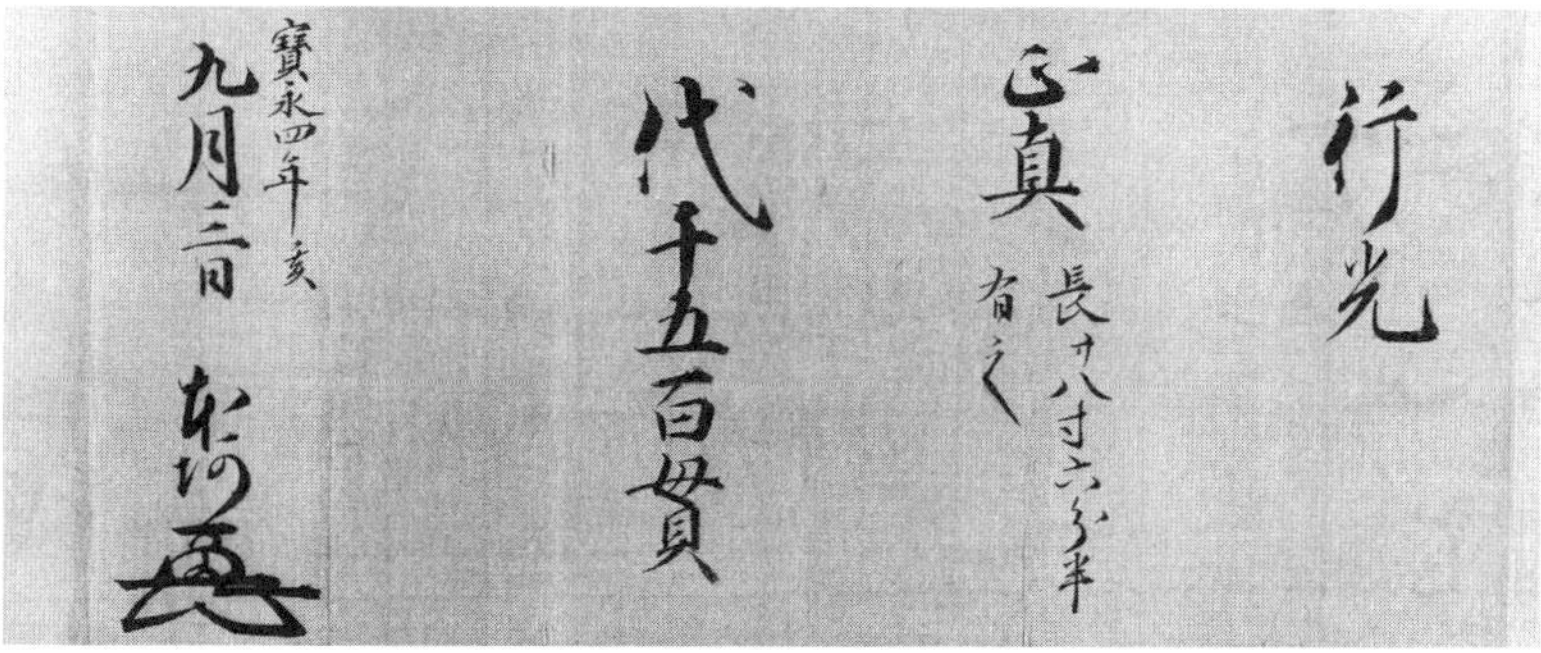

本阿弥家が刀剣鑑定書を、さらには徳川幕府お抱えの金工師・後藤《ごとう》家が刀装具鑑定書の発行を始めて以来、折紙イコール鑑定書という意味になったのは、この折紙形式の鑑定書の権威が、きわめて高かったからに他ならない。

生前の豊臣秀吉《とよとみひでよし》からの信頼も厚く、江戸開府後には初代の刀剣極所を命じられた九代目の光徳《こうとく》から十三代目の光忠《みつただ》に至るまで、刀剣鑑定の大家である本阿弥家に寄せられる、世の信頼は絶対のものだった。本阿弥家の祖・妙本《みょうほん》は、足利尊氏《あしかがたかうじ》の刀剣奉行を務めたと伝えられる人物である。阿弥衆と呼ばれた妙本の一族は、国別・流派別の鑑定だけに終始せず、いかに鑑賞するかという刀剣の見方を確立させた、いわば刀剣鑑賞のパイオニアなのだ。秀吉に家康と、天下人たちが多大な特権を与えたのも、必然のことといえるだろう。

また、元禄《げんろく》年間（一六八八〜一七〇四）に十二代目当主・光常《みつつね》の時代を迎えて以来、加賀《かが》の前田《まえだ》家から本阿弥家と後藤家に毎年贈られるようになった奉書紙が、折紙専用に用いられ始めたのも見逃せないだろう。紙質とサイズの均一化が図られたために一目で鑑定書とわかるようになり、折紙の普遍性がより高まったであろうことは、想像に難くない。

本阿弥家では、鑑定結果を記した折紙の裏面に二重枠を設け、秀吉から与えられた「本」の山銅《やまがね》製の角印を黒肉で押した。家康と秀吉の権威を併せ持つ鑑定書ともなれば、手数料は安いはずがない。本阿弥家では十代目の光室《みつむろ》から「代付《だいづけ》」、つまり刀の価格査定を行い、自らが査定した価格を金貨（大判金）に換算した枚数の十分の一に相当する銀貨を、鑑定手数料として徴収した。たとえば、金貨五十枚の代付をした場合は、手数料に銀貨を五十枚受け取るといった具合である。代付と折紙は切っても切れない間柄で、本阿弥家が刀剣極所に任じられた当初は金貨三枚以上の刀剣には「折紙」を、三枚以下には「小札極《こざねきわめ》」と称する鑑定書を発行していたが、金貨一枚極めの折紙や、刀身と拵《こしらえ》を一緒に査定するケースも見られたため、まだ厳密な基準は設けられていなかったと思われる。後年には金貨五枚以上には折紙、五枚以下には小札極と定められている。また、同じ本阿弥家でも、分家には折紙を発行する権限が与えられていなかったため、各分家では評価がやや低い「添状《そえじょう》」という鑑定書を出していた。

本阿弥家の折紙は、本家で催される、二段階の審議を経て発行された。

八日、十日、十四日、十七日、二十日、二十四日、晦日（月末の最終日）と月に七回、分家の各当主は依頼者から預かった鑑定対象の刀を本家に持参して、一回目の審議を執り行う。その後、二回目の審議として毎月三日に本家で「内寄《うちより》合《あい》」が開かれる。この内寄合にて本阿弥十二家の合議が行われ、最終決定後に宗家の当主の名で、折紙が発行されるのである。

一連の審議は厳正なもので、月例の内寄合の席上で決定が迷われた刀剣は、本家と分家の各当主が宿題として各自で研究する義務を負う。そして二月三日、七月三日、十一月三日の年三回催される「惣極《そうぎめ》」にて再審議の後、最終的に決定が下されていた。本阿弥家発行の折紙が世の信頼に値するものだったからこそ、これだけの時が費やされる価値もあったに違いない。

それでは、十三代目当主・光忠の代に至って完成された折紙の基本フォーマットを見てみよう。

第一行目に刀工名、すなわち刀の名前を記す。鑑定対象の刀に異名がある場合には、併せて明記するのが決まりとなっていた。

二行目には、本物を意味する「正真」の二文字を大きく書き、その下に小さい字で寸尺（刀身の長さ）と銘《めい》の種類および、樋《ひ》と彫物のタイプを記す。これらの記載データが現物と折紙で不一致となれば、その刀剣は偽りあり、と断定されてしまう。鑑定家と依頼者の双方にとって、最も注意を要する箇所という。

続いては行を変えて、貨幣価格が記される。この価格とは江戸時代初期には社会で一般化しつつあった、同じく折紙形式で作成される贈答品の目録と同種のものである。つまり、あくまでも現品に替えて相手に提示する、仮の見積もり額であることを認識しておかなくてはならない。

最後の四行目に発行年月日と干支《えと》を明記し、その折紙を発行した鑑定家の花押《かおう》（サイン）を書く。なお、本阿弥家十代目当主の光室、および以降の寛永《かんえい》年間（一六二四～四四）、明暦《めいれき》年間（一六五五～五八）、寛文《かんぶん》年間（一六六一～七三）、の各当主は干支を記さずに、裏面に「本」の銅印を押すのみで正式な折紙と証明する形をとっている。なお、十九代目当主の忠明《ただあき》の没後に、各本阿弥家の当主が連名で折紙を発行していた時期もあったという。

書体は基本的に、すべて行書《ぎょうしょ》である。

折紙は、発行された時代ごとに、たとえば「元禄《げんろく》折紙」「享保《きょうほ》折紙」といった形で、それぞれの年号を冠した通称によって区別される。十三代目当主の光忠が活躍した、享保年間（一七一六～三六）まで不動の地位を勝ち得ていた本阿弥家の折紙だが、老中・田沼意次《たぬまおきつぐ》の治世下で金権政治が蔓延した江戸時代後期には権威も失墜し、権力者に命じられるがままに、実際の価値より高い代付が為されるようになった。光忠以前に発行された折紙は「古折紙」と称され揺るぎない評価が保たれていたが、哀れなのは「田沼折紙」と揶揄《やゆ》される鑑定を受けた刀剣で、いざ売買する時点になってから刀剣商との折り合いがつかない悲劇もあったという。また、従来はほとんど古刀《ことう》（桃山時代以前のもの）に限定されていた鑑定の対象に新刀《しんとう》（桃山時代以降のもの）が含まれるようになったのも、江戸時代後期からの現象である。

刀剣の価値を証明する方法としては、鑑定書の他に「鞘書《さやがき》」という形態がある。ふつう、鑑定や試し斬りを依頼する時には刀装具を取り外し、白鞘《しらさや》と呼ばれる保管用の柄《つか》と鞘に刀身を納めて預けるのだが、この白鞘に墨筆で鑑定結果を書き付けることを、古来より鞘書と称するのだ。筆の立つ鑑定家が直々に書き込んだ内容は、文字通りに墨守《ぼくしゅ》された個人の鑑定結果として、白鞘と一緒に後の世まで残されるわけで、きわめて貴重なものといえるだろう。また、無銘の刀の場合は、鞘を外した茎《なかご》の部分に金、銀、朱筆で鑑定した刀工の名を記すということも行われた。金額は色別に異なり、当然ながら金や銀のほうが鑑定料、そして売価も高くなるため、銘が切られていないのを良いことに心ない刀剣商と刀工が共謀し、駄刀を良刀と偽って鑑定する悪習も過去には多かったと伝えられる。

明治以降の鑑定

明治維新後には折紙制度も廃れ、民間の鑑定家が個々に発行する鑑定書が主流となったが、この動きとは別に昭和四年（一九二九）に国宝保存法が、昭和八年（一九三三）には重要美術品等の保存に関する法律が制定されたのに伴い、明治時代以前の名刀は美術品として国宝、もしくは準国宝級の重要美術品の指定を受ける運びとなった。さらに敗戦後、昭和二十五年（一九五〇）の文化財保護法の制定と同時に、これまで国宝と指定された刀剣はすべて重要文化財に変更されている。同時に重要美術品の新規認定も中止されたが、過去に認定を受けたものは、現在でも「旧重要美術品」という名称で呼ばれるケースが多い。

文化財保護法でいったん重要文化財に指定された後、新たに国宝の指定を受けたものは約一一〇点、重要文化財は約六五〇点、旧重要美術品は一二二〇点である（国宝は三七二頁に一覧で掲載）。重要文化財と旧重要美術品は、個人が所有している場合も少なくないが、大半は各地の博物館に管理が委ねられている。

現在、一般に市場で流通する刀には、どのような形で鑑定書が発行されているのだろう。

刀の真偽を証明してもらい、同時に価値基準を知るには鑑定書を発行する団体、もしくは個人に依頼して受付料を払い込む。本物とわかり、晴れて正式に証書を発行してもらう段となれば、さらに合格料を支払うことになる。

権威のある団体としては「日本美術刀剣保存協会」と「日本刀剣保存会」の二組織が刀剣の鑑定を行っている。

敗戦直後、混乱した世情の下で、わが国の貴重な財産である刀剣が海外へ流出するのを防ぐために結成された日本美術刀剣保存協会は、昭和二十三年（一九四八）には財団法人としての活動を認められ、貴重刀剣制度を実施したのに続き、特別貴重刀剣認定書と重要刀剣証、二種類の証書を発行することを始めた。とりわけ、通称「マルトク」と呼ばれる特別貴重刀剣認定書は世の信頼が厚かったため、制度が変更された昭和五十六年（一九八一）以降も、その価値は損われることなく維持されている。同協会は現在、保存刀剣審査および重要刀剣審査を、二カ月に一度受け付けるペースで定期的に行っており、発行する証書は鑑定されたランクの順で保存刀剣鑑定書、特別保存刀剣鑑定書、重要刀剣指定書、特別重要刀剣指定書の計四段階に区分されている。

日本刀剣保存会では、独自に優秀刀審査会を開催し、会員が所持している刀剣に対し、一定の審査基準に基づいた鑑定書を発行する形式をとっている。

これらの二団体のもの以外にも、個人鑑定家が発行する鑑定書も流通しており、審査料は一定ではないが一万円～一万五千円が現在の相場のようである。

なお、昔も今も、鑑定書さえ発行してもらえれば、そのまま価格を証明できるわけではない。古くは代付、現在は評価鑑定と呼ばれる価格査定は口頭評価が基本で、文書にする場合にも、あくまで現時点での参考価格として提示された金額となる。また、故人が所有していた刀剣を遺産として受け取った場合には、大蔵省と国税庁から委嘱された刀剣価格査定人に、相続税の納付用に価格査定書類を発行してもらう義務を負わなくてはならない。名刀と称する刀剣を所有するのは、さまざまな面で容易ならざることといえるだろう。

名物ランキング

天下五剣・天下三槍

わが国に伝えられる名刀・名槍の代表格として、真っ先に挙げられるのが、室町時代に選ばれた天下五剣《てんかごけん》、そして天下《てんか》三槍《さんそう》である。以下に、その豪華な顔ぶれを紹介すると同時に、あまり論じられることのない「名槍」の性格について、刀と槍の比較論を交えながら考察していこう。

〈天下五剣〉
童子切安綱《どうじぎりやすつな》（大原安綱《おおはらやすつな》）
大典太光世《おおてんたみつよ》（三池光世《みいけみつよ》）
三日月宗近《みかづきむねちか》（三条宗近《さんじょうむねちか》）
数珠丸恒次《じゅずまるつねつぐ》（青江恒次《あおえつねつぐ》）
鬼丸国綱《おにまるくにつな》（粟田口国綱《あわたぐちくにつな》）

〈天下三槍〉
蜻蛉切《とんぼきり》（千子正真《せんごまさざね》）
御手杵《おてぎね》（島田義助《しまだよしすけ》）
日本号《にほんごう》（作者不詳）

詳しくは第一章にて、それぞれ刀槍別にご紹介している通りなのだが、お気付きだろうか。古来より著名な名工が作刀した天下五剣に対して、天下三槍の作者はというと、室町時代末期から戦国時代に槍の名手と謳《うた》われた島田義助はともかくとして、それほど有名ではない刀工の手に成るものばかりである。

また、天下五剣の「童子切安綱」「大典太光世」「三日月宗近」「鬼丸国綱」は、それぞれ一時代を築いた名将たちが愛蔵していたことでも知名度が高い。それに、童子切安綱には異名の由来となった酒呑童子《しゅてんどうじ》退治の伝説があるし、残る「数珠丸恒次」は日蓮上人《にちれんしょうにん》が破邪顕正《はじゃけんしょう》の剣として佩用《はいよう》した故事でも知られる、神聖なイメージを漂わせる一振りだ。

もちろん、武用、すなわち実戦のための武器として生み出された点では、刀も槍も同じである。

しかし、名刀・名槍という賛辞を冠するとなると、神器としての側面を兼ね備える刀に対して、純然たる闘争用の武器でしかない槍は、どうも分が悪い。

ならば、どうして天下三槍と呼ばれるに至ったのか。

それは取りも直さず、それぞれの槍を所有した武将たちの奮戦の結果に他ならない。

南北朝時代に登場した槍は、白兵戦の主力武器として定着し、戦国時代には将兵の別を問わず、頻繁に用いられた。主力武器である以上、必然として消耗の度合いが激しい、まさしく消耗品というべき武具であった。だから、槍は刀に比べると現存する数が少ないといわれるのだが、天下三槍に数えられた「蜻蛉切」「御手杵」「日本号」はいずれも大身槍《おおみやり》と称する、武芸に熟達した上級武士向けのタイプである。槍穂《やりほ》が二尺（約六〇センチ）強と大きいのは、もちろん外見で敵を威圧するだけでなく、その重量をもって甲冑をも貫き通す威力を発揮させるためだ。当然ながら破壊力が凄まじい反面、扱うのは難しい。また、刀と違って主力武器である以上は、使用せずに鞘《さや》に納めたままにしておくわけにいかない。三筋の武骨な大身槍が天下三槍と成り得たのは、それぞれの槍を振るって戦功を打ち立てた、所有者たちの奮戦の結果ゆえのことなのだ。

一方、刀は戦況さえ有利ならば、遣わずに済む補助武器であった。まして、数珠丸恒次を除く天下五剣は、最前線に出張る戦闘要員の武者や足軽ではなく、大将クラスの者たちが所蔵していた名刀。実戦の場で用いることが大前提の蜻蛉切、御手杵、日本号の天下三槍と違って、あえて鞘走らせる必然性など皆無に等しい。天下五剣は武用刀としてではなく、それぞれの来歴や歴代の所有者の知名度に支えられて、その名を高めた存在といえるだろう。

白兵戦の主力武器は槍で、刀は補助武器。近年の合戦史研究で明らかにされてきた事実を踏まえて考えると、天下三槍が遭遇したであろう修羅場の数々には、思いを馳せずにいられない。残念ながら、御手杵は大平洋戦争時の災禍で焼失してしまったが、現存する二筋の槍には時代の証人として、今後も良好な状態を保ち続けてもらいたいものである。

ちなみに、日本号は武具としては異例の三位《さんい》の位階を朝廷から授けられた名槍だ。本来は武用一辺倒の槍がここまで高い評価を受けていたとなれば、やはり気になるのは作者だ。応永《おうえい》年間（一三九四～一四二八）の美濃国《みの》（岐阜県）で活躍した関兼貞《せきのかねさだ》とも、同じ戦国時代初期の相模国《さがみ》（神奈川県）に在住した相州広正《そうしゅうひろまさ》ともいわれるが、定かでない。

御剣

御剣《ぎょけん》とは、皇室に関連する刀剣の総称である。

宮内庁は所蔵の刀剣を「特」「甲」「乙」「丙上」「丙下」「丁」の六段階に分けたうえで、長寸（太刀、刀）と短刀に分類し、さらに槍と薙刀《なぎなた》を加えて管理をしているが、総数は明らかにされていない。

それでは、大正十三年（一九二四）から続いている現行の分類に基づいて、御剣の内訳を見ていこう。
ちなみに「特」は、当初から天皇家にゆかりのある刀剣で統一されており、徳川《とくがわ》将軍家や諸大名の献上品は「甲」以下にまとめられている。

「特《とく》」 昼御座御剣（玉座に置かれた護身の剣）、歴代天皇の御料（佩刀）および御愛蔵刀

「甲《こう》」 由緒ある名刀の献上品

「乙《おつ》」 やや「甲」より劣るが、重要文化財クラスも含まれる

「丙上《へいのじょう》」 「甲」「乙」より劣るもの、研《と》ぎ減ったもの、正倉《しょうそう》院《いん》宝物の刀剣類を模造したもの

「丙下《へいのげ》」 多くは新刀

「丁《てい》」 多くは明治時代に作られた現代刀

現在の御剣の大半は、個人的に並々ならない刀剣趣味をお持ちで、鑑定を楽しみとされていた明治天皇の御為《おんため》にと旧大名や明治新政府の元勲《げんくん》、つまり薩・長・土・肥を始めとする倒幕派諸藩出身の政治家たちが、こぞって献上した名刀群である。後述する山田《やまだ》一族の七代目当主・浅右衛門吉利《あさえもんよしとし》も楠木《くすのき》正成《まさしげ》の佩刀と伝えられる逸品・小竜景光《こりゅうかげみつ》（九四頁）を献上している。

名刀事典――『観智院本銘尽』『享保名物牒』『集古十種』

何事も事細かに分類し、系統立てずに捨て置けないのが人間の性というものらしい。

そこで、刀剣界に目を向けてみると、いわゆる専門書が驚くほど昔から存在していた事実に気付かされる。

ここでは歴史的にみても代表的な三冊、『観智院本銘尽《かんちいんほんめいづくし》』『享保名物牒《きょうほうめいぶつちょう》』『集古十種《しゅうこじゅっしゅ》』を取り上げて、それぞれに収録されている内容を解説する。

『観智院本銘尽《かんちいんほんめいづくし》』

わが国最古の刀剣専門書『観智院本銘尽』が刊行されたのは鎌倉時代後期、正和《しょうわ》五年（一三一六）のことである。銘尽《めいづくし》とくれば、自ずと内容は察しが付くだろう。刀剣の柄《つか》の下に隠れている部分、すなわち茎《なかご》に記された、銘《めい》と呼ばれる刀工情報のデータ集なのだ。古今諸国鍛冶之銘、銘尽、時代別および国別の分類がまとめられている構成から、複数の刀剣書の合本と目される『観智院本銘尽』は、当時の鑑定家の見識が高かったという事実を今に伝える、貴重な史料となっている。原本こそ現存していないが、応永《おうえい》三十年（一四二三）に作成した旨が明らかな写本が国立国会図書館に所蔵されており、重要文化財指定を受けている。

『享保名物牒《きょうほうめいぶつちょう》』

徳川《とくがわ》第八代将軍・吉宗《よしむね》の治世下。武芸奨励に熱意を燃やしていた若き将軍の要請に応じて、享保《きょうほう》四年（一七一九）二月、刀剣極所《とうけんきわめどころ》を司る本阿弥《ほんあみ》家が編纂したのが『享保名物牒』だ。

徳川将軍家の命を受けて、最初に刀剣極所を務めた七代目当主・光徳《こうとく》が活躍していた慶長《けいちょう》年間（一五九六〜一六一五）以来、本阿弥家が鑑定を手がけてきた古今の名刀・名槍に関する控帳を基とする『享保名物牒』だが、将軍一個人に献上するために作られた私本だけに、偏りも見受けられ、誤伝が多いともいわれる。しかし、連綿と続いてきた、刀剣鑑定の名家のデータベースに裏付けられている以上、やはり注目に値する一冊といえるだろう。

現在、確認することができる『享保名物牒』収録の名刀は、数が多い順に見ていくと、

五郎入道正宗《ごろうにゅうどうまさむね》が四十振り（四十一振りとも）
相州貞宗《そうしゅうさだむね》が十八振り（十九振りとも）
藤四郎吉光《とうしろうよしみつ》が十六振り
筑州左《ちくしゅうさ》（左文字《さもじ》）が十五振り
郷義広《ごうのよしひろ》が十四振り（十一振りとも）
長船長光《おさふねながみつ》が九振り
志津兼氏《しずかねうじ》・一文字助宗《いちもじすけむね》・古青江《こあおえ》一門が各六振り
来国光《らいくにみつ》・当麻国行《とうまくにゆき》が各五振り
長船兼光《おさふねかねみつ》は初代（大兼光）が一振り、
　二代が四振りの計五振り
来国俊《らいくにとし》・相州行光《そうしゅうゆきみつ》が各四振り
来国次《らいくにつぐ》・三条宗近《さんじょうむねちか》・手掻包永《てがいかねなが》が各二振り

等々、百六十六振り（他に焼身《やけみ》八十一振り）となっている。

ご覧の通り、すべて南北朝時代以前に作られた古刀のみで統一され、相州物を中心とするラインナップだが、とりわけ目を引くのは一人の刀工の作から一振りずつ収録されている、希少価値の高いグループだろう。

以下に、その掲載データをご紹介しよう。

五条国永《ごじょうくになが》　鶴丸《つるまる》国永（二字銘《にじめい》二尺五寸九分半）
　金三千貫《がん》　松平陸奥守《まつだいらむつのかみ》殿
長谷部国重《はせべくにしげ》　へし切《ぎり》長谷部（在銘二尺一寸四分）

代金五百貫《かん》　松平筑前守《まつだいらちくぜんのかみ》殿

山城了戒《やましろりょうかい》　秋田《あきた》了戒　（在銘九寸）

代金二十五枚　松平加賀守《まつだいらかがのかみ》殿

信国《のぶくに》〈初代〉　紅葉山《もみじやま》信国　（在銘一尺五分）　御物《ぎょぶつ》

粟田口国綱《あわたぐちくにつな》　鬼丸《おにまる》国綱　（在銘二尺五寸八分半）

本阿弥へ御預

保昌貞宗《ほうしょうさだむね》　桑山保昌五郎《くわやまほうしょうごろう》　（在銘八寸五分）

代金五百貫　松平加賀守《まつだいらかがのかみ》殿

新藤五国光《しんどうごくにみつ》　会津《あいづ》新藤五　（在銘八寸四分半）

代金二百枚　御物

相州広光《そうしゅうひろみつ》　大倶利伽羅《おおくりから》広光　（二尺二寸二分）

代金千貫　陸奥《むつ》殿

高木貞宗《たかぎさだむね》　大波《おおなみ》高木　（二尺二寸九分）

代金千貫　松平肥後守《まつだいらひごのかみ》殿

一文字則房《いちもじのりふさ》　今荒波《いまあらなみ》則房　（在銘二尺）　所在不明

一文字則宗《いちもじのりむね》　二つ銘則宗　（在銘二尺六寸八分）　愛宕山《あたごやま》

いずれ劣らぬ、名刀揃いである。

本書では個別にご紹介できなかったが、ここに出てくる「鶴丸国永」「大倶利伽羅広光」「秋田了戒」「紅葉山信国」「桑山保昌五郎」「会津新藤五」「今荒波則房」はいずれも「名物《めいぶつ》」に数えられている。また、豊臣秀吉《とよとみひでよし》が京の愛宕山に奉納したことで知られる「二つ銘則宗」（九八頁）は、かつては足利《あしかが》将軍家に代々伝えられた「大名物」として、ひときわ名高い。ちなみに紅葉山信国と会津新藤五は「御物」となっているが、これは『享保名物牒』独特の表記で、皇室ではなく、将軍家の所蔵という意味である点にご注意されたい。

異名と伝来、銘の有無、刃長、所有者を基本データとして掲載すると同時に、鑑定結果と一緒に代付が為されている刀については、それぞれの金額を付記するというのが『享保名物牒』の基本フォーマットだ。

本阿弥家が過去に発行した折紙の控えを基にして、実に活用しやすい書式が組まれていることが分かる。もちろん活用したのは、本阿弥家に編纂を命じた張本人である徳川吉宗、その人に他ならないだろう。

掲載されている刀剣の所有者は、ほとんど大名ばかりで占められている。水戸《みと》、尾張《おわり》、紀州《きしゅう》の御三家、そして全国の大名家が秘蔵する「名物」の所在は、ことごとく『享保名物牒』に網羅されている。逆にいえば、いつでも『享保名物牒』をひも解きさえすれば、どの家中にはどのような名刀が存在するのか、吉宗は必要に応じて、即座に思い出せるというメリットがあったのだ。もちろん、吉宗が大名の秘蔵刀を理不尽に召し上げる暗君だったとは思わないが、本阿弥家を通じて入手した諸大名の個人情報の価値は、誠に貴重なものだったといえるだろう。御庭番《おにわばん》を設置して、各藩の些末《さまつ》な風聞《ふうぶん》にも目を光らせたほどの吉宗だけに、大名との駆け引きの場で、何げない刀の話題から少なからぬ効力を発揮させていたであろうことは、想像に難くない。

また、この『享保名物牒』に掲載された名刀は、その実績に由来して「古物《こぶつ》」の賛辞を冠せられた。本阿弥家によって厳選された刀となれば、世間的な評価が高まったのも当然だが、歴代の徳川将軍の中でも稀代の愛刀家だった吉宗の要望に応えて本阿弥家が責任編纂した書である以上、選定基準が厳しかったのは間違いない。

なお、今回参照した『享保名物牒』のデータには、掲載済みの刀工たちの作刀のうち、選定対象外となっていたものを中心とする追加分の刀二十七振り、槍一筋（一国長吉《いっこくながよし》）が含まれていた。異本が多いのも『享保名物牒』の特徴の一つといわれるだけに、追加された内容は異本のバージョン違いによって、微妙な差が出ていると思われる。

当然、天皇家の御剣も収録されているが、あえて将軍家の刀を指して「御物」と表記するあたり、いかにも御公儀の威光を背負っていた、刀剣極所謹製の私本らしい。

『集古十種《しゅうこじゅっしゅ》』

徳川吉宗《とくがわよしむね》の孫で、幕政の改革に限らず、学問の世界でも才能を発揮した老中・松平定信《まつだいらさだのぶ》が自ら編纂し、寛政《かんせい》十二年（一八〇〇）に刊行した模写図録集『集古十種』にも、当時の刀剣情報が豊富に掲載されている。

全八十五巻にも及ぶ『集古十種』は、定信のプランの下で、日本各地の古宝物の所在地と寸法を家臣団が取材すると同時に、それぞれに綿密な模写図が作成された。全国の当時としても希少価値を持っていた古画、扁額《へんがく》、文房、法帖、碑銘、鐘銘、銅器、兵器、楽器、さらには印章と、計十種に分類した労作である。和漢の学問に造詣の深い知識人として、大編著を刊行した定信の関心が書画骨董だけでなく、刀剣を始めとする武器・武具にも向けられていたことは興味深い。武芸奨励をモットーとした祖父と孫、血は争えないというべきか。

合計一二七振りの刀剣を収録した『集古十種』の構成上の特徴として挙げなくてはならないのは、著名な武将たちの遺愛刀や奉納刀剣だけではなく、「小烏丸《こがらすまる》」（五〇頁）を筆頭とする、伝説の存在というイメージが強い一振り、さらに俵藤《たわらとう》太《た》（一一四頁）が大百足《おおむかで》を退治した時の「蜈蚣《むかで》切太刀《きりのたち》」と称されるものまで、あらゆる刀剣を写した、詳細な模写図が掲載されている点だろう。たとえ真偽の程が定かでない対象物であっても、神格化したままにせず、熱のこもった真摯なタッチでスケッチを取り、後世に残そうという調査者たちの強い意志を感じさせる内容なのだ。

一二七振りの刀剣が三章に分けて掲載されている『集古十種』の中には敗戦後、現物が行方不明になってしまった「蛍《ほたる》丸《まる》の太刀」など、きわめて資料性の高い図版データも含まれている。現在、無事に保管されている刀剣であっても、およそ二世紀前の状態を模写した図となれば貴重な比較対象として、活用の余地が大きい。さまざまな先人の功に満ちた『集古十種』の価値は、まさに計り知れないといえるだろう。

名刀番付表――『懐宝剣尺』『古今鍛冶備考』

これからご紹介する二冊の書は、先に挙げた『観智院本銘《かんちいんぼんめい》尽《づくし》』『享保名物牒《きょうほうめいぶつちょう》』『集古十種《しゅうこじゅっしゅ》』が、いわば名刀事典と称するべき内容だったのに対し、いささか世俗的なものという第一印象を覚えられるかも知れない。あまたの名刀の優劣を、独自に評価した結果を列挙した一覧、つまり名刀番付表とでもいうべき体裁を為しているからだ。

刀剣ランキングそのものは、すでに足利《あしかが》第八代将軍・義政《よしまさ》の時代に「珍敷物《めずらしきもの》」「可然物《しかるべきもの》」「新作物《しんさくもの》」などといった国別刀工の順位付けが行われており、別に目新しいことではない。

ちなみに可然物は、将軍家から大名に対して所望するのにふさわしいという意味で、内訳としては、備前《びぜん》刀（岡山県）が大半を占めていた。新作物は室町時代当時の正和《しょうわ》年間（一三一二〜一七）前後に作られた刀を対象に選定されており、優劣は名作、可然物、新作物の順となっている。

江戸時代にも、市井《しせい》の目利きが選んだベストランキングは複数存在した。刀剣に限らず、いわゆる何々「番付」と呼ばれた出版物は江戸時代を通じて、庶民の間に広く流行したものなのだが、ここで取り上げた『懐宝剣尺《かいほうけんしゃく》』と『古今鍛冶備《ここんかじび》考《こう》』は、決して下世話な憶測や当て推量でランキングを試みているわけではない。むしろ、ある意味で剣を極めた達人の視点から下された、リアルすぎるほどにリアルな評価の結果を網羅した内容といえるだろう。

『懐宝剣尺《かいほうけんしゃく》』

江戸時代後期、生業として真剣を日々振るう立場から、一冊の書を世に問うた人物が存在した。御様御用《おためしごよう》を代々継承してきた山田《やまだ》家の五代目当主・山田朝右衛門吉睦《あさえもんよしむね》である。

題して『懐宝剣尺《かいほうけんしゃく》』。

寛政《かんせい》九年（一七九七）に初版が刊行された同書は、名刀と世に評されている古刀《ことう》と新刀《しんとう》を独自の判断で四段階にランキングした、業物《わざもの》表を中心とする内容になっている。

最上大業物が十二工、大業物が二十一工、良業物が四十八工、さらには業物にと、計百八十工が分けられた判断基準はただ一つ。刃の利鈍、すなわち斬れ味だ。

いずれにしても、実際に一振りずつ試してみない限りは判定できないことである。

古刀と新刀を合わせた総数は、軽く二万を越える。この膨大な数の刀、それも高価な名刀ばかりの斬れ味を、どうして朝右衛門は熟知していたのだろう。

試し斬りと呼ばれる、死体を使って刀剣の斬れ味を試す行為がいつから始まったのかは、定かでない。

十六世紀の後半に渡来した、宣教師のルイス・フロイスが「われら（註・ヨーロッパ人）の剣は、材木もしくは動物で試される。日本人は、それを死んだ人体で試すことに固執する」（『フロイスの日本覚書』）と語っていることから、少なくとも戦国時代の後期には試し斬りが頻繁に行われていたと推察される。

この試し斬り、最初に試みたのは織田信長《おだのぶなが》に仕えていた侍大将・谷大膳《たにだいぜん》と伝えられる。首を打たれた死体が安土《あづち》の郊外に打ち棄てられているのを見た大膳は、田の畔《あぜ》を台の代わりにして死体を載せ、差していた刀の斬れ味を試したという。いかにも残酷な光景だが、それまでは罪人や捕虜の処刑を兼ねて、生きたまま斬る「生胴《いきどう》」が公然と行われていたというから、罪人の死体のみを相手にした大膳の行為は、多少なりとも人間らしいといえるだろう。なお『平家物語《へいけものがたり》』に登場する源氏《げんじ》方の名刀「鬚切《ひげきり》」と「膝丸《ひざまる》」は、罪人を生きたままで試し斬りした結果に由来するものだ。平安の昔、あるいは刀剣が誕生した古代から連綿と続いてきたのかも知れない生胴から死体相手の試し斬りへの転換が為されたことは、一つの進歩といえるかもしれない。

江戸時代初期の寛永《かんえい》年間（一六二四〜四四）に至り、谷大《たにだい》膳《ぜん》の子にあたる谷出羽守衛友《でわのかみもりとも》に技を学んだ中川左平太重興《なかがわさへいたしげおき》によって、ついに試し斬りの流派が確立された。御書院番《ごしょいんばん》を務めた千二百石取りの旗本で、文武両道に優れた左平太が会得した、据物《すえもの》斬りの技法を伝授された高弟の中から山野《やまの》流、宇《う》津木《つぎ》流などと分派する者も出た。門弟たちは各地で修練の結果を示したらしく、試銘《ためしめい》と呼ばれる、茎《なかご》に象嵌《ぞうがん》を入れた大刀が幾振りとなく残されている。しかし、これらの刀は、彼ら自身のものとは限らない。むしろ、名刀収集の趣味を持つ大《たい》身《しん》の武士から預かり、所有者の代理として斬れ味を試す場合が多かったからだ。

この試し斬り代行業を、御様御用という。

それにしてもなぜ、大名や旗本といった大身武士は愛刀の試し斬りを他人に依頼したのか。

いかに逸品と賞される刀を持っていても、その斬れ味が本当に鋭いかどうかは、実際に人を斬ってみなくては証明でき父の志を継いだ息子の浅右衛門吉時《よしとき》は、享保《きょうほう》七年（一七二二）に初の御様御用を拝命し、折しも武芸を奨励していた第八代将軍・吉宗《よしむね》の愛刀の試し斬りを成功させて、「ある永代《えいだい》の特権」を獲得した。その特権の内容については後述するが、以降も代々の山田家の当主は浅（朝）右衛門の名前ともども御様御用を継承し、並びなき試剣術の第一人者として君臨したのだった。

ちなみに、吉時が振るった吉宗の愛刀は「武蔵太郎安国《むさしたろうやすくに》」の大刀と「越前康継《えちぜんやすつぐ》」の脇差《わきざし》で、いずれも胴を断ち割る斬れ味を引き出したという。吉宗は、御様御用は結果の口上のみを伝える慣例に構わず、山田一族の者に試し斬りを命じた時は、刃の血を拭《ぬぐ》い取らない状態で城内に持参させて自ら検分するほど、試剣術に関心が強かった。初の御用を遂行した吉時に対する褒美として、旗本格の屋敷を与える内意まで示したのだから、尋常ではない。しかし吉時は屋敷の拝領を辞退

ない。血気盛んな戦国の遺風が色濃かった当時には辻斬《つじぎ》りを試みる輩《やから》も盛んに出没したのだが、第三代将軍・家光《いえみつ》が引き廻しの上に死罪という厳罪を課し、安易に人殺しを働く武士の取締りを強化したため、思うようには行かなくなった。また、太平の世が続く中で武芸を忘れ、抜刀することさえ満足にできない武士が増えた結果、情けないことに自分では所持する刀を振るえないという状況にもなりつつあった。

そこで、山田一族である。

首斬り浅右衛門と世に恐れられた、試剣術（試刀術）の大家としての山田家の祖は、浅右衛門貞武《さだたけ》である。この貞武、若年の時は道場剣術に励んだと伝えられており、赤穂義士の堀部安兵衛《ほりべやすべえ》とは稽古《けいこ》仲間だったというから、流儀は念《ねん》流系と考えることができる。そして、試剣術については当時の江戸で達人と謳《うた》われた山野勘十郎《やまのかんじゅうろう》、さらには中川左平太の許で技を磨いたものの、貞武自身が御様御用に就くことはなかった。

し、代わりに罪人の死体を下げ渡してもらう権利が欲しいと申し出た。

この願いが聞き届けられた結果、山田家では諸方からの御様御用に、さらには弟子を取って試剣術を指南するのに申し分のない環境を整えたのであった。

そう、山田家が獲得した「ある永代の特権」というのは御様御用に欠かせない、罪人の死体の独占権だったのだ。必然の結果として、その後の御様御用は歴代の浅（朝）右衛門と門人にのみ許される次第となり、本業を御様御用、副業を首斬り役とする山田家の日常は、幕府の瓦解まで存続した。無役の牢人《ろうにん》身分のまま、本来は町奉行所の若同心が遂行すべき処刑執行の役目を請け負っていた山田一族の者たちは、首を打ち落とした死体を引き取る。そして、息絶えた人体を土壇《どたん》場《ば》と称する専用の土塁《どるい》に載せ、繰り返し斬ることで、さまざまな名刀の刃を試したのだ。

常人の域を超える、強固な意志を持たずして、日々取り組める家業ではあるまい。

現代の感覚から見れば理不尽なのかも知れないが、当時の社会において、大半の凶悪犯に対して極刑が課せられるのは珍しいことではなかった。死刑囚の数が多いとなれば当然ながら、処刑執行人の仕事は増える。年に百人単位というのが、山田家の歴代当主が打つ首の数だ。むろん、斬るのは首だけではない。処刑後に預かった名刀を試す際には胴、腰、さらには手足と所定の作法に従って、順々に斬り付けていく。幾人もの死体を積み重ねて、両断する場合もある。また、槍を試す時には、ひとたび打ち落とした首に狙いを定めてズカと刺し貫く。かくも凄絶な体験を日々の仕事として繰り返し、その成果を記録していけば、古今の名刀の斬れ味に自ずと詳しくなるのも、道理だろう。つまり『懐宝剣尺』の業物表はすべて、山田家が永々と蓄積してきた試剣術の実地データが基になっているのだ。

ちなみに『懐宝剣尺』の著者として名を連ねているのは須《す》藤五太夫《どうごだゆう》、山田朝右衛門吉睦、柘植平助《つげへいすけ》の三人である。刊行の五年前に没した須藤五太夫は、伊予《いよ》（愛媛県）・久松《ひさまつ》家の家臣で、長らく山田家の指南役を務めてきた試剣術の達人だった。中川流の免許を持つ吉睦が山田家の養子に迎えられた時、奥技の「吊し胴」「払い胴」を伝授したのも、この五太夫である。一方の柘植平助は、吉睦と五太夫が集めた資料の撰者を担当した肥前《ひぜん》・唐津《からつ》藩士で、試し斬りの説明に新々刀の刀工名簿、金工名簿、年号表、さらには刀装の解説と、業物表以外の部分の原稿は、すべて彼が執筆したという。試剣術に対する造詣の深さから察するに、江戸勤番の時期を利用して、山田家に出入りしていた人物の一人と思われる。

『古今鍛冶備考《ここんかじびこう》』

『懐宝剣尺《かいほうけんしゃく》』初版の八年後、文化《ぶんか》二年（一八〇五）に再版を刊行したのに引き続き、山田朝右衛門吉睦《やまだあさえもんよしむね》は『古今鍛冶備考』全七巻を世に送った。文政《ぶんせい》十三年（一八三〇）のことである。内容としては刀工の人名事典、押形《おしがた》と称する刀剣の茎《なかご》を紙に写し取った拓本《たくほん》、そして業物表の改訂版が収録されている。業物表の最上大業物は『懐宝剣尺』再版時に一工、さらに『古今鍛冶備考』では二工が補筆され、良業物は百工を越えたという。編集は『懐宝剣尺』にも携わった柘植平助《つげへいすけ》で、吉睦は山田亀峰館なる版元を名乗り、私家本として刊行する形で出版費用を提供している。平助は、いわば加筆担当のライター兼エディター、吉睦はプロデューサーの立場ということになる。この『古今鍛冶備考』は、日々絶え間なく増え続ける実体験を通じて養われた、当事者以外には想像もできない知識を世人に供するべく、山田一族と門人たちが総ぐるみで取り組んだ、一大事業の集大成といえるだろう。

山田一族の他に、斬れ味を評価基準としたランキングが試みられた事例としては、市井《しせい》の鑑定家・神田白龍子《かんだはくりゅうし》が、朝右衛門吉睦らと同じく「業物」ということばを用いて、斬れ味をメインの評価基準とする新刀鑑別を行っている。

最上大業物一覧

それでは、最後に『懐宝剣尺《かいほうけんしゃく》』『古今鍛冶備考《ここんかじびこう》』の業物表に掲載された、最上大業物をまとめて紹介しよう。

『懐宝剣尺』初版　寛政《かんせい》九年（一七九七）

秀光《ひでみつ》（古刀／備前国）
忠吉《ただよし》〈三代〉（新刀／肥前国）
孫六兼元《まごろくかねもと》〈初代〉（古刀／美濃国）
孫六兼元《まごろくかねもと》〈二代〉（古刀／美濃国）
三善長道《みよしながみち》（新刀／岩代国）
長曽禰興里入道虎徹《ながそねおきさとにゅうどうこてつ》（新刀／武蔵国）
長曽禰興正《ながそねおきまさ》（新刀／武蔵国）
忠吉《ただよし》〈初代〉（新刀／肥前国）
三原正家《みはらまさいえ》〈末三原《すえみはら》〉（古刀／備後国）
多々良長幸《たたらながゆき》（新刀／摂津国）
山城大掾国包《やましろだいじょうくにかね》〈初代〉（新刀／陸前国）
元重《もとしげ》（古刀／備前国）
計十二工（古刀五工、新刀七工）

『懐宝剣尺』再版　文化二年（一八〇五）

前記の十三工に
ソボロ助広《すけひろ》〈初代助広〉（新刀／摂津国）
一工を補筆。

計十三工（古刀五工、新刀八工）

『古今鍛冶備考』　文政十三年（一八三〇）

前記の十三工に

兼光《かねみつ》〈初代〉（古刀／備前国）

和泉守兼定《いずみのかみかねさだ》〈二代。之定《のさだ》〉（古刀／美濃国）

二工を補筆。

計十五工（古刀七工、新刀八工）

もちろん、いかに試し斬りの代行業を家業にしていたとはいえ、山田一族が二万を越える古刀と新刀のすべての利鈍を実地に試刀したとは、素人考えにしても想像し難い。

しかし、天下五剣を筆頭とする、人を斬ることなど想像できない古の太刀が含まれていないと同時に、徹頭徹尾の武用刀として位置付けられる同田貫《どうだぬき》（二九〇頁）なども除外されている点を鑑みるに、可能な限り公平なスタンスから選び抜いた十五工、と受け止めるべきなのだろう。

名刀工の系譜

刀工――その歴史的な位置付け

刀工。

俗に「かたなかじ」と呼ばれる職業である。

いや。職業、ビジネスという事務的なことばで軽々しく表現できるほど、誰もが全うできる仕事ではないだろう。

刀は、かつて武士の魂といわれた。

もちろん、武士だけには限らない。現代でこそ、武道の稽古でしか用いられることのなくなった真刀だが、かつては護身や冠婚葬祭に欠かせない存在として、ごくふつうの庶民にとっても、親しい存在だったからだ。

ここでいう「魂」には所説あると思うが、いかに立派な志に満ちた人物でも、肝心の魂を託す刀が不出来ではどうにもならない。

刀工は、文字通りに精魂を込めて、世に刀を送り出してくれる、唯一無二の創造主である。

匠の技をもって生み出される存在だからこそ、はじめて刀は魂の器たり得たのではないだろうか。

まず初めに確認しておきたいのは、刀工とは、ただ単に人を殺傷するための兵器としての刀剣の製造に携わる人々ではなかった、という一点だ。

改めて日本の合戦史をひも解くまでもなく、広い意味での刀剣――太刀《たち》、刀《かたな》、脇差《わきざし》、短刀《たんとう》、さらには槍《やり》、薙刀《なぎなた》、長巻《ながまき》といった長柄《ながえ》武器――が実用に供されて、内外の古戦場を血で染めたのは、まぎれもない事実である。

確かに、刀工の手によって作られる各種の刀剣は、兵器と称するに足るだけの威力を秘めているのだろう。しかし、過去の実戦に使用されたという一点のみに目を向けて、刀剣という存在そのものを凶々《まがまが》しいと判断してしまうのはいかがなものか、と思わずにいられない。

日本刀という総称で呼ばれる、わが国の刀剣は、兵器というだけの存在には終わらない魅力を備えている。

単純に人を殺傷するための武具、消耗品に過ぎなかったとしたら、古来から宝石や黄金にも匹敵する貴重品として珍重されるはずがない。

そもそも、生み出される過程からして、刀剣は大量生産の近代兵器とは違う。

刀剣を作ることを鍛造《たんぞう》という。原料となる良質の鋼《はがね》を刀工は精魂を込めて「鍛《きた》」え「造《つく》」るからだ。いかに時代が進み、機械文明が発達しようとも、日本刀の鍛造だけはオートメーション・システムには置き換えられない。前置きにて申し上げたように、匠《たくみ》の技を持つ職人である、刀工だけに可能な業だからだ。

古代より、洋の東西を問わず神聖視されてきた鉄、そして火を自在に操る術を持つ鍛冶《かじ》は、いわば特殊技能者である。まして溶かした鉄を延ばし、剣形に仕上げる刀工の技術は、容易に真似のできるものではない。

わが国の作刀のルーツは、大和朝廷が成立した古墳時代中期にある。百済《くだら》（朝鮮）や漢《から》（中国）から帰化した外来の鍛冶集団が活躍した当時の鉄剣は、各国の鍛冶技術が混在・融合したものだったという。大陸からの鉄剣の輸入が始まるのと同時に渡来した韓鍛冶《からかじ》（カラカヌチとも呼ぶ）や漢鍛冶の教えを受けた人々は、倭《やまと》鍛冶（ヤマトカヌチとも呼ぶ）と称された。倭鍛冶の作刀技術は奈良時代には本家を凌ぐに至り、刀工たちは日本独自の刀剣の創造に努めた。当時の大和国《やまと》（奈良県）には「天国《あまくに》」と「天座《あまくら》」（アマザとも読む）、そして、豊前国《ぶぜん》（福岡県）には「神息《しんそく》」（キヨオキとも読む）と名乗る刀工が存在したと伝えられる。作刀こそ現存していないものの、大和国と豊前国が奈良時代における刀工の中心地だった確率は、きわめて高いといえるだろう。なお、天国と天座は大宝《たいほう》年間（七〇一～七〇四）頃の人とされており、この天国は、有名な小烏丸《こがらすまる》（五〇頁）の作者とは別人と見なすのが妥当と思われる。まだ大陸の影響が色濃い片刃の直刀《ちょくとう》、すなわち大刀の段階だった奈良時代に鋒両刃造《きっさきもろはづくり》の彎刀《わんとう》――すなわち太刀――の小烏丸が作られた、と考えるのは無理がありすぎるからだ。ともあれ、最初期の刀工たちが手がけていた大刀の鍛冶技術が、平安時代に太刀を、そして室町時代には「日本刀」の代名詞ともいえる打刀《うちがたな》を生み出す母体となったのは間違いないだろう。ちなみに刀を総称して「日本刀」と呼ぶようになったのは、「武井信正《たけいのぶまさ》」〈頼三樹三郎《らいみきさぶろう》〉の項（二八〇頁）にて紹介している通り、幕末を目前に控えた江戸時代後期のことなので、念のため。

平安時代を迎えて、わが国の作刀技術は飛躍的な向上を果たした。直刀から彎刀への発達である。いわゆる「日本刀」の原型である太刀の誕生と前後して、刀工の数は急速に増えていく。詳しくは巻末の「街道別刀工一覧」（三八六頁）をご参照いただくとして、刀工の個人名が世に現れるようになったのは平安時代の中期以降、という点を押さえておきたい。

時代が進むにつれて作刀技術が確立され、供給者である刀工の頭数が増えたことにより、太刀、そして打刀は急速に普及した。室町時代に「数打ち《かずう》」と称する量産物が輸出品として作られていたのは、周知の事実である。

この数打ちの刀、いわば消耗品であった。

近年の日本合戦史研究の成果によって、中世は弓、近世には火縄銃を用いた遠戦《えんせん》、すなわち距離を置いた状態での射ち合いこそが合戦の実像であり、私たちがイメージするような白兵戦はほとんどなかったという説が有力視されている。室町時代から戦国時代にかけて普及した槍が最前線に投入され、足軽を主力とする長槍隊を各地の武将が編成したのは広く知られる通りだが、刀はというと補助武器に過ぎず、もっぱら合戦の勝敗が決した後の、首取りに用いたとされる。

しかし、傷を負って満足に動けないとはいえ、敵に大人しく首を差し出す者はいない。必然の結果として、逃げる敗け組と追撃する勝ち組の間では、刀槍を振るっての闘いが展開された。合戦が終わった後となれば、敵も味方も満足な武器を有しているはずがない。破損した槍の代わりとして補助武器の刀を抜き、斬り合う局面を迎えたであろうことは想像に難くないのだが、そのような修羅場で振るうための役割を担うのが前提だとしたら、名刀など用いるはずもないだろう。最前線に自ら立つことのない武将クラスの者は例外としても、立場の上下を問わず、合戦場に持参した刀は数打ちものが多かったと考えるべきではないか。

それでは、世に聞こえた名刀の数々は一体、何のために作られていたのだろう。

曰く、贈答用である。

消耗することを前提とした実用刀とは一線を画する存在として、戦国武将たちが贈り贈られていた刀剣はいずれも当代一流の名工たちが鍛造したものだった。戦国の争乱が終結した江戸時代、徳川《とくがわ》将軍家や各藩の有力大名が優秀な刀工を御抱え鍛冶に雇うケースが多々見られたのも、刀剣が武器以上の価値を備えていたからに他ならない。将軍家のために作刀した刀工には、葵《あおい》紋を茎《なかご》に切るという特権が与えられたことも覚えておきたい。

名工ランキング

昔も今もジャンルを問わず、各界の優秀な人物をベストランキングすることが行われた。刀剣界も例外ではなく、数えきれぬほど多岐にわたっている。

中でも有名なのが、世にいう「正宗十哲」（セイシュウジュッテツとも呼ぶ）だ。

正宗十哲《まさむねじゅってつ》

来国次《らいくにつぐ》（山城国／正応年間）
長谷部国重《はせべくにしげ》（山城国／延文年間）
志津兼氏《しずかねうじ》（美濃国／元応年間）
金重《きんじゅう》（美濃国／元応年間）
郷義弘《ごうよしひろ》（越中国／元応年間）
則重《のりしげ》（越中国／嘉暦年間）
直綱《なおつな》（石見国／建武年間）
兼光《かねみつ》〈二代〉（備前国／延文年間）
長義《ちょうぎ》（備前国／建武年間）
左《さ》（筑前国／元応年間）

正応《しょうおう》年間（一二八八～九三）から嘉暦《かりゃく》年間（一三二六～二九）にかけて相模国《さがみ》（神奈川県）で活躍した五郎入道正宗《ごろうにゅうどうまさむね》の弟子にあたる刀工から選ばれたとされる十工だが、全員が正宗から直に学んだというのではなく、伝系、すなわち相州伝《そうしゅうでん》と称される正宗の作風をよく継承しているか否かが、ランキングの基準といえるだろう。本当に弟子だったのかと疑問視されているのは直綱と兼光だが、前者の作風が相州伝であるのに対し、兼光の場合には作風そのものが正宗と異なる点を覚えておきたい。

貞宗三哲《さだむねさんてつ》

続いては、正宗《まさむね》と同国の名工・彦四郎貞宗《ひこしろうさだむね》の門下から選ばれた「貞宗三哲」。

正宗十哲にも劣らない、錚々《そうそう》たる顔ぶれである。

信国《のぶくに》〈初代〉（山城国／建武〜貞治年間）
法城寺国光《ほうじょうじくにみつ》（但馬国／貞和年間）
元重《もとしげ》（備前国／建武年間）

建武《けんむ》年間（一三三四〜三六）の相模国出身の貞宗は正宗の弟子に当たる人物で、養子に迎えられたほどの逸材だった。それだけに、後に続く貞宗三哲にも確かな個性を備えた名匠たちが揃っている。

正宗らが創始した相州伝を完成させたといわれる貞宗そのままの技法を継承した信国、作風が完全に異なる法城寺国光、本来の備前伝《びぜんでん》と師から学んだ相州伝を併せ持つ元重と、それぞれ特徴が違うのも興味深い。

三平《さんひら》、三光《さんみつ》、天下三名工

他の刀工ランキングとしては、刀剣王国・備前《びぜん》国（岡山県）から選ばれた面々が挙げられる。平安時代に活躍した包平《かねひら》、助平《すけひら》、高平《たかひら》の三工を「古備前三平《こびぜんさんひら》」と、室町時代の備前鍛冶の代表格とされる盛光《もりみつ》、康光《やすみつ》、師光《もろみつ》を「応永備前三光《おうえいびぜんさんみつ》」と呼ぶ。

時代が下がり、名刀が武用よりも鑑賞用に供される傾向が強まった戦国時代の末期、豊臣秀吉は「天下三名工」（三作《さんさく》ともいう）として正宗《まさむね》、郷義弘《ごうよしひろ》、そして鎌倉時代の山城国《やましろ》（京都府）で短刀製作の上手として名声を馳せた藤四郎吉光《とうしろうよしみつ》を選んでいる。いずれ劣らぬ名工揃いといえるだろう。

御番鍛冶《ごばんかじ》

最後に、「御番鍛冶」について触れておきたい。

御番鍛冶とは鎌倉時代、稀代の愛刀家として知られる第八十二代・後鳥羽《ごとば》天皇（在位一一八三〜九八）の許に出仕し、作刀を務めた刀工の総称である。

退位後、院中に全国の名工たちを召し出す御番鍛冶の制（各月交替）を設けられた上皇は、次の十三工を任命された。

正月（一月）　備前国（岡山県）より、一文字則宗《いちもんじのりむね》
二月　備中国（岡山県）より、青江貞次《あおえさだつぐ》
三月　備前国より、一文字延房《のぶふさ》
四月　山城国（京都府）より、粟田口国安《あわたぐちくにやす》
五月　備中国より、青江恒次《つねつぐ》
六月　山城国より、粟田口国友《くにとも》
七月　備前国より、一文字宗吉《むねよし》

後鳥羽帝の御影。『集古十種』所蔵。

八月　備中国より、青江次家《つぎいえ》
九月　備前国より、一文字助宗《すけむね》
十月　備前国より、一文字行国《ゆきくに》
十一月　備前国より、一文字助成《すけしげ》（助近とも書く）
十二月　備前国より、一文字助延《すけのぶ》
閏月番《うるうづき》　山城国より、粟田口久国《ひさくに》

承久《じょうきゅう》の乱（一二二一）の敗北により隠岐島《おきのしま》（島根県）に流刑されるという不運に見舞われた後も、上皇の刀剣熱はさめることを知らなかったと伝えられる。

都から遠く離れた地に伺侍した、隠岐国御番鍛冶は以下の六工である。

正月、二月　山城国より、粟田口則国《のりくに》
三月、四月　山城国より、粟田口景国《かげくに》
五月、六月　山城国より、粟田口国綱《くにつな》
七月、八月　備前国より、一文字宗吉
九月、十月　備前国より、一文字信正《のぶまさ》（延正とも書く）
十一月、十二月　備前国より、一文字助則《すけのり》

御自ら槌を手に取られ、作刀に務められた後鳥羽上皇は承《じょう》元《げん》二年（一二〇八）正月に粟田口久国、備前国信房の二工を特に召し出されて奉授剣工《ほうじゅけんこう》、すなわち、上皇が御自ら鍛えられる菊御作《きくぎょさく》の手助けをする相槌に任命された。その功績により、久国と信房は日本鍛冶宗匠の名を授けられた。

また、則宗は御番鍛冶中第一位の栄光に浴し、自分の作刀の茎《なかご》に十六葉菊の紋章を切ることを許された。則宗の作刀が菊一文字と称されるのは、授かった菊の紋章と、一文字派の刀工の特徴である「一」字とを組み合わせた銘に由来する。

御番鍛冶、そして奉授剣工に任じられ、菊紋を切る特権を与えられることは、世の刀工たちにとって至上の名誉であったに違いない。もちろん、選ばれた面々が作刀の技術のみならず、その人物を見込まれたからこそ、上皇のお側近くに仕えることもできたのだろう。

なお、御番鍛冶には「承元《じょうげん》二十四番鍛冶」と称される別制が存在した。呼称の通り、承元年間（一二〇七～一二一一）に限って行われた制度と見なされる。

その顔ぶれは、次の通り。

正月　包道《かねみち》（備前国）・粟田口国友《あわたぐちくにとも》（山城国）
二月　古備前師実《こびぜんもろざね》（備前国）・一文字長助《いちもんじながすけ》（備前国）
三月　千手院重弘《せんじゅいんしげひろ》（大和国）・一文字行国《ゆきくに》（備前国）
四月　長船近房《おさふねちかふさ》（備前国）・豊後行平《ぶんごゆきひら》（豊後国）
五月　包近《かねちか》（備前国）・直房《なおふさ》（備前国）
六月　古備前則次《のりつぐ》（備前国）・番鍛冶吉房《ばんかじよしふさ》（備前国）
七月　朝助《ちょうすけ》（備前国）・宗隆《むねたか》（伯耆国）
八月　章実《あきざね》（備前国）・実経《さねつね》（備前国）
九月　包末《かねすえ》（備前国）・一文字信房《のぶふさ》（備前国）
十月　朝忠《あさただ》（美作国）・実経《さねつね》（美作国）
十一月　包助《かねすけ》（備前国）・一文字則宗《のりむね》（備前国）
十二月　則眞《のりざね》（備中国）・長船是介《これすけ》（備前国）

知名度があまり高くなく、現存する作刀も少ない刀工が増えている。全体に若返りが図られた印象を受けると同時に、一文字則宗をはじめ、十三人体制時の御番鍛冶と重複して名を連ねている者が存在するのが興味深い。ちなみに十月番を務めた美作国《みまさか》（岡山県）の朝忠と実経は、実の兄弟である。

受領名——刀工の名前

刀工の名前には、一つの共通項が見受けられる。

一例として、通称「之定《のさだ》」で知られる室町時代の名工・和泉《いずみ》守兼定《のかみかねさだ》を挙げてみよう。

兼定が作刀した太刀の銘には、

「濃州関住兼定作」

「和泉守藤原兼定作」

の二種類が確認されているが、ここで注目をしていただきたいのは、後者の銘に見られる「和泉守」だ。

この××守というのは、奈良時代に施行された律令制における官職名で、受領名《ずりょうめい》と呼ばれる。例に挙げた「守《かみ》」に加えて、刀工の名前には「介《すけ》」「掾《じょう》」「目《さかん》」といった官位を示す一字が含まれていることが多い。いずれも地方長官に相当する国司《こくし》の、四段階に分かれた身分を意味しているのだが、もちろん刀工が実際に国司として任命されたわけではない。朝廷から名前だけ与えられた、いわば名誉職である。

この慣習、いつから始まったのだろうか。

最初に官名を下賜されたのは、大隅権守《おおすみごんのかみ》を受領した粟田口《あわたぐち》久国《ひさくに》と伝えられている。鎌倉時代前期、建久《けんきゅう》年間（一一九〇〜九九）の山城《やましろ》国（京都府）で活躍していた久国が、現在の鹿児島県東部に相当する大隅の国司名を冠している点を見ても、名目だけの肩書きなのは明らかである。仮、または副《そえ》という意味の「権」の一字が加えられているのも、仮称であることの証明といえるだろう。また、同じ御番鍛冶に選ばれた粟田口国安《くにやす》は山城守、青江恒次《あおえつねつぐ》は備中《びっちゅう》守（岡山県）、一文字《いちもんじ》行国《ゆきくに》は河内《かわち》守（大阪府）、一文字助成《すけしげ》は長門《ながと》守（山口県）、一文字助延《すけのぶ》は備後《びんご》守（広島県）にそれぞれ任ぜられている。

当時の身分社会では、皇族に仕えるとなれば無位無官では都合が悪い。そこで、朝廷は彼らを仮の国司ということにして任命したと考えられるのだが、このように受領名を冠する刀工の数が急増するのは、江戸時代になってからの現象だ。名目だけの肩書きも、いわゆるステータスシンボルとして、少なからぬ効力を発揮したであろうことは想像に難くない。

名誉職として官名を得る慣習は刀工だけに限らないが、官名を与える見返りとして上納される金品は、朝廷側にとっても貴重な財源であったため、受領名制度は幕末に至るまで永きにわたって存続した。

作刀期による区分──古刀、新刀、新々刀

初心者が刀剣のことを知ろうとする時、受領名ともども困惑してしまうのに、いわゆる古刀《ことう》、新刀《しんとう》、新々刀《しんしんとう》とは何を意味しているのかわからない、という問題がある。これはひと言でいえば、刀が作られた時代別の区分なので、まず刀剣史における時代区分を整理しておこう。

古刀期　慶長《けいちょう》元年（一五九六）以前
新刀期　慶長元年～安永《あんえい》末年頃
　前期＝慶長～慶安《けいあん》（一六五二）
　中期＝慶安～元禄《げんろく》（一七〇四）
　後期＝元禄～安永（一七八一）
新々刀期　天明《てんめい》元年（一七八一）頃～幕末・明治維新

おおまかにいえば、平安時代中期から桃山時代にかけて作られたのが古刀で、桃山時代から江戸時代の中期までが新刀、そして江戸時代の後期から明治維新までが新々刀ということになる。

古刀・新刀という区別は、徳川《とくがわ》第八代将軍・吉宗《よしむね》の治世下

である享保《きょうほう》年間（一七一六〜三六）に活躍した刀剣鑑定家が著した『新刃銘尽《あらみめいづくし》』（神田白龍子《かんだはくりゅうし》）、『新刃銘尽後集《あらみめいづくしこうしゅう》』（池田吉兵衛）に基づく。ちなみに「新刀」なる語は、安永年間（一七七二〜八一）に鎌田魚妙《かまたぎょみょう》の『新刀弁疑《しんとうべんぎ》』がベストセラーとなったために定着したという。

新刀期は慶長〜慶安の約五十年間を前期、慶安〜元禄の約五十年間を中期、元禄〜安永の約八十年間を後期として三分割され、およそ百八十年におよぶ。戦乱の絶えた平和な時代が続き、戦国時代から江戸時代初期にかけての豪壮な姿よりも、華奢な外見の刀が好まれるようになった新刀期の末期に出現した水心子正秀《すいしんしまさひで》が、古刀への復古を唱えたことが契機となり、新々刀期が始まった。幕末動乱を目前に控えての不穏な世情の中、再び鎌倉時代の太刀にも似た豪刀が流行を見せたものの、洋式軍制の導入に伴って刀はダウンサイジングの一途をたどり、突兵拵《とっぱいこしらえ》と称する洋軍服向きの刀装に見合った刀が主流となった。かくして、明治九年（一八七六）の廃刀令を前にして、新々刀期は幕を閉じたわけであるが、維新後も古来の作刀技術を伝承しての鍛造に尽力した新時代の刀工たちのおかげで、わが国の刀剣史は現代に至るまで脈々と続いている。

資料編

図解日本刀

国宝刀剣一覧

街道別刀工一覧

図解日本刀

わが国古来の刀剣、いわゆる日本刀は機能性と装飾性を同時に満たして余りある、きわめて稀有な存在といってもいいだろう。

とりわけ、本書でご紹介してきた「名刀」たちには武器でありながら、美術鑑賞品として計り知れない、高い価値が備わっている。

本来は武器以外の何物でもない、という固定観念を一瞬忘れさせずにはおかないほど、幾百年もの時を超えてきた日本刀は、汲めども尽きぬ魅力に満ちている。

ならば、実際に見てみたい。

私の拙い文章がきっかけになって、皆様の刀剣に対する興味を深めてもらえたら、ぜひ、機会を見つけて博物館や美術館に足を運んでいただき、見学をしてほしい。

もちろん、刀剣鑑賞への関心が強く、今すぐ手に取って眺めてみたいという方もおられると思う。だが、初心者がいきなり真刀をお持ちになるのは、いろいろな意味で危なすぎる。購入を思い立ったのはいいが、鑑賞刀として価値をもたない、粗悪な刀に法外なお金を取られたうえに取り扱いを誤り、大怪我をするような事態を招いては何の意味もない。せっかくの興味が、仇《あだ》になってしまう。

だから無用の出費も怪我も心配なく、係員の立ち会いの下で、誰もが安全に、気軽に楽しめる「見学」から始めていただくのが、いちばん賢明なのだ。見る目を養い、参考文献を読むことで知識を増やしていけば必ずや、鑑賞刀を手にする機会も出てくることだろう。

しかし、ここで一つ問題がある。

たとえ「見学」でも、ほんのちょっとだけ、予備知識を覚えてもらわなくてはならない、ということだ。

絵画や彫刻とは違って、刀剣は何も知らずに会場へ足を運んだだけでは、なんとも物足りないままで終わってしまう恐れが、かなり大きい。

なぜかといえば、刀剣を常設・特別展示してくれている博物館でも、信用のおける大手の刀剣商が主催する、見学自由の展示即売会場でも、日本刀は刀装《とうそう》一式を取り外した、刀身《とうしん》のみを見せるのが基本だからだ。

刀剣鑑賞の目は、華美な刀装には視線を奪われず、ただひたすらに刀身を玩味する習慣をつけることで、はじめて養われる。刀装は刀装で、別物の鑑賞対象として認識することが求められるわけである。もちろん、最初から難しく考えすぎて、せっかくの興味が引いてしまっては元も子もない。徐々に慣れてくれれば結構なのだが、基本的に博物館も展示即売会場も、刀身は刀身、刀装は刀装と、個別に展示されている。慣例である以上、刀剣の見学に臨まれるからには、承知しておいてもらわなくてはならない。

柄《つか》と鍔《つば》と鞘《さや》がついていない、むき出しの刀身をはじめて目の当たりにすると、恐らく、取っ付きにくい第一印象を与えられてしまうかも知れない。たとえ、日本刀に純粋な興味と好奇心を抱いてくれている方々に対しても、刀装を取り外した刀身には、冷たい、無機質な印象を覚えさせるところがあるからだ。

しかし、引いてしまってはいけない。

この刀身にこそ、古来から磨き上げられてきた日本刀の美が、余すところなく結集されているのだ。

だからこそ恐れずに鑑賞していただきたいのだが、刀身のどの部分が鑑賞上のポイントなのか、あらかじめ覚えたうえで接しないと、相手は何も応えてくれない。せっかくつくってもらった見学の時間を楽しめず、無為に過ごしてしまう結果になっては、ここまで拙文にお付き合いいただいた甲斐がない。

そこで、本書では資料編に図解のページを設けて、日本刀を楽しく鑑賞してもらうために、最低限の予備知識を解説させていただくことを試みた。

武器として見る場合と違って、いざ鑑賞する対象となると、日本刀はなかなかに手厳しい。

以下のページに掲載した図解および解説は、必要不可欠な内容のみに絞ったものなので、とりあえず、初歩の初歩からの「見学」には、十分お役に立つと思う。

とりあえず、というのは、あまり適切なことばではないかもしれないが、これだけは覚えておいてほしいポイントを短時間で押さえられるように挙げてみたので、よろしくご参照いただきたい。

前半では第一段階として、日本刀の種類に対する理解を深めてもらうため、具体的なサンプルとして選んだ刀剣をイラストを交えて紹介している。

後半は、日本刀を見るうえで必要な基本データを、図解イラスト＋解説の図説形式で、できるだけ簡潔にまとめている。不備な点も多いことと思うが、初歩の初歩から日本刀を学び、刀剣鑑賞の世界を覗いていただくための手引きとしてご活用願えれば、嬉しい限りである。

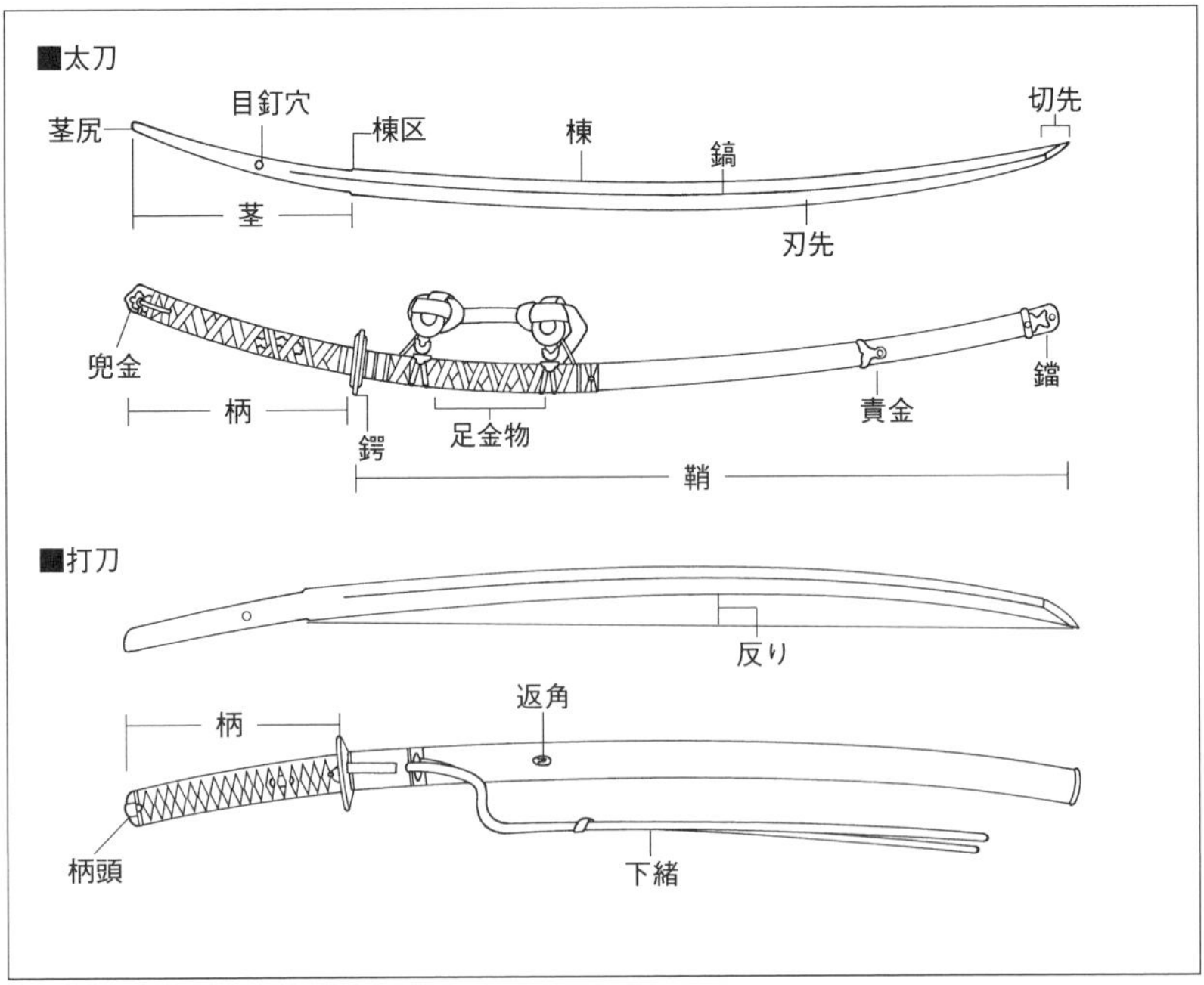

日本刀

日本刀の種類

太刀《たち》、刀《かたな》、脇差《わきざし》、短刀《たんとう》。

以上の四種類が、現在も商品として製作され、流通している日本刀の基本形である。

刃長二尺《しゃく》（約六〇センチ）以上のものが太刀と刀で、太刀は携帯する際に佩用《はいよう》、つまり刃を下向きにして、鞘《さや》に設けた足金物《あしがなもの》という金具に通した緒《お》で腰から吊るすのに対し、刀は刃を上に向けて、帯の間に差す。その刀とワンセットにして差す、いわゆる二本差しの短いほうが脇差で、長さは一尺（約三〇センチ）以上、二尺未満。そして一尺以下が短刀というわけだが、これだけの説明では、どこがどう違うのか、よくわからないと思う。

そこで、日本刀の種類を理解してもらうための下準備として、わが国の刀剣の発達史を振り返ってみよう。

これからメインにご紹介するのは、今では美術工芸品として以外には見られなくなった、日本刀の成長過程の姿と認識していただきたい。その過程さえ飲み込めれば、なぜ太刀、刀、脇差、短刀の四種類が、日本刀の基本形として現在に至っているのかが、おわかりになることだろう。

環頭大刀［かんとうたち］（古墳時代～平安時代初期）

聖徳太子《しょうとくたいし》や蘇我馬子《そがのうまこ》が登場する、奈良時代を舞台にした作品に出てくる刀を思い出してみよう。

彼らの刀は柄《つか》の部分がまるく、金銀の華々しい外装が施されていたはずだ。

このような刀のことを、環頭大刀と呼ぶ。

把《つか》（柄）頭《がしら》が環状《かんじょう》になっていることに由来する環頭大刀は、大和朝廷の実力者が佩用したものである。古墳時代の四～七世紀にはじめて大陸からもたらされて以来、外装にわが国独自の工夫が加えられて、古墳時代の中期を迎える頃には、弥生時代から用いられてきた両刃の剣《つるぎ》に代わって定着した。この環頭大刀、どうしても華美な外装にばかり視線を奪われてしまいがちだが、写真や現物をご覧になる機会があれば、まずは刀身に注目してほしい。

大刀の刀身には、反りというものがまったくない。一般的な刃長は七〇センチ前後で、黒作大刀《くろづくりのたち》と称された、装飾を排した武用《ぶよう》のタイプは、六五《センチ》が標準だったのだが、いずれにしても無反りの直刀《ちょくとう》だったという点は同じである。これでは、刺突することはできても斬撃を浴びせるとなると刀身が衝撃を吸収できず、折れてしまいかねないだろう。

もちろん、奈良時代の合戦場において、大刀は主力武器だったわけではない。当時の合戦には弓だけでなく、現代のボウ・ガンの原型である弩《いしゆみ》も実戦投入されていた。平安時代初期までの丸木《まるき》弓の有効射程距離が約一〇〇《メートル》だったのに対し、三〇〇《メートル》を越えても目標を貫通することが可能な弩までも存在したとなれば、わざわざ危険を冒してまで近接戦闘、つまり白兵戦に持ち込む必要はなかったのかもしれない。

しかし、反りのない直刀しか刀剣を装備していなかった朝廷軍は、大和政権の支配権を拡大するための尖兵として赴いた、東国《とうごく》の地で脅威に見舞われることとなる。

古来より東国に居住する蝦夷《えぞ》が優れていたのは、騎射の技量だけではない。衝撃に弱い無反りの大刀に対し、文字通りに太刀打ちできるだけの、強力無比な刀剣を配備していたのだ。

蕨手刀[わらびでとう]（奈良時代前期～平安時代初期）

把《つか》がワラビのような形をしていることから蕨手刀と呼ばれる、蝦夷をはじめとする関東以北の先住民たちが用いた刀剣は彎刀《わんとう》、つまり反りのある刀身のプロトタイプというべき存在だ。

全長が五〇《センチ》前後と、後の世の感覚でいえば脇差《わきざし》のような蕨手刀だが、身幅《みはば》、すなわち刀身の最大幅は三・五《センチ》と広く、同時に頑丈で肉厚に造られていた。ひょろりと長いばかりの大刀と並べたイラストを見れば、いかにもタフな印象を与えられる。

最初は把に、やがて刀身そのものにわずかながら反りを打たせた形状へと進化を遂げた、蝦夷の鍛冶が生み出したと伝えられる蕨手刀の実態は、まだ明らかにされていない部分が多い。だから、憶測は避けたいところだが、あえてひとつだけ、いわせていただくなら、ハンディなサイズでいて重厚な蕨手刀の刀身に生まれた反りは、決して単なる装飾のための工夫ではない。最前線で戦う、兵のニーズに応じて為された技術革新の成果に他ならないのだ。外装は華美にバージョンアップされていても、刀剣の生命である刀身そのものには、さしたる変化が認められない環頭大刀と比べてみれば、蕨手刀が武用刀以外の何物でもなかったであろうことは、想像に難くないのである。

環頭大刀

蕨手刀

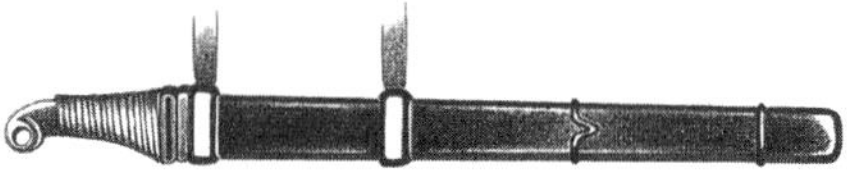

毛抜形太刀

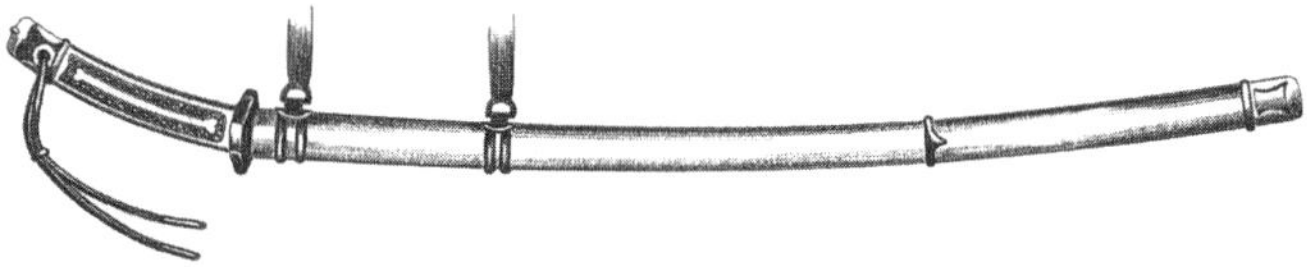

大太刀

打刀

腰刀

毛抜形太刀［けぬきがたたち］（平安時代中期～後期）

蕨手刀に認められる、直刀から彎刀《わんとう》への進化のプロセスを経て誕生したのが太刀である。

毛抜形太刀は「衛府太刀《えふたち》」とも呼ばれる、平安時代の武官が佩用した、実戦仕様の刀剣だ。

古代の毛抜きに似た形の透かしを入れた把《つか》の、鐔元《つばもと》にあたる部分が外側に向けて、大きく反りを打っている。刀身の反りそのものは、蕨手刀に認められる程度の、わずかなものであっても把元《つかもと》、人体にたとえれば腰に相当する部分さえ反っていれば、敵に対して弧を描くように斬り下ろすことができる。つまり、斬撃の威力そのものが遠心力を得て、増すわけだ。また、一本の棒のような形の直刀と違って、反りがあることにより、斬りつけた時の衝撃を緩和するという効果も期待できる。もちろん、把の透かしにしても、ただの装飾ではない。把に設けた空洞は刃を対象に打ち込んだ際、掌に受ける反動を吸収するためのショック・アブソーバーでもあるのだ。

イラストに示した毛抜形太刀は平安時代までの、太刀の中では最初期のタイプに相当する。だから、打刀との比較対象としては古めかしい観もあるが、全長およそ九〇センチというのは、鎌倉時代以降に造られた、一般的な太刀の標準サイズとほぼ一致するものだ。全長九〇～一〇〇センチで刀身七五センチ前後の太刀が佩用されるようになった平安時代中期以降、刀剣は刺突と斬撃、いずれの戦法にも適した武器としての新たな段階に入ったといえるだろう。

大太刀［おおだち］（南北朝時代～室町時代）

鎌倉幕府が崩壊し、南北朝動乱の幕が切って落とされた十四世紀前半から後半は、太刀が際限なく巨大化した時代でもあった。

わが国の刀剣史には大艦巨砲主義ならぬ、大太刀主義というべき時期が存在したのである。

サンプルとして挙げたイラストはおよそ三尺（約九〇センチ）という、大太刀の中では最も短い部類なのだが、当時の合戦場においては総長二〇〇センチ、刀身が四尺（約一二〇センチ）～六尺（約一八〇センチ）にも達する、キングサイズの大太刀が長柄武器《ながえぶき》に対抗するための兵器として、用いられていたと伝えられる。

長柄武器というのは、槍《やり》、薙刀《なぎなた》、長巻《ながまき》といった、長い柄を備えた刀剣の総称である。南北朝時代の頃は、槍がまだ完成されておらず、鎌倉時代以来の薙刀を大きく、深反りに仕立てた大薙刀が、もっぱら猛威を振るっていた。刀身が柄と同じ五尺もある大薙刀を相手にするとなれば、並の太刀では勝負にならない。四尺を軽く越える大太刀が実戦に投入されたというのも頷ける話だが、このように巨大な太刀を、ふつうに佩用するのは、とうてい不可能だった。大太刀は背負太刀とも呼ばれるのだが、その理由は、本来は腰から吊すための緒で肩から斜めにかつぐのが、一般的な携行方法だったからだ。大太刀を愛刀とした佐々木小次《ささきこじ》郎《ろう》（二一六頁参照）でおなじみのスタイルは、気取っているわけでも何でもない。合戦のためにつくられた重く、長い大太刀を持ち歩くには、背負う以外に方法がなかったからである。合戦場では鞘《さや》に納めることさえしないで、刀身をむき出しにして肩から担いでいたといわれるが、重量が約四～一〇キロにも及ぶとなれば、無理もない話だろう。

打刀［うちがたな］（室町時代中期～）
腰刀［こしがたな］（鎌倉時代～江戸時代）

重厚長大な刀剣が、絶大な威力を発揮することは間違いない。しかし、重すぎて動きを制限されていては、生命の危険を伴う合戦場において、迅速確実な行動をとるために不都合なのも、また事実である。

室町幕府から戦国時代にかけて幅広く普及し、定着した打刀は、いわゆる「日本刀」といえば真っ先にイメージが浮かぶ、江戸時代の武士が差していた大刀と同じタイプの刀剣だ。

打刀という呼称が示すように、刃を上に向けて帯の間に差すために、鞘《さや》から抜いたそのままの状態で、敵に対して一挙動で斬りつけることができる。刃を下向きに佩《は》く太刀の場合、鞘を払ってから刃を返さなくてはならないのを考えると、白兵戦で先手を打つのにどちらが有利かは、いうまでもない。威力があっても扱いにくい太刀が廃れ、打刀が武用として定着したのも、必然のことだった。

刀身がおよそ七〇センチ、定寸《じょうすん》と呼ばれる二尺三寸（約六九センチ）前後のサイズに落ち着いたのは江戸時代のことだが、打刀のルーツは意外と古い。

ここで、打刀の原型となった腰刀をご紹介しよう。腰刀とは古来より戦闘員・非戦闘員の別を問わず、人々が持ち歩いた守り刀、短刀のことである。

一見すると共通する部分のなさそうな打刀と腰刀。この腰刀から打刀が生まれたとは、どういうことなのか。

鎌倉時代、簡易型の鎧《よろい》である胴丸《どうまる》を着用し、主人の騎馬武者に付き従って合戦に赴いた軽輩の徒歩《かち》武者は、薙刀を主武器としていた。弓を射る騎馬武者を援護する、いわば白兵戦要員として存在した徒歩武者は、馬に遅れないように合戦場を走り回らなければならない。だから、動くたびに足に絡み、動きを制限する太刀を佩くことをしなかったのだが、やはり補助武器として刀は必要だ。そこで、彼らは腰刀と称する、刀身が一尺前後の、腰から吊るす足金物を必要としない短刀を腰に差していた。組み討ちになった時に一挙動で抜き放ち、敵を刺突できる点も有効な腰刀だが、白兵戦ともなれば薙刀の柄を打ち折られ、一振りの刀のみで戦わなくてはならない局面も出てくる。しかし、腰刀の刀身は、余りにも短い。騎馬武者にとっては、矢を射尽くした時ぐらいにしか用いない太刀のスペア、つまり補助武器の補助武器にすぎない短刀しか最初から持っていない状態では、心許ないのも当然であった。そこで徒歩武者には実用面を考慮しつつ、移動中に動きを妨げない範囲で刀身を伸ばした造りの新しい刀剣が求められた。かくして七〇《センチ》前後を標準とする、太刀に準じた形状でありながら戦闘にも携帯にも便利な、打刀と称する完成形へと至った。

鉄砲隊や長槍隊を主戦力とする集団戦法が主流となった戦国時代ともなると、徒歩武者だけでなく、騎馬武者にも軽快な運動性能が求められるようになった。太刀を捨てて打刀に代える傾向が進み、天正《てんしょう》年間（一五七三～九二）を迎えると、大小二振りの打刀に同一の刀装を施す大小拵《だいしょうごしらえ》が定着した。この大小拵の小刀を一般に脇差《わきざし》と呼ぶが、刀剣としての分類は刀身の長さが基準となるため、大刀と同じ刀装でなくても、脇差であることに変わりはない。武士の身分証明として江戸時代に法制化された二本差しだが、何もすべての武士が大小拵にしていたわけではない。礼装としての性格をもつ大小拵とは別に、意匠を凝らした腰刀を大刀に添えて差すことを好む武士も多かったのだ。腰刀は各時代に多種多様なデザインのものがつくられており、刀装の魅力に接する楽しみは大きいといえるだろう。

なお、太刀は二尺、つまり六〇《センチ》未満を小太刀《こだち》、脇差は四〇《センチ》未満を小脇差《こわきざし》と呼ぶ。

反り［そり］

刀身の形状を反り、つまり峰の部分の彎曲で分類すると次の三種類となる。

無反り［むそり］（直刀）

剣、大刀。剣尖《けんせん》から茎《なかご》まで、反りがまったくない。

腰反り［こしそり］

毛抜形太刀《けぬきがたたち》。把元《つかもと》が大きく反っている。反りの中心点が棟区《むねまち》からおよそ三～四寸（約九～一二《センチ》）上にある。刀身そのものの反りは小さい。「中国反」とも呼ぶ。

京反り［きょうそり］（華表反り［とりいそり］）

太刀、刀、脇差《わきざし》。刀身全体が均一に反っている。刃長を計測する、切先《きっさき》と棟区《むねまち》を結ぶ直線と棟との間隔が、刀身の中央部で最大となる点が特徴。

華表反りの異名は、刀身の形状が神社の華表《かひょう》（鳥居《とりい》）の棟木《むなぎ》に似ていることに由来する。

拵［こしらえ］

太刀と打刀の代表的な拵を、儀式用と武用のそれぞれに一点ずつ取り上げた。

その後にさまざまなバリエーションを生んだ、各時代における典型例として、ご参照されたい。

太刀

◇儀式用（飾太刀《かざりだち》）

平安時代に皇族、および高位高官の貴族が朝廷の儀式に佩用《はいよう》した最上級の儀杖用太刀。

各種の貴金属で彩り、彫物《ほりもの》が施された刀装の中身は鍛鉄《たんてつ》製の本身《ほんみ》ではなく、刀身の形に仕立てた鉄棒や木、竹、鯨《くじら》の鬚《ひげ》などといった代用品で、最初から武用としては使用しないことが前提になっている。

当時の金工《きんこう》技術を結集した、刀剣の美術工芸品としての側面を究めた拵といえるだろう。

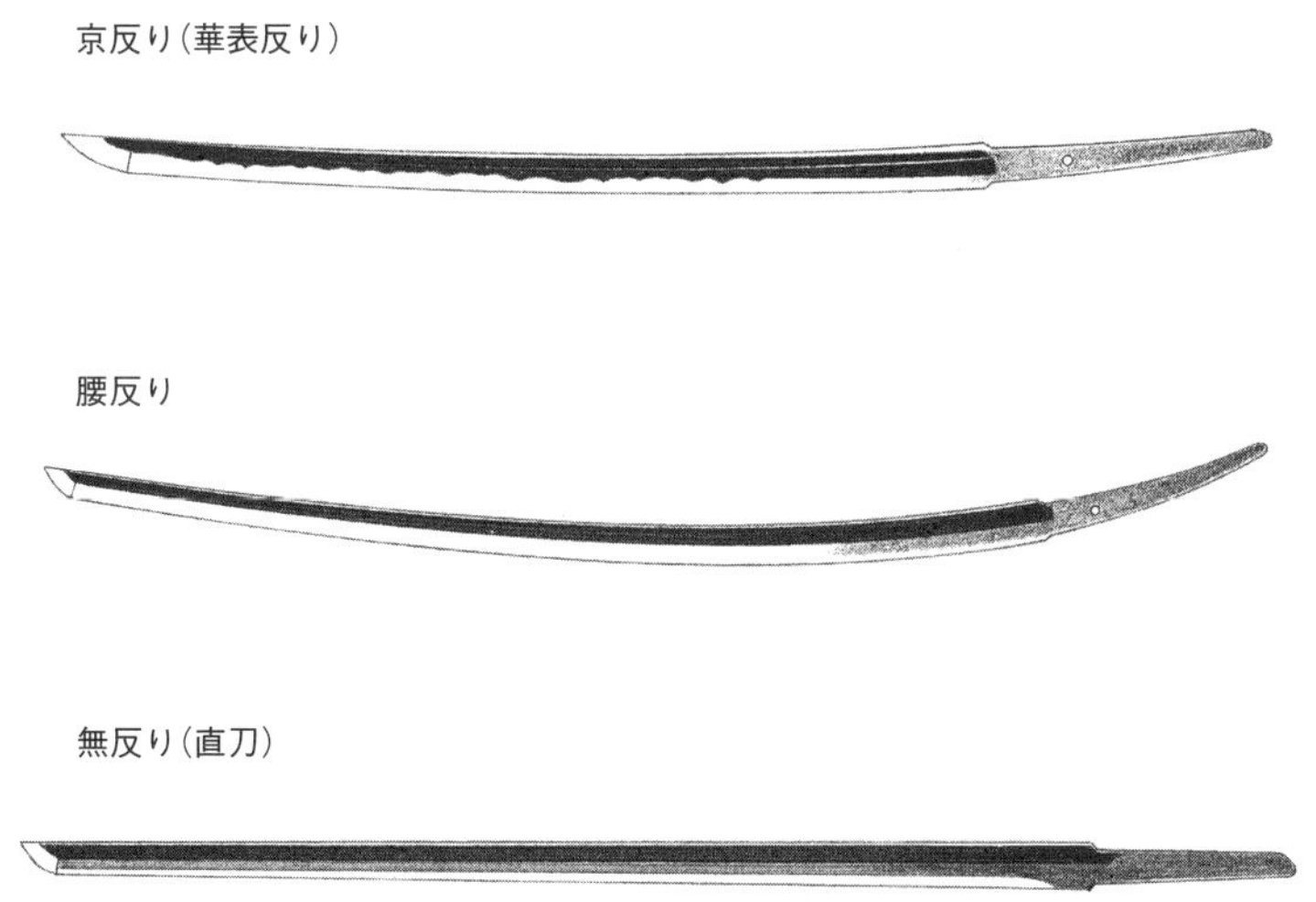

◇武用（革包太刀《かわづつみたち》）

太刀というと、雅な平安貴族も佩《は》いていたという先入観からイメージが先行してしまい、打刀に比べて華奢だったのではないか？　と誤解される向きが、もしかしたらあるかもしれない。

南北朝時代から登場した革包太刀は、巨大な大太刀《おおだち》とは別の意味で、太刀が備えていた武用刀の側面を再認識させてくれる存在だ。

平安時代の毛抜形《けぬきがた》太刀（衛府《えふ》太刀）が儀杖用太刀として立派に通用する、華美な装飾が施されたのに対し、鞘《さや》を馬などの厚手の革で包み、漆《うるし》を塗って仕上げている革包太刀は徹頭徹尾、実用性のみを追求したものである。

革と漆で保護された鞘は衝撃に強く、防水の効果も高いために、武用刀として行使する場面場合を選ばない。武士よりも野武士や盗賊などといった、アウトローたちのほうが似合いそうな一振りと思えるが、室町時代の武士たちは軽量、簡素、豪放と三拍子揃った革包太刀を好み、大いに流行したという。

打刀

◇儀式用（番指《ばんざし》）

江戸時代を通じて登城、つまり将軍家や大名家に仕える

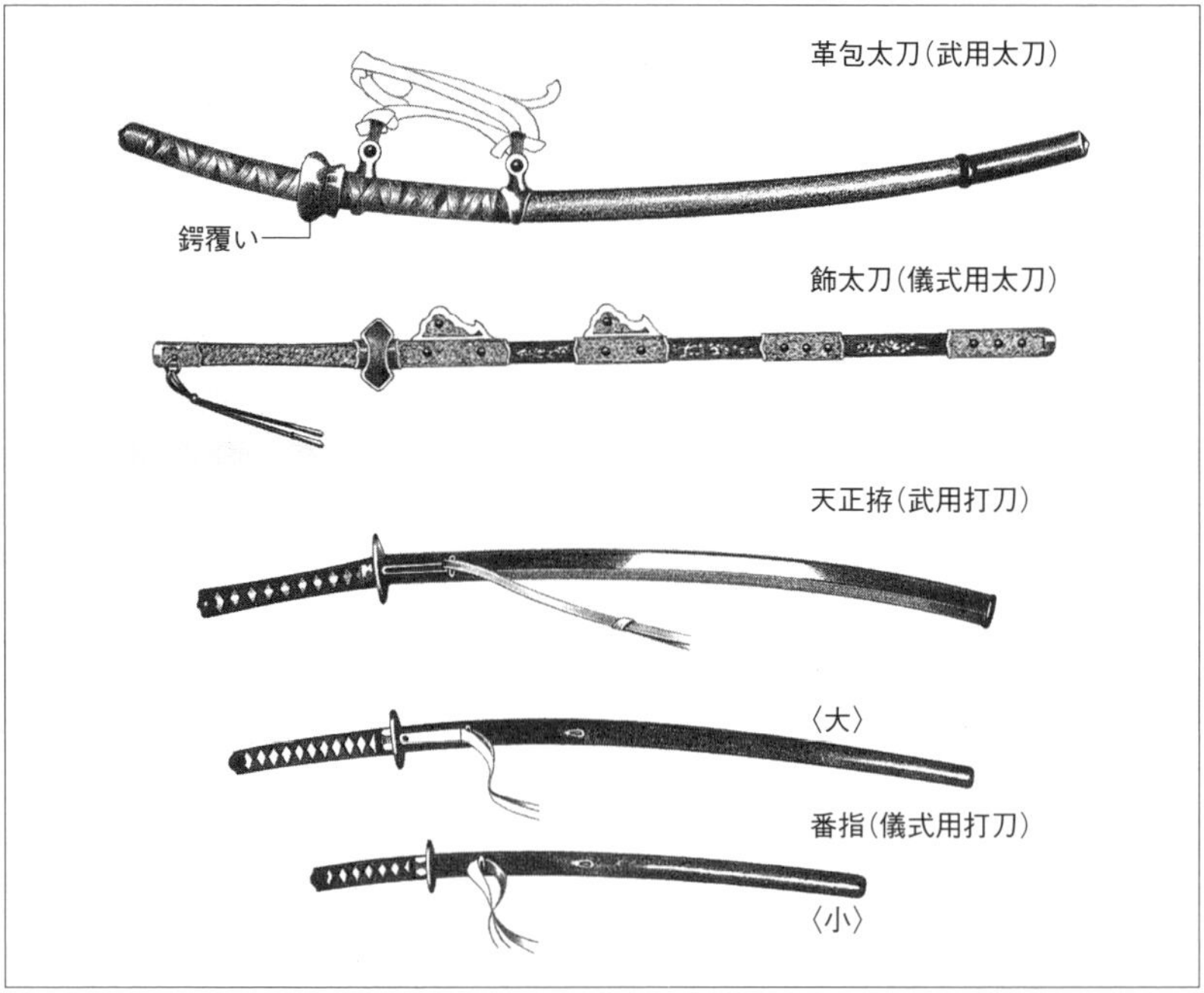

武士が城内に赴く時に帯びた大小拵を番指という。「殿上差《てんじょうざし》」とも呼ばれた番指は別の名を「裃拵《かみしもこしらえ》」といい、城中で主君に拝謁するような場合だけに限らず、祝儀や不祝儀の席にも用いられた。派手派手しくなく、それでいて高級な刀装が望ましかったわけである。

大刀は六八㌢前後、小刀は五〇㌢前後が主流だった番指は柄糸《つかいと》、鞘《さや》、下緒《さげお》を黒で統一するのが一般的で、慎ましい印象を与える外見だが、拵は贅《ぜい》を尽くしたものである。柄を包む保護材には高価な鮫《さめ》革を使用し、その柄に糸を巻いてつくる菱《ひし》の数をわざと減らして、大きく空けた菱の隙間から下地の鮫革が見えるように工夫されたあたりからも、当時の武士にとって、特別な席で差す大小の刀は高級ファッションとしての側面を持っていたのが窺われる。

また、番指の刀装は拝領・献上用の打刀にも用いられたため「献上拵」とも呼ばれた。諸大名が将軍家に対し、秘蔵の一振りを献上するような場合は、紫の下緒が添えられることもあったという。慎ましさを失うことなく、高級感を出すのに腐心した武士たちの横顔が見えてくるようだ。

◇武用（天正拵《てんしょうごしらえ》）

打刀が太刀に代わる武用刀として一般化した天正《てんしょう》年間（一五七三～九二）に完成された拵である。戦国時代当時の打刀の拵といえば、桃山時代の豪華絢爛なイメージが強い。しかし、室町時代の末期、そして江戸時代の初期に流行した天正拵は、簡素で格調の高い刀装のモデルと呼ぶにふさわしい。

武用刀として合戦場に携行しても通用するだけの耐久性を備えていると同時に、平常指として、ふだんから帯びていても安心感があり、目上の者に接しても恥ずかしくないだけの質を備えている。天正拵は、武士にとって理想の一振りといえるだろう。

イラストに示したのは黒鞘《くろざや》の、簡素な天正拵の典型例であるが、大名の場合は朱鞘に蒔絵《まきえ》を描かせたり、刀装具に金無垢《きんむく》などを用いた。それでも、桃山時代に流行《はや》った桃山拵に比べれば、華美すぎるということはない。

造込［つくりこみ］

刀身の構造と形状、つまり造型のことを造込という。以下に、代表的な造込に見られる外見的な特徴を、その造込が用いられる刀剣のバリエーション別に見ていこう。

鎬造［しのぎづくり］（太刀、打刀、脇差）

日本刀の造込の典型。

鎬造、茎《なかご》方式、彎刀《わんとう》という日本刀の三大特徴の一角を成しており、「本造《ほんづく》り」とも呼ばれる。

地《ち》、つまり刀身の横腹の部分に鎬、または鎬筋《しのぎすじ》といわれる小高い線が切先《きっさき》から茎《なかご》まで通っている。鎬で隔てられた地は刃部寄りを平地、棟《むね》寄りを鎬地と呼ぶ。この鎬地があることで、衝撃を緩和しつつ敵の斬撃を受け流すことができるのである。造込の完成形ともいえる鎬造は鎌倉時代以降の太刀、そして打刀の造込の基本となっている。

鎬は棟近くを通っているのがふつうだが、後述する切刃《きりは》造《づくり》から進化を遂げて間もない、初期の鎬造の場合には、地の中央近くに見られる。

平造［ひらづくり］（剣、大刀、毛抜形太刀）

最も初期の造込。

刀身の両面が平らで、断面はくさび形の二等辺三角形となっている。三角形の両辺が緩やかなカーブを描きながら刃を形成しているのがポイント。古墳時代につくられた剣と大刀、つまり直刀に多く見られる造込だが、平安時代中期の毛抜形太刀《けぬきがたたち》にも用いられている。直刀から彎刀《わんとう》への技術革新を実現させた毛抜形太刀がなぜ、一時代前の作刀技術でつくられているのか、真の理由は不明であるが、興味深い現象として覚えておきたい。毛抜形太刀は、茎《なかご》に透かしが入るという独特の形から「毛抜形太刀造」という独立した名称で呼ばれる場合もある。

後世の短刀や脇差《わきざし》にも多く見られ、室町時代の弘治《こうじ》年間（一五五五～五八）から永禄《えいろく》年間（一五五八～七〇）の前後には、平造の打刀がつくられたこともあるという。このような刀を、大平《おおひら》造と呼ぶ。幕末に勤皇刀の俗称で流行した大段平《おおだんびら》造は、均一に身幅が広く、無反りに近い鎬造のことで、大平造とは別物である。

切刃造［きりはづくり］（大刀）

鎬造の先駆的存在として、位置付けられる造込。

地は平らで、刃のみがくさび形になっている点が最大のポイント。この刃部のシャープな両辺が二等辺三角形を形づくっているため、平造よりも鋭利な刃に仕上げることが可能といえるだろう。

奈良時代につくられた大刀に、多く見受けられる。

片切刃造［かたきりはづくり］（短刀）

鎌倉時代以降に登場した、短刀に多く見られる造込。

刀身の片面のみ切刃造で、反対の面は平造、まれに鎬造という独特の形状を成す。打刀にも用いられ、桃山時代と幕末に流行した。

別々の造込を組み合わせている他の例には、鎬造の片面が平造という「片鎬造《かたしのぎづくり》」などがある。

両刃造［もろはづくり］（剣、短刀）

剣の場合には左右に分かれた刃部の幅が均整で、短刀は左右が均整でない。打刀が登場する以前、鎌倉時代の徒歩武者が合戦場に携行した刺刀《さすが》も、このタイプ。室町時代の文明《ぶんめい》年間（一四六九～八七）から天文《てんもん》年間（一五三二～五五）につくられた、短刀に多い。

なお、小烏丸《こがらすまる》（五〇頁参照）の太刀に見られる、刀身そのものは鎬造で、切先《きっさき》の部分のみ両刃造になっている造込を「鋒両刃造《きっさきもろはづくり》」、または「小烏造《こがらすづくり》」と呼ぶ。

以上の代表的な五種類の他にも、刀身が菖蒲の葉に似た形状の「菖蒲造《しょうぶづくり》」（古刀期・室町時代の短刀、脇差《わきざし》）、把元《つかもと》に近い下半分のみを残して、棟《むね》の上半分の平を削ぎ薄い刀身を形づくる「冠落造《かんむりおとしづくり》」、棟の尖端と下半分を残した「鵜《うの》首造《くびづくり》」（大和伝系の短刀、脇差）などの造込がある。冠落造と鵜首造の区別については諸説が唱えられており、判然としないが、ここでは、刀身の形状が造込の区別に重要な意味をもっているという一点のみ、予備知識として覚えておこう。

Katana

■造込

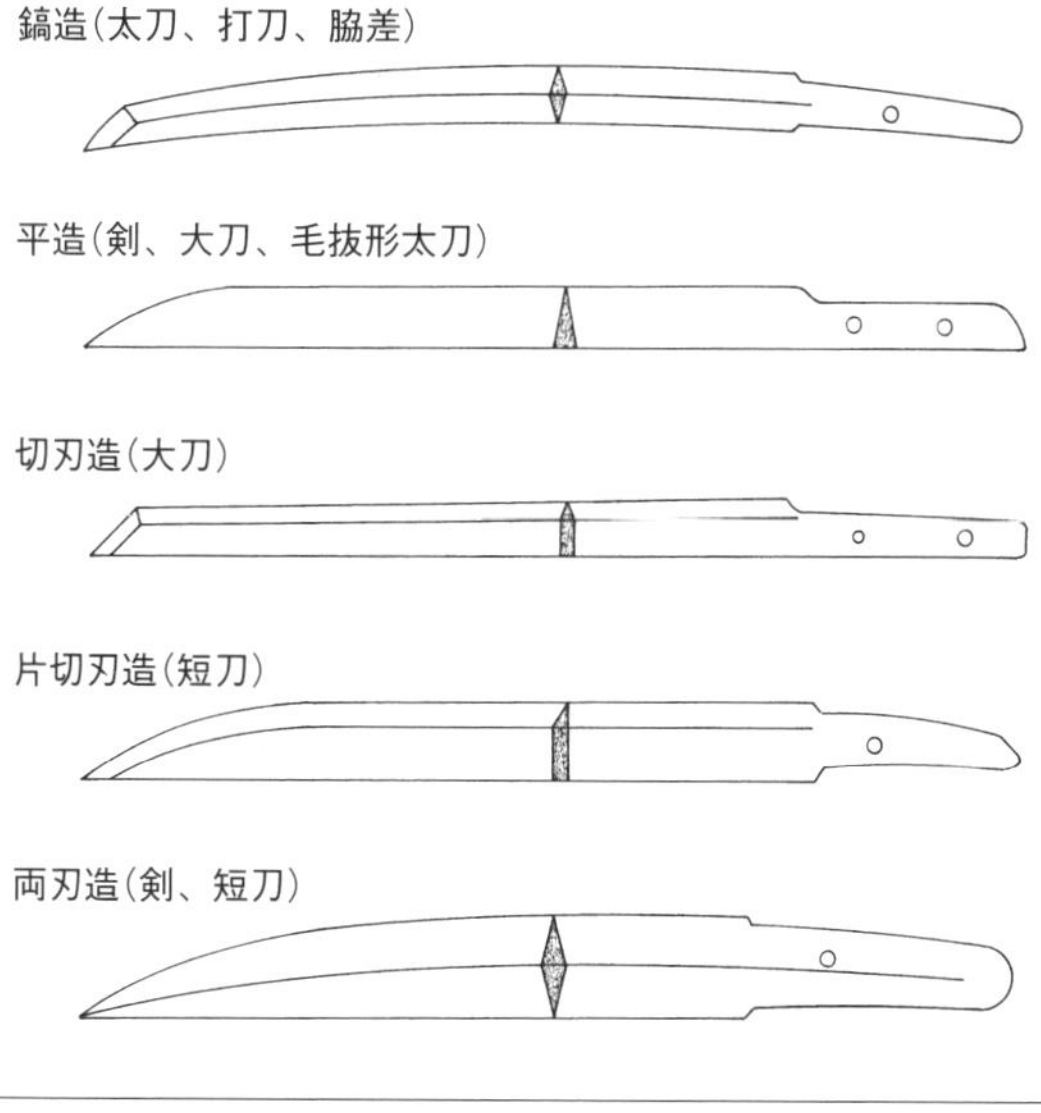

切先［きっさき］

注意して見ると、刀身の尖端部、つまり切先の大きさは一振りごとに異なっている。

日本刀の実用面を考えるうえでも重要な、切先の時代別のバリエーションを挙げていこう。

大切先［おおきっさき］（大鋒）

南北朝時代（吉野朝時代）と室町時代後期、そして、吉野朝時代の古刀を模倣する傾向が顕著だったことで知られる慶長新刀と新々刀に、多く見られる。

元身幅と先身幅が等しく、幅広で重ねの薄い、合戦向けにつくられた太刀や大太刀《おおだち》の特徴。ふくらと称される、切先の刃部が描く曲線のふくらみも、中切先や小切先に比べると際立って大きい。余談だが、刀身の半分以上もある長大な大切先が特徴の「おそらく造」と呼ばれる造込が存在することも覚えておきたい。

中切先［ちゅうきっさき］（中鋒）

鎌倉時代の中期以降に定着した、切先の標準形。

元身幅に対して先身幅がわずかに狭い、ふつうの造りの刀剣に見られる。

長さは、大切先の半分に相当する。

小切先［こきっさき］（小鋒）

平安時代から鎌倉時代の初期の作刀、および十七世紀後半の寛文新刀体佩《かんぶんしんとうたいはい》に見られる。

ちなみに、寛文新刀体佩とは諸藩の禄高を削減する徳川《とくがわ》幕府の武断《ぶだん》政治で増大した牢人たちが、新しい仕官先を求めて武芸を売り物としたことから、剣術が流行した時期につくられた刀のこと。先身幅が狭く、反りの浅い、刺突に

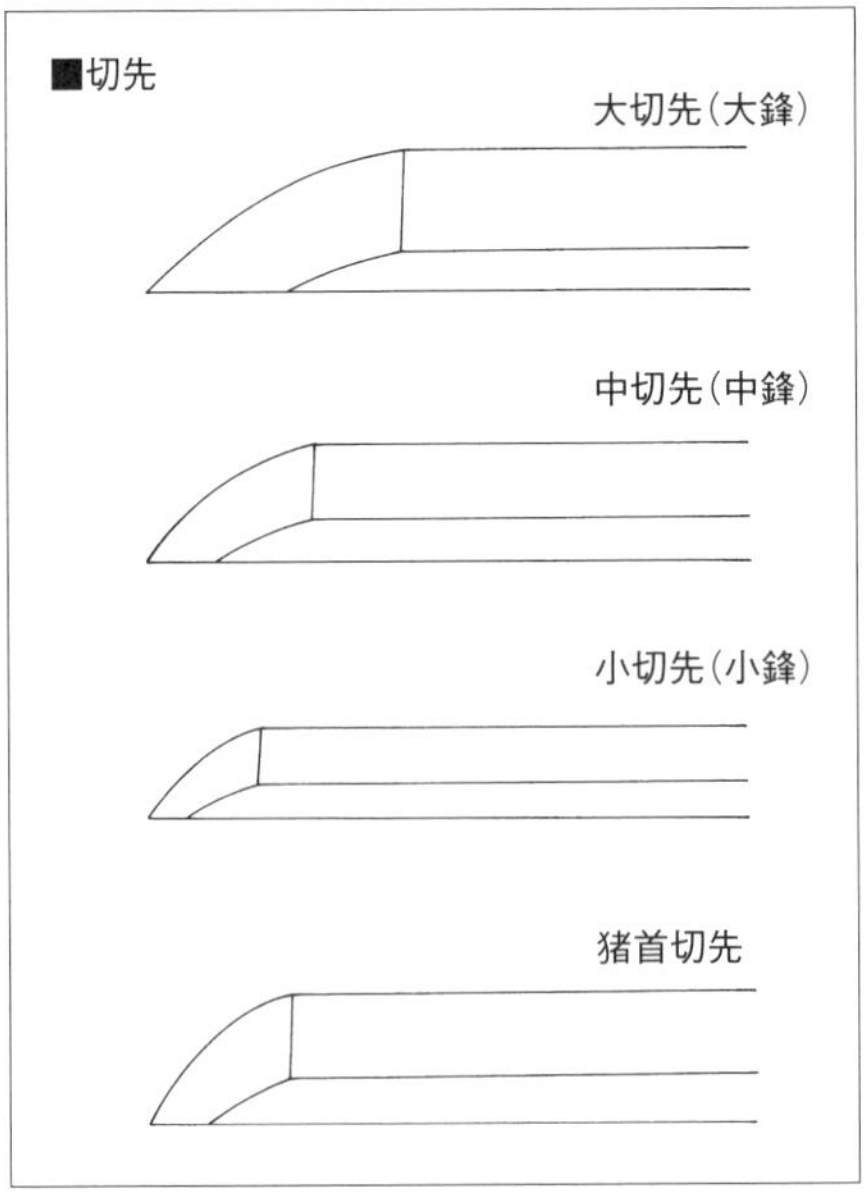

適した形状を為す。合戦が日常茶飯事だった戦国乱世と異なり、屋内での戦いが多く予想される、平常時向けの剣術を想定した作刀といえるだろう。

先身幅が極端に狭いのに加えて、切先に伸びがないのも特徴。突くことを目的につくられた刀剣ならば、対象を斬る時には有効な物打《ものうち》、すなわち切先を構成する三つ角から三～五寸(約九～一五センチ)の部分が鈍角なのも、納得がいく。

長さは、中切先の約三分の二に相当する。

猪首切先［いくびきっさき］

鎌倉時代の中期、朝廷と幕府の武力衝突が勃発した承久《じょうきゅう》元年（一二二一）以降につくられた、実戦性の高い、豪壮な刀剣に見られる。

元身幅と先身幅の差が少ない、肉厚の刀身でありながら切先の伸びが足りず、猪の首に似た形状を為していることから、猪首切先と称する。据物斬りに適した刀の特徴ともいわれ、古来より、猪首切先の刀に鈍刀《どんとう》なし、つまり斬れ味の鈍い刀は存在しない、と伝えられている。

長さは、中切先と小切先の中間に相当する。

以上が、主な切先の種類となる。

補足として、切先の刃文《はもん》についても触れておこう。

切先は、「鋩子《ぼうし》（帽子）」とも呼ばれる。だから、切先の刃文を表現する場合「××帽子」という共通したことばが用いられることを、まずは覚えてもらいたい。切先全体に刃がついているものを一枚帽子と称するのをはじめ、それぞれのユニークな外見から「××帽子」と呼ぶのである。

また、切先の刃文は「××返る」ともいう。名刀の紹介文によく出てくるのは「小丸《こまる》返る」だが、これは小丸帽子と称する、中世の貴族がかぶっていた烏帽子《えぼし》のような形の刃文が上、つまり切先から下に向けて、クルリと返るような線を描いていることに基づく表現。このように、刃文についてはいろいろと細かい表現が出てくるのだが、まずは字面に悩まず、基になっているユニークな形を楽しく観察していただき、すべて外見から名前がついているという点だけ、わかってもらえれば十分だろう。そのセンスの良さに感心せずにはいられない、先人の発想の豊かさに親しみながら、少しずつ、刀剣の世界に接する楽しみを深めていただければと思う。

地肌［ちはだ］

刀身の横腹を指して「地《ち》」、または「平《ひら》」と呼ぶ。わかりやすく表現するなら鎬《しのぎ》と切先《きっさき》、そして刃と峰《みね》を除いた区際《まちぎわ》までの部分が、すべて地ということになる。

地に浮かぶ模様を、地肌という。「鍛え肌」「肌目《はだめ》」ともいわれるが、この地肌、刀の原材料となる鉄（地鉄《ぢがね》）を熱し、繰り返し槌で打ち叩くことで鍛え上げるからこそ、はじめて現れる模様であるという一点を、まずは覚えていただきたい。

刀工の熟練の技が生み出す、一種の芸術。それが地肌と刃文なのだ。

すべての地肌をご紹介するのは難しいため、複数の時代と流派にまたがって確認されるものにのみ、掲載対象を絞らせていただいたことを、ご了承願いたい。

それでは、地肌の代表例を見ていこう。

板目肌［いためはだ］

うねりをもつ、樹木の板のような模様を指す。

古刀、新刀を通じて、各時代の各流派に見られる、最も親しまれている地肌だ。

それだけにバリエーションは数多いが、ここでは大板目肌と小板目肌をご紹介する。

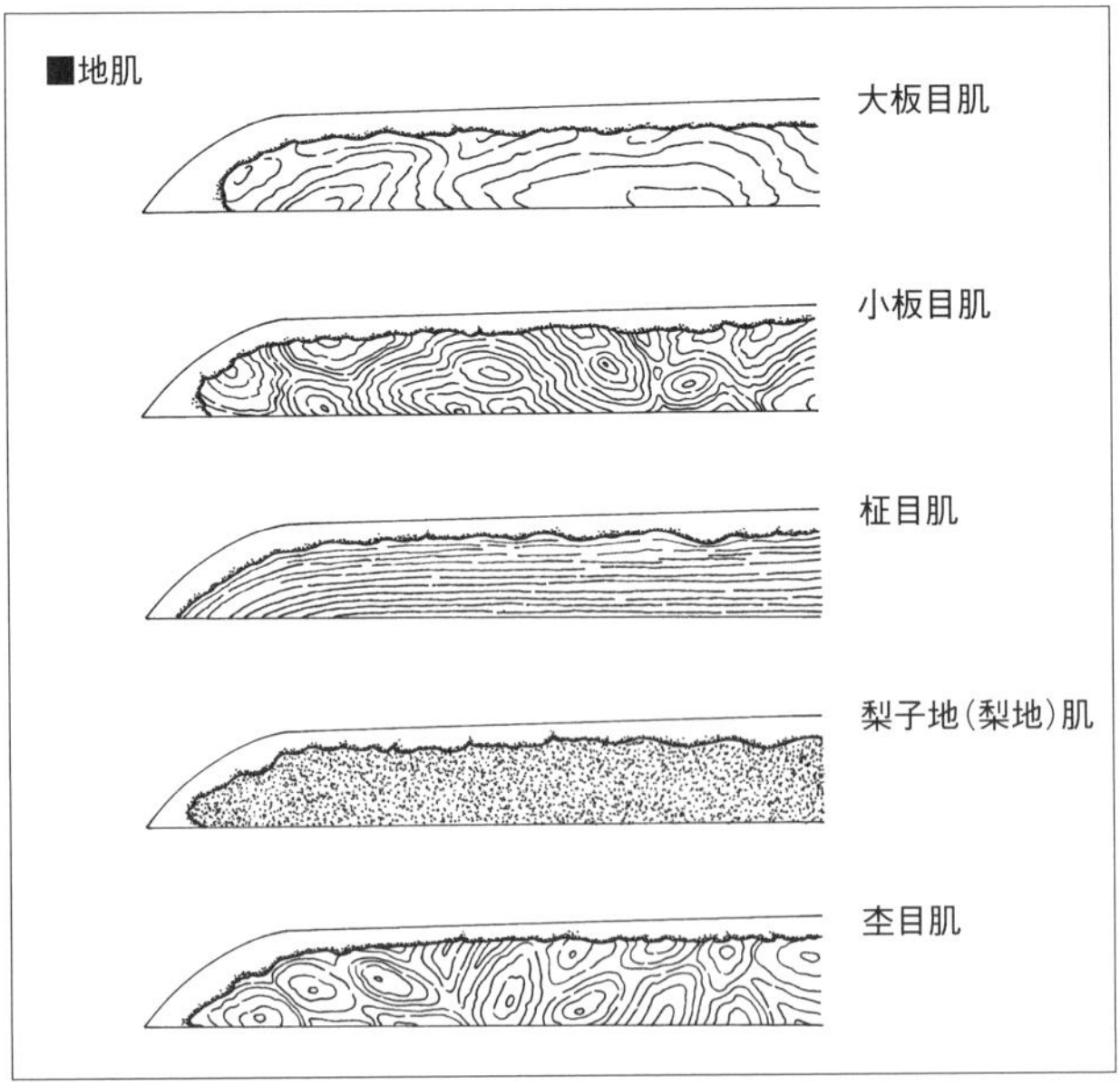

◇大板目《おおいため》肌

板目の模様が大きく、荒い。

相州《そうしゅう》鍛冶（神奈川県）、およびその流れを汲む相州伝系の特徴。

◇小板目《こいため》肌

板目が細かく、一見すると無地とも思えるほどの精緻な仕上がりとなっている。

山城国《やましろ》（京都府）の三条宗近《さんじょうむねちか》、五条兼永《ごじょうかねなが》、来《らい》一門などといった古刀の最初期に活躍した名工たちの作に見られる。新刀でも多く試みられたが、古刀のそれに比べると、仕上がりは硬いという。

柾目肌［まさめはだ］

柾目とは、まっすぐに通った板目のこと。

板目肌が大板目、小板目を問わず、ループ状のうねりで形成されるのに対し、柾目肌は折り目正しく、スーッと筋が通っている。

大和《やまと》鍛冶（奈良県）に多く、その流れを汲む大和伝の作刀は、柾目がまじる状態がふつうとされる。

梨子地（梨地）肌［なしぢはだ］

地肌がはっきりしないほどに無地ふうで、沸《にえ》と呼ばれる粒状の鋼《はがね》の微粒子がついている様子が、金蒔絵《きんまきえ》の梨子地を思わせるところから名付けられた。

粟田口久国《あわたぐちひさくに》や国吉《くによし》・藤四郎吉光《とうしろうよしみつ》の父子など、粟田口一門の刀工が得意とした梨子地肌は、後世で津田越前守助広《つだえちぜんのかみすけひろ》に井上真改《いのうえしんかい》、一竿子忠綱《いっかんしただつな》、尾崎助隆《おざきすけたか》、さらには水心子正秀《すいしんしまさひで》と新刀・新々刀期の名工たちも試みているが、華美であると同時に力強い、古刀期の仕上がりに近付くのは難しかったとのこと。

杢目肌［もくめはだ］

杢目とは、木の幹《みき》の切断面に浮かぶ年輪や繊維の筋のことをいう。樹木と同様、刀剣の場合にも、地肌のすべてに杢目が現れるわけではない。だから、杢目だけの地肌というのは存在しない。

刀剣用語で、ある地肌に別の種類の地肌が混在した状態を「××目まじる」と表現する。単体で地肌が形成されることがない杢目肌の場合、混在している杢目の数が少ない時は「杢目まじる」というのみにとどまるが、イラストのように数が多ければ、杢目が現れた地肌は本来の名を問わず、すべて杢目肌と称されるのだ。

備前《びぜん》物（岡山県）に多い。

刃文［はもん］（焼刃［やきば］）

刀身の刃部、棟《みね》の反対側に現れた白い部分のことを刃文と呼ぶ。

刀工は作刀の最終段階において、熱した刀身を水で冷却する、焼入れという作業で刃文を完成させる。刀剣鑑賞上は、刃文を「焼刃」と呼ぶ場合が多い。

焼入れの下準備として、刀工は刀身に粘土、木炭や砥石の粉末などを調合した焼刃土を竹へらで塗り、刃文の形をつくる。そして炭火で乾燥させた後、七二五度を超える高熱で焼き上げた刀身を用意の水、あるいはぬるま湯に浸して冷却し、一気に仕上げるのである。瞬時に刃文を決定する焼入れは、熟練の技と集中力を要するという。

刃文には「××乱刃」という異なる名前のものが大量に存在するため、初歩の初歩の段階では、なぜ刃文がそんなに多いのか、そもそも、どうやって名前がつけられたのか訳がわからないと思う。

まずは、体系からご説明しよう。

刃文は、「直刃《すぐは》」「湾《のた》れ刃」「互《ぐ》（五）の目《め》」の三種類が基本刃とされている。一方、「乱刃《みだれば》」というのはこれら三種類の基本刃を踏まえて各流派の各刀工が編み出した、いわばオリジナルの刃文の総称なのだ。乱した刃、というと誤解を招きかねないことばだが、さまざまな時代の名工たちが独自の工夫を加え、創造した乱刃のバリエーションの広さは誠に興味深い。異なる名前の「××乱刃」が大量に存在するのも、先人の創意工夫の賜物なのだ。

三種類の基本刃、そして乱刃について、それぞれの刃文を得意とした刀工名を挙げてみた。

もちろん、ご紹介した刀工たちの作刀の刃文は、すべて一工につき一種類に統一されているわけではない。他の焼刃も手がけているので、念のために申し添えておく。

直刃［すぐは］

その名の通り、刃が直線を描くもの。刃部の太さで、細直刃《ほそすぐは》、中直刃《ちゅうすぐは》、広直刃《ひろすぐは》の三種類に大別される。

◇細直刃
新藤五国光《しんどうごくにみつ》など。

◇中直刃
井上真改《いのうえしんかい》、肥前忠吉《ひぜんただよし》一門など。

◇広直刃
大和志津包氏《やまとしづかねうじ》、手掻包永《てがいかねなが》〈初代〉など。数は少ない。

湾れ刃［のたれば］

ごく緩やかに曲線を描く。
信国《のぶくに》〈初代〉、越前康継《やすつぐ》〈初代、二代〉など。

互の目［ぐのめ］

小波を打つように、あるいは凹凸《おうとつ》に、同一の図形（目）が整然と並んでいる形。変化が激しく、均一の並びでない場合は「互の目乱」と呼んで区別する。

長船兼光《おさふねかねみつ》、長州左安吉《ちょうしゅうさやすよし》、左《さ》一門など。

■刃文

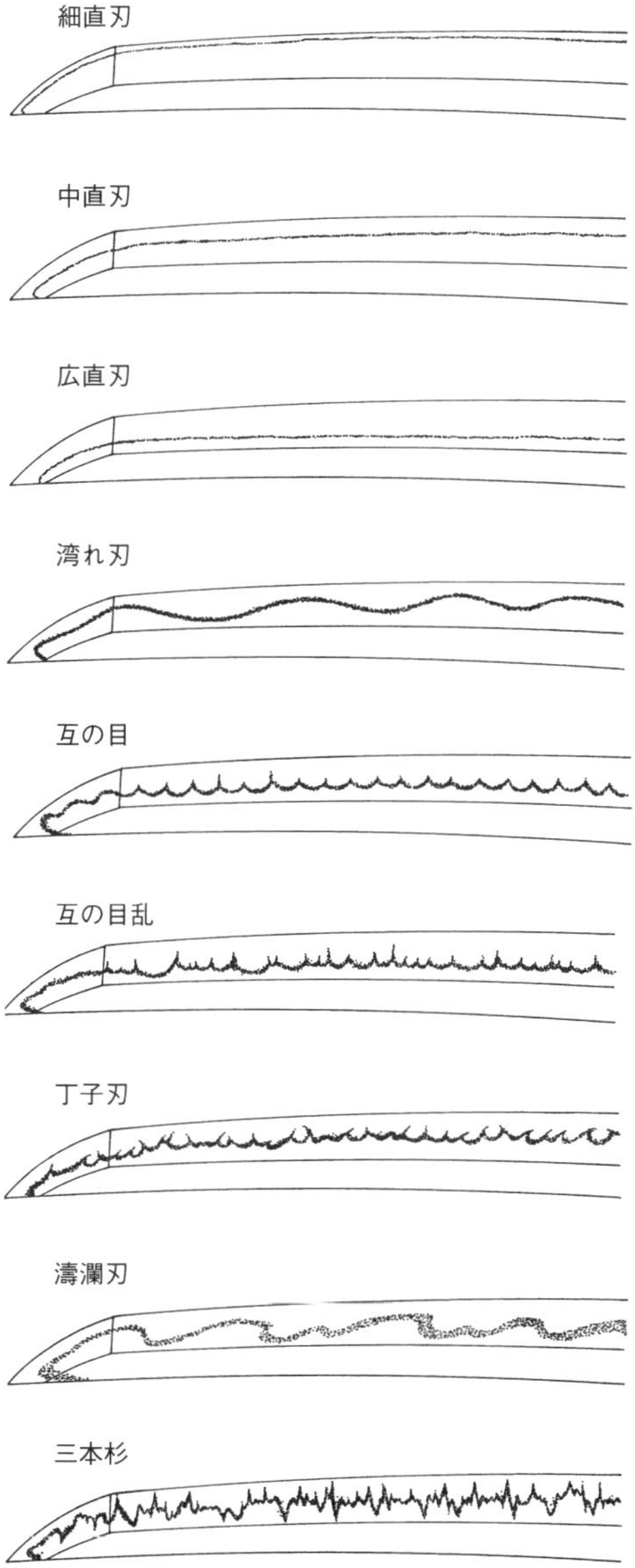

互の目乱は水田国重《みづたくにしげ》一門、源清麿《みなもときよまろ》一門など。不規則なギザギザの線を大きく描く国重の刃文は、互の目大乱という異名をもつ。

乱刃［みだれば］

◇丁子刃《ちょうじば》

互の目刃と同様、同一の目が並んでいる形。丁子の花が咲きほこる様子に似ていることに由来する名称。互の目刃との区別は、底辺が広い、末広がりの場合には互の目、狭い場合には丁子と見なすのが一般的。

福岡一文字派《ふくおかいちもんじは》、二字国俊《にじくにとし》、水心子正秀《すいしんしまさひで》一門など。備前《びぜん》刀（岡山県）に多いといわれる。

◇濤瀾刃《とうらんば》

寛文《かんぶん》新刀期後半の名工・越前守助広《えちぜんのかみすけひろ》の創作。

力強く浮き出る線が、荒れ狂う大波に見えることに由来する名前。助広の娘婿の津田助直《つだすけなお》をはじめ、坂倉言之進照《さかくらごんのしんてる》包《かね》、尾崎助隆《おざきすけたか》など、後代の大坂鍛冶たちに受け継がれた。

◇三本杉《さんぼんすぎ》

孫六兼元《まごろくかねもと》〈初代〉の創作。

異名の通り、杉の木が並ぶ形をとる。孫六一門の代名詞として好評を博した結果、時代が下るほど、より鮮明に杉の木形を強調する傾向が強まった。新刀期に陀羅尼勝国《だらにかつくに》が得意とした。

「互の目尖り」とも呼ばれる、整然と並ぶ鋭い焼刃が魅力。

刃中［じんちゅう］の働き

刃文の内外に見られるさまざまな変化を、刃中の働きと総称する。焼刃（刃文）が誕生する際に一緒に生じた、細かい線や点といった、本当に微妙なチェックポイントである。

この刃中の働き、いわゆる「働き」こそ、初歩の初歩の段階の方が刀剣鑑賞の専門書を開いたとき、まっさきに頭を抱えてしまう部分だろう。

難解なことばの数々が、刀身のどこをどう指して、何を意味しているのかを理解してもらえるように、イラストをできるだけわかりやすく描いていただくと同時に、解説も可能な限り、噛み砕いた表現を取った。本当に初歩の初歩の方のために書き下ろした文章なので、くどい部分は何卒ご容赦願いたい。

刃部に見えるもの

◇沸《にえ》

刃縁《はぶち》、つまり刃部の内側と平《ひら》の境目の線。正体は刀身の表面を形成している、硬い皮鉄の粒子の集まり。

◇匂《におい》

沸よりも細かい微粒子が集まって刃縁に生じる、霞《かすみ》状のモヤモヤとした線、つまり刃部の外側に刃文を形成する線を指す。この微粒子は沸の周囲に、包み込むように現れる場合が多い。

◇足《あし》

刃縁《はぶち》から刃先、つまり刃部の内から外に向かって伸びる太めの線のこと。短いもの、斜線のもの、何本も重なっているものといったさまざまな形状をとるが、まずは「刃縁から伸びた線」と覚えてほしい。

◇葉《よう》

刃部にパラパラと散っている固まり。木の葉に似ていることから葉と呼ぶ。

Katana

■刃部に見えるもの

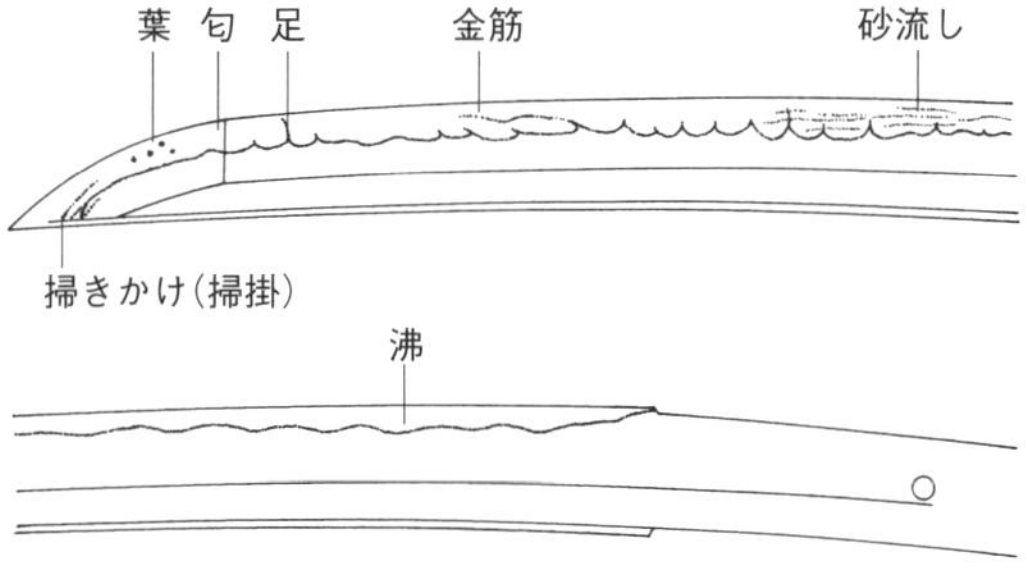

■平(地)に見えるもの

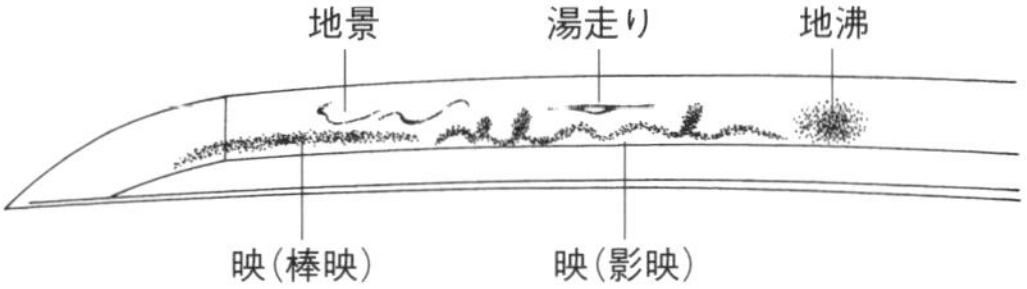

◇金筋《きんすじ》、銀筋《ぎんすじ》、稲妻《いなずま》
足とは反対に、刃に添って縦に伸びる、長めの線を金筋と呼ぶ。光を反射するので目立つ。その反射が弱い線の場合には金筋の一段階下ということで銀筋と称する。また、雷のように屈曲した線を稲妻と呼ぶ。

◇砂流《すなが》し
沸が線状につながり、スーッと伸びている縞のこと。砂地をホウキで掃《は》いたときの模様に似ていることから砂流しと呼ぶ。

◇掃《は》きかけ（掃掛）
切先《きっさき》に現れる現象。砂流しよりも激しく掃き立てたような筋が生じ、そこに沸がからんでいる状態。切先の部分に散らばった沸のつぶつぶをホウキでザザザッと掃いた跡をイメージしてもらえれば、わかりやすいかも。

平（地）に見えるもの

◇映《うつり》
刃境《はざかい》、つまり刃縁と鎬《しのぎ》の間の平《ひら》に見られる現象を指す。備前刀《びぜん》（岡山県）の特徴とされる、以下の三種類が代表的。

一．影映《かげうつり》（鎌倉時代初期〜中期の備前刀）
刃文の影を黒く、澄んだ状態で平に映し出した状態。
二．地映《ぢうつり》（鎌倉時代末期〜吉野朝期の備前刀）
鎬から刃境までの間に、白く霧がかかった状態。
三．棒映《ぼううつり》（鎌倉時代末期〜室町時代の備前刀）
刃文に添って、白い棒状の影が浮かぶ状態。

◇地沸《ぢにえ》
刃部ではなく、平（地）に生じた沸のこと。

◇地景《ちけい》
鍛え肌《はだ》、つまり平の表面に添って現れる、黒く光る線を指す。カタカナで「チケイ」と表記される場合も多い。

◇湯走《ゆば》しり
地沸が集まって、白い霧、湯気のようなモヤモヤした形になっているもの。鮮明な場合「飛焼《とびやき》」と称する。ちなみに飛焼は焼刃をつける作業時、刃部だけでなく平にまで派生した刃文の一部である。棟《むね》に見られる飛焼は「棟焼」と呼ばれる。

刀身彫刻

日本刀の隠れた魅力の一つに、刀身彫刻がある。

刀身の平の部分に文字や彫刻を入れることを、彫物と称するが、その歴史はかなり古い。

彫刻

刀装ではなく、刀身そのものに装飾をするという習慣は彎刀《わんとう》が誕生する以前、奈良・白鳳時代に始まっている。

聖徳太子《しょうとくたいし》の佩刀《はいとう》だったと伝えられる七星剣《しちせいけん》の樋《ひ》の中には七星、三星、雲形、竜頭が金象嵌《きんぞうがん》で見られる。古代中国で流行した星座（星宿《せいしゅく》）信仰が反映されたもので、国際色と信仰心が等しく託されているあたり、仏教振興に尽くした太子の遺愛刀らしいといえるだろう。

彎刀として太刀が誕生して以来、象嵌ではなく、刀身へ直に彫る方法が取られるようになった。

ここで注目するべきは、刀身彫刻には単なる装飾という意味だけでなく、武人の信仰心が顕著に見受けられる点である。足利尊氏《あしかがたかうじ》の愛刀として知られる骨喰藤四郎《ほねばみとうしろう》をはじめとする名刀群の彫物のモデルとして、鎌倉時代から南北朝時代にかけて、武人が諸願成就の守護神と好んで信心した不動明王《ふどうみょうおう》、その化身である倶利迦羅竜《くりからりゅう》の像が多く選ばれたのも、佩刀の格を高め、引いては現世利益を得ようと望む所有者たちの願いの表れに他ならないだろう。自己の勢力圏の拡大を目標とする以上、武人が現世利益を希求するのは当たり前のことである。像だけではなく、梵字《ぼんじ》で神仏の名前を彫る場合にも不動明王が圧倒的に多く、他にも摩利《まり》支天《してん》、愛染明王《あいぜんみょうおう》と密教の神々の名前が見られるのは、武将の佩刀ならではの現象といえる。金剛杵《こんごうしょ》をはじめとする密教の仏具、そして素剣《すけん》、蓮華《れんげ》、索《さく》などの不動明王の持物《じぶつ》も、中世における彫物のバリエーションとして欠かせない存在だった。

鎌倉時代の後半以降、信仰心と装飾性を兼ね備えた存在として流行を見た彫物だが、時代が下がるにつれて信仰心のほうは薄れていき、装飾としての一面のみを残す結果となった。戦乱の時代ならではの世相を背景とする刀身彫刻だが、純粋なデザインとしても、見る者の目を引き寄せずにはおかない魅力を備えている。見学される機会があれば彫物そのものの美しさを、まずは堪能していただきたいと思う。

樋［ひ］

もう一つ、忘れてはならないのが樋だ。

棟区《むねまち》と鎬《しのぎ》の間に彫られる樋は、強度を損わずに重い刀の目方を減らすという本来の目的の他にも、デザインとして

■刀身彫刻

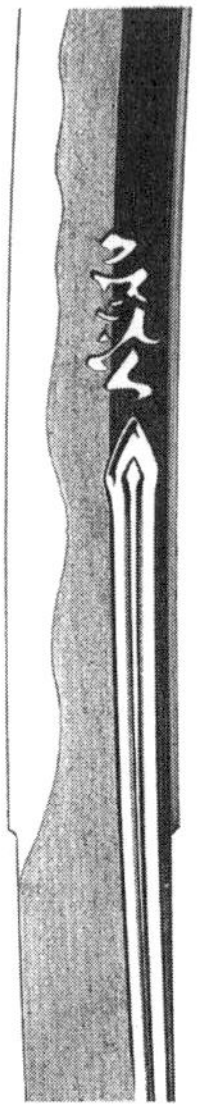
梵字(不動明王)と剣

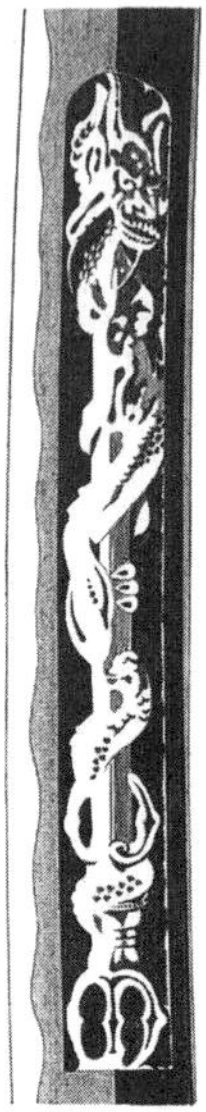
倶利迦羅竜

不動明王

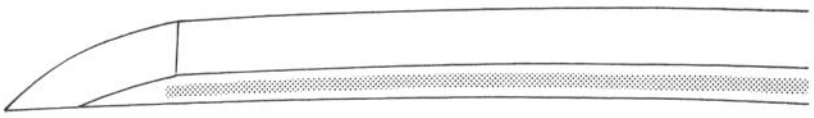
棒樋

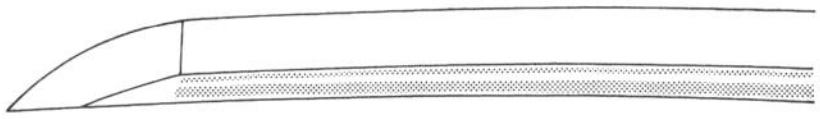
添樋

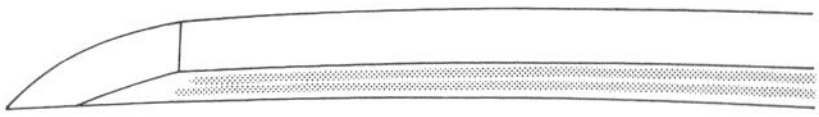
二筋樋

掻流し
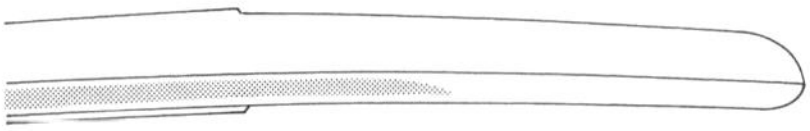

掻通し
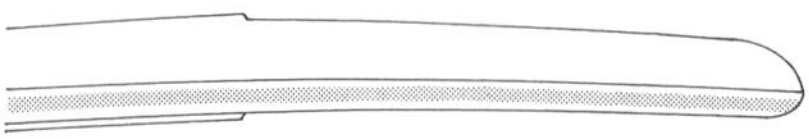

施される場合が多い。ちなみに、樋を入れることを、正式には「掻《か》く」という。

いちばん見かけるのは棒樋《ぼうび》と称する一本線のパターンだが、細い樋をもう一本入れる添樋《そえび》、同じ太さで二本入るのを二筋樋《ふたすじび》と、バリエーションは幅広い。ちなみに、先に挙げた七星剣の樋は二筋樋。樋も彫物と同様、古い歴史の産物なのだ。また、彫物として不動明王像を入れる代わりに、その変型として密教の仏具である護摩箸《ごまはし》を象《かたど》った二筋樋を、刀身の下半分に掻くケースも多かったようである。

樋は切先《きっさき》の下から始まり、鐔元《つばもと》で止める場合と、茎《なかご》の中まで至る場合の両方があるが、茎の先端部まで樋を通してしまうことを「掻通《かきとお》し」、茎の途中で止めることを「掻流《かきなが》し」と称する。名刀の紹介文にしばしば出てくる表現なので、ぜひ覚えておきたい。

銘［めい］・鑢目［やすりめ］

茎《なかご》は刀剣のプロフィールを知るための情報が満載されている、きわめて重要な部分である。

その茎に見られるのが、銘と鑢目だ。

刃文を決定する焼入れを終えた後、刀工は高温で熱したために生じた反りや歪みを調整して刀身を完成させた後に、独自の銘を切り、鑢目を入れる。

いずれも刀工個人の象徴であり、誕生したばかりの生《う》ぶ茎に記す行為は、刀を世に送り出すための厳粛な儀式ともいえるだろう。

茎は「押形《おしがた》」と呼ばれる、拓本《たくほん》にして保存する。刀剣鑑賞の専門書、それも一歩進んだ段階でないと読めないレベルの本では押形ばかりを集めて掲載、解説されている場合

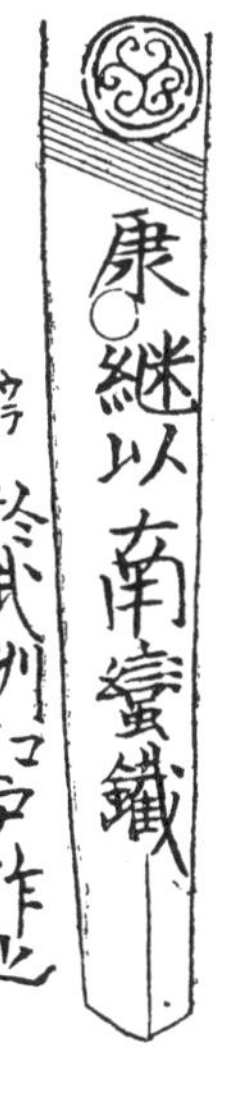

銘と鑢目（下坂康継のもの）

が多い。私自身もまだまだ勉強中の身であるため、ここでは銘と鑢目がどのような形になっているのかを、図版にてご紹介するにとどめさせていただく。

　詳細な解説については改めて、私の勉強が進んだ段階で取り組ませてもらえればと願う次第。

　あと、一つだけご注意を。刀剣は、水気を極端に嫌う。瓦《かわら》や板碑《いたび》などの拓本をとる場合と同様、対象となる刀剣に決して墨《すみ》を塗ってはならないのは当然だが、ふつうの湿拓法のように刷毛《はけ》で水を引いて画仙紙《がせんし》を張り付け、タンポに含ませた油墨でたたくというのもＮＧなのだ。乾拓法を大前提とする押形の場合、クレヨンや４～５Ｂの鉛筆を用いる簡便なやり方も行われるが、水を使わない石華墨《せっかぼく》という高級拓墨と、これも高級な美濃紙を使用するのが正式な方法とされている。

槍・薙刀、弓

それでは、最後に、本書に登場した日本刀以外の武具の種類と名称について、簡単に触れておく。

各部分の名称については一括してイラストに示し、解説は本文中でご紹介できなかった、豆知識というか、読者の方々のビジュアルイメージを膨らませてもらうための一助となりそうな点を書かせていただくので、ご参照の程を。

槍・薙刀

槍［やり］

◇大身槍《おおみやり》

合戦向けの、長大な槍。

柄《え》が一六〇～二〇〇センチ程度と比較的短いのは、いわゆる三間《けん》半（約七メートル）もの長柄《ながえ》では、五キロにも及ぶ槍穂の重量を支えきれないためだろう。いずれにしても、よほどの膂《りょ》力《りょく》、腕力の持ち主でなくては、大身槍の威力は発揮できない。

二尺（約六〇センチ）から三尺（約九〇センチ）に及ぶ槍穂の茎《なかご》は長く、柄に固定されているため、けら首から切断しようと狙うのはまず不可能といわれる。

◇素槍《すやり》（直槍《すぐやり》）

平安時代まで長柄武器の主流だった鉾《ほこ》に代わって、室町時代に定着した槍の基本形式。

全長三メートル、槍穂五〇センチ、重量三～三・五キロが一般的。

槍穂は二寸（約六センチ）から一尺（約三〇センチ）までを短穂《たんほ》と呼び、一尺から二尺までを中身《ちゅうみ》と称する。

◇鎌槍《かまやり》

鎌刃《かまば》と称する刃が付属する。

全長三〇センチ前後の槍穂に対し、一三センチ程度の短い鎌刃は敵の不意を突いて脚を掻き切るといった、変則的な攻撃を行うための補助刃。また、槍穂で刺突する際、深く刺さり過ぎるのを防ぐ役目も兼ねている。

素槍を越える威力を発揮するが、馬上で振るおうとして自分の馬の目を、誤って潰してしまうといった危険も伴うため、扱いには熟練を要する。

■槍

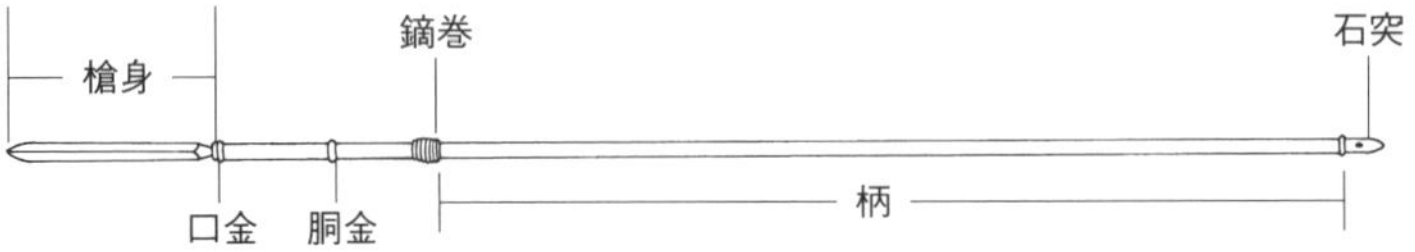

■薙刀

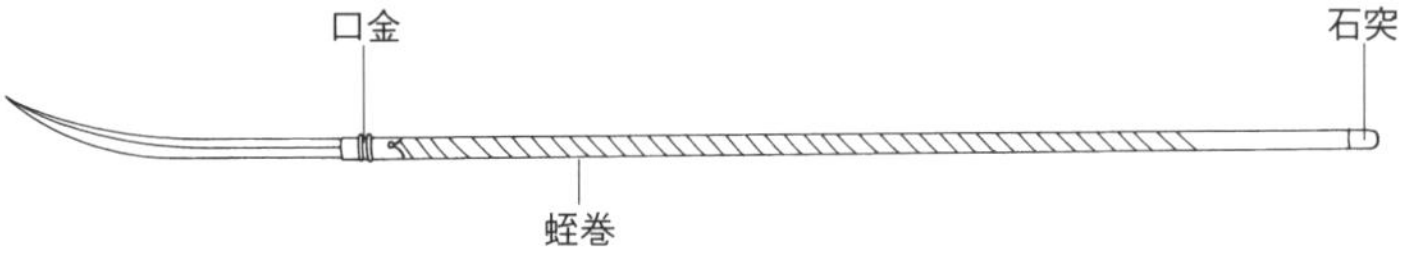

大身槍

素槍(直槍)

鎌槍

月形十文字槍

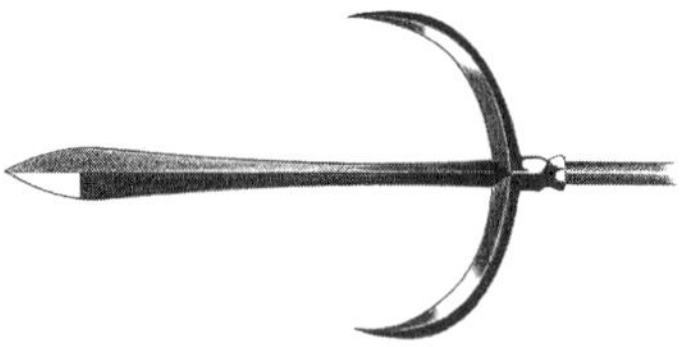

薙刀(静型)

薙刀(巴型)

加藤清正《かとうきよまさ》の片鎌槍（二〇六頁参照）は、よく知られている。

◇月形十文字槍《つきがたじゅうもんじやり》

宝蔵院流槍術《ほうぞういんりゅうそうじゅつ》に特有の、鎌槍の一形態。

詳しくは本文（二四五頁）参照のこと。

薙刀［なぎなた］

鎌倉時代から室町時代の末期まで、合戦場で用いられた長柄武器。刀身二尺三寸（約六九センチ）以上を大薙刀、それ以下を小薙刀と区別する。とりわけ南北朝の争乱における大薙刀の武勇伝は数多い。

形状は、静《しずか》型と巴《ともえ》型の二種類（一二二頁参照）に分けられる。

戦国乱世の終結後、江戸時代には武家の女子に護身の術として奨励された。当時の伝統は現代も存続し、競技人口の大半を女性が占める武道として認知される。剣道との異種試合では、男性選手が圧倒される光景も見られる。

弓

「滋籐《しげとう》（重籐）弓《ゆみ》」。室町時代から定着した、武士が所有する弓の総称である。

Katana

その原点は平安時代、従来の「丸木弓《まるきゆみ》」に代わって登場した、「伏竹弓《ふせだけゆみ》」と「三枚打弓《さんまいうちゆみ》」にある。

外側に竹を張って製作する、最初の合成弓である伏竹弓がつくられたのは平安時代の中期頃、内側と外側の両面に竹を張って強度を高めた三枚打弓は後期以降に登場したと見られている。

そこで、滋籐弓だが、この名称は弓全体の耐久性を増すために、漆《うるし》を塗った上から籐《とう》を数多く、すなわち「滋《しげ》く」巻き付けたことに由来する。つまり、中身が伏竹でも三枚打でも、加工法さえ同じならば、名称は滋籐弓となるわけである。

黒塗りにした弓の生地に、幅一寸（約三センチ）の白の引籐を五分（約一・五センチ）程度の間隔で、ぎっしりと巻くのが滋籐弓の基本仕様だが、籐を巻く回数、位置、幅、間隔によって異なる名称がつけられた。しかし、いずれも弓そのものの機能ではなく、加工法の違いから名付けられた点にご注意されたい。

近世には握りから上の部分に三十六カ所、下の部分には二十八カ所巻くのを正式とした。これは地の三十六禽《きん》（鳥）、天の二十八宿《しゅく》（星）の故事にあやかっての作法である。

伏竹弓と三枚打弓は、丸木弓の両面に竹を張った生地がむき出しの白木弓《しらきゆみ》や、漆を塗っただけの塗弓《ぬりゆみ》にも加工され、平安時代以降も合戦に欠かせない遠戦武器として重宝された。室町時代に入ると、木を中心にして前後左右に竹を張った、「四方竹弓《しほうだけゆみ》」もつくられた。

ちなみに、現代の弓道でもグラスファイバー製の弓と共に使用されている、焦がした竹皮を細く割いて中心に仕込む合成弓の進化形「弓胎弓《ひごゆみ》」が登場したのは、室町時代末期。最大射程距離は丸木弓の三〇〇《メートル》、従来の合成弓の三五〇～四〇〇《メートル》に比べて四〇〇～四五〇《メートル》と格段に伸び、有効射程距離も丸木弓九〇～一〇〇《メートル》、従来の合成弓一八〇～二〇〇《メートル》に対し、二〇〇～二五〇《メートル》となっている。

このようにデータを並べてみると、丸木弓から合成弓へ発達を遂げたことにより、目標を貫通する有効射程距離が飛躍的に向上している点に、改めて驚かされる。源平合戦を制した源氏の勝利の一因が、弓を大量に投入しての物量作戦にあったというのも頷ける。

■滋籐(重籐)弓

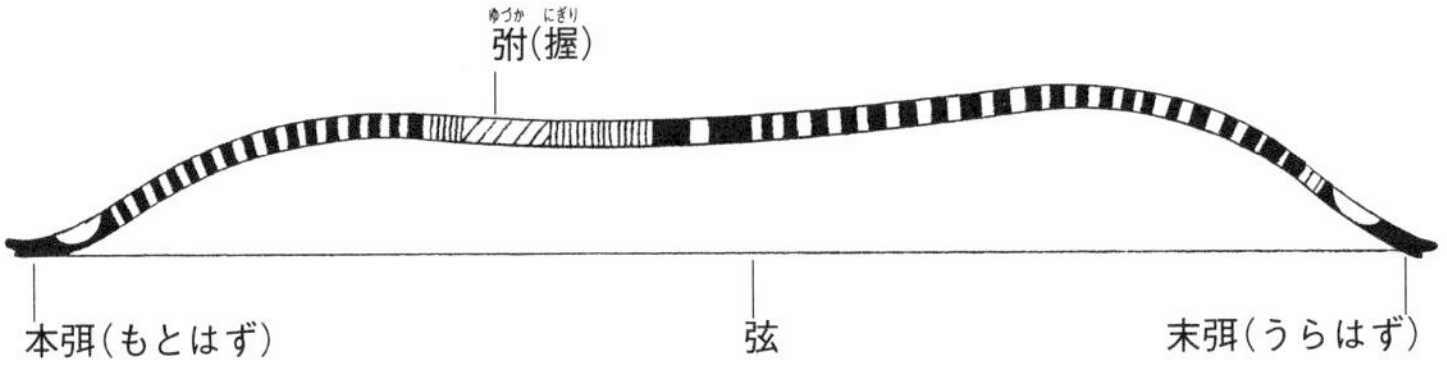

■弓の構造

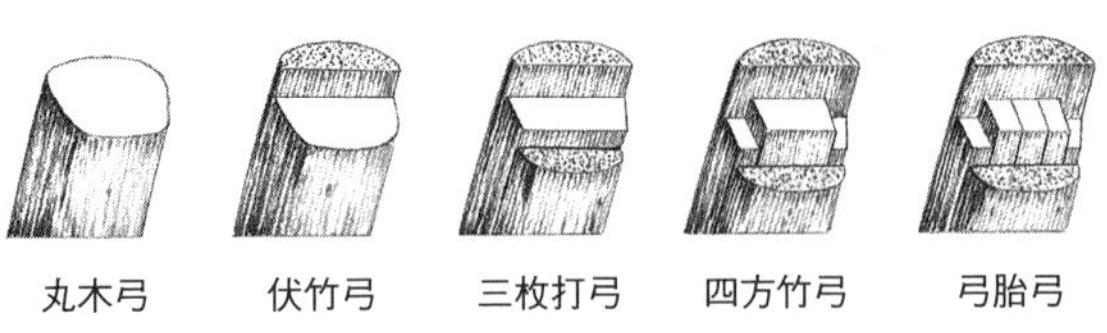

国宝刀剣一覧

※作刀地別・五十音順
※全122点。2001年6月現在
※国宝指定は古刀のみです
※サイズは登録時に採寸されたもの

地域／名称	①サイズ ②所蔵先 ③時代 ※備考
畿内 山城国	
刀 金象嵌銘 長谷部《はせべ》国重《くにしげ》本阿《ほんあ》花押《かおう》 黒田筑前守《くろだちくぜんのかみ》（名物《めいぶつ》へし切《きり》）	①刃長六四・九センチ、反り一・〇センチ、元幅三・〇センチ、先幅二・五センチ ②福岡 福岡市博物館 ③南北朝時代（一四世紀） ※「本阿」は本阿弥光徳《ほんあみこうとく》
剣《けん》 銘 吉光《よしみつ》	①刃長二二・九センチ、元幅二・二センチ ②石川 白山比咩神社 ③鎌倉時代（一三世紀）
小太刀《こだち》 銘 来国俊《らいくにとし》 黒漆《くろうるし》蛭巻《ひるまき》太刀《たち》拵《ごしらえ》 刀身	①刃長五四・三センチ、反り一・七センチ、元幅二・四センチ、先幅一・三センチ 拵総長八一・六センチ ②栃木 二荒山神社宝物館 ③鎌倉時代（一三世紀）
太刀 銘 国行《くにゆき》（当麻《たいま》国行）	①刃長六九・七センチ、反り一・五センチ、元幅二・五センチ、先幅一・九センチ ②東京 日本美術刀剣保存協会 ③鎌倉時代（一三世紀）

●太刀　銘　国行（来国行）

●太刀　銘　定利《さだとし》

●太刀　銘　三条《さんじょう》（名物三日月宗近《みかづきむねちか》）
（附　糸巻太刀拵鞘）

●太刀　銘　則国《のりくに》

●太刀　銘　久国《ひさくに》

●太刀　銘　来国俊（出羽庄内《でわしょうない》　酒井家《さかいけ》伝来）

●太刀　銘　来国光《らいくにみつ》

●太刀　銘　来国光　嘉暦《かりゃく》二年二月日

●太刀　銘　来孫太郎作《らいまごたろうさく》　花押　正応《しょうおう》五壬辰八月十三日（以下不明）

●短刀　銘　国光《くにみつ》

①刃長七六・五センチ、反り三・〇三センチ、元幅二・九センチ、先幅二・〇センチ
②東京　日本美術刀剣保存協会　③鎌倉時代（一三世紀）

①刃長七八・七センチ、反り三・三センチ、元幅二・八センチ、先幅二・〇センチ
②東京　東京国立博物館　③鎌倉時代（一二世紀）

①刃長七九・九センチ、反り二・七センチ、元幅二・九センチ、先幅一・四センチ
②東京　東京国立博物館　③平安時代（一二世紀）

①刃長七四・七センチ、反り二・二七センチ、元幅二・七三センチ、先幅一・八二センチ
②京都　京都国立博物館　③鎌倉時代（一三世紀）

①刃長八〇・四センチ、反り三・〇センチ、元幅二・八センチ、先幅一・八センチ
②東京　個人蔵　③鎌倉時代（一三世紀）

①刃長七二・二センチ、反り二・二センチ、元幅二・七センチ、先幅一・八センチ
②東京　個人蔵　③鎌倉時代（一三世紀）

①刃長八〇・六センチ、反り四・五センチ、元幅三・〇センチ、先幅二・一センチ
②東京　東京国立博物館　③鎌倉時代（一四世紀）

①刃長七八・七センチ、反り三・六センチ、元幅三・〇センチ、先幅一・九センチ
②東京　東京国立博物館　③鎌倉時代（一四世紀）
※「嘉暦二年」は一三二七年

①刃長七七・三センチ、反り三・〇センチ、元幅三・二センチ、先幅二・一センチ
②愛知　徳川美術館　③鎌倉時代（一三世紀）　※「正応五」は一二九一年

①刃長二三・二センチ、元幅二・二センチ　②大阪　個人蔵
③鎌倉時代（一三～一四世紀）

地域／名称	①サイズ ②所蔵先 ③時代 ※備考
短刀 銘 国光（新村新藤五《にいむらしんどうご》）	①刃長二四・九センチ、元幅二・一センチ ②東京 個人蔵 ③鎌倉時代（一三〜一四世紀）
短刀 銘 吉光《よしみつ》（附 腰刀拵）	①刃長二三・三センチ、元幅二・六センチ ②福岡 個人蔵 ③鎌倉時代（一三世紀）
短刀 銘 吉光（名物厚藤《あつしとう》四郎《しろう》）	①刃長二一・八センチ、元幅一・八センチ ②東京 東京国立博物館 ③鎌倉時代（一三世紀）
短刀 銘 吉光（名物後藤《ごとう》藤四郎）	①刃長二七・七センチ、元幅二・三センチ ②愛知 徳川美術館 ③鎌倉時代（一三世紀）
短刀 銘 来国次《らいくにつぐ》	①刃長三二・七センチ、元幅三・三センチ ②東京 個人蔵 ③鎌倉時代（一四世紀）
短刀 銘 来国俊	①刃長二四・五センチ、元幅二・二センチ ②兵庫 黒川古文化研究所 ③鎌倉時代（一三世紀）
短刀 銘 来国俊 正和《しょうわ》五年十一月日	①刃長二五・一センチ、元幅二・六センチ ②愛知 熱田神宮 ③鎌倉時代（一四世紀） ※「正和五年」は一三一六年
短刀 銘 来国光（名物有楽来《うらくさい》国光）	①刃長二七・三センチ、元幅二・七センチ強 ②静岡 個人蔵 ③鎌倉時代（一四世紀）
畿内 大和国	
菊造腰刀《きくづくりこしがたな》 刀身《とうしん》無銘 伝当麻《たいま》	①拵 総長四一・〇センチ、把長一〇・三センチ、鞘長三〇・八センチ。 刀身 刃長二六・五センチ、元幅二・六センチ ②山口 毛利博物館［防府毛利報公会］ ③鎌倉時代（一三世紀）
剣《けん》 無銘（附 黒漆宝剣拵）	①刃長六二・二センチ、元幅三・三センチ ②大阪 金剛寺 ③平安時代（一二世紀）

太刀　銘　包永《かねなが》
①刃長七三・〇センチ、反り二・六センチ、元幅二・九センチ、先幅二・〇センチ
②東京　静嘉堂文庫美術館　③鎌倉時代（一三世紀）

太刀　銘　延吉《のぶよし》
（附　糸巻太刀拵、藍地菊紋金襴袋）
①刃長七三・五センチ、反り二・七センチ、元幅二・七センチ、先幅一・七センチ
②東京　日本美術刀剣保存協会　③鎌倉時代（一三世紀）

短刀　銘　高市《たけち》□住金吾藤貞吉《じゅうきんごとうさだよし》□亨二二年
甲子《きのえね》十一月十八日（名物桑山保昌《くわやまほうしょう》）
①刃長二五・七センチ、元幅二・五センチ　②大阪　個人蔵
③鎌倉時代（一四世紀）　※「□亨二二年」は元亨《げんこう》四年（一三二四）と推測

東海道　相模国

刀　金象嵌銘　城和泉守所持正宗磨上本阿《じょういずみのかみしょじまさむねすりあげほんあ》
（花押《かおう》）
①刃長七〇・八センチ、反り二・二センチ、元幅二・七センチ、先幅一・五センチ
②東京　東京国立博物館　③鎌倉時代（一四世紀）　※「本阿」は本阿弥光徳

刀　金象嵌銘　正宗本阿花押本多中務《まさむねほんあかおうほんだなかつかさ》所持
（名物中務正宗）
①　刃長六七・〇センチ、反り一・七センチ、元幅二・九センチ、先幅二・一センチ
②福岡　個人蔵　③鎌倉時代（一四世紀）
※「本阿」は本阿弥光徳。「本多中務」は本多平八郎忠勝

刀　無銘　貞宗《さだむね》（名物亀甲貞宗《きっこうさだむね》）
①刃長七〇・九センチ、反り二・四センチ、元幅二・七センチ、先幅一・八センチ
②東京　東京国立博物館　③鎌倉時代（一四世紀）

刀　無銘　正宗（名物観世《かんぜ》正宗）
①刃長六四・四センチ、反り一・九センチ、元幅二・六センチ、先幅一・八センチ
②東京　東京国立博物館　③鎌倉時代（一四世紀）

刀　無銘　正宗（名物太郎作《たろうさく》正宗）
①刃長六四・三センチ、反り一・八センチ、元幅三・一センチ、先幅二・五センチ
②東京　前田育徳会　③鎌倉時代（一四世紀）

太刀　銘　助真《すけざね》（紀州《きしゅう》徳川家伝来）
①刃長六六・九センチ、反り一・八センチ、元幅三・三センチ、先幅二・二センチ
②東京　東京国立博物館　③鎌倉時代（一三世紀）

地域／名称	①サイズ ②所蔵先 ③時代 ※備考
太刀 銘 助真（日光助真《にっこうすけざね》）（附 打刀拵）	①刃長七一・二センチ、反り二・五センチ、元幅三・二センチ、先幅二・五センチ ②栃木 日光東照宮 ③鎌倉時代（一三世紀）
短刀 朱銘 貞宗 本阿花押（名物伏見《ふしみ》貞宗）	①刃長三〇・二センチ、元幅二・六センチ ②兵庫 黒川古文化研究所 ③鎌倉時代～南北朝時代（一四世紀） ※「本阿」は本阿弥光室《ほんあみこうしつ》
短刀 無銘 貞宗（名物寺沢《てらさわ》貞宗）	①刃長二九・四センチ、元幅二・七センチ ②東京 個人蔵 ③鎌倉時代～南北朝時代（一四世紀）
短刀 無銘 貞宗（名物徳善院《とくぜんいん》貞宗）	①刃長三五・四五センチ、反り〇・六センチ、元幅三・一センチ ②東京 三井文庫 ③鎌倉時代～南北朝時代（一四世紀） ※「徳善院」は前田玄以《まえだげんい》
短刀 無銘 正宗（名物九鬼《くき》正宗）（附 全無垢二重鎺《はばき》銘埋忠寿斎）	①刃長二四・八センチ、元幅二・三センチ ②中国・四国 個人蔵 ③鎌倉時代（一四世紀）
短刀 無銘 正宗（名物日向《ひゅうが》正宗）	①刃長二四・八センチ、元幅二・二センチ ②東京 三井文庫 ③鎌倉時代（一四世紀）
短刀 無銘 正宗（名物庖丁《ほうちょう》正宗）	①刃長二四・〇センチ、元幅二・五センチ ②愛知 徳川美術館 ③鎌倉時代（一四世紀）
短刀 無銘 正宗（名物庖丁正宗）	①刃長二一・七センチ、元幅三・八センチ ②大阪 個人蔵 ③鎌倉時代（一四世紀）
短刀 無銘 正宗（名物庖丁正宗）	①刃長二一・八センチ、元幅三・二五センチ ②東京 永青文庫 ③鎌倉時代（一四世紀）
短刀 銘 国光《くにみつ》（名物会津新藤五《あいづしんどうご》）	①刃長二五・五センチ、元幅二・四センチ ②東京 日本刀装具美術館 ③鎌倉時代（一三～一四世紀）
短刀 銘 行光《ゆきみつ》	①刃長二六・二センチ、元幅二・三センチ ②東京 東京国立博物館 ③鎌倉時代（一四世紀）

北陸道 越中国

刀《かたな》　金象嵌銘《きんぞうがんめい》　天正《てんしょう》十三年十二月日江本阿弥《ごうほんあみ》
磨上之《これをすりあげ》（花押《かおう》）
所持《しょじ》稲葉勘右衛門尉《いなばかんうえもんのじょう》
（名物稲葉江《めいぶついなばごう》）

①刃長七〇・九センチ、反り二・〇センチ、元幅二・九センチ、先幅一・九センチ
②東京　個人蔵　③南北朝時代（一四世紀）
※「天正十三年」は一五八五年。「本阿弥」は本阿弥光徳

刀　無銘　義弘《よしひろ》（名物富田江《とみたごう》）

①刃長六四・八センチ、反り一・三センチ、元幅三・〇センチ、先幅二・三センチ
②東京　前田育徳会　③南北朝時代（一四世紀）

短刀　銘　則重《のりしげ》

①刃長二四・五センチ、元幅一・九センチ　②東京　永青文庫
③鎌倉時代（一四世紀）

山陰道 伯耆国

太刀　銘　安家《やすいえ》

①刃長七七・四センチ、反り二・九センチ、元幅二・八センチ、先幅一・八五センチ
②京都　京都国立博物館　③平安時代（一二世紀）

太刀　銘　安綱《やすつな》（名物童子切安綱《どうじぎりやすつな》）

①刃長八〇・〇センチ、反り二・七センチ、元幅二・九センチ、先幅一・九センチ
②東京　東京国立博物館　③平安時代（一二世紀）

山陽道 備前国

大太刀　銘　備州長船倫光《びしゅうおさふねともみつ》　貞治《じょうじ》五年二月日
（附　野太刀拵）

①刃長一二六・〇センチ、反り五・八センチ、元幅四・四センチ、先幅三・〇センチ
②栃木　二荒山神社宝物館　③南北朝時代（一四世紀）　※「貞治五年」は
一三六六年

地域／名称	①サイズ　②所蔵先　③時代　※備考
● 刀　金象嵌銘　光忠《みつただ》　光徳花押《こうとくかおう》	①刃長七二・五センチ、反り二・四センチ、元幅三・三センチ、先幅二・五センチ ②大阪　個人蔵　③鎌倉時代（一三世紀）
● 刀　金象嵌銘　光忠　光徳花押　生駒讃岐守《いこまさぬきのかみ》所持《しょじ》（生駒光忠）	①刃長六八・五センチ、反り二・二センチ、元幅三・二センチ、先幅二・四センチ ②東京　永青文庫　③鎌倉時代（一三世紀）
● 太刀《たち》　無銘　一文字《いちもんじ》（名物日光《にっこう》一文字）（附　葡萄文蒔絵刀箱）	①刃長六七・八センチ、反り二・四センチ、元幅三・二センチ、先幅二・三センチ ②福岡　福岡市博物館　③鎌倉時代（一三世紀）
● 太刀　無銘　一文字（号《ごう》　山鳥毛《やまとりげ》）（附　打刀拵）	①刃長七九・〇センチ、反り三・二センチ、元幅三・五センチ、先幅二・二センチ ②岡山　個人蔵　③鎌倉時代（一三世紀）
● 太刀　銘　一《いち》	①刃長七〇・九センチ、反り三・〇センチ、元幅三・三センチ、先幅二・三センチ ②静岡　個人蔵　③鎌倉時代（一三世紀）
● 太刀　銘　国宗《くにむね》	①刃長八〇・〇センチ、反り二・七センチ、元幅三・一センチ、先幅二・一センチ ②愛知　徳川美術館　③鎌倉時代（一三世紀）
● 太刀　銘　国宗	①刃長七二・七センチ、反り二・四センチ、元幅三・〇センチ、先幅二・一センチ ②東京　日本刀装具美術館　③鎌倉時代（一三世紀）
● 太刀　銘　国宗（附　金梨地桐紋散糸巻太刀拵《きんなしじきりもんちらしいとまきたちこしらえ》）	①刃長八一・七センチ、反り三・三センチ、元幅三・二センチ、先幅二・一センチ ②栃木　日光東照宮　③鎌倉時代（一三世紀）
● 太刀　銘　国宗　備前三郎《びぜんさぶろう》国宗作	①刃長八一・四センチ、反り二・七センチ、元幅三・三センチ、先幅二・〇センチ ②鹿児島　照国神社　③鎌倉時代（一三世紀）
● 太刀　銘　熊野三所権現長光《くまのさんしょごんげんながみつ》	①刃長七五・一センチ、反り二・八七センチ、元幅三・〇センチ、先幅一・八センチ ②長野　個人蔵　③鎌倉時代（一三世紀）

●太刀　銘　真光《さねみつ》（附　糸巻太刀拵）
①刃長七七・三センチ、反り二・九センチ、元幅三・一センチ、先幅一・九センチ
②山形　致道博物館　③鎌倉時代（一三世紀）

●太刀　銘　助包《すけかね》（附　糸巻太刀拵）
①刃長七七・七センチ、反り二・九センチ、元幅三・二センチ、先幅二・二センチ
②大阪　個人蔵　③鎌倉時代（一三世紀）

●太刀　銘　友成作《ともなりさく》
①刃長七九・三センチ、反り三・一センチ、元幅三・一センチ、先幅一・八八センチ
②広島　厳島神社　③平安時代（一二世紀）

●太刀　銘　長光《ながみつ》
①刃長六八・八センチ、反り二・〇センチ、元幅二・九センチ、先幅二・一センチ
②東京　東京国立博物館　③鎌倉時代（一三世紀）

●太刀　銘　長光（名物大般若《だいはんにゃ》長光）
①刃長七三・六センチ、反り二・九センチ、元幅三・二センチ、先幅二・二センチ
②東京　東京国立博物館　③鎌倉時代（一三世紀）

●太刀　銘　長光（名物遠江《とおとうみ》長光）
①刃長七二・〇センチ、反り二・一センチ、元幅三・〇センチ、先幅二・一センチ
②愛知　徳川美術館　③鎌倉時代（一三世紀）

●太刀　銘　信房作《のぶふささく》（附　糸巻太刀拵）
①刃長七五・四センチ、反り二・四センチ、元幅二・七五センチ、先幅一・五五センチ
②山形　致道博物館　③平安時代（一二世紀）

●太刀　銘　則宗《のりむね》
①刃長七八・五センチ、反り二・五センチ、元幅二・五センチ、先幅一・五八センチ
②東京　日枝神社　③鎌倉時代（一三世紀）

●太刀　銘　備《び》前《ぜん》国《のくに》長船《おさふね》住《じゅう》景光《かげみつ》　元亨《げんこう》二年五月
日（小竜《こりゅう》景光）
①刃長七三・九センチ、反り二・九センチ、元幅三・〇センチ、先幅二・〇センチ
②東京　東京国立博物館　③鎌倉時代（一四世紀）
※「元亨二年」は一三二二年

●太刀　銘　備《び》前《ぜん》国《のくに》長船《おさふね》住《じゅう》左《さ》近将監《こんしょうげん》長光《ながみつ》造《ぞう》
①刃長七八・五センチ、反り二・七センチ、元幅三・二センチ、先幅二・〇センチ
②岡山　林原美術館　③鎌倉時代（一三世紀）

地域／名称	①サイズ ②所蔵先 ③時代 ※備考
●太刀 銘 備前国長船住左兵衛尉景光《びぜんのくにおさふねじゅうさひょうえのじょうかげみつ》 作者 進士三郎景政《しんしさぶろうかげまさ》 嘉暦《かりゃく》二二年己巳《つちのとみ》七月日	①刃長八二・四センチ、反り二・四センチ、元幅三・一センチ、先幅二・一センチ ②埼玉 埼玉県立博物館 ③鎌倉時代（一四世紀） ※「嘉暦二二年」は一三二九年
●太刀 銘 備前国長船住近景《びぜんのくにおさふねじゅうちかかげ》 嘉暦《かりゃく》二二年□月日	①刃長八〇・六センチ、反り三・〇センチ、元幅三・二センチ、先幅二・〇センチ ②大阪 個人蔵 ③鎌倉時代（一四世紀） ※「嘉暦二二年」は一三二九年
●太刀 銘 備前国包平作《びぜんのくにかねひらさく》（名物大包平《おおかねひら》）	①刃長八九・二三センチ、反り三・四八センチ、元幅三・七センチ、先幅二・五五センチ ②東京 東京国立博物館 ③平安時代（一二世紀）
●太刀 銘 備前国友成造《びぜんのくにともなりぞう》	①刃長七九・〇センチ、反り二・三センチ、元幅二・八五センチ、先幅一・六センチ ②東京 個人蔵 ③平安時代（一二世紀）
●太刀 銘 備前国吉岡住左近将監紀助光《びぜんのくによしおかじゅうさこんしょうげんきのすけみつ》（裏銘） 一 南無八幡大菩薩南無妙見大菩薩 元亨《げんこう》二年三月日（表銘）	①刃長八二・三センチ、反り三・六センチ、元幅三・三センチ、先幅二・一センチ ②大阪 個人蔵 ③鎌倉時代（一四世紀） ※「元亨二年」は一三二二年
●太刀 銘 正恒《まさつね》	①刃長七一・八センチ、反り二・八センチ、元幅二・九センチ、先幅一・八二センチ ②愛知 徳川美術館 ③平安時代（一二世紀）
●太刀 銘 正恒	①刃長七六・九六センチ、反り二・二七センチ、元幅三・〇三センチ、先幅二・〇センチ ②大阪 個人蔵 ③平安時代（一二世紀）
●太刀 銘 正恒	①刃長七四・二四センチ、反り二・一二センチ、元幅二・八センチ、先幅一・七センチ ②大阪 萬野美術館［萬野記念文化財団］ ③平安時代（一二世紀）
●太刀 銘 正恒（附 梨地菊紋蒔絵糸巻太刀拵）	①刃長七八・二センチ、反り三・〇センチ、元幅三・〇センチ、先幅一・八センチ ②神奈川 鶴岡八幡宮 ③平安時代（一二世紀）

●太刀　銘　正恒
①刃長七七・六センチ、反り二・七三センチ、元幅二・九一センチ、先幅一・六四センチ
②東京　日本刀装具美術館　③平安時代（一二世紀）

●太刀　銘　正恒
①刃長七七・八七センチ、反り一・九七センチ、元幅二・九一センチ、先幅一・七センチ
②東京　文化庁　③平安時代（一二世紀）

●太刀　銘　真恒《さねつね》（附　糸巻太刀拵）
①刃長八九・四センチ、反り三・九センチ、元幅三・五センチ、先幅二・一八センチ
②静岡　久能山東照宮　③平安時代（一二世紀）

●太刀　銘　光忠《みつただ》
①刃長七二・四センチ、反り二・三センチ、元幅三・〇センチ、先幅二・四センチ
②愛知　徳川美術館　③鎌倉時代（一三世紀）

●太刀　銘　吉平《よしひら》（附　糸巻太刀拵）
①刃長七三・八センチ、反り二・九センチ、元幅二・九センチ、先幅一・八センチ
②東京　個人蔵　③鎌倉時代（一三世紀）

●太刀　銘　吉房《よしふさ》
①刃長七〇・六センチ、反り二・七センチ、元幅三・二センチ、先幅二・四センチ
②東京　東京国立博物館　③鎌倉時代（一三世紀）

●太刀　銘　吉房（岡田切《おかだぎり》）
①刃長六九・一センチ、反り二・一センチ、元幅三・一センチ、先幅二・三センチ
②東京　東京国立博物館　③鎌倉時代（一三世紀）

●太刀　銘　吉房（伊予西条《いよさいじょう》　松平家伝来《まつだいらけでんらい》）
①刃長七一・二センチ、反り二・七センチ、元幅二・九センチ、先幅一・八五センチ
②岡山　林原美術館　③鎌倉時代（一三世紀）

●太刀　銘　吉房（島津家《しまづけ》伝来）
（附　打刀拵）
①刃長八一・三センチ、反り三・二センチ、元幅三・一センチ、先幅二・〇センチ
②東京　個人蔵　③鎌倉時代（一三世紀）

●太刀　銘　吉房（徳川将軍家伝来）
①刃長七三・九センチ、反り三・三センチ、元幅三・二センチ、先幅二・一センチ
②東京　個人蔵　③鎌倉時代（一三世紀）

●短刀　銘　備州長船住景光《びしゅうおさふねじゅうかげみつ》　元亨《げんこう》三年三月日
（附　小さ刀拵）
①刃長二八・三センチ、元幅二・六センチ　②埼玉　埼玉県立博物館
③鎌倉時代（一四世紀）　※「元亨三年」は一三二三年

Katana

地域／名称

●短刀　銘　備《び》州《しゅう》長船《おさふね》住《じゅう》長重《ながしげ》甲戌《きのえいぬ》（附　腰刀拵）

●薙刀　銘　一《いち》備《び》州《しゅう》吉岡《よしおか》住《じゅう》左《さ》近将監《こんしょうげん》紀助光《きのすけみつ》　元《げん》応《おう》二年庚申十一月日

●薙刀　銘　備前国《びぜんのくに》長船《おさふね》住人《じゅうにん》長光《ながみつ》造《ぞう》

●梨子地《なしじ》桐文《きりもん》螺鈿《らでん》腰刀《こしがたな》　銘　友成作《ともなりさく》（附　蒔絵箱　一合《ごう》）

●兵庫鎖太刀（群鳥文《ぐんちょうもん》兵庫鎖太刀）

山陽道　備中国

●刀　無銘　則房《のりふさ》

●太刀　銘　貞次《さだつぐ》

●太刀　銘　為次《ためつぐ》（狐《きつね》ヶ《が》崎《さき》）（附　黒漆革巻太刀拵）

①サイズ ②所蔵先 ③時代 ※備考

①刃長二六・一センチ、元幅二・六センチ ②東京　個人蔵 ③南北朝時代（一四世紀） ※「甲戌」は建武元年（一三三四）

①刃長五六・七センチ、反り二・七センチ、元幅三・三センチ、先幅二・七センチ（物打《ものうち》の部分にて測定） ②大阪　個人蔵 ③鎌倉時代（一四世紀） ※「元応二年」は一三二〇年

①刃長四四・二センチ、反り一・七センチ、元幅三・二センチ、先幅三・センチ ②静岡　佐野美術館 ③鎌倉時代（一三世紀）

①刀身　刃長二〇・三センチ、元幅一・九センチ。拵　総長三七・八センチ、把長八・三センチ、鞘長二九・五センチ ②広島　厳島神社 ③室町時代（一四世紀）

①刀身　刃長七七・三センチ、反り二・九センチ、元幅二・九センチ、先幅二・一センチ 拵　総長一一三・〇センチ ②東京　東京国立博物館 ③鎌倉時代（一三世紀） ※刀身は福岡一文字派の作

①刃長六九・五センチ、反り二・六センチ、元幅三・〇センチ、先幅二・三センチ ②東京　個人蔵 ③鎌倉時代（一三世紀）

①刃長七七・一センチ、反り二・四二センチ、元幅二・八四センチ、先幅一・七五センチ ②東京　個人蔵 ③鎌倉時代（一二～一三世紀）

①刃長七八・八センチ、反り三・四センチ、元幅三・三センチ、先幅二・一センチ ②山口　吉川史料館 ③鎌倉時代（一三世紀）

●太刀 銘 則房《のりふさ》（附 梨子葵紋蒔絵糸巻太刀拵）
①刃長七七・四センチ、反り三・〇センチ、元幅三・〇センチ、先幅二・二センチ
②東京 日本刀装具美術館 ③鎌倉時代（一三世紀）

●太刀 銘 守利《もりとし》
①刃長七七・〇センチ、反り二・一センチ、元幅二・八センチ、先幅一・九センチ
②大阪 個人蔵 ③鎌倉時代（一三世紀）

●太刀 銘 康次《やすつぐ》（附 糸巻太刀拵）
①刃長八五・二センチ、反り三・五センチ、元幅三・六三センチ、先幅二・三センチ
②大阪 萬野記念文化財団［萬野美術館］ ③鎌倉時代（一三世紀）

西海道 筑前国

●太刀 銘 筑州住左《ちくしゅうじゅうさ》（号 江雪左文字《こうせつさもんじ》）（附 打刀拵）
①刃長七八・二センチ、反り二・七センチ、元幅三・二センチ、先幅二・一センチ
②東京 日本刀装具美術館 ③南北朝時代（一四世紀）
※「江雪」は北条氏政《ほうじょううじまさ》の評定衆《ひょうじょうしゅう》で、この太刀を所有していた岡江雪斎《おかこうせつさい》

●短刀 銘 左《さ》 筑州住《ちくしゅうじゅう》
①刃長二三・六センチ、元幅二・七センチ ②東京 日本刀装具美術館
③南北朝時代（一四世紀）

●短刀 銘 筑州住左《ちくしゅうのじゅうさ》（附 腰刀拵）
①刃長二三・六センチ、元幅二・二センチ ②東京 個人蔵
③南北朝時代（一四世紀）

●短刀 銘 筑州住行弘《ちくしゅうのじゅうゆきひろ》 観応《かんのう》元年八月日
①刃長二三・五センチ、元幅二・二センチ ②東京 個人蔵
③南北朝時代（一四世紀） ※「観応元年」は一三五〇年

西海道 筑後国

●太刀 銘 光世作《みつよさく》（名物大典太《おおでんた》）
①刃長六五・七五センチ、反り二・七センチ、元幅三・四センチ、先幅二・五センチ
②東京 前田育徳会 ③平安時代（一二世紀）

地域／名称 ①サイズ ②所蔵先 ③時代 ※備考

西海道

豊後国

●大太刀《おおだち》 無銘 伝豊後友行《ぶんごともゆき》（附 野太刀《のだち》拵）
①刃長一八〇・〇センチ、反り五・四センチ、元幅四・六センチ、先幅三・四センチ ②愛媛 大山祇神社 ③南北朝時代（一四世紀）

●大太刀 銘 貞治《じょうじ》五年丙午《ひのえうま》千手院長吉《へいごせんじゅいんながよし》
①刃長一三五・八センチ、反り四・九センチ、元幅七・二センチ、先幅三・〇センチ ②愛媛 大山祇神社 ③南北朝時代（一四世紀）

●太刀 銘 豊後国行平作《ぶんごのくにゆきひらさく》（附 茶皺革包太刀拵）
①刃長七九・九センチ、反り二・九センチ、元幅二・七センチ、先幅一・七センチ ②東京 永青文庫 ③鎌倉時代（一二〜一三世紀）

伝未詳

●金装花押散兵庫鎖太刀《きんそうかおうちらしひょうごくさりたち》（中身無銘）
①拵総長一二二・四センチ、把長二七・六センチ、鞘長九七・〇センチ ②奈良 春日大社 ③南北朝時代（一四世紀）
※「中身無銘」の刀身にも貞治《じょうじ》四年（一三六五）の年紀がある

●金銅荘環頭大刀拵《こんどうそうかんとうたちごしらえ》・大刀身《たちのみ》
①大刀拵 総長一一九・〇センチ、把長一九・四センチ、把頭長七・四センチ、鞘長九二・〇センチ。大刀身 長六八・三センチ、元幅二・九センチ、先幅二・三センチ ②高知 小村神社 ③古墳時代（六〜七世紀）

●七星剣《しちせいけん》
①長六二・一センチ、元幅二・四センチ、先幅一・八センチ ②大阪 四天王寺 ③飛鳥・白鳳時代（七世紀）

●直刀《ちょくとう》 黒漆平文太刀拵《くろうるしひょうもんたちごしらえ》
①直刀 長二二四・〇センチ、反り〇・六センチ、元幅四・二センチ、先幅二・八五センチ
大刀拵 総長二七〇・五センチ、把長四〇・三センチ、鞘長二二八・〇センチ
②茨城 鹿島神宮 ③平安時代（八世紀）

● 菱作打刀《ひしづくりうちがたな》（中身無銘）（附　杉箱）

①総長七二・四センチ、把長二〇・三センチ　②奈良　春日大社
③南北朝時代（一四世紀）
※杉箱、墨書銘より元中《げんちゅう》　至徳《しとく》二年（一三八五）作と判明

● 丙子椒林剣《へいししょうりんけん》

①長六五・八センチ、元幅二・六センチ、先幅一・七センチ　②大阪　四天王寺
③飛鳥・白鳳時代（七世紀）

拵のみ

● 沃懸地酢漿紋兵庫鎖太刀《いかけじかたばみもんひょうごくさりたち》（中身無銘）

①拵総長九八・〇センチ、把長二〇・四センチ、鞘長七九・〇センチ　②奈良　春日大社
③鎌倉時代（一二世紀）

● 沃懸地酢漿平文兵庫鎖太刀《いかけじかたばみひょうもんひょうごくさりたち》（中身無銘）

①拵総長一〇五・〇センチ、把長二〇・七センチ、鞘長八四・五センチ
②奈良　春日大社　③鎌倉時代（一三世紀）

● 沃懸地獅子文毛抜形太刀《いかけじししもんけぬきがたたち》（中身無銘）

①拵総長九八・五センチ、把長一九・二センチ、鞘長七八・四センチ　②奈良　春日大社
③鎌倉時代（一三世紀）

● 金地螺鈿毛抜形太刀《きんじらでんけぬきがたたち》

①総長九六・三センチ、把長一八・二センチ、鞘長七七・〇センチ　②奈良　春日大社
③平安時代（一二世紀）

● 銀銅蛭巻太刀拵《ぎんどうひるまきたちこしらえ》

①総長一〇四・二センチ、把長二二・七センチ、鞘長八一・八センチ
②和歌山　丹生都比売神社　③平安時代（一二世紀）

● 梨子地螺鈿金装飾剣《なしじらでんきんそうかざりたち》

①総長一〇四・〇センチ、把長二一・〇センチ、鞘長八二・〇センチ
②東京　東京国立博物館　③平安時代（一二世紀）

● 牡丹唐草文兵庫鎖太刀拵《ぼたんからくさもんひょうごくさりたちこしらえ》

①拵総長九七・〇センチ、把長二二・〇センチ、鞘長七三・八センチ
②愛媛　大山祇神社　③鎌倉時代（一三世紀）

街道別刀工一覧

一. 街道名を大分類、旧国名を中分類、時代区分を小分類として作成
二. ◆は一門の総称、および独立した個人名、◇は一門に属した刀工を指す。なお、各一門・各刀工の年代は『日本刀の掟と特徴』（本阿彌光遜著）に準拠し、同書に記載なき部分は諸資料に拠った
三. 該当する項目のない国、および時代区分は省略
四. 掲載した全刀工のうち、特に主だった刀工については、目印として上作・業物のランキングを個別に追記した

●はじめに――街道別刀工名について

このリストでは、平安時代から明治維新までに全国各地で活躍した有名刀工を、五畿内・七街道の旧国名別に整理し、古刀、新刀、新々刀各期を代表する刀工たちの名前を挙げるとともに、それぞれの特徴をまとめてみた。

各刀工の作風に至るまで、すべての特徴に触れていくとそれだけで一冊の事典になってしまうほど、刀剣に関する情報は多岐にわたっており、かつ奥深い。取っ付きやすい内容に徹することで、初心者の方々に刀剣に対する関心を深めてもらえるのを至上の目的とする本書の性格上、掲載情報は最低限のものとさせていただいた点を、あらかじめご了承願いたい。

刀剣史上で個人別に区分されている所属年代、出身地、そして現存する作品から判明している作刀のバリエーション。

この三つのポイントを中心として、リストに収録された各刀工のプロフィールを通じて関心が深まり、より詳しい知識を身に付けたいという方々はぜひ、巻末に参考文献としてご紹介した専門書を、段階を追って、ご自分で積極的に読み進められることをお勧めしたい。

しかし、そのためには、最低限の予備知識が必要だ。初心者がはじめて刀剣鑑賞の専門書を開いた時、最初に戸惑いを覚えるのは、刀工が旧国名別に分類されている点だろう。かつては私自身もそうだったのだが、現在の都府県と必ずしも一致しない、旧国名の仕組みをまだ理解していない段階で専門書を開くと、当たり前のように刀工を旧国名・街道別に分類している構成についていけずに、まず消化不良を起こす。地域ごとに複数の国をまとめた街道となれば、もうお手上げ。なおのこと訳がわからず、刀剣に対するせっかくの興味が萎えてしまうかもしれない。だが刀剣界の常識である以上、ここはひとつ、がんばって理解してほしい。

　本書向けの刀工リストを作成するに当たって、私は街道を大分類に、旧国名を中分類に用いると同時に、古刀、新刀、新々刀の時代区分を小分類とした。街道名と旧国名が刀工の分布の基準であることを覚えていただきながら、各時代ごとの有名な刀工に親しんでもらえれば……、と考えたからだ。現代に生きる私たちにとって、過去の行政区分は確かになじみにくい。しかし、刀工のことを勉強される時だけは昔の人になったつもりで、街道名と旧国名に慣れていただきたいと思う。

Katana

国別に、刀工名をひとつずつ覚えていけば、刀剣鑑賞の世界への入口は、確実に見えてくることだろう。

　本来、刀剣は一振りずつ買い求めて、下取りに出しては新しく、より優れた品を手に入れていくという形で、現物に接しながら知識を身に付けるのが一番といわれているのだが、現実にはなかなか難しい。

　読者の方々には、私が拙著にて解説させていただいた各項目を叩き台として、先達諸賢のものされた、より詳しい専門書をお読みになることで知識を蓄えられ、本物の刀剣をお手に取られる機会が訪れた時の備えとしてもらえれば嬉しく思う。

　この刀工リストの目的は、本書からステップアップしていただくためのお手伝いとして、刀剣鑑賞の専門書の中でいちばんわかりにくい、街道と旧国名に慣れてもらうことにある。はじめは、誰でも理解しづらいものなのだ。まずは第一章から第六章までの本文に出てきた刀工で、気になる人物の名前を探してみるところから始めてくれればいいと思う。読み物のページではご紹介し切れなかったデータも各刀工別に掲載しているので、自ずと知識を増やす一助になるだろう。

　それでは、これから述べる旧国名および街道名の解説をお読みいただいた後で、リストに入っていきたい。

●旧国名・街道名

刀剣界においては、各時代の刀工を国別・街道別に分類するのが習わしとなっている。いわゆる五畿内七街道《ごきないしちかいどう》（五畿七道）と呼ばれる古代からの行政区分に基づく分類を以下に記しておく（カッコ内は、現在の相当する都府県）。

畿内［きない］五カ国

山城《やましろ》国（京都府）、大和《やまと》国（奈良県）、河内《かわち》国（大阪府）、摂津《せっつ》国（大阪府）、和泉《いずみ》国（大阪府）

東海道［とうかいどう］十五カ国

伊賀《いが》国（三重県）、伊勢《いせ》国（三重県）、志摩《しま》国（三重県）、尾張《おわり》国（愛知県）、三河《みかわ》国（愛知県）、遠江《とおとうみ》国（静岡県）、駿河《するが》国（静岡県）、甲斐《かい》国（山梨県）、伊豆《いず》国（静岡県）、相模《さがみ》国（神奈川県）、武蔵《むさし》国（東京都、神奈川県、埼玉県）、安房《あわ》国（千葉県）、上総《かずさ》国（千葉県）、下総《しもうさ》国（千葉県、茨城県）、常陸《ひたち》国（茨城県）

※遠江国は遠州、駿河国は駿州、伊勢国は勢州、伊豆国は豆州、相模国は相州、武蔵国は武州《ぶしゅう》とも称される

東山道［とうさんどう］十三カ国

近江《おうみ》国（滋賀県）、美濃《みの》国（岐阜県）、飛騨《ひだ》国（岐阜県）、信濃《しなの》国（長野県）、上野《こうずけ》国（群馬県）、下野《しもつけ》国（栃木県）、磐城《いわき》国（福島県）、岩代《いわしろ》国（福島県）、陸前《りくぜん》国（宮城県）、陸中《りくちゅう》国（岩手県）、陸奥《むつ》国（青森県）、羽前《うぜん》国（山形県）、羽後《うご》国（秋田県）

※美濃国は濃州、陸奥国は奥州とも称される

※江戸時代までは磐城・岩代・陸前・陸中・陸奥の五国を併せて陸奥国、羽後・羽前の二国を出羽《でわ》国と称した。掲記の旧国名は、明治以降の呼称である

北陸道［ほくりくどう］七カ国

若狭《わかさ》国（福井県）、越前《えちぜん》国（福井県）、越中《えっちゅう》国（富山県）、越後《えちご》国（新潟県）、加賀《かが》国（石川県）、能登《のと》国（石川県）、佐渡《さど》国（新潟県）

※若狭国は若州、加賀国は加州とも称される

山陰道［さんいんどう］八カ国

丹波《たんば》国（京都府、兵庫県）、丹後《たんご》国（京都府）、但馬《たじま》国（兵庫県）、因幡《いなば》国（鳥取県）、伯耆《ほうき》国（鳥取県）、出雲《いずも》国（島根県）、石見《いわみ》国（島根県）、隠岐《おき》国（島根県）

山陽道［さんようどう］八カ国

播磨《はりま》国（兵庫県）、美作《みまさか》国（岡山県）、備前《びぜん》国（岡山県）、備中《びっちゅう》国（岡山県）、備後《びんご》国（広島県）、安芸《あき》国（広島県）、周防《すおう》国（山口県）、長門《ながと》国（山口県）

※美作国は作州、備前国と備後国は備州、安芸国は芸州、長門国は長州とも称される

南海道［なんかいどう］六カ国

紀伊《きい》国（三重県、和歌山県）、淡路《あわじ》国（兵庫県）、阿波《あわ》国（徳島県）、讃岐《さぬき》国（香川県）、伊予《いよ》国（愛媛県）、土佐《とさ》国（高知県）

※紀伊国は、紀州とも称される

西海道［さいかいどう］九カ国

筑前《ちくぜん》国（福岡県）、筑後《ちくご》国（福岡県）、豊前《ぶぜん》国（福岡県、大分県）、豊後《ぶんご》国（福岡県、大分県）、肥前《ひぜん》国（佐賀県、長崎県）、肥後《ひご》国（熊本県）、日向《ひゅうが》国（宮崎県）、大隅《おおすみ》国（鹿児島県）、薩摩《さつま》国（鹿児島県）

※筑前国と筑後国は筑州、薩摩国は薩州とも称される

五畿内

山城国（京都府）

古刀

平安時代

◆三条宗近《さんじょうむねちか》　永延年間《えいえん》……（九八七～九八九）
〈古刀最上作〉
太刀、小太刀。三日月宗近の作者

◆三条吉家《さんじょうよしいえ》　寛弘年間《かんこう》……（一〇〇四～一二）
太刀。宗近の子、もしくは門人といわれる

◆五条兼永《ごじょうかねなが》　長元年間《ちょうげん》……（一〇二八～三七）
〈古刀最上作〉
太刀。三条有国の子

◆五条国永《ごじょうくになが》　天喜年間《てんぎ》……（一〇五三～五八）
太刀。五条兼永の子、もしくは弟といわれる

鎌倉時代

◆粟田口《あわたぐち》一門

◇粟田口国友《あわたぐちくにとも》　建久年間《けんきゅう》……（一一九〇～九九）
太刀。粟田口の始祖・国家の長男。後鳥羽上皇の御番鍛冶の一人

◇粟田口久国《あわたぐちひさくに》　建久年間《けんきゅう》……（一一九〇～九九）
太刀。国家の二男。後鳥羽上皇の御番鍛冶の一人で、大隅権守を受領するとともに、日本鍛冶宗匠に任じられる。粟田口一門の中でも傑出した存在

◇粟田口国安《あわたぐちくにやす》　正治年間《しょうじ》……（一一九一～一二〇一）
太刀。国家の三男。後鳥羽上皇の御番鍛冶の一人で、山城守を受領

◇粟田口国清《あわたぐちくにきよ》　建仁年間《けんにん》……（一二〇一～〇四）
太刀。国家の四男

◇粟田口有国《あわたぐちありくに》　建仁年間《けんにん》……（一二〇一～〇四）
太刀。国家の五男

◇粟田口則国《あわたぐちのりくに》　承久年間《じょうきゅう》……（一二一九～二二）
太刀。久国の子

◇粟田口国吉《あわたぐちくによし》　宝治年間《ほうじ》……（一二四七～四九）
太刀、短刀。則国の子。吉光の父

◇粟田口国光《あわたぐちくにみつ》　建長年間《けんちょう》……（一二四九～五六）
太刀。国吉の弟

◇粟田口藤四郎吉光《あわたぐちとうしろうよしみつ》　正元年間《しょうげん》……（一二五九～六〇）

〈古刀最上作〉

短刀、太刀。特に、短刀の名手として知られる。数少ない太刀「一期一振《いちごひとふり》」は皇室御物。国吉の子

◆綾小路定利《あやのこうじさだとし》　文永《ぶんえい》年間……（一二六四～七五）
〈古刀最上作〉

太刀のみ。通称・弥太郎。綾小路一派の始祖

◆来《らい》一門

◇来国行《らいくにゆき》（来太郎国行）　正元《しょうげん》年間……（一二五九～六〇）
〈古刀最上作〉

太刀。不動国行、釣鐘切国行などの名刀を遺す。文永・弘安の役に際して、子の二字国俊ともども元軍との戦闘のための鍛刀に励んだことでも有名

◇二字国俊《にじくにとし》　正応《しょうおう》年間……（一二八八～九三）
太刀、短刀。国行の子。異名は、初期の「国俊」という二字銘に基づくもの。孫太郎国俊とも呼ばれる

◇来国俊《らいくにとし》　正応《しょうおう》年間……（一二八八～九三）
〈中古刀最上作〉

短刀、太刀。二字国俊とは別人と見なされる。短刀製作の名人だが、失われた名刀「螢丸」の太刀の作者としても有名

◇来国光《らいくにみつ》　嘉元《かげん》年間……（一三〇三～〇六）
〈中古刀最上作〉

短刀、太刀。来国俊の子

◇来国次《らいくにつぐ》　正応《しょうおう》年間……（一二八八～九三）
〈中古刀最上作、大業物〉

短刀（筍反姿・延文貞治型）、太刀。来国俊の弟子で娘婿。正宗十哲の一人

◇来倫国《らいともくに》　正和《しょうわ》年間……（一三一二～一七）
短刀、太刀。来国俊の子

◇来光包《らいみつかね》　正和《しょうわ》年間……（一三一二～一七）
（初期）無反り（後期）先反り
短刀。はじめ備前長光の門下に学び、京に出て来国俊の門下に入る。作風は二人の師を受け継いだもの

◇来国眞《らいくにざね》　正和《しょうわ》年間……（一三一二～一七）
太刀、短刀（先反り）。来国俊の子、もしくは門人

◇来国長《らいくになが》　元徳《げんとく》年間……（一三二九～三一）
太刀、短刀。来国俊の門人

◆了戒《りょうかい》　永仁《えいにん》年間……（一二九三～九九）

〈古刀上々作〉

太刀、短刀（無反り）。来国俊の子で、綾小路定利の門下に学んだといわれるが、作風は師と異なる

吉野朝時代

◆信国《のぶくに》〈初代〉 建武《けんむ》年間（一三三四〜三六）〜貞治《じょうじ》年間（一三六二〜六八）
〈中古刀上々作〉

短刀、太刀。相州貞宗の門下。貞宗三哲の一人

◆長谷部国重《はせべくにしげ》 延文《えいぶん》年間……（一三五六〜六一）
〈中古刀上々作〉

太刀、短刀。相州正宗の門下で正宗十哲の一人。有名な「へし切長谷部」の作者

◆長谷部国信《はせべくにのぶ》 文和《ぶんな》年間……（一三五二〜五六）
平造小脇差、短刀（先反り）。国重の子

◆長谷部国平《はせべくにひら》 延文《えいぶん》年間……（一三五六〜六一）
短刀。国重の子

室町時代〜戦国時代

◆左兵衛尉信国《さひょうえいのぶくに》〈二代〉 貞治《じょうじ》年間……（一三六二〜六八）
〈中古刀上作、業物〉

刀、脇差、短刀

◆式部丞信国《しきぶのじょうのぶくに》〈三代〉 応永《おうえい》年間……（一三九四〜一四二八）
〈中古刀上作、業物〉

刀、脇差、短刀。左兵衛尉信国の子

◆達磨政宗《だるままさむね》 文和《ぶんな》年間……（一三五二〜五六）
短刀

◆平安城長吉《へいあんじょうながよし》 応永《おうえい》年間（一三九四〜一四二八）〜永享《えいきょう》年間（一四二九〜四一）
〈末古刀最上作〉刀、脇差、短刀

◆鞍馬吉次《くらまよしつぐ》 永享《えいきょう》年間……（一四二九〜四一）
短刀、太刀

新刀

◆埋忠《うめただ》一門

◇埋忠明寿《うめただみょうじゅ》 慶長《けいちょう》年間……（一五九六〜一六一五）
〈新刀最上作〉

刀、脇差、短刀。刀剣に装飾を施す、金工の随一の名手として古来より評価が高い。新刀の祖

◇東山美平《ひがしやまよしひら》 天和《てんな》年間……（一六八一〜八四）
刀、脇差。埋忠一門で傑出した名工

◆堀川《ほりかわ》一門

◇堀川国広《ほりかわくにひろ》 慶長《けいちょう》年間……（一五九六〜一六一五）

〈新刀最上作〉

刀（山伏国広刀、加藤清正指料）、脇差、小脇差（足利学校打平造小脇差、沢田道円所持小脇差）、短刀。長曽禰虎徹と並び立つ、新刀期の東西の双璧と謳われる名工。その作風は、鎌倉時代末期から吉野朝時代にかけて作られた豪壮の太刀を大磨上《おおすりあげ》、つまり茎《なかご》を切り詰めて加工したサイズを想定し、最初から短く仕立てた姿のもの。信濃守《しなののかみ》を受領

◇出羽大掾国路《でわだいじょうくにみち》

慶長年間……（一五九六～一六一五）
〈新刀上々作〉
刀。堀川国広の門下。その作風は師譲りだが、刃文が国広よりも華やかな点が特徴といわれる。出羽大掾を受領。八十余歳まで鍛刀に務めた

◆三品《みしな》一門

◇伊賀守金道《いがのかみきんみち》〈初代〉

寛永《かんえい》年間……（一六二四～四四）
〈新刀上作、業物〉
刀、脇差。美濃国の九代志津三郎兼氏の孫と称し、三品一門を興した関兼道の後を継いだ四兄弟の長男。来国道《らいくにみち》、丹波守《たんばのかみ》吉道《よしみち》、越中守正俊《えっちゅうのかみまさとし》の長兄に当たる。永禄《えいろく》年間（一五五八～七〇）に父と一緒に弟たちを伴って上京し、西の洞院夷川に定住。京都五鍛冶の頭として名声を馳せる。晩年には、禁裏より菊紋を賜った

◇伊賀守金道《いがのかみきんみち》〈二代〉

万治《まんじ》年間……（一六五八～六一）
〈新刀中上作、業物〉
刀、脇差。本名は三品勘兵衛《みしなかんべえ》。父に続いて菊紋を賜ると同時に、全国刀工の統領である日本鍛冶惣匠に任じられる。以降、代々の金道は幕末まで刀工の受領名を司ると同時に、禁裏の刀御用に奉仕した。五代と六代は、雷除と称する刀長四〇《セン》チ前後の小刀を多数作ったという

◇丹波守吉道《たんばのかみよしみち》〈初代〉

寛永《かんえい》年間……（一六二四～四四）
〈新刀上作、良業物〉
刀、脇差、短刀。初代金道の弟。吉道の一門は、俗に三品鋩子《みしなぼうし》と呼ばれる、剣尖に浮かぶ独特の刃文を創始したことでも有名。正保《しょうほう》年間（一六四四～四八）の二代吉道は新刀上作、業物。丹波守を受領すると同時に十六葉の菊紋を下賜され、

以降七代まで続いた。なお、初代吉道の二男が大坂丹波を興した後、山城国に残った吉道の一門は京丹波と称された

◇越中守正俊《えっちゅうのかみまさとし》〈初代〉 寛永《かんえい》年間……（一六二四～四四）
〈新刀上々作、業物〉
刀、平造小脇差、短刀。初代金道の末弟。三品一門の中で最も器用だったといわれており、当時にも人気の高かった相州伝だけに限らず、他国に伝来する技法を巧みに模した、数々の作品を遺した。正保《しょうほう》年間（一六四四～四八）の二代正俊は新刀中上作、業物。越中守受領に加えて、菊紋を下賜されている

新々刀

◈南海太郎朝尊《なんかいたろうともたか》 文政《ぶんせい》年間……（一八一八～三〇）
刀、脇差、短刀。東の水心子正秀と並び立つ、西の横綱と称えられた新々刀期の名工。正秀と同様、全国に弟子を持つ鍛刀界の教育家として知られる

◈千種有功《ちぐさありこと》 文政《ぶんせい》年間……（一八一八～三〇）
脇差。内職として鍛刀に携わった公卿

大和国（奈良県）

古刀

平安時代

◈古千手院一門《こせんじゅいん》 平安朝～鎌倉時代
太刀、剣

鎌倉時代

◈中千手院一門《ちゅうせんじゅいん》 鎌倉時代中期～吉野朝時代
太刀、短刀

◇千手院力王《せんじゅいんりきおう》 承元年間……（一六五二～五五）
〈古刀上々作〉
力直とも名乗る。他の古・中千手院一門の刀工と同じく現存する作品は少ない。

◈当麻《たえま》一門 鎌倉時代末期～吉野朝時代

◇当麻国行《たえまくにゆき》 正応《しょうおう》年間……（一二八八～九三）
〈古刀最上作、良業物〉
太刀、小太刀、短刀

◈尻懸則長《しっかけのりなが》 元徳《げんとく》年間……（一三二九～三一）
〈古刀上々作〉
太刀、短刀

◈手掻《てがい》一門

◇手掻包永《てがいかねなが》 正応《しょうおう》年間……（一二八八～九三）
〈古刀上々作、大業物〉

太刀、短刀

◇手掻包氏《てがいかねうじ》　応長《おうちょう》年間……（一三一一～一二）
太刀、短刀

◇手掻包友《てがいかねとも》　貞和《じょうわ》年間……（一三四五～五〇）
太刀、短刀

◆龍門延吉《りゅうもんのぶよし》　文保《ぶんぽう》年間……（一三一七～一九）
太刀。後水尾天皇の御佩刀の作者

◆保昌《ほうしょう》一門

◇保昌貞宗《ほうしょうさだむね》　文保《ぶんぽう》年間……（一三一七～一九）
太刀、短刀。現存する作品は短刀が中心だが、その数はきわめて少ない

◇保昌貞吉《ほうしょうさだよし》　文保《ぶんぽう》年間……（一三一七～一九）
〈中古刀上々作〉
太刀、短刀。貞宗の弟で、現存する作品は短刀のみ

室町時代～戦国時代

◆手掻《てがい》一門　室町時代以降
刀、脇差、平造小脇差、短刀

◆金房《かなぼう》一門　永正《えいしょう》年間（一五〇四～二一）～永禄《えいろく》年間（一五五八～七〇）
刀、脇差、短刀

新刀

◆筒井紀充《つついきじょう》　享保《きょうほう》年間……（一七一六～三六）
刀。大坂丹波守吉道一門・越中守包国の子

当麻国行

摂津国（大阪府）

古刀

吉野朝時代〜室町時代

◆中嶋来国長《なかじまらいくになが》 応安《おうあん》年間……（一三六八〜七五）

太刀、短刀。山城国より移住した来国長が、地名にちなんで中嶋来と称したもの

新刀（大坂鍛冶）

◆河内守国助《かわちのかみくにすけ》〈初代〉 寛永《かんえい》年間……（一六二四〜四四）

〈新刀上作、業物〉

刀、脇差。堀川国広の門下。大坂鍛冶の祖

◆河内守国助《かわちのかみくにすけ》〈二代〉……万治《まんじ》年間（一六五八〜六一）

〈新刀上作、業物〉

刀、脇差。初代の子で、中河内《なかがわち》と呼ばれた

◆河内守国助《かわちのかみくにすけ》〈三代〉 天和《てんな》年間……（一六八一〜八四）

刀、脇差。二代の子。平和な時代が到来し、刃長が短く華美な作風を喜ぶようになった、武士たちの需要に応じた作刀を行う。これは新刀期の刀工の多くに共通する特徴といえるもの

◆ソボロ助広《すけひろ》 寛永《かんえい》年間……（一六二四〜四四）

刀、脇差。播州津田の数打師、つまり大量生産の刀を手がける刀工の出身。大坂に出て、河内守国助〈初代〉の門下で腕を磨く。その作刀は後の世でこそ最上大業物に数えられ、人気を博しているが、生前の助広は貧窮の生活に甘んじて、受領しないまま生涯を終えたことで有名。ちなみに「ソボロ」とは乱れてみすぼらしい、という意味。刃文に見られる、独特の乱れに由来する異名ともいわれる

◆津田越前守助広《つだえちぜんのかみすけひろ》 延宝《えんぽう》年間……（一六七三〜八一）

〈新刀最上作、大業物〉

刀（濤瀾刃、中直刃）、脇差（同上）。少年の時にソボロ助広の養子に迎えられ、作刀技術を習得。明暦三年（一六五七）に越前守を受領し、大坂城代・青山因幡《あおやまいなば》守《のかみ》に召し抱えられて作刀する。後年に濤《とう》瀾刃《らんば》と称する、波打つような優しく華やかな姿の刃文を創始して、その名声を高めた。助広は、故郷である摂津国・打出の浜で幼い日に眺め暮らした、寄せては

返す波濤をイメージして、濤爛刃を焼いたという

◆津田近江守助直《つだおうみのかみすけなお》
天和《てんな》年間………(一六八一～八四)
〈新刀上々作、良業物〉
刀、脇差。津田越前守助広の娘婿

◆和泉守国貞《いずみのかみくにさだ》〈初代〉
元和《げんな》年間………(一六一五～二四)
〈新刀上々作、大業物〉
刀、脇差、平造小脇差。堀川国広の門下

◆井上真改《いのうえしんかい》
延宝《えんぽう》年間………(一六七三～八一)
〈新刀最上作〉
刀、脇差、短刀。和泉守国貞の次男。最初は二代目を継いで井上和泉守国貞と名乗ったが、陽明学者・熊沢蕃山の教示で寛文十二年(一六七二)に真改と改銘。名を改める以前の作品には、父と同じ「和泉守国貞」の銘が見られる。その父の晩年には代作を務めており、同銘を切っているが、銘字の特徴の違いから区別をつけるのは可能といわれる。津田越前守助広と並ぶ、大坂鍛冶の双璧。なお、和泉守を受領すると同時に、菊紋を下賜されている

◆北窓治国《きたまどはるくに》
天和《てんな》年間………(一六八一～八四)
刀、脇差。井上真改の門下。八幡治国ともいう

◆丹波守吉道《たんばのかみよしみち》
寛文《かんぶん》年間………(一六六一～七三)
刀、脇差。山城丹波守吉道〈初代〉の二男。山城国から移住して定着し、大坂丹波と呼ばれて以降三代まで続いた

◆大和守吉道《やまとのかみよしみち》
万治《まんじ》年間………(一六五八～六一)
刀、脇差。丹波守吉道の二男

◆多々良長幸《たたらながゆき》
天和《てんな》年間………(一六八一～八四)
〈新刀上々作、最上大業物〉
刀、脇差。近江国から紀州・和歌山を経て、大坂に移住した石堂為康《いしどうためやす》一門の門下

◆近江守忠綱《おうみのかみただつな》
万治《まんじ》年間………(一六五八～六一)
刀、脇差。子の一竿子忠綱と区別して、親忠綱と呼ぶ

◆一竿子忠綱《いっかんしただつな》
元禄《げんろく》年間………(一六八八～一七〇四)
〈新刀上々作、良業物〉
刀、脇差、平造小脇差、短刀。近江守忠綱の子で、刀身彫刻の名手として最も高名。彫物をした自作の刀には必ず「彫同作」「彫物同作」という添銘を切ってい

た。天明《てんめい》四年（一七八四）に、旗本・佐《さ》野善左衛門政言《のぜんざえもんまさこと》が千代田（江戸）城中で悪名高い老中・田沼意次《たぬまおきつぐ》の息子の意知《おきとも》を討った時の大脇差が一竿子の作だったため、世直し大明神と賞された佐野の愛刀ということで、一層に人気が高まったという

◆陸奥守包保《むつのかみかねやす》　正保《しょうほう》年間……（一六四四～四八）

刀、脇差

◆坂倉言之進照包《さかくらごんのしんてるかね》　延宝《えんぽう》年間……（一六七三～八一）

〈新刀上々作、大業物〉

刀、脇差。初代越後守包貞の養子。二代目を継いで包貞を名乗ったが、後に照包と改銘。元祖の助広に迫る濤爛刃の名手といわれた

新々刀

◆尾崎助隆《おざきすけたか》　寛政《かんせい》年間……（一七八九～一八〇一）

〈新々刀上作〉

新刀期の助広・助直父子らの没後は絶えていた濤爛刃《とうらんば》を復活させた、当時の名工

◆月山《がっさん》一門

◇月山貞吉《がっさんさだよし》　安政《あんせい》年間……（一八五四～六〇）

刀、脇差、平造小脇差、短刀。古刀期に活躍した出羽国の月山一門の末流を称し、水心子正秀の門下に学ぶ

◇月山貞一《がっさんさだかず》　慶応《けいおう》年間（一八六五～六八）～明治時代

〈新々刀上々作〉

刀、脇差、平造小脇差、短刀。貞吉の養子で、各伝の刀を模して作刀する技術、特に彫物に関しては、江戸で名人と謳われた大慶直胤以上ともいわれる

和泉国（大阪府）

古刀

吉野朝時代～戦国時代

◆加賀四郎光正《かがしろうみつまさ》　貞治《じょうじ》年間……（一三六二～六八）

刀、脇差

◆三條吉則《さんじょうよしのり》　応永《おうえい》年間（一三九四～一四二八）～永享《えいきょう》年間（一四二九～四一）

刀、脇差。山城国より当地に移住して作刀

東海道

伊勢国（三重県）

古刀

室町時代～戦国時代

◆村正《むらまさ》一門

◇千子村正《せんごむらまさ》
応永《おうえい》年間……………（一三九四～一四二八）
〈末古刀最上作〉
刀、短刀。関鍛冶の関兼村の子で、平安城長吉の弟子といわれる。右衛門尉《うえもんい》と称する。三条宗近、五郎入道正宗ともども、知名度の高さでは随一の名工。短刀、寸延びの短刀を多く手がけている。徳川家に代々祟る、という妖刀伝説でも有名

◇千子正重《せんごまさしげ》
永亨《えいきょう》年間……………（一四二九～四一）
〈末古刀上々作〉
短刀、刀。村正の門下

◇千子正真《せんごまささね》
文亀《ぶんき》年間……………（一五〇一～〇四）
短刀、刀。村正の門下

◇千子藤正《せんごふじまさ》
永正《えいしょう》年間……………（一五〇四～二一）
短刀、刀。村正の門下。一門中で最も師に近い作風の持ち主で、銘字の「藤正」も「村正」に似ているといわれており、実子であったとも伝えられる

村正

尾張国(愛知県)

古刀

室町時代

◆志賀兼延《しがかねのぶ》

明応《めいおう》年間……(一四九二〜一五〇一)

〈末古刀上作〉

美濃国・関より尾張国・志賀に移住したために「山田関」と称された

新刀

◆相模守政常《さがみのかみまさつね》

慶長《けいちょう》年間……(一五九六〜一六一五)

〈新刀上々作〉

刀、脇差、平造小脇差、短刀。刀装具の小柄《こづか》・小刀《こがたな》製作の名手としても知られる。前名は美濃兼常。天正《てんしょう》年間(一五七三〜九二)に相模守を受領し、福島正則の招きで尾張国の清州に移住後、政常に改銘した。添銘に「入道」とある刀は、隠居した後に息子の二代政常が急逝したため、復帰して作刀したものである。ちなみに二代政常は寛永《かんえい》年間(一六二四〜四四)で新刀上作。養子の美濃守《みののかみ》政常も同年で新刀上作、業物

◆伯耆守信高《ほうきのかみのぶたか》〈初代〉

慶長《けいちょう》年間……(一五九六〜一六一五)

〈新刀上作、業物〉

刀、脇差。美濃の刀工・関(三阿弥)兼則の門下。息子の二代伯耆守信高は寛永《かんえい》年間(一六二四〜四四)の刀工で、新刀上作。需要の多かった寛文年間(一六六一〜七三)には子の三代信高と協力して作刀。結果として現存する信高銘の刀は二代、三代の作が多くなった

◆飛騨守氏房《ひだのかみうじふさ》

慶長《けいちょう》年間……(一五九六〜一六一五)

〈新刀上作〉

古刀末期の関鍛冶・若狭守氏房の子、あるいは門人といわれる。父と同様に美濃国を出て、尾張に定着。氏房の名前は若狭守、飛騨守、備前守と三代続いた

◆備前守氏房《びぜんのかみうじふさ》

寛永《かんえい》年間……(一六二四〜四四)

〈新刀中上作、業物〉

飛騨守氏房の子

三河国（愛知県）

古刀

吉野朝時代～室町時代

◆薬王寺国盛《やくおうじくにもり》

応永《おうえい》年間……………（一三九四～一四二八）

刀。本名・中原平三郎国盛。薬師寺一派の祖

遠江国（静岡県）

古刀

室町時代～戦国時代

◆高天神兼明《たかてんじんかねあき》

応永《おうえい》年間……………（一三九四～一四二八）

刀。室町時代の末期に美濃から移住して作刀

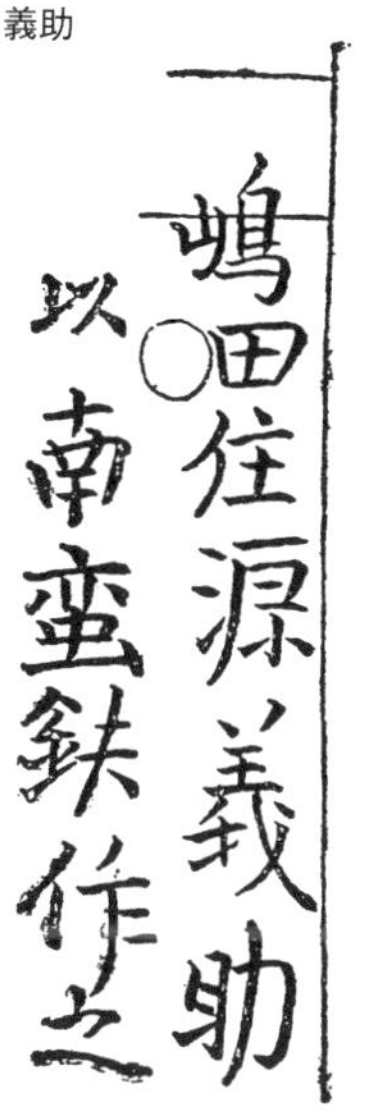

島田義助

Katana

駿河国（静岡県）

古刀

戦国時代

◆島田鍛冶《しまだ》

◇島田義助《しまだよしすけ》

康正《こうしょう》年間……………（一四五五～五七）

刀、脇差、短刀。室町時代末期、駿河国に定着して一門を形成した。槍の製作の名手でもあり、天下三槍の「御手杵」の作者として名高い。大永《たいえい》年間（一五二一～二八）の同名の刀工を島田鍛冶の初代とする説もあり、代々の当主が義助を名乗っていたと考えられる

◇島田助宗《しまだすけむね》

文安《ぶんあん》年間……………（一四四四～四九）

刀、短刀。おそらく造（三五四頁）の短刀が有名。同名の刀工が天文年間（一五三二～一五五五）に存在し、こちらは永正年間（一五〇四～二一）の義助の弟と伝えられることから、義助・助宗の名前が各時代の島田鍛冶の中で継承されていたものと思われる

相模国(神奈川県)

古刀

鎌倉時代

◆左近国綱《さこんくにつな》
元久年間《げんきゅう》……(一二〇四～〇六)
太刀。皇室御物「鬼丸国綱」の作者

◆新藤五国光《しんとうごくにみつ》
永仁年間《えいにん》……(一二九三～九九)
〈古刀最上作〉
太刀、短刀。左近国綱の子

◆新藤次郎国広《しんどうじろうくにひろ》
元徳年間《げんとく》……(一三二九～一三三一)
〈中古刀最上作〉
新藤五国光の子。父の後を継ぎ、晩年には国光の名前で代作を行ったとされる。別に、文保年間(一三一七～一九)には二代目新藤五国光が存在していたとの説もある

◆藤源次助眞《ふじげんじすけざね》
正元年間《しょうげん》……(一二五九～六〇)
〈古刀最上作〉
太刀。備前国より移住した福岡一文字派の刀工で、当地に鎌倉一文字派を興し、定着。徳川家康の愛刀「日光助真」の作者としても知られる

◆備前三郎国宗《びぜんさぶろうくにむね》
貞永年間《じょうえい》……(一二三二～三三)
〈古刀最上作〉
太刀(備前伝大丁子乱の太刀、山城風の太刀)。助眞らと同様、備前国から相模国に移り住んだ刀工の一人

◆藤三郎行光《とうざぶろうゆきみつ》
文永年間《ぶんえい》(一二六四～七五)～元亨年間《げんこう》(一三二一～二四)
〈古刀最上作〉
太刀、短刀。現存する作品は短刀のみ。新藤五国光の門人で、作風は師に似る。五郎入道正宗の父

◆大進坊祐慶《たいしんぼうゆうけい》
建長年間《けんちょう》(一二四九～五六)～永仁年間《えいにん》(一二九三～九九)
太刀、平造小脇差

◆五郎入道正宗《ごろうにゅうどうまさむね》
正応年間《しょうおう》(一二八八～九三)～嘉暦年間《かりゃく》(一三二六～二九)
〈中古刀最上作〉
太刀、短刀。藤三郎行光の子で、その作刀は「名刀」の代名詞とも呼ばれる。門人も数多く、正宗の作風を学んだとされる十人の名工をまとめて「正宗十哲」という

◆彦四郎貞宗《ひこしろうさだむね》
建武年間《けんむ》……(一三三四～三六)

〈中古刀最上作〉
太刀、平造小脇差、短刀。正宗の養子

吉野朝時代

◆広光《ひろみつ》
観応《かんおう》年間……（一三五〇〜五二）
〈中古刀上々作〉
太刀、小脇差、短刀

◆秋広《あきひろ》
延文《えいぶん》年間……（一三五六〜六一）
〈中古刀上々作〉
太刀、小脇差、短刀

室町時代

◆広正《ひろまさ》
応永《おうえい》年間（一三九四〜一四二八）・永享《えいきょう》年間（一四二九〜四一）〜文明《ぶんめい》年間（一四六九〜八七）
刀、脇差

戦国時代

◆綱広《つなひろ》〈初代〉
天文《てんぶん》年間……（一五三二〜五五）
〈末古刀上々作、良業物〉
刀、脇差。本名は山村正広《やまむらまさひろ》。北条氏綱《ほうじょううじつな》より「綱」の一字を与えられ、綱広と改銘した。脇差を多く手がけた永禄《えいろく》年間（一五五八〜七〇）の二代、鎌倉から津軽《つがる》藩に招聘された文禄《ぶんろく》年間の三代（一五九二〜九六）も、それぞれ末古刀上作に数えられる名工

◆総宗《ふさむね》
文明《ぶんめい》年間……（一四六九〜八七）
〈末古刀上作〉
刀、脇差、短刀

◆康国《やすくに》
天文《てんぶん》年間……（一五三二〜五五）
刀、脇差、短刀

◆康春《やすはる》
永禄《えいろく》年間……（一五五八〜七〇）
刀、脇差、短刀

新刀

◆伊勢大掾綱広《いせだいじょうつなひろ》
万治《まんじ》年間……（一六五八〜六一）
刀、脇差、平造小脇差（延分貞治型）、短刀。茎に十六葉の菊の御紋章を切ることを許された名工の一人。綱広四代

新々刀

◆山村綱広《やまむらつなひろ》
天明《てんめい》年間……（一七八一〜八九）
綱広八代で正宗の正系と称し、鎌倉で鍛刀した一族。九代目の綱広は父に対して師の礼をとった、幕末の刀剣界の巨星・水心子正秀の門下で学ぶ

武蔵国（東京都、神奈川県、埼玉県）

古刀

戦国時代

◆下原《したはら》一門

◇下原周重《したはらちかしげ》　享禄《きょうろく》年間……（一五二八～三二）

刀、脇差、短刀

新刀

◆康継《やすつぐ》〈初代〉　慶長《けいちょう》年間……（一五九六～一六一五）

〈新刀最上作〉

刀、脇差、平造小脇差（三體佛小脇差）、短刀。結城秀康《ゆうきひでやす》に召し抱えられて作刀。最初、銘を越前国下坂と切ったが、慶長八年（一六〇三）に徳川家康《とくがわいえやす》より葵紋と「康」の字を贈られたことから康継と改銘。葵下阪《あおいしもさか》、御紋康継の異名で知られる

◆康継《やすつぐ》〈二代〉　寛永《かんえい》年間……（一六二四～四四）

〈新刀上作〉

刀、脇差、平造小脇差（三體佛小脇差）、短刀

◆康継《やすつぐ》〈江戸三代〉　寛文《かんぶん》年間……（一六六一～七三）

〈新刀上作、業物〉

二代康継の子。三代目は家督相続問題のため、江戸三代と越前三代に分かれた。越前三代は二代康継の弟で、新刀中上作

◆大和守安定《やまとのかみやすさだ》〈初代〉　慶安《けいあん》年間……（一六四八～五二）

〈新刀上々作、良業物〉

刀、脇差。越前国から江戸に出て定住し、康継〈初代〉の門下に入る。延宝《えんぽう》年間（一六七三～八一）の二代安定は新刀中上作、業物。安定の作刀について特筆すべきは斬れ味で、古来より随一と定評がある。試し斬りの結果を試剣術者が茎裏に記す、試銘《ためしめい》（様銘）の一例としては「天下開闢以来五ツ胴落永久六十四歳云々」「万治三年（註・一六六〇）十月三日三ツ胴切落山野加右衛門尉永久花押」と、驚愕すべきデータが残されているという。ちなみに確認されている限りでは、延宝年間から元禄《げんろく》年間（一六八八～一七〇四）にかけて活躍した、試刀術者の中西十蔵《なかにしじゅうぞう》が、赤坂関鍛冶の兼房《かねふさ》作の刀で行った「七ツ胴落」が試し斬りの最高記録といわれる

◆藤田近江守継平《ふじたおうみのかみつぐひら》　天和《てんな》年間……（一六八一～八四）

◆和泉守兼重《いずみのかみかねしげ》

〈新刀上作、業物〉
脇差、刀。康継〈三代〉の門下
正保《しょうほう》年間……………（一六四四～四八）

◆長曽禰興里入道虎徹《ながそねおきさとにゅうどうこてつ》

〈新刀上作〉
本名は辻助左衛門《つじすけざえもん》と称する。虎徹の師と目される刀工で、自身も矢の根（鏃《やじり》）鍛冶の出身という異色の経歴の持ち主。受領名は最初が和泉大掾《だいじょう》で、後に和泉守を受領
明暦《めいれき》年間（一六五五～五八）～寛《かん》文《ぶん》年間（一六六一～七三）

◆長曽禰興正《ながそねおきまさ》

〈新刀最上作〉
刀、脇差、平造小脇差、短刀。五十歳で甲冑鍛冶から刀工に転身した異色の存在。その作刀は生前から稀代の剛刀と喧伝されており、今も多くのファンを持つ
延宝《えんぽう》年間……………（一六七三～八一）

◆野田繁慶《のだはんけい》

〈新刀最上作〉
刀、脇差。虎徹の養子
元和《げんな》年間……………（一六一五～二四）
〈新刀最上作、良業物〉
刀、短刀。前名は清尭《きよたか》。鉄砲鍛冶の出身で奇行でも知られ、吉原の遊郭からの帰途、辻斬りに殺されたと伝えられる

◆江戸法城寺《えどほうじょうじ》一門

◇法城寺正弘《ほうじょうじまさひろ》

寛文《かんぶん》年間……………（一六六一～七三）
〈新刀上々作〉
刀、脇差。貞宗三哲の一人・法城寺国光《みつくに》の子孫。正弘ら但馬法城寺の末裔が江戸に出て定着したものを、江戸法城寺一門と称する。正弘は、同門中で随一の名工。作風が人気の高い虎徹に似ていたため、偽銘を入れられ、虎徹として売買されるケースもあったといわれる
延宝《えんぽう》年間……………（一六七三～八一）

◆上総介兼重《かずさのすけかねしげ》

脇差、刀。和泉守兼重の子、あるいは門人
延宝《えんぽう》年間……………（一六七三～八一）

◆石堂是一《いしどうこれかず》

刀、脇差
寛文《かんぶん》年間……………（一六六一～七三）

◆対馬守常光《つしまのかみつねみつ》

刀、脇差
寛文《かんぶん》年間……………（一六六一～七三）

◆日置光平《へきみつひら》

〈新刀上作、良業物〉
刀、脇差。対馬守常光の弟。途絶えてい

た備前一文字伝の技法を復活させたことで知られる

◆下原一門《したはら》

◇下原康重《したはらやすしげ》
寛永《かんえい》年間……（一六二四～四四）
刀

◇下原周重《したはらちかしげ》
寛文《かんぶん》年間……（一六六一～七三）
刀

◆大村加卜《おおむらかぼく》
承応《じょうおう》年間……（一六五二～五五）
刀、脇差。越後藩出身で、本業は外科医の武家刀匠。弟子には、享保《きょうほう》年間（一七一六～三六）の武蔵太郎安国《むさしたろうやすくに》がいる

◆仙台綱宗《せんだいつなむね》
寛文《かんぶん》年間……（一六六一～七三）
刀、脇差。万治三年（一六六〇）に隠居した、元・仙台藩主の武家刀匠

◆源頼貞《みなもとのよりさだ》
寛文《かんぶん》年間……（一六六一～七三）
刀、脇差。奥州守山藩主の武家刀匠。師に当たる対馬守常光も、日置市之丞《へきいちのじょう》という元武士であった

◆小笠原長旨《おがさわらながむね》
寛永《かんえい》年間……（一六二四～四四）
刀、脇差

新々刀

◆水心子正秀《すいしんしまさひで》
文化《ぶんか》年間……（一八〇四～一八）
〈新々刀最上作〉
刀、平造小脇差、短刀。文政九年（一八二六）に『刀剣実用論』を著し、鎌倉～吉野朝時代の豪壮な太刀姿を理想とする、刀剣の復古主義を世に広めたことで有名。啓蒙性に優れ、諸国に多数の弟子を持った。婿の水心子秀世《ひでよ》は嘉永《かえい》年間（一八四八～五四）の刀工で、新々刀上作

◆水心子正次《すいしんしまさつぐ》
安政《あんせい》年間……（一八五四～六〇）
〈新々刀上作〉
刀、短刀。正秀の子で、初銘は貞秀《さだひで》

◆大慶直胤《たいけいなおたね》
天保《てんぽう》年間……（一八三〇～四四）
〈新々刀最上作〉
刀、平造小脇差、短刀。彫刻・銘文にも優れる。水心子正秀の門下から出た、当時の全国一、二を争う名工

◆次郎太郎直勝《じろたろうなおかつ》
安政《あんせい》年間……（一八五四～六〇）
〈新々刀上々作〉
刀、短刀。大慶直胤の養子。子の荘司直《そうじなお》秀《ひで》は文久《ぶんきゅう》年間（一八六一～六四）、弥門《やもん》直勝《なおかつ》は慶応《けいおう》年間（一八六五～六八）の刀

工で、いずれも新々刀中上作

◆細川正義《ほそかわまさよし》

天保《てんぽう》年間……………（一八三〇～四四）

〈新々刀上々作〉

刀。正秀の門下。初銘は正方《まさかた》。津山藩（松平家）の藩工だが、作刀は江戸に在住して行った

◆源清麿《みなもときよまろ》

嘉永《かえい》年間……………（一八四八～五四）

〈新々刀最上作〉

刀、短刀。山浦真雄《やまうらさねお》の弟。元は信濃国佐久郡赤岩村の名主の出で、兄弟で刀工を目指し、上田藩工の河村寿隆《かわむらとしたか》に学ぶ。最初の作刀は兄との合作の脇差で文政《ぶんせい》十四年（一八三一）、十八歳の時。初銘は一《いっ》貫斎正行《かんさいまさゆき》で、師が自分以上の才があると見込んで授けた秀寿《ひでたか》銘は、天保《てんぽう》五年（一八三四）に一度しか用いていない。兄から学んだ剣の技にも才能を発揮し、天保六年（一八三五）には武士を志して出府する。幕臣の軍学者で剣術道場を構える窪田清音《くぼたすがね》の門を叩いたが、刀工の天分を評価した清音の後見で作刀に専念することに。紆余曲折を経て江戸に腰を据え、四谷北伊賀町に定住。正行から改銘して清麿となる。以来、四谷正宗の異名を持つ名工として評判を取り、新々刀期の刀工では最も人気が高い。そのドラマティックな生涯はフィクションにも取り上げられており、史実上も酒毒に冒された末、自刃して果てたと伝えられる最期は衝撃的

◆栗原信秀《くりはらのぶひで》

安政《あんせい》年間……………（一八五四～六〇）

〈新々刀上々作〉

刀、脇差、短刀。源清麿の門下

◆源正雄《みなもとまさお》

安政《あんせい》年間……………（一八五四～六〇）

刀、脇差。源清麿の門下

◆（斎藤《さいとう》）清人《きよんど》

安政《あんせい》年間……………（一八五四～六〇）

〈新々刀上作〉

刀、脇差。源清麿の門下

◆長運斉綱俊《ちょううんさいつなとし》

天保《てんぽう》年間……………（一八三〇～四四）

〈新々刀上作〉

刀。水心子正秀の門下。子の二代綱俊は慶応《けいおう》年間（一八六五～六八）の刀工で、新々刀中上作。二代目長運斉綱俊を襲名する以前の初銘は是俊《これとし》。父子の合作多数

◆石堂運寿是一《いしどううんじゅこれかず》 安政《あんせい》年間……（一八五四～六〇）
〈新々刀上々作〉
長運斉綱俊の甥で、石堂一門の七代目を継いで是一を襲名。華やかな作風

◆（固山《こやま》）備前介宗次《びぜんのすけむねつぐ》 嘉永《かえい》年間……（一八四八～五四）
〈新々刀上々作〉

刀、脇差。通称は固山宗兵衛《そうべえ》。奥州白川の出身。江戸に出た後、桑名藩主の招きで藩工に。弘化《こうか》二年（一八四五）に備前介を受領。御様御用《おためしごよう》首斬り役の山田家に出入りして刀剣の利鈍、すなわち斬れ味について指導を受けたという

◆泰龍斉宗寛《たいりゅうさいそうかん》 慶応《けいおう》年間……（一八六五～六八）
刀。宗次の門下

常陸国（茨城県）

新々刀

◆斉昭《なりあき》 天保《てんぽう》年間……（一八三〇～四四）
烈公の異名で知られる水戸藩主。藩工の勝村徳勝《かつむらとくかつ》に相槌を務めさせ、八雲鍛《やくもぎたえ》と称する独特のうねりを備えた地肌を表現した

◆勝村徳勝《かつむらとくかつ》 元治《げんじ》年間……（一八六四～六五）
刀、脇差。水戸藩工

◆市毛徳鄰《いちげとくりん》 文政《ぶんせい》年間……（一八一八～三〇）
〈新々刀上々作〉
刀（濤瀾刃）、脇差（同上）。水戸藩工。摂津国の名工・尾崎助隆《おざきすけたか》の門下

◆直江助政《なおえすけまさ》 文化《ぶんか》年間……（一八〇四～一八）
〈新々刀上作〉
尾崎助隆の門下。水戸に在住して作刀

東山道

近江国（滋賀県）

古刀

吉野朝時代

◆高木貞宗《たかぎさだむね》　建武《けんむ》年間……（一三三四～三六）
平造小脇差、短刀。相州貞宗と同一人物、または子といわれる

◆甘露俊長《かんろとしなが》　貞和《じょうわ》年間（一三四五～五〇）～延文《えいぶん》年間（一三五六～六一）
短刀。高木貞宗の門下

新刀

◆佐々木一峰《ささきいっぽう》　寛永《かんえい》年間……（一六二四～四四）
刀、脇差。石堂一門の門下

美濃国（岐阜県）

古刀

鎌倉時代～吉野朝時代

◆志津兼氏《しずかねうじ》　元応《げんおう》年間……（一三一九～二一）
〈中古刀最上作、大業物〉
太刀、短刀。志津三郎兼氏と称する。正宗十哲の一人

◆直江志津《なおえしず》一門　吉野朝時代以降
太刀、短刀

◇直江志津兼氏《なおえしずかねうじ》　応安《おうあん》年間……（一三六八～七五）
短刀。志津三郎兼氏の子

◆金重《きんじゅう》〈初代〉　元応《げんおう》年間……（一三一九～二一）
〈中古刀上々作〉
短刀、太刀。正宗十哲の一人

室町時代

◆善定兼吉《ぜんじょうかねよし》　応永《おうえい》年間……（一三九四～一四二八）
〈中古刀中上作〉
刀、短刀。直江志津兼次の子で、大和手掻一門の門下。同名を名乗った孫は、文《ぶん》

明《めい》年間（一四六九～八七）の刀工。こちらも末古刀上作で、業物と評される。銘は祖父が「兼吉」で、孫が「兼吉作」

戦国時代

◆孫六兼元《まごろくかねもと》〈初代〉 永正《えいしょう》年間……（一五〇四～二一）
〈末古刀最上作、最上大業物〉

刀、短刀、槍、薙刀。明応《めいおう》年間（一四九二～一五〇一）の刀工・関兼元の子。遠くから杉の木立を眺めるような印象を与える、俗に三本杉と呼ばれる独特の刃文が有名。「青木兼元」「二念仏」といった、斬れ味鋭い名刀の作者としても広く知られている。銘は「兼元」「兼元作」「濃州赤坂住兼元作」などと切り、中には「まご六」「まごろく」「かねもと」といった仮名銘も見られるという。天文《てんぶん》年間（一五三二～五五）の二代は末古刀上々作で業物、元亀《げんき》年間（一五七〇～七三）の三代以降は末古刀中上作と評される。三本杉の刃文が人気を博したため、三代以降の孫六は、刃文がデザイン化したように強調されている点が目立つ

◆兼定《かねさだ》〈初代。親兼定〉 文明《ぶんめい》年間……（一四六九～八七）
〈末古刀上作、大業物〉

刀、短刀。志津一派の流れを汲む刀工

◆和泉守兼定《いずみのかみかねさだ》〈二代。之定《のさだ》〉 永正《えいしょう》年間…（一五〇四～二一）
〈末古刀最上作、最上大業物〉

刀、脇差（菖蒲造）、薙刀（直造）、短刀。親兼定の子で、名槍「人間無骨」の作者としても有名

◆兼定《かねさだ》〈三代。疋定《ひきさだ》〉 天文《てんぶん》年間……（一五三二～五五）
〈末古刀中上作〉

之定の子

◆赤阪千手院《あかさかせんじゅいん》一門 永正《えいしょう》年間……（一五〇四～二一）
刀

◆兼貞《かねさだ》 応永《おうえい》年間……（一三九四～一四二八）
〈大業物〉

刀、短刀。山城達磨一門、蜂屋達磨正光の門下。蜂屋関と称された

◆兼房《かねふさ》 大永《たいえい》年間……（一五二一～二八）
〈良業物〉

刀、脇差、短刀。初代兼房の門下から出た二代は良業物に、三代は大業物に、四代は業物にと、それぞれ斬れ味を評され

ている

◈若狭守氏房《わかさのかみうじふさ》

天文《てんぶん》年間……（一五三二～五五）
〈末古刀上作、業物〉
刀、脇差、短刀。兼房の子で、戦国時代には美濃国から尾張国、三河国と移住し、尾張に定着。氏房と改銘する。先反りの短刀の作風は、父譲りのもの

◈岩捲《がんまく》

大永《たいえい》年間（一五二一～二八）～天文《てんぶん》年間（一五三二～五五）
刀。当時の公卿と目される

◈坂倉正利《さかくらまさとし》

天文《てんぶん》年間……（一五三二～五五）
刀

新刀

◈関《せき》諸工

◇田代源一兼信《たしろげんいちかねのぶ》

正保《しょうほう》年間……（一六四四～四八）
大和守。源一大和と呼ばれる。古来からの関鍛冶の作風を踏襲し、新刀期に関在住で作刀した刀工の代表格

◇三阿弥兼高《さんあみかねたか》

寛文《かんぶん》年間……（一六六一～七三）
関より移住して、越前国・北の庄でも作刀。業物

◇駿河守盛道《するがのかみもりみち》

慶長《けいちょう》年間……（一五九六～一六一五）
尾張国・名古屋へ移住。この盛道や兼高のように、新刀期の関鍛冶には他国へ移住した者が多い

信濃国（長野県）

新々刀

◈河村寿隆《かわむらとしたか》

文政《ぶんせい》年間……（一八一八～三〇）
因幡国出身。上田藩工を務め、山浦真雄・源清麿兄弟の師としても有名

◈山浦真雄《やまうらまさお》

嘉永《かえい》年間……（一八四八～五四）
〈新々刀上々作〉
刀、脇差。源清麿の兄。著書に、回顧録『老《おい》の寝覚《ねざめ》』がある

磐城国（福島県）

新々刀

◈手柄山正繁《てがらやままさしげ》

享和《きょうわ》年間……（一八〇一～〇四）
〈新々刀上々作〉
刀、脇差。奥州白河藩主・白河楽翁のお抱え刀工として江戸に在住する。晩年に楽翁から授かった「神妙」の二字を、会心の作の銘にのみ用いたという

岩代国(福島県)

新刀

◆三善長道《みよしながみち》 万治《まんじ》年間……(一六五八〜六一)
〈新刀上々作、最上大業物〉

刀、脇差。会津虎徹と称された名工。二代長道は貞享《じょうきょう》年間(一六八四〜八八)、三代は元禄《げんろく》年間(一六八八〜一七〇四)の刀工で、いずれも新刀中上作。その後一時途絶えるが、新々刀期に再興された

◆会津兼定《あいづかねさだ》 〈会津初代〉 慶長《けいちょう》年間…(一五九六〜一六一五)
〈新刀中上作、業物〉

刀、脇差。美濃国兼定の四代目で、岩代の蒲生家に刀工として仕えた時、綱房《つなふさ》に改銘している

新々刀

◆角元興《すみもとおき》 文政《ぶんせい》年間……(一八一八〜三〇)
〈新々刀中上作〉

刀、脇差。初銘は秀国。水心子正秀の門下にて学んだ後、薩摩国の大和守元平に入門して、師の一字を得て元興に改銘

◆会津兼定《あいづかねさだ》 〈会津十代〉 安政《あんせい》年間……(一八五四〜六〇)
〈新々刀上作〉

古川近江と称する。姿良く、地肌がきれいな作風と評される

◆和泉守兼定《いずみのかみかねさだ》 〈会津十一代〉 明治時代
〈新々刀上作〉

会津十代兼定の子。初銘は兼元。美濃伝の作風で、明治まで活躍した

陸前国(宮城県)

新刀

◆山城大掾国包《やましろだいじょうくにかね》 〈初代〉 慶長《けいちょう》年間…(一五九六〜一六一五)
〈新刀最上作、最上大業物〉

刀。大和保昌《やまとほうしょう》の末流で、仙台城下に住む。恩顧を受けていた伊達政宗《だてまさむね》の命で上京し、越中守正俊の門下で学ぶ。寛永《かんえい》三年(一六二六)に山城大掾を受領し、同十五年(一六三八)に入道。「用恵《ようえ》国包」という銘の切られている刀が現存するのは、入道後に用恵と名乗ったためである

◆山城守国包《やましろのかみくにかね》 〈二代〉 寛文《かんぶん》年間……(一六六一〜七三)
刀、脇差。初代国包の息子。以降、新々刀期まで続く

◆仙台安倫《せんだいやすとも》　承応《じょうおう》年間……………（一六五二〜五五）
刀、脇差

陸中国（岩手県）

古刀

◆舞草《もうぐさ》一門　奈良時代
古来より、東国に栄える。その作品は残されておらず、半ば伝説と化した存在。最初期の湾刀《わんとう》である蕨手刀《わらびでとう》を用いた蝦夷《えぞ》との交流があったとも指摘される

◇宝寿《ほうじゅ》　元暦《げんりゃく》年間（一一八四〜八五）〜建武《けんむ》年間（一三三四〜三六）
太刀。舞草一門の末流と目される

羽前国（山形県）

古刀

◆月山《がっさん》一門　建久《けんきゅう》年間……………（一一九〇〜九九）
〈末古刀中上作〉

刀、脇差、短刀。修験道の本拠地であった同地を基盤に形成された、山伏による刀工集団。南北朝時代から室町〜戦国時代にかけて数多いその作品に見られる「月山」の二字銘は、代々に継承された共通の銘と思われる

北陸道

若狭国(福井県)

古刀

室町時代~戦国時代

◆小浜宗長《おはまむねなが》一門(宗吉《むねよし》など) 応仁《おうにん》年間(一四六七~六九)~永正《えいしょう》年間(一五〇四~二一)
刀、菖蒲造脇差

◆冬広《ふゆひろ》 康正《こうしょう》年間……(一四五五~五七)
刀、脇差、短刀。相州広次の門下

越前国(福井県)

古刀

吉野朝時代

◆千代鶴国安《ちよづるくにやす》 貞和《じょうわ》年間……(一三四五~五〇)
太刀。山城国の来国安の門人、もしくは、越前国に移住した本人と伝えられる

新刀

◆肥後大掾貞国《ひごだいじょうさだくに》 慶長《けいちょう》年間……(一五九六~一六一五)
〈新刀上々作〉

刀、脇差、平造小脇差。康継と同一人物、もしくは弟と伝えられる。長曽禰虎徹の彫物の師。二代目を継いだ下坂貞国《しもさかさだくに》は寛《かん》永《えい》年間(一六二四~四四)の刀工で、新刀中上作

◆山城守国清《やましろのかみくにきよ》〈初代〉 寛永《かんえい》年間……(一六二四~四四)
〈新刀上作〉

刀、脇差。三代目島田助宗の子で、堀川国広の門下。山城守を受領した折、同時に菊紋を授かる。刀の場合、ふつうは茎

の左側面に切る銘を右側面、つまり佩裏に切る独特の手癖は、寛文年間（一六六一〜七三）の刀工で新刀上作の二代目国清にも、作風と一緒に踏襲される。初代は菊紋を切らなかったため、沖田総司の愛刀候補の一振りと目される「菊一文字」は、この二代目の作刀

◆大和大掾正則《やまとだいじょうまさのり》
元和《げんな》年間……（一六一五〜二四）
刀、脇差

◆播磨大掾重高《はりまだいじょうしげたか》
寛永《かんえい》年間……（一六二四〜四四）
刀、脇差

郷義弘

Katana

越中国（富山県）

古刀

鎌倉時代

◆郷義弘《ごうよしひろ》
元応《げんおう》年間……（一三一九〜二一）
〈中古刀最上作〉
太刀、短刀。正宗十哲、日本三名工の一人

◆越中則重《えっちゅうのりしげ》
嘉暦《かりゃく》年間……（一三二六〜二九）
〈中古刀最上作〉
太刀、短刀。正宗十哲の一人

吉野朝時代

◆為継《ためつぐ》
応安《おうあん》年間……（一三六八〜七五）
太刀、短刀。郷義弘、もしくは則重の門下

室町時代〜戦国時代

◆宇多《うだ》一門
室町時代
刀、脇差、短刀。鎌倉時代から存在し、康安《こうあん》年間（一三六一〜六二）の宇多国房・国宗の作刀が優れていたという

越後国（新潟県）

古刀

吉野朝時代～室町時代

◆山村正信《やまむらまさのぶ》　貞治《じょうじ》年間……（一三六二～六八）
脇差、短刀

◆安信《やすのぶ》　応永《おうえい》年間……（一三九四～一四二八）
脇差、短刀。正信の二代目

◆桃川長吉《ももかわながよし》〈初代〉　貞治《じょうじ》年間……（一三六二～六八）
刀。近江国の甘露俊長の門下

◆桃川長吉《ももかわながよし》〈二代〉　応永《おうえい》年間……（一三九四～一四二八）
刀

加賀国（石川県）

古刀

吉野朝時代

◆眞景《さねかげ》　建武《けんむ》年間……（一三三四～三六）
太刀、短刀。越中則重の門下

◆藤島友重《ふじしまともしげ》〈初代〉　建武《けんむ》年間……（一三三四～三六）
太刀。山城国の来国俊の門下

室町時代～戦国時代

◆橋詰国次《はしづめくにつぐ》　応永《おうえい》年間……（一三九四～一四二八）
刀

◆藤島友重《ふじしまともしげ》〈二代〉　応永《おうえい》年間……（一三九四～一四二八）
刀、脇差、短刀

◆行光《ゆきみつ》　享禄《きょうろく》年間……（一五二八～三二）
刀、脇差

◆清光《きよみつ》　明応《めいおう》年間……（一四九二～一五〇一）
刀、脇差

◆景光《かげみつ》　康正《こうしょう》年間……（一四五五～五七）
刀、脇差

新刀

◆伊予大掾勝国《いよだいじょうかつくに》　寛文《かんぶん》年間……（一六六一～七三）
〈新刀上作、大業物〉
本名は松戸《まつど》善三郎《ぜんざぶろう》と称する。最初の銘は

家重《いえしげ》。寛文《かんぶん》元年（一六六一）の伊予大掾受領と同時に、勝国に改銘した。古刀期の孫六兼元の特徴で知られる三本杉の刃文を会得し、一門に伝えた

◈陀羅尼勝国《だらにかつくに》

寛文《かんぶん》年間…………（一六六一〜七三）

〈新刀中上作〉

刀、脇差。伊予大掾勝国の子、または孫といわれる

◈辻村兼若《つじむらかねわか》

慶長《けいちょう》年間…………（一五九六〜一六一五）

〈新刀上々作、良業物〉

刀、脇差、平造小脇差。甚六《じんろく》、後に四郎《しろう》右衛門《うえもん》と称する。尾張国・犬山から加賀国に移住して定着。その作刀は加賀藩中でも垂涎の的で、加賀正宗と名声を博した。元和《げんな》五年（一六一九）に越中守高平《えっちゅうのかみたかひら》を受領。幼くして後継者に選ばれた二代目の又助《またすけ》兼若は、初代の三男。明暦《めいれき》年間（一六五五〜五八）の刀工で新刀上作、業物。三代目の四郎右衛門尉兼若は二代の子で延宝《えんぽう》年間（一六七三〜八一）、新刀上作。父・又助の晩年には代作を務め、没後に兼若を襲名。その代作は、父親以上の出来と評される。四代目の甚太夫《じんだゆう》兼若は三代の子で享保《きょうほう》年間（一七一六〜一七三六）、新刀中上作。三代目まで栄華を誇った兼若一門だが、武芸奨励策で知られる八代将軍・吉宗の享保年間以降、刀の需要が激減したために作刀の注文も減ったという

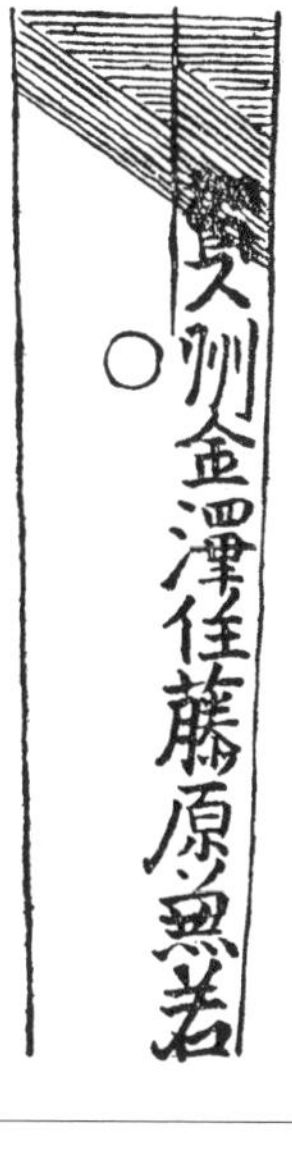

辻村兼若

山陰道

但馬国(兵庫県)

古刀

吉野朝時代

◆法城寺国光《ほうじょうじくにみつ》　貞和《じょうわ》年間……(一三四五～五〇)
長巻直刀、薙刀直脇差、短刀。貞宗三哲の一人

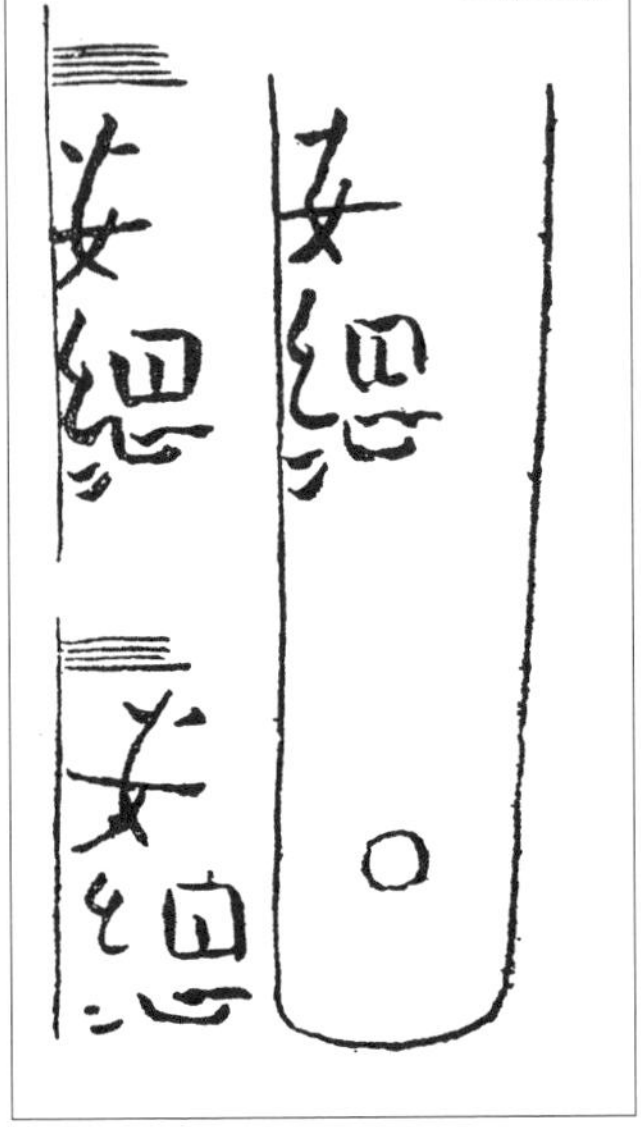

大原安綱

因幡国(鳥取県)

古刀

鎌倉時代～室町時代

◆因幡小鍛冶景長《いなばこかじかげなが》　嘉元《かげん》年間……(一三〇三～〇六)
刀、脇差、短刀。山城国の粟田口吉正の門下

新刀

◆因州兼先《いんしゅうかねさき》　慶長《けいちょう》年間……(一五九六～一六一五)
刀、短刀

◆信濃大掾忠国《しなのだいじょうただくに》　寛永《かんえい》年間……(一六二四～四四)
出羽大掾国路の門下

新々刀

◆浜部寿格《はまべとしのり》　寛政《かんせい》年間……(一七八九～一八〇一)
刀、脇差

◆寿実《としざね》　文政《ぶんせい》年間……(一八一八～三〇)
刀、脇差。寿格の子。河村寿隆の師

伯耆国（鳥取県）

古刀

平安時代

◆大原安綱《おおはらやすつな》　大同《だいどう》年間…………（八〇六～八一〇）
〈古刀最上作〉
太刀。日本で最古の刀工といわれる

◆眞守《さねもり》　嘉祥《かしょう》年間…………（八四八～八五一）
太刀

戦国時代

◆伯州広賀《はくしゅうこうが》　天文《てんぶん》年間…………（一五三二～五五）
刀、脇差、短刀。相州綱広の門下

出雲国（島根県）

古刀

◆雲州吉井《うんしゅうよしい》一門　応永《おうえい》年間（一三九四～一四二八）～永享《えいきょう》年間（一四二九～四一）
刀。備前吉井の一族

◆道永《どうえい》　正長《しょうちょう》年間…………（一四二八～二九）
刀。作風は備前風

◆忠貞《ちゅうてい》　文明《ぶんめい》年間…………（一四六九～八七）
刀。作風は道永と同様

石見国（島根県）

古刀

吉野朝時代

◆直綱《なおつな》　建武《けんむ》年間…………（一三三四～三六）
〈中古刀上々作〉
太刀、短刀。石州《せきしゅう》直綱と呼ばれる。正宗十哲の一人

◆貞綱《さだつな》　貞治《じょうじ》年間…………（一三六二～六八）
太刀、短刀

室町時代～戦国時代

◆祥末《よしすえ》　享徳《きょうとく》年間…………（一四五二～五五）
刀、脇差

山陽道

播磨国(兵庫県)

古刀

◆赤松政則《あかまつまさのり》　文明《ぶんめい》年間……(一四六九～八七)
短刀。播磨、美作、備前の三国に君臨した戦国大名

新刀

◆右五郎宗榮《うごろうむねひで》　元禄《げんろく》年間……(一六八八～一七〇四)
刀、脇差

◆手柄山氏重《てがらやまうじしげ》　寛文《かんぶん》年間……(一六六一～七三)
刀

備前国(岡山県)

古刀

平安時代(この時代の備前刀を、古備前物と総称)

◆友成《ともなり》　永延《えいえん》年間……(九八七～九八九)
〈古刀最上作〉
太刀

◆正恒《まさつね》　長徳《ちょうとく》年間……(九九五～九九九)
〈古刀最上作〉
太刀

◆恒次《つねつぐ》　長久《ちょうきゅう》年間……(一〇四〇～四四)
太刀

◆眞恒《さねつね》　承暦《じょうりゃく》年間……(一〇七七～八一)
太刀

◆恒光《つねみつ》　承徳《じょうとく》年間……(一〇九七～九九)
太刀

◆包平《かねひら》　永延《えいえん》年間……(九八七～九八九)
〈古刀最上作〉
太刀。後年、河内国に移住して作刀したため、銘を当初の「備前国包平作」「包

平」等から「河内国住包平」に変えたといわれる

◇助平《すけひら》

永延《えいえん》年間……(九八七〜九八九)

〈古刀最上作〉

太刀

◇高平《たかひら》

応和《おうわ》年間……(九六一〜九六四)

〈古刀最上作〉

太刀

◇古一文字《こいちもんじ》派

元暦《げんりゃく》年間(一一八四〜八五)以前

太刀

鎌倉時代

◇福岡一文字《ふくおかいちもんじ》派

太刀

◇則宗《のりむね》

元暦《げんりゃく》年間……(一一八四〜八五)

〈古刀最上作〉

福岡一文字派を代表する名工。後鳥羽上皇の御番鍛冶で第一位に列せられ、茎に十六枚葉の菊の紋章を切る特権を授けられたことから、則宗および福岡一文字派の作刀は菊紋と一文字派を意味する「一」銘を合わせて、菊一文字と称されるが、これは俗説。則宗の作刀で、菊紋と一文字の銘を切った太刀は存在しない

◇助宗《すけむね》

承元《しょうげん》年間……(一二〇七〜一一)

〈古刀上々作〉

則宗の子で、大一文字と呼ばれる。則宗と同様に気品のある太刀姿が特徴。父に続いて御番鍛冶も務めた。数々の「名物」の作刀者としても有名

◇吉房《よしふさ》

承久《じょうきゅう》年間……(一二一九〜二二)

〈古刀上々作〉

後鳥羽上皇の御番鍛冶を務めたことから、番鍛冶吉房とも呼ばれる。父の助房《すけふさ》と同様、豪壮な作風が特徴

◇左兵衛尉長則《さひょうえいながのり》

弘安《こうあん》年間……(一二七八〜八八)

〈古刀上作〉

福岡一文字の一門と目される刀工。銘に「備前国福岡住人左兵衛尉長則」と、同地に在住していることを明記する点が特徴

◇吉岡一文字《よしおかいちもんじ》派

太刀

◇助吉《すけよし》

嘉元《かげん》年間……(一三〇三〜〇六)

〈古刀上作、業物〉

◇助光《すけみつ》

福岡一文字から派生した、吉岡一文字の祖。助宗の孫と伝えられる

嘉暦《かれき》年間……（一三二六〜一三二九）

〈中古刀上々作〉

吉岡一文字を代表する名工。助吉の子

◆正中一文字派《しょうちゅういちもんじ》

正中《しょうちゅう》年間……（一三二四〜二六）

太刀、薙刀。大三島神社所蔵の薙刀など、現存する作品はきわめて少ないが、この一門の吉平《よしひら》作の太刀に、十六枚葉の菊紋と「一」字銘の太刀が一振り存在する点は注目に値する。皇室の御用で作刀されたものと目される

◆国分寺助国《こくぶんじすけくに》

嘉暦《かりゃく》年間……（一三二六〜二九）

太刀

◆光忠《みつただ》

暦仁《りゃくにん》年間……（一二三八〜三九）

〈古刀最上作〉

太刀

◆順慶長光《じゅんけいながみつ》

文永《ぶんえい》年間……（一二六四〜七五）

〈古刀最上作〉

太刀。光忠の子。俗に長船長光と呼ばれる。有名な大般若長光《だいはんにゃながみつ》（一五〇頁参照）をはじめ、現存品は多い。優れた作刀を数多く遺している点では、古刀期でも随一といわれる。正応《しょうおう》年間（一二八八〜九三）の左近将監長光《さこんしょうげんながみつ》は二代目

◆景光《かげみつ》

正安《しょうあん》年間……（一二九九〜一三〇二）

〈中古刀最上作〉

太刀、短刀。左兵衛尉景光《さひょうえいかげみつ》と称する。左近将監長光の子。元応《げんおう》年間（一三一九〜二一）の実弟・景政《かげまさ》との合作で、正中二年（一三二五）と嘉暦四年（一三二九）の二度、奉納刀剣を鍛刀。前者は皇室御物、後者は国宝として現存する

◆眞長《さねなが》

嘉元《かげん》年間……（一三〇三〜〇六）

〈古刀上々作、業物〉

太刀。光忠の子

◆近景《ちかかげ》

文保《ぶんぽう》年間……（一三一七〜一九）

〈中古刀上々作〉

太刀、短刀。順慶長光の門下

◆景秀《かげひで》

康元《こうげん》年間……（一二五六〜五七）

〈古刀上々作〉

太刀。光忠の弟。作刀には太刀が多く、伊達政宗の愛刀で、文禄の役で朝鮮半島に渡った政宗が、陣中に出没した黒毛の

大猿を一刀で仕留めた「くろんぼ斬（切）」の作刀者として知られる

◆守重《もりしげ》

正和《しょうわ》年間……………（一三一二〜一七）

〈古刀上作〉

太刀。畠田守家の子で、左近将監長光の娘婿に迎えられて、吉野朝時代に活躍することになる元重《もとしげ》をもうけたと伝えられる。作風は眞長、景光に似る。老後は五《ご》郎左衛門入道《ろうざえもんにゅうどう》と号した

◆畠田守家《はたけだもりいえ》

貞永《じょうえい》年間……………（一二三二〜三三）

〈古刀最上作〉

太刀。福岡一文字系の刀工で、銘が「家を守る」という意につながることから、武家の贈答品として人気があったと伝えられる

◆畠田眞守《はたけださねもり》

正応《しょうおう》年間……………（一二八八〜九三）

守家の作風を継承した、畠田一門の刀工

◆畠田家助《はたけだいえすけ》

文永《ぶんえい》年間……………（一二六四〜七五）

応永《おうえい》年間（一三九四〜一四二八）に活躍した長船家助の初代と目されており、古家助と称される

◆鵜飼雲生《うかいうんしょう》

乾元《けんげん》年間……………（一三〇二〜〇三）

〈古刀上々作〉

太刀

◆鵜飼雲次《うかいうんじ》

文保《ぶんぽう》年間……………（一三一七〜一九）

太刀

吉野朝時代

◆兼光《かねみつ》〈初代〉

建武《けんむ》年間……………（一三三四〜三六）

〈中古刀最上作、最上大業物〉

太刀、短刀。景光の子で、長光の孫という名工一門の出身。二代兼光と区別して、大兼光と呼ばれる。作刀した時期は嘉暦《かれき》年間（一三二六〜二九）〜元徳《げんとく》年間（一三二九〜三一）から、暦応《れきおう》年間（一三三八〜四二）〜康永《こうえい》年間（一三四二〜四五）と見られる

◆兼光《かねみつ》〈二代〉

延文《えいぶん》年間……………（一三五六〜六一）

〈末古刀中上作〉

太刀、短刀。正宗十哲の一人

◆倫光《ともみつ》

延文《えいぶん》年間……………（一三五六〜六一）

〈中古刀上々作、良業物〉

太刀、短刀。初代兼光の弟

◆兼光《かねみつ》一門

延文《えいぶん》年間……………（一三五六〜六一）

太刀、短刀。兼光の弟子たち。師の豪壮

で品位のある作風を継承すると同時に、幾分優しい太刀姿を特徴とする

◇基光《もとみつ》
延文《えいぶん》年間……（一三五六～六一）
〈中古刀上作〉
左兵衛尉《さひょうえい》と称する。作風は師・兼光に似るといわれる

◆秀光《ひでみつ》
永和《えいわ》年間……（一三七五～七九）
〈中古刀上作〉
太刀、短刀。基光の子。右衛門尉《うえもんい》と称する。兼光の門下に学び、作風は兄弟子の政光《まさみつ》に似ているといわれる。政光は延文《えいぶん》年間（一三五六～六一）の刀工で、短刀を多く手がけた

◆長義《ちょうぎ》
建武《けんむ》年間……（一三三四～三六）
〈中古刀最上作、大業物〉
太刀、短刀。同時代の兼光が父祖伝来の技法を遵守する備前鍛冶の典型だったのに対し、相模国に始まる相州伝の作風を大胆に取り入れた。正宗十哲の一人

◆長義《ちょうぎ》一門
建武《けんむ》年間（一三三四～三六）～延文《えいぶん》年間（一三五六～六一）
太刀。長義の弟子たち

◆元重《もとしげ》
建武《けんむ》年間……（一三三四～三六）
〈中古刀上々作、最上大業物〉
太刀、短刀。貞宗三哲の一人

◆大宮《おおみや》一門
貞治《じょうじ》年間……（一三六二～六八）
太刀。吉野朝時代に興り、兼光と技を競ったと思われる一門だが、現存する作品は少ない

◇盛景《もりかげ》
延文《えいぶん》年間……（一三五六～六一）
〈中古刀中上作、良業物〉
太刀だけでなく、先反りの短刀も数多く手がける。大宮一門で優れた刀工の一人だったといわれる、盛次の子

◆吉井《よしい》一門
正和《しょうわ》年間……（一三一二～一七）
短刀

◇吉井景則《よしいかげのり》
貞治《じょうじ》年間……（一三六二～六八）
〈中古刀上作〉
吉井一門を興した為則の子。先反りの短刀の他に、刀も手がける

◆成家《なりいえ》
康安《こうあん》年間……（一三六一～六二）
〈中古刀中上作、良業物〉
小反《こぞり》備前と呼ぶ一派で、先反りの短刀を多く手がける。太刀や長刀（薙刀）の作

品も現存する

室町時代

◆盛光《もりみつ》 応永《おうえい》年間……（一三九四〜一四二八）
〈中古刀上々作、大業物〉

刀、脇差、平造脇差、短刀。修理亮《しゅりのすけ》と称する。子の長船盛光は永享《えいきょう》年間（一四二九〜四一）の刀工。中古刀上作、業物と評される

◆康光《やすみつ》〈初代〉 応永《おうえい》年間……（一三九四〜一四二八）
〈中古刀上々作〉

刀、脇差、平造脇差、短刀。右衛門尉《うえもんい》と称し、寸延びの短刀や小脇差を多く手がける。二代目を継いだ、子の左京亮《さきょうのすけ》康光は永享《えいきょう》年間（一四二九〜四一）。中古刀上作、業物

◆師光《もろみつ》 応永《おうえい》年間……（一三九四〜一四二八）
〈中古刀上作〉

刀、脇差、平造脇差、短刀

◆家助《いえすけ》 応永《おうえい》年間……（一三九四〜一四二八）
脇差、平造脇差、短刀、刀

◆経家《つねいえ》 応永《おうえい》年間……（一三九四〜一四二八）
脇差、平造脇差、刀

◆則光《のりみつ》 長禄《ちょうろく》年間……（一四五七〜六〇）
〈中古刀上作、良業物〉

刀、脇差。五郎左衛門尉《ごろうざえもんい》と称する

戦国時代

◆法光《のりみつ》 文安《ぶんあん》年間……（一四四四〜四九）
短刀、刀

◆祐光《すけみつ》 文安《ぶんあん》年間……（一四四四〜四九）
〈中古刀上作、良業物〉

刀、脇差。六郎左衛門尉《ろくろうざえもんい》と称する。作風は五郎左衛門尉則光に似る。作刀には、脇差と短刀が多い。右京亮勝光・左京進宗光兄弟の父

◆勝光《かつみつ》 文明《ぶんめい》年間……（一四六九〜八七）
〈末古刀最上作、大業物〉

刀、脇差、寸詰短刀、両刃造短刀。六郎左衛門尉祐光の長男で、右京亮《うきょうのすけ》と称する。弟の宗光との合作が数多く現存する。文明年間から延徳《えんとく》年間（一四八九〜九二）にかけて兄弟で諸国を回り、各地で作刀した

◆宗光《むねみつ》 文明《ぶんめい》年間……（一四六九〜八七）
〈末古刀上々作〉

刀、脇差、寸詰短刀、両刃造短刀。六郎左衛門尉祐光の二男で勝光の弟。左京進《さきょうのしん》と称する。兄との諸国回遊中、美作《みまさか》城主の赤松政則《あかまつまさのり》に作刀技術を教えた

◆忠光《ただみつ》〈初代〉

文明《ぶんめい》年間…………（一四六九～八七）
〈末古刀上々作〉
刀、脇差、寸詰短刀、両刃造短刀。彦兵衛忠光と称する。五郎左衛門尉則光の子。現存する作品から、作刀期間は文明年間の初めから長享《ちょうきょう》年間（一四八七～八九）頃までと見られる。同銘を継いだ息子の二代彦兵衛忠光は、長享年間の刀工。彫物の名手で、美作国でも作刀した。父と同じく、末古刀上々作に数えられている

◆清光《きよみつ》

天文《てんぶん》年間…………（一五三二～五五）
〈末古刀上々作、業物〉
刀、脇差、寸詰短刀、両刃造短刀。五郎《ごろう》左衛門《ざえもん》尉《い》と称する。清光を名乗った古刀期の備前鍛冶の中で、最も優れていると評される

◆彦兵衛尉祐定《ひこべえいすけさだ》

永正《えいしょう》年間…………（一五〇四～二一）
〈末古刀最上作、大業物〉
刀、脇差、寸詰短刀、両刃造短刀。息子の與三左衛門祐定と一緒に、大量生産の数打物ではなく、注文（註文）打と称される逸品を手がけ、永正備前刀と祐定の名を大いに高めた。作刀時期は長享《ちょうきょう》年間（一四八七～八九）から永正年間までと見られる

◆與三左衛門祐定《よそうざえもんすけさだ》

永禄《えいろく》年間…………（一五五八～七〇）
〈末古刀最上作、大業物〉
刀、脇差、寸詰短刀、両刃造短刀。彦兵衛尉祐定の子。銘の微妙な違いから「馬與」「一與」「点與」「角與」と同名の刀工が四人存在したとの説も唱えられているが、祐定を名乗ったすべての刀工の中で最も優秀であると、古来から高い評価を得ている

◆春光《はるみつ》

天正《てんしょう》年間…………（一五七三～九二）
〈末古刀中上作、業物〉
刀、短刀。享禄《きょうろく》年間（一五二八～三二）から天文《てんぶん》年間（一五三二～五五）のはじめまでは新二郎《しんじろう》、以降は十郎左衛門尉《じゅうろうざえもんい》と称する。春光の名前と作風は、天正年間

の五左衛門尉《ござえもんい》春光、文禄《ぶんろく》年間（一五九二～九六）の左衛門七郎《さえもんしちろう》春光に受け継がれた。なお、短刀には両刃造短刀も含まれる

新刀

◆横山祐定《よこやますけさだ》

万治《まんじ》年間……（一六五八～六一）

刀、脇差

新々刀

◆横山祐平《よこやますけひら》

寛政《かんせい》年間……（一七八九～一八〇一）

刀

◆横山祐永《よこやますけなが》

天保《てんぽう》年間……（一八三〇～四四）

〈新々刀上作〉

刀。祐平の二男。加賀介を受領。兄の祐盛が同族の横山祐定の養子となったため、代わりに父・祐平の跡を継ぐ。友成五十六代之孫を名乗る。銘に添えて、菊紋に「一」と切る習慣があったという

◆横山祐包《よこやますけかね》

慶応《けいおう》年間……（一八六五～六八）

〈新々刀中上作〉

刀。横山祐盛の養子。友成五十八代之孫を名乗る

備中国（岡山県）

古刀

平安時代

◆古青江《こあおえ》一門

保安《ほうあん》年間（一一二〇～二四）～暦仁《りゃくにん》年間（一二三八～三九）

太刀

◇青江恒次《あおえつねつぐ》

承元《じょうげん》年間……（一二〇七～一一）

〈古刀最上作〉

古青江一門の祖といわれる、青江守次《あおえもりつぐ》の子。後鳥羽上皇の御番鍛冶を務めた功により備中守を拝領。作刀には太刀が多く、天下五剣の一振りで日蓮上人の愛刀として知られる、数珠丸恒次《じゅずまるつねつぐ》の作刀者として有名である

◇青江貞次《あおえさだつぐ》

承元《しょうげん》年間……（一二〇七～一一）

〈古刀最上作〉

青江守次の子。右衛門亮《うえもんのりょう》と称する。恒次と一緒に、兄弟で御番鍛冶を務める

◇青江康次《あおえやすつぐ》

正治《しょうち》年間……（一一九九～一二〇一）

〈古刀上作〉

恒次の子。島津家に伝来した、不動尊の彫物のある太刀が有名

鎌倉時代～吉野朝時代

◆中青江一門《ちゅうあおえ》　暦仁《りゃくにん》年間（一二三八～三九）～応永《おうえい》年間（一三九四～一四二八）

（前期）太刀

（後期）太刀、平造小脇差、短刀

◇吉次《よしつぐ》　嘉暦《かれき》年間……（一三二六～二九）

〈中古刀上々作、大業物〉

中青江前期を代表する刀工。その作刀には太刀、無反りの短刀が多い

◇次吉《つぐよし》　貞治《じょうち》年間……（一三六二～六八）

〈中古刀上々作、大業物〉

太刀、長巻、長刀（薙刀）、先反りの短刀

◇次直《つぐなお》　延文《えいぶん》年間……（一三五六～六一）

〈中古刀上々作、良業物〉

吉次の子で、前期・後期を通じて、中青江一門の第一人者といわれる。現存する作品は先反りの短刀が最も多く、太刀、長巻、大太刀も手がける

◆片山一文字《かたやまいちもんじ》一門　貞応《じょうおう》年間（一二二二～二四）～徳治《とくじ》年間（一三〇六～〇八）

太刀

◇則房《のりふさ》　建長《けんちょう》年間……（一二四九～五六）

〈古刀上々作〉

片山一文字の祖。福岡一文字派の出身で、備前国から備中国に移住して一門を興す

室町時代

◆末青江《すえあおえ》一門　応永《おうえい》年間（一三九四～一四二八）以降

刀

◆古水田国重《こみづたくにしげ》　享禄《きょうろく》年間……（一五二八～三二）

刀、脇差、寸詰短刀、両刃造短刀

新刀

◆水田《みづた》派

◇三郎兵衛尉国重《さぶろうひょうえいくにしげ》〈二代〉　慶長《けいちょう》年間…（一五九六～一六一五）

〈新刀上作〉

古刀期の備中鍛冶で、古備前風の作品を遺した青江為次《あおえためつぐ》の末流。新刀期に急激な成長を遂げた一門を率いる。初代の父よりも華やかな刃文を特徴とする。門下の市兵衛尉国重《いちべえいくにしげ》も、水田一門の作風を受け継いで活躍

◇水田《みづた》大与《おおよ》五《ご》国重《くにしげ》　慶長《けいちょう》年間……（一五九六～一六一五）

〈新刀上々作、良業物〉

刀、脇差。三郎兵衛尉国重の嫡子。水田派で最も優れた名工。兄と同じく、一門の作風を習得した弟の市蔵国重《いちぞうくにしげ》は、江戸に出た後に山城大掾《やましろだいじょう》を受領。息子の二代山城大掾国重と併せて、江戸水田と称される

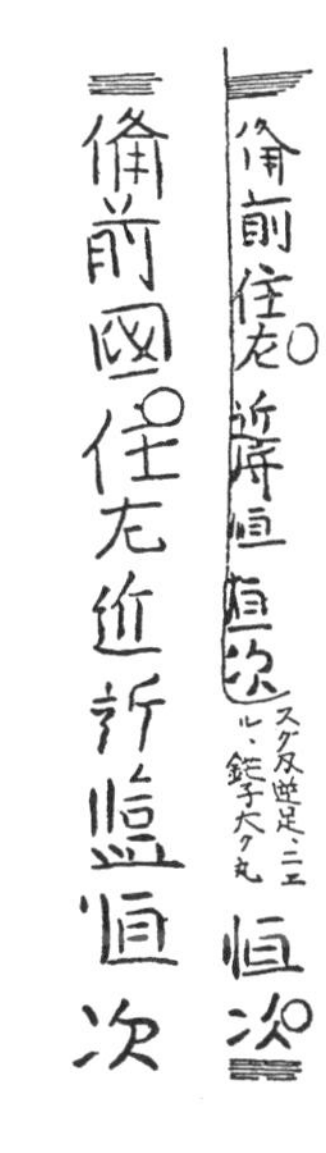

青江恒次

備後国（広島県）

古刀

鎌倉時代～吉野朝時代

◆古三原《こみはら》一門　正中《しょうちゅう》年間（一三二四～二六）～明徳《めいとく》年間（一三九〇～九四）

◇三原正家《みはらまさいえ》　延文《えんぶん》年間……（一三五六～六一）

太刀

〈中古刀上作、最上大業物〉

三原一門の祖。左衛門尉と称した

室町時代

◆中三原《ちゅうみはら》一門　応永《おうえい》年間（一三九四～一四二八）～長禄《ちょうろく》年間（一四五七～六〇）

刀

◆法華一乗《ほっけいちじょう》　応永《おうえい》年間（一三九四～一四二八）～嘉吉《かきつ》年間（一四四一～四四）

刀、短刀

戦国時代

◆末三原《すえみはら》一門　寛正《かんしょう》年間（一四六〇～六六）～文禄《ぶんろく》年間（一五九二～九六）

刀、脇差、短刀

安芸国（広島県）

新刀

◆肥後《ひご》守《のかみ》輝広《てるひろ》　慶長《けいちょう》年間……（一五九六～一六一五）

〈新刀上々作〉

刀、脇差、平造小脇差。古刀期の美濃鍛冶・兼常《かねつね》の末流で、埋忠明寿《うめただみょうじゅ》の門下。最初、銘に兼伴《かねとも》（兼友）と用いたが福島正則《ふくしままさのり》に仕えた後、輝広に改銘。安芸国に定住したのは、浅野家の抱え鍛冶になってからのことである

周防国（山口県）

古刀

鎌倉時代～吉野朝時代

◆古二王《こにおう》　元久《げんきゅう》年間（一二〇四～〇六）～建武《けんむ》年間（一三三四～三六）～永禄《えいろく》年間（一五五八～七〇）

太刀、短刀

◇二王清綱《におうきよつな》　元久《げんきゅう》年間……（一二〇四～〇六）

〈中古刀上作〉

無反りの短刀、太刀。二王一門の祖。二王の名前は、炎に包まれた仁王尊を救い出そうとした者が、行く手を阻む鉄の鎖を清綱の太刀で斬った故事に由来する。一門の者はすべて「清」の字を名前に入れており、多くの場合は始祖の清綱に倣って、「清×」と頭につける。太刀の銘は名前のみの二字銘が多く、短刀には「二王何々」と切る点が特徴

室町時代～戦国時代

◆末二王《すえにおう》　応永《おうえい》年間（一三九四～一四二八）以降

刀、短刀

長門国（山口県）

古刀

◆左安吉《さやすよし》　建武《けんむ》年間（一三三四～三六）～貞治《じょうじ》年間（一三六二～六八）

短刀。筑前左文字の子

◆顕国《あきくに》　応永《おうえい》年間……（一三九四～一四二八）

刀。左安吉の門下

南海道

紀伊国（三重県、和歌山県）

古刀

◆入鹿実綱《いずかさねつな》　貞和《じょうわ》年間……………（一三四五〜五〇）
短刀

◆簀戸國次《すどくにつぐ》　応永《おうえい》年間……………（一三九四〜一四二八）
刀、脇差、短刀

新刀

◆南紀重国《なんきしげくに》　慶長《けいちょう》年間……………（一五九六〜一六一五）
〈新刀最上作、良業物〉

刀、脇差（大和伝、相州伝、新刀特伝）、平造小脇差。慶長年間のはじめに徳川家《とくがわいえ》康《やす》に召し抱えられたが、元和五年（一六一九）に紀州徳川藩主となった頼宣《よりのぶ》に従い、紀伊に移る。二代目を継いだ文殊《もんじゅ》重国は明暦《めいれき》年間（一六五五〜五八）の刀工で、新刀上作。初代と同様に頼宣の恩顧が厚く、相槌として鍛刀相手も務めている

阿波国（徳島県）

古刀

◆海部師久《かいふもろひさ》　応永《おうえい》年間……………（一三九四〜一四二八）
刀、脇差、短刀、海部山刀

土佐国（高知県）

古刀

室町時代〜戦国時代

◆吉光《よしみつ》　応永《おうえい》年間……………（一三九四〜一四二八）
短刀

新々刀

◆左行秀《さのゆきひで》　弘化《こうか》年間……………（一八四四〜四八）
刀、脇差。古刀期の筑前左文字の末流で、江戸に出府後は土佐と往復で作刀したという

西海道

筑前国（福岡県）

古刀

鎌倉時代～吉野朝時代

◆良西《りょうさい》　永仁《えいにん》年間……（一二九三～九九）
太刀

◆西蓮《さいれん》　永仁《えいにん》年間……（一二九三～九九）
太刀

◆実阿《じつあ》　永仁《えいにん》年間……（一二九三～九九）
太刀

◆入西《にゅうさい》　永仁《えいにん》年間……（一二九三～九九）
太刀

◆左《さ》　元応《げんおう》年間……（一三一九～二一）
〈中古刀最上作〉
太刀、短刀。俗に筑州左《ちくしゅうさ》と呼ばれる。正宗十哲の一人

◆左《さ》一門　正平《しょうへい》年間……（一三四六～七〇）
太刀、平造小脇差、短刀

室町時代～戦国時代

◆金剛兵衛《こんごうべえ》一門　応永《おうえい》年間（一三九四～一四二八）～天文《てんぶん》年間（一五三二～五五）
刀、脇差

新刀

◆筑前信国《ちくぜんのぶくに》一門　寛文《かんぶん》年間（一六六一～七三）～元禄《げんろく》年間（一六八八～一七〇四）
刀、脇差、薙刀、袋槍。山城信国の十二代目・信国吉貞《のぶくによしさだ》が興した一門

◇信国重包《のぶくにしげかね》　享保《きょうほう》年間……（一七一六～三六）
〈新刀上作、業物〉

享保五年（一七二〇）に、八代将軍・吉《よし》宗《むね》の命を受けて出府（註・当時、吉宗は江戸の御浜御殿に年一回、諸国の優秀な刀工を集めて作刀の出来を競わせ、一位となった者に自分の佩刀を鍛えさせていた）。第一位の名工として葵一葉を授けられる。その作刀を黒田藩が長らく独占していたため、江戸表での知名度が低か

った筑前信国の名を大いに高めた

◆石堂《いしどう》是次《これつぐ》

寛文《かんぶん》年間……（一六六一～七三）

刀、脇差。黒田藩に仕えていたが、藩主・光之《みつゆき》の許しを得て出府。江戸で石堂是一《これかず》の門下に学ぶ

◆守次《もりつぐ》

寛文《かんぶん》年間……（一六六一～七三）

〈新刀上作〉

刀、脇差。最初は利平、後に守次と称する。石堂門下で備前伝の技を習得した甥の是次に学び、自身も名手となる

筑後国（福岡県）

古刀

平安時代

◆三池《みいけ》光世《みつよ》　承保《じょうほう》年間……（一〇七四～七七）

太刀、短刀

室町時代～戦国時代

◆大石《おおいし》左《さ》家永《いえなが》一門　永享《えいきょう》年間……（一四二九～四一）

短刀

新刀

◆鬼塚《おにづか》吉国《よしくに》　寛文《かんぶん》年間……（一六六一～七三）

刀、脇差

豊前国（福岡県、大分県）

古刀

平安時代

◆神息《しんそく》　和銅《わどう》年間……（七〇八～七一五）
太刀。宇佐八幡の社僧といわれる

◆長円《ちょうえん》　永延《えいえん》年間……（九八七～九八九）
太刀

戦国時代

◆信国《のぶくに》一門　応仁《おうにん》年間……（一四六七～六九）
刀、脇差

豊後国（福岡県、大分県）

古刀

平安時代～鎌倉時代

◆定秀《さだひで》　永暦《えいりゃく》年間……（一一六〇～六一）
太刀

◆紀新太夫行平《きしんだゆうゆきひら》　元暦《げんりゃく》年間……（一一八四～八五）
〈古刀最上作〉

太刀、短刀。定秀の子、または弟子。俗に豊後行平と呼ばれる。後鳥羽上皇の御番鍛冶を務める

◆紀正恒《きまさつね》　天福《てんぷく》年間……（一二三三～三四）
太刀

吉野朝時代

◆古高田《こたかた》　延文《えいぶん》年間（一三五六～六一）～貞治《じょうじ》年間（一三六二～六八）
太刀、短刀

室町時代～戦国時代

◆了戒《りょうかい》一門　応永《おうえい》年間……（一三九四～一四二八）
刀、脇差

◆高田《たかた》一門　永禄《えいろく》年間（一五五八～七〇）～天文《てんぶん》年間（一五三二～五五）
刀、脇差

新刀

◆高田《たかた》一門　刀、脇差。刀工数は二百工以上を数え、質実剛健な武用刀として評価が高い

肥前国（佐賀県、長崎県）

古刀

吉野朝時代

◆平戸左《ひらとさ》一門

建武《けんむ》年間（一三三四～三六）～応永《おうえい》年間（一三九四～一四二八）

短刀

新刀

◆忠吉《ただよし》一門

◇忠吉《ただよし》〈初代〉

慶長《けいちょう》年間……………（一五九六～一六一五）

〈新刀最上作、最上大業物〉

竜造寺家の家臣・橋本道弘の子といわれる。佐賀藩主・鍋島直茂の恩顧が厚く、たびたび上京して埋忠明寿の門下に学ぶ。師弟関係は深く、忠吉の作刀に明寿が自ら彫物を施すほどだったという。その三十年に及ぶ作刀期間は、修業時代を経て佐賀城下に定住していた当時を初期、五字忠と世に名高い「肥前国忠吉」の銘で活躍した期間を中期、武蔵大掾を受領してから一門を拡大する晩年までを後期と大別するが、それぞれの時期の作刀は

（初期）刀

（中期）刀、脇差、平造小脇差、短刀

（後期）刀

となる。寛永《かんえい》元年（一六二四）に武蔵大掾を受領し、忠広《ただひろ》と改銘した。寛永九年（一六三二）没

◇近江大掾忠広《おうみだいじょうただひろ》〈忠吉二代〉寛永《かんえい》年間…（一六二四～四四）

〈新刀上々作、大業物〉

刀、脇差、平造小脇差。忠吉が四十三歳頃の時の子といわれ、父の死に際して二代目を襲名し、一門を引き継いで弱冠十九歳で、最初の作刀を行う。初代よりも幾分優しい作風となる

◇陸奥守忠吉《むつのかみただよし》〈忠吉三代〉寛文《かんぶん》年間……（一六六一～七三）

〈新刀最上作、最上大業物〉

刀、脇差。二代忠吉の子。万治《まんじ》三年（一六六〇）に陸奥大掾《むつだいじょう》、寛文元年（一六六一）に陸奥守を受領。父よりも先に没し、子の近江大掾忠吉が忠吉四代を継承。しかし、その四代目の作刀の評価は新刀上作、良業物と、前三代よりも下がった観が否めないといわれる

◇河内《かわち》大掾《だいじょう》正広《まさひろ》　寛永《かんえい》年間…………（一六二四～四四）

〈新刀上作〉

二代忠吉を支えた門弟の一人と思われる。華やかな作風が特徴。初銘は正永《まさなが》、後に正広と改銘。二代目を継いだ子も、初期は父の若年時と同じ正永銘で作刀し、武蔵大掾から武蔵守を経て河内守を受領した時、河内守正広と改めている。この河内守正広は寛文《かんぶん》年間（一六六一～七三）の刀工で、評価も父と同じ新刀上作

◇播磨《はりま》大掾《だいじょう》忠国《ただくに》　慶安《けいあん》年間…………（一六四八～五二）

〈新刀上作、業物〉

初代忠吉と同じ橋本家の一族の出で、弟子を務めた肥前吉家《よしいえ》の子。河内大掾正広と同様、二代忠吉の側近だったと目される存在。官位は播磨大掾では終わらず、後に播磨守を受領していたともいう

新々刀

◈忠吉《ただよし》一門　天明《てんめい》年間（一七八一～八九）～安政《あんせい》年間（一八五四～六〇）

刀。八代忠吉が随一の名手として知られる

◇忠吉《ただよし》〈忠吉八代〉　安政《あんせい》年間…………（一八五四～六〇）

〈新々刀上作〉

七代忠吉の養子。大平の世の流行に迎合した細身の姿に走っていた一門の傾向を改め、身幅のある、しっかりした姿の作刀を特徴とする。かつて初代が名乗っていた橋本新左衛門尉を称し、「肥前国忠吉」の五字銘も復活させた。受領名への執着はなく、任官を勧められても辞退したという

肥後国(熊本県)

古刀

鎌倉時代～吉野朝時代

◆古延寿《こえんじゅ》・中延寿《ちゅうえんじゅ》　正応《しょうおう》年間（一二八八～九三）～延文《えいぶん》（一三五六～六一）・貞治《じょうじ》年間（一三六二～六八）

太刀

◇延寿国村《えんじゅくにむら》

文保《ぶんぽう》年間……………（一三一七～一九）

〈古刀上々作〉

太刀。来国行《らいくにゆき》の娘婿で、本名は延寿太郎。肥後国に移住して、延寿派を興す。作風は来一門の山城伝の流れを汲む。息子の国泰は元徳《げんとく》年間（一三二九～三一）の刀工で、その作品には刀と短刀が見られる

◇延寿国資《えんじゅくにすけ》

正平《しょうへい》年間……………（一三四六～七〇）

〈中古刀上作〉

延寿国泰の子、つまり国村の孫に当たる刀工。合戦向けの大太刀や長巻なども手がける

室町時代～戦国時代

◆末延寿《すええんじゅ》

応永《おうえい》年間（一三九四～一四二八）～天文《てんぶん》年間（一五三二～五五）

菊池槍

戦国時代

◆同田貫《どうだぬき》一門

天文《てんぶん》年間（一五三二～五五）～永禄《えいろく》年間（一五五八～七〇）

刀、槍、薙刀。戦国時代後期には、加藤清正の御用達として活躍した刀工集団。斬れ味鋭い、質実剛健な武用刀で有名

◇正国《まさくに》

天正《てんしょう》年間……………（一五七三～九二）

〈業物〉

同田貫一門を代表する存在。上野介《こうずけのすけ》と称する。最初は国勝と称したが、加藤清正から「正」の一字を与えられた後、正国と改銘した。重ねが厚く、豪壮なことで知られる刀だけでなく、長槍も多く手がけている

日向国(宮崎県)

古刀

戦国時代

◆実昌《さねまさ》　天文《てんぶん》年間……(一五三二〜五五)
刀

薩摩国(鹿児島県)

古刀

鎌倉時代〜吉野朝時代

◆古波平《こなみのひら》一門　鎌倉中期〜吉野朝時代
太刀

◇波平行安《なみのひらゆきやす》　永仁年間……(一二九三〜九九)
〈古刀上作〉

鎬が強く、反りの強い作風の太刀を手がける

室町時代〜戦国時代

◆末波平《すえなみのひら》一門　室町中期以降
刀、脇差

◇波平行安《なみのひらゆきやす》　文明年間……(一四六九〜八七)
古波平行安の名前を継承した末孫。古波平の銘が「波平行安」なのに対し、末波平の作刀には「波平行安作」と「作」の一字が入る

新刀

◆伊豆守正房《いずのかみまさふさ》　天和《てんな》年間……(一六八一〜八四)
刀、脇差。美濃国より薩摩国に移住した薩摩新刀の祖・丸田備後守氏房《まるたびんごのかみうじふさ》の子

◆主水正正清《もんどのしょうまさきよ》　享保《きょうほう》年間……(一七一六〜三六)
〈新刀最上作、大業物〉

刀、脇差。伊豆守正房の門下。主水正というのは受領名と違って、幕府が朝廷の規制を受けずに任官できる官名のひとつ。享保六年(一七二一)に出府した正清が、同行の一平安代と共に第一位の名工に選ばれた折、八代将軍・吉宗《よしむね》から葵一葉と同時に授かったもの

◆一平安代《いちのひらやすよ》　享保《きょうほう》年間……(一七一六〜三六)
〈新刀最上作、大業物〉

刀、脇差。薩摩新刀随一の巨匠といわれる。享保六年(一七二一)には葵一葉と一緒に、主馬首《しゅめのかみ》の官名を授かっている。以降、作刀に葵紋と「主馬首一平安代」の銘を切った

◈波平《なみのひら》一門

◇安周《やすちか》　宝永《ほうえい》年間……（一七〇四～一一）

刀、脇差。朝鮮出兵時、藩主の島津義弘に従って現地で作刀した

◇安国《やすくに》　享保《きょうほう》年間……（一七一六～三六）

刀、脇差

新々刀

◈奥《おく》（大和守《やまとのかみ》）元平《もとひら》　文化《ぶんか》年間……（一八〇四～一八）

〈新々刀最上作〉

刀、脇差。和泉国の青木元長《あおきもとなが》、陸奥国の角元興《すみもとおき》、備前国の横山祐平《よこやますけひら》など、各国から入門してきた名工を育てたことでも知られる。寛政元年（一七八九）に大和守を受領

◈伯耆守正幸《ほうきのかみまさよし》　文化《ぶんか》年間……（一八〇四～一八）

〈新々刀上々作〉

刀、脇差。奥元平と並び立つ、新々刀期の薩摩国を代表する名工

波平行安

あとがき

題して『名刀伝』。

立派なタイトルに、肝心の内容が追いついていないのではないだろうか？　と不安を抱えながら、稽古の日々の合間を縫って進めてきた本書の執筆も、ようやくゴールに近づいてきた。

新紀元社編集部のご依頼で書き下ろした本書は、前著の『図説 剣技・剣術』『図説 剣技・剣術二』に続く、シリーズ三冊目の本である。

日本刀に関する予備知識がなくても楽しく読めて、興味をより深めてもらえる手引きとして役立つ内容に仕上げるために、今回も拙いながら精一杯、実践する者の視点から取り組ませていただいた。

おかげさまで、居合道に関しては多少の経験を積ませていただいている私も、刀剣と刀工については自分自身が勉強を始めたばかりの立場である。

それだけに、半年に及んだ執筆作業は今まで以上の苦労を伴ったが、本書をお読みになられたのをきっかけに博物館へ足を運んでもらえたり、刀剣鑑賞の専門書を読むことができる段階にステップアップしていただけたら、これに勝る喜びはない。

念のためにお断りしておくが、私は、武道も刀剣鑑賞も入口に立ったばかりの、ほんの若輩にすぎない。

そんな私が修業中の身を顧みず、三たび執筆をお引き受けしたのは、新紀元社から出していただいている私の本が剣術と刀剣に興味を抱いたばかりの、本当に初歩の初歩の方々にとって最初の手引きとなり得る本づくりを目指すという、揺るぎない方針に基づいているからだ。

確かに、今の私の力で書ける内容など、参考文献に挙げた先達諸氏のご労作の数々に遠く及ぶものではない。にも関わらず、執筆に取り組む余地があると感じたのは、武道や刀剣鑑賞を実践する段階に至っていない、ビギナー以前の方々にも、せめて専門書を読み解くことができる下地を養ってほしいと願っているからに他ならない。

刀剣鑑賞は知識も人生経験も豊富な、中高年層の方々を第一の対象とする世界である。だから、日本刀や刀工に関する専門書が、ブームの剣豪マンガやゲームを通じて興味を抱いたばかりの、若い世代の人たちが手軽に読めるほどには簡単に書かれていないのも、当然といえるだろう。

もちろん、敷居の高い、安易には入り込めない世界だからこそ、刀剣鑑賞は古来から連綿と続いてきたのだが、若い人たちが示してくれた関心が後々まで続かず、その場限りになってしまうことは、まったく残念でならない。

そこで、本書は中学生からお読みいただけるように本文のルビ（ふりがな）を増やすと同時に、難解な専門用語をご説明する文章では、できるだけわかりやすい表現を取るように心がけた。日本刀、そして刀工に関する、最低限の知識だけは身に付けてもらえることを目標に、巻末の資料編では予定以上にページを割き、ポイントを押さえた解説に努めさせていただいた。

繰り返すが、この『名刀伝』は、予備知識がない、初歩の初歩の方々のための手引き、お手軽に読めるガイドブックとして書き下ろした一冊である。

もちろん、本書だけで済ませるかどうかは読者の皆様のご判断次第なのだが、より興味を深めていきたいとお考えになられた時はぜひ、参考文献でご紹介した刀剣鑑賞の専門書に挑戦してもらいたい。

専門書、とりわけ、写真が豊富に掲載された大判の書籍は一般に高価なだけに、購入するのを見合わせている方も多いと思う。しかし、博物館や刀剣商の展示即売会に足を運ぶ前段階として、写真資料をご覧になられるのは大事なことである。いちどに揃えようと考えずに一冊ずつ、順を追ってお求めになられれば、貴重なお小遣いを投資されたのに見合った、いや、それ以上の知識と満足感が得られるはずだ。がんばっていただきたい。

初歩の初歩の方々のために、という部分を私が再三強調しているのは、専門書を手に取ってはみたものの難しくて読み進められない、それでも興味を捨てられずにいる方々のお手伝いをしたい、という一念ゆえに、剣術と刀剣を執筆対象とさせていただいているからだ。

私は、今年で三十三歳を迎える。世間一般では、もはや若いといえない世代に入ったことになるが、武道の世界においては最年少の部類に属する。本来ならば、武道を題材に文章を書くことなど、まだ許される立場ではない。

しかし、自分が今までに経験してきた範囲内で、初歩の初歩の方々のために役立つのなら、武道修業と執筆活動の両立を目指すのにも、意味があるのではないだろうか……。このように考えればこそ、本書のような史実に則した解説書だけでなく、小説とシナリオ、すなわちフィクションのジャンルにおいても拙いながら、剣術と刀剣が登場する作品に取り組ませていただいている。

もちろん、日々の勉強を怠らず、その成果を執筆に反映させていく姿勢が基本と心得ているのは、ことさらに申し上げるまでもないことである。

稽古に勤しみながら執筆活動を継続し、剣の実力と自分の書く内容を等しく高めていくことこそ、過分なご指導を賜ってきた諸先生に対する、私にできる万分の一の恩返しと心に決めているからだ。
七十、八十代から九十代まで、現役として武道修業に取り組んでおられる大先達は数多い。
武道界の諸先生方のご健勝ぶりは、何十年と積み重ねてこられた修業の成果であり、日々心がけておられる、健康管理の賜物に他ならない。

私たち、武道修業者にとっての諸先生は、そのお見事な業前だけでなく、生き方そのものが目標とさせていただくに値するといえるだろう。

幸いにも御縁に恵まれ、ご指導を賜っている先生方とお話をさせていただく機会があるたび、私は「汲めども尽きぬ泉」ということばの重みを噛み締めずにいられない。

先生方は折に触れ、ご自身の豊富な体験を惜しげもなくご披露して下さる。稽古を終えて、一献傾けながら拝聴するお話は興味深く、面白く、帰宅時間の訪れが早く感じられてならないこともしばしばである。

その貴重なお話の数々を、果たして自分はどこまで受け止めることができているのか、もったいなくも右から左に聞き流していて、肝心な部分が身に付いていないのではないだろうか……。

信頼に値する指導者と向き合い、有形無形の教えを無駄にせず、我と我が身に取り込ませていただくことを今後の課題として、再確認する次第である。

武道と執筆活動を両立することは、周囲の方々のご理解を得られなくしては、とうてい不可能な話である。

伝統ある講談社剣道部の偉大なＯＢのおひとりとして、今年で御年八十九歳とは思えないご壮健ぶりで、同剣道部の多大なご理解の下、わが野間道場居合道研究会を主宰して下さっている代表師範の南雲春雄先生。

そして私の師である南雲先生の兄弟弟子のお立場から、当研究会の師範としてご指導を賜っている居合道教士八段の溝口裕彦先生（東京都剣道連盟居合道部会事務局長・同常任理事・東京都庁居合道部名誉部長）をはじめとする、各支部の指導者の先生方から、これまでに有形無形に頂戴してきた恩恵の価値は、誠に計り知れないものである。

武道修業者として、文筆の仕事に勤しむ立場として、諸先生から受けたご恩に報いることが生涯の課題と、日々肝に銘じずにはいられない。

なお、本書を含めて、私が各媒体にて執筆している一連の原稿に問題視される点が見受けられた場合、それはすべて私一個人の不徳の致すところである。私がお世話になっている諸先生とは一切、関わりのない問題である旨を、ここに明記しておく。よろしくご了承願いたい。

弟子の恥は師匠の恥と見なされてしまうのが、武道界の不文律である。だからこそ、我々修業者は公私共に軽率な行動を取ることのないように暮らしているのだが、私の場合には文章を、しかも武道を題材に書かせていただくケースが多いため、そこのところが気がかりでならない。

私にとって無二の恩師であらせられる南雲先生以下の皆々様に無用のご迷惑が及ぶのを防ぐために、原稿の執筆には日頃から細心の注意をもって臨ませていただいているつもりだが、若輩の身だけに事実誤認もあるかもしれない。拙著の至らない部分に対するお叱りは今後の反省の糧とさせていただければと思うので、すべて書面にて、各編集部までお寄せ下さるようにお願いできれば幸いである。

本書の執筆に際しては、新紀元社編集部の皆様にいつもながらの多大なご協力をいただいた。私の拙い原稿をこのような立派な体裁に仕上げていただく運びとなったのも、私ひとりでは手が及ばなかったに違いない資料集めに始まり、根気強い掲載図版の手配、さらに綿密かつ詳細な校正作業にご尽力下さったおかげである。この場をお借りして、心より御礼を申し上げたい。また、前刊『図説　剣技・剣術二』に続き、美麗なタッチの表紙イラストを描いていただいた寺田克也様、予想以上に点数が多くなった資料編の図解を快くご担当下さったシブヤユウジ様にも、等しく感謝の意を述べさせていただく。

二〇〇二年七月吉日

牧　秀彦　敬白

再版あとがき

二刷に際して、私の師匠の南雲先生に、校閲の労を取っていただいた。

心からの謝意を込めて、本書を先生に捧げます。

二〇〇二年十二月吉日

皆様のご支持により『名刀伝』の五刷をお手元にお届けする運びとなりました。

本書は十年余り前の私が書かせていただいた一冊です。

そして今再び、日本刀をテーマとする一冊を同じ新紀元社様にて執筆する決意を固めました。

十余年の間に培ってきた視点と知識、経験を余さず反映し、今の牧秀彦をお目にかけられれば幸いです。

新発売の折には何卒よろしくお願い申し上げます。

二〇一五年一月吉日

牧　秀彦　拝

参考文献

最初に挙げた『日本刀の掟と特徴』は、昭和三十年（一九五五）の初版以来、半世紀近く読み継がれてきた、その道では「掟」の通称で呼ばれる刀剣鑑賞のバイブル。若い世代の読者は旧字・旧かなづかいの本文に慣れるまでが難しいかもしれないが、古刀・新刀・新々刀の三部構成でまとめられている刀工別の作風の紹介は、手描きの説明図入りで大変わかりやすく書かれており、各期の刀工の名前を覚えれば覚えるほどに、これほど検索しやすい本はないと思えてくるはず。読み込む価値の高い名著でありながら、品切れとなって久しいことが惜しまれる。

低価格でハンディサイズの入門書としてはロングセラー『柴田光男の刀剣ハンドブック』がお薦めだが、近年に発売された中では日本刀販売の名店・銀座長州屋ご提供の写真と解説が大変充実しており、図版が見やすいワイド版でありながら価格が手頃（定価八〇〇円＋税）なのも嬉しい「別冊宝島二二八八号　日本刀」が白眉の出来。刀匠として精力的なご活動を長らく続けて来られ、平成二十六年（二〇一四）に刀剣界で最高位とされる正宗賞を受賞された河内國平氏、日本刀への愛情に満ち溢れた佐野美術館館長・渡邉妙子氏のご著作もお薦めしたい。このページでご紹介した各書を通じて興味と知識が深まった方には昭和のブームの頃に洒脱な文体で人気を集め、多くの読者から愛された福永酔剣翁の刀剣談義も楽しんでいただきたいが、往年のシリーズは残念ながらすべて絶版。若い世代の方々も名刀に注目して止まない昨今だけに『日本刀の掟と特徴』と共に再刷を、可能であれば電子書籍化を謹んでお待ちしたい。

刀剣鑑賞

日本刀の掟と特徴 …………………… 本阿彌光遜著 美術倶楽部
改訂新版 柴田光男の刀剣ハンドブック … 柴田光隆編 刀剣柴田（発行）光芸出版（発売）
趣味の日本刀（2001年版）………… 柴田光男著 雄山閣出版
日本刀辞典 ……………………………… 得能一男著 光芸出版
日本刀の鑑賞基礎知識 ………………… 小笠原信夫著 至文堂
刀剣鑑定読本（新版）………………… 永山光幹著 永山美術刀剣研磨所
新・日本名刀100選 …………………… 佐藤寒山著 秋田書店
刀剣 ……………………………………… 小笠原信夫著 保育社・カラーブックス175
日本刀物語 ……………………………… 福永酔剣著 雄山閣出版
日本刀よもやま話 ……………………… 福永酔剣著 雄山閣出版
日本刀おもしろ話 ……………………… 福永酔剣著 雄山閣出版

刀工・金工

刀工鍔工事典 …………………………… 本阿彌光遜校閲 清水孝教編 歴史図書社
日本刀名工伝 …………………………… 福永酔剣著 雄山閣出版

刀鍛冶の生活……福永酔剣著　雄山閣出版・生活史叢書16
刀工遺跡めぐり三三〇選……福永酔剣著　雄山閣出版
日本刀を研ぐ――研師の技・眼・心……永山光幹著　雄山閣出版
日本刀職人職談……大野正著　光芸出版
図鑑　刀装のすべて……小窪健一著　光芸出版
鍔（つば）……小笠原信夫著　保育社・カラーブックス330
鬼磨斬人剣……隆慶一郎著　新潮社・新潮文庫

宝剣

国宝の旅……講談社・講談社MOOK
国宝全ガイド（国宝への旅・別巻）……日本放送出版協会編　日本放送出版協会・NHKライブラリー35
歴史百科　日本国宝事典……新人物往来社
縮版　集古十種……国書刊行会（非売品）
特別展　正倉院宝物目録……東京国立博物館
御剣……小笠原信夫監修　毎日新聞社

甲冑・武具

鎧と兜……山上八郎、山岸素夫著　保育社・カラーブックス３４４
日本甲冑の基礎知識・第二版……山岸素夫、宮崎眞澄著　雄山閣出版
図録　日本の甲冑武具事典……笹間良彦著　柏書房
図録　日本の合戦武具事典……笹間良彦著　柏書房
新版　日本の名槍……沼田鎌次著　雄山閣出版
武器史概説……斎藤利生著　学献社
武器と防具　日本編……戸田勝成著　新紀元社

武将

新・日本武将１００選……日本史跡研究会著　小和田哲男監修　秋田書店
武将とその愛刀……佐藤寒山著　新人物往来社
武家の棟梁の条件……野口実著　中央公論社・中公新書
戦国武将ものしり事典……奈良本辰也監修　主婦と生活社
戦国武将……小和田哲男著　中央公論社・中公新書
織田信長……脇田修著　中央公論社・中公新書

織田信長【天下一統】の謎 ……………… 学習研究社・歴史群像シリーズ1

風雲信長記　激情と烈日の四十九年 ……… 学習研究社・歴史群像シリーズ27

新訂　信長公記 ……………… 太田牛一原著　桑田忠親校注　新人物往来社

信長公記（上・下） ……………… 太田牛一原著　榊山潤訳　ニュートンプレス・原本現代訳19、20

下天は夢か　信長私記 ……………… 津本陽著　日本経済新聞社

武田信玄 ……………… 笹本正治著　中央公論社・中公新書

武田信玄——物語と史蹟をたずねて ……… 土橋治重著　成美堂出版

朝倉義景〈新装版〉 ……………… 水藤真著　吉川弘文館・人物叢書

戦国武心伝　武門の意地と闘魂の群像 ……… 学習研究社・歴史群像シリーズ66

軍師・参謀 ……………… 小和田哲男著　中央公論社・中公新書

信長の親衛隊 ……………… 谷口克広著　中央公論社・中公新書

合戦

鎧をまとう人びと　合戦・甲冑・絵画の手びき ……… 藤本正行著　吉川弘文館

謎とき日本合戦史——日本人はどう戦ってきたか ……… 鈴木眞哉著　講談社・講談社現代新書

弓矢と刀剣　中世合戦の実像 ……………… 近藤好和著　吉川弘文館

鉄砲と日本人 ……………… 鈴木眞哉著 筑摩書房・ちくま学芸文庫
刀と首取り 戦国合戦異説 ……………… 鈴木眞哉著 平凡社・平凡社新書
雑兵たちの戦場 中世の傭兵と奴隷狩り …… 藤木久志著 朝日新聞社
雑兵物語 他 ……………… 作者不詳 吉田豊訳 ニュートンプレス・原本現代訳22
歴史図解 戦国合戦マニュアル ……………… 東郷隆、上田信著 講談社
戦国図誌 全国合戦大総覧 ……………… 新人物往来社・別冊歴史読本
図説 日本戦陣作法事典 ……………… 笹間良彦著 柏書房
時代考証 日本合戦図典 ……………… 笹間良彦著 雄山閣出版
織田信長合戦全録 ……………… 谷口克広著 中央公論社・中公新書
日本「廃城」総覧 ……………… 新人物往来社・別冊歴史読本・事典シリーズ7

剣豪

新・日本剣豪100選 ……………… 綿谷雪著 秋田書店
剣豪名勝負100話 ……………… 日本史研究会著 稲垣史生監修 立風書房
全国諸藩 剣豪人名事典 ……………… 間島勲著 新人物往来社
歴史紀行 素顔の剣豪たち ……………… 小島英熙著 日本経済新聞社

剣の達人データファイル …… 新人物往来社・歴史読本スペシャル50
剣豪 剣一筋に生きたアウトローたち …… 草野巧著 新紀元社
宮本武蔵 独行の道、無双の孤剣 …… 学習研究社・歴史群像シリーズ63
宮本武蔵とは何者だったのか …… 久保三千雄著 新潮社・新潮選書
五輪書 …… 宮本武蔵著 渡辺一郎校注 岩波書店・岩波文庫
忠臣蔵四十七義士全名鑑 …… （財）中央義士会監修 駿台曜曜社
新選組468隊士大名鑑 …… 壬生狼（みぶろ）友の会編 駿台曜曜社
幕末維新 三百藩諸隊始末 …… 新人物往来社・別冊歴史読本 第36号
宮本武蔵（全8巻）…… 吉川英治著 講談社・吉川英治歴史時代文庫
新選組血風録 …… 司馬遼太郎著 中央公論社・中公文庫
風光る（1～11巻）…… 渡辺多恵子著 小学館・別コミフラワーコミックス

武術・武道

武道 …… 二木謙一、入江康平、加藤寛著 東京堂出版・日本史小百科
剣道五百年史〈復刻新版〉…… 富永堅吾著 島津書房
古流剣術 …… 田中普門著 愛隆堂

古流剣術概論 …… 田中普門著 愛隆堂

古流武術概論 …… 小佐野淳著 愛隆堂

正伝 新陰流 …… 柳生厳長著 大日本雄弁会講談社（現・講談社）

中山博道有信館 …… 堂本昭彦著 島津書房

改定新版 夢想神伝流居合道 …… 山蔦重吉著 愛隆堂

剣道 …… 一橋出版保険体育編集部編 一橋出版・Do Sports Series

月刊「剣道日本」バックナンバー …… スキージャーナル

日置當流射術教本 …… 稲垣源四郎著 非売品

対談 秘伝剣術 極意刀術 …… 笠尾恭二、平上信行著 BABジャパン

ザ・古武道 12人の武神たち …… 菊地秀行著 光文社・光文社文庫

格闘技ハンドブック …… 小島一志監修 高橋書店編集部編 高橋書店

月刊「秘伝」バックナンバー …… BABジャパン

社会・生活・文化

詳説日本史研究 …… 五味文彦、高埜利彦、鳥海靖編 山川出版社

標準日本史地図〈新修版〉 …… 児玉幸多編 吉川弘文館

歴史散歩事典……………………井上光貞監修　山川出版社
民俗探訪事典……………………大島暁雄、佐藤良博、松崎憲三、宮内正勝、宮田登編　山川出版社
新版　角川古語辞典……………久松潜一、佐藤謙三編　角川書店
日本宗教事典……………………村上重良著　講談社・講談社学術文庫
絵巻物に見る　日本庶民生活誌……宮本常一著　中央公論社・中公新書
蝦夷（えみし）…………………高橋崇著　中央公論社・中公新書
新訂　官職要解…………………和田英松著　所功校訂　講談社・講談社学術文庫
有職故実（上・下）……………石村貞吉著　嵐義人校訂　講談社・講談社学術文庫
王朝貴族物語……………………山口博著　講談社・講談社現代新書
平安貴族の環境…………………山中裕、鈴木一雄編　至文堂・平安貴族の文学と生活1
平安貴族の儀礼と歳事…………山中裕、鈴木一雄編　至文堂・平安貴族の文学と生活2
平安貴族の信仰と生活…………山中裕、鈴木一雄編　至文堂・平安貴族の文学と生活3
編年　中世の文学………………浅見和彦、天野文雄、小島孝之、田村柳壹編　新典社
武士……………………………下村效著　東京堂出版・日本史小百科
山伏……………………………和歌森太郎著　中央公論社・中公新書

室町時代 ……………… 脇田晴子著 中央公論社・中公新書
大阪学 ……………… 大谷晃一著 新潮社・新潮文庫
欣求楽市——戦国戦後半世紀 ……………… 堺屋太一著 毎日新聞社
戦国大名と職人 ……………… 笹本正治著 吉川弘文館
フロイスの日本覚書 ……………… 松田毅一、E・ヨリッセン著 中央公論社・中公新書
完訳 フロイス日本史（全12巻） ……………… ルイス・フロイス著 松田毅一、川崎桃太訳 中央公論社・中公文庫
江戸三百藩藩主列伝 ……………… 新人物往来社・別冊歴史読本 第85号
改訂新版 江戸時代役職事典 ……………… 川口謙二、池田孝、池田政弘著 東京美術・東京美術選書27
徳川吉宗 ……………… 百瀬明治著 角川書店・角川選書260
江戸城御庭番 ……………… 深井雅海著 中央公論社・中公新書
江戸藩邸物語 ……………… 氏家幹人著 中央公論社・中公新書
元禄御畳奉行の日記 ……………… 神坂次郎著 中央公論社・中公新書
宿場と街道——五街道入門—— ……………… 児玉幸多著 東京美術
歴史読本臨時増刊 特集 大江戸悪人伝 新人物往来社
歴史読本1990年8月号 特集・日本史 謎の殺人事件 新人物往来社

江戸の刑罰……石井良助著　中央公論社・中公新書
大江戸死体考　人斬り浅右衛門の時代……氏家幹人著　平凡社・平凡社新書
パリの断頭台……バーバラ・レヴィ著　喜多迅鷹、喜多元子訳　法政大学出版局
武士道……新渡戸稲造著　奈良本辰也訳　三笠書房
徳川思想小史……源了圓著　中央公論社・中公新書
儒教とは何か……加地伸行著　中央公論社・中公新書
禅――現代に生きるもの……紀野一義著　日本放送出版協会・NHKブックス35
禅思想……柳田聖山著　中央公論社・中公新書
刀と日本人――もう一つの日本美……小川和佑著　光芒社
定訳　菊と刀（全）……ルース・ベネディクト著　長谷川松治訳　社会思想社・現代教養文庫
茶人・花押小事典……小田榮一著　主婦の友社・茶の湯ハンドブック四
新・田中千代服飾事典……田中千代著　同文書院
コスチューム――中世衣装カタログ――……田中天&F．E．A．R．著　新紀元社
男のきもの　雑学ノート……塙ちと著　ダイヤモンド社
日本の風土文化とすまい――すまいの近世と近代――……大岡敏昭著　相模書房

お江戸の意外な生活事情　衣食住から商売・教育・遊びまで ……中江克己著　ＰＨＰ研究所・ＰＨＰ文庫
間違いだらけの時代劇 ……………名和弓雄著　河出書房新社・河出文庫
続　間違いだらけの時代劇 …………名和弓雄著　河出書房新社・河出文庫
時代劇を斬る ………………………名和弓雄著　河出書房新社
江戸語の辞典 ………………………前田勇編　講談社・講談社学術文庫
値段史年表　明治・大正・昭和 ……週刊朝日編　朝日新聞社

伝承

新・日本伝説１００選 ……………村松定孝著　秋田書店
日本史の散歩道 ……………………内藤幸政著　泰流社
聖剣伝説（１、２） ………………佐藤俊之とＦ.Ｅ.Ａ.Ｒ.著　新紀元社
日本の名匠 …………………………海音寺潮五郎著　中央公論社・中公文庫

著者略歴

牧《まき》　秀彦《ひでひこ》

1969年東京都生まれ。早稲田大学政治経済学部経済学科卒。時代小説家として『暗殺奉行』(双葉社)、『塩谷隼人江戸活人剣』(徳間文庫)、辻番所シリーズ(光文社)等、文庫書き下ろし作品を各社で執筆。その他作品情報は「時代小説作家　牧秀彦公式Webサイト」http://www.maki-hidehiko.com/ に掲載。作家業と並行して居合・剣道修行中。全日本剣道連盟居合道、現在五段。

—— 剣技・剣術 三 —— **名刀伝**

2002年8月25日　初版発行
2015年3月23日　6刷発行

著　　者　牧　秀彦
編　　集　新紀元社編集部
発 行 者　宮田一登志
発 行 所　株式会社新紀元社
〒101-0054
東京都千代田区神田錦町1-7
錦町一丁目ビル2F
TEL 03-3219-0921
FAX 03-3219-0922
http://www.shinkigensha.co.jp/
郵便振替　00110-4-27618
カバーイラスト　寺田克也
本文イラスト　シブヤユウジ
カバーデザイン　アトリエ アンパサンド(荒川 実)
本文デザイン　PAUR
D T P　株式会社 明昌堂
印 刷 所　株式会社 リーブルテック

ISBN978-4-7753-0083-1
定価はカバーに表示してあります。
Printed in Japan